Ravagli / Röschert

Kontinuität und Wandel

W0294771

Lorenzo Ravagli / Günter Röschert

KONTINUITÄT UND WANDEL

Zur Geschichte der Anthroposophie im Werk Rudolf Steiners

Verlag Freies Geistesleben

Die Rechte an den Texten von Rudolf Steiner liegen bei der Rudolf Steiner Nachlassverwaltung, Dornach / Schweiz. Der Abdruck erfolgt mit deren freundlicher Genehmigung.

ISBN 3-7727-1905-9

1. Auflage 2003

Verlag Freies Geistesleben
Landhausstraße 82
70190 Stuttgart
Internet: www.geistesleben.com

© 2003 Verlag Freies Geistesleben
& Urachhaus GmbH, Stuttgart
Umschlagmotiv: Christian von Grumbkow
Druck: Clausen & Bosse, Leck

Inhalt

Vorwort

Eines der wichtigsten Gebiete anthroposophischer Forschung ist der Lebenslauf Rudolf Steiners und die biographische Entwicklung seines Werkes. Nach Jahrzehnten der Sammlung von Erlebnisberichten und der nur registrierenden Dokumentation durch Schüler Steiners hat Christoph Lindenberg (1930 – 1999) 1997 erstmals eine repräsentative Biographie vorgelegt, wie sie heutigen Anforderungen entspricht. Zur Frage der Werksentwicklung äußerte sich Lindenberg schon vorher in seiner Schrift *Individualismus und offenbare Religion* (1. Auflage 1970, 2. erweiterte Auflage 1995) und stieß damit nicht nur auf Zustimmung, sondern auch auf entrüstete Ablehnung.

Die Autoren der vorliegenden Veröffentlichung haben ab 1989 damit begonnen, in einer Reihe von Wochenendveranstaltungen in München Inhalte und Zusammenhänge der zwischen 1886 und 1902 entstandenen Schriften Steiners seminaristisch zu erarbeiten. Die schriftlichen Ausarbeitungen der Seminarvorträge sind der Inhalt dieses Buches. In Fortführung der Ansätze Lindenbergs wurde versucht, die Entwicklung der Ideenwelt Rudolf Steiners, d.h. das Heranwachsen der Grundlagen einer neuen Geisteswissenschaft in Kontinuität und Wandel, darzustellen. Wir hoffen damit einen Beitrag zu leisten zu einer unvoreingenommenen Betrachtung der Werksentwicklung, die dann gemäß Steiners eigener Erwartung die Grundlage bilden kann für das autoritätsfreie, positivkritische Studium der anthroposophischen Geisteswissenschaft selbst.

Die Aufsatzfolge hat natürlich Lücken, nicht alle Schriften Steiners der Jahre bis 1902 wurden erfaßt und vor allem fehlt es noch an einer eingehenden Beschäftigung mit dem großen Sprung in der Werksentwicklung, der 1904 zu dem Buche *Theosophie* geführt hat. Eine Untersuchung dieses Sprunges bleibt vorläufig Desiderat.

München, Weihnachen 2002 *Lorenzo Ravagli / Günter Röschert*

Rückblick und Ausblick

Günter Röschert

1. Christoph Lindenberg: Individualismus und Religion

Als Christoph Lindenbergs Buch *Individualismus und offenbare Religion. Rudolf Steiners Zugang zum Christentum* vor nunmehr dreißig Jahren in Erstauflage erschien,[1] stieß es nur vereinzelt auf Zustimmung. Neben einer Reihe von anderen Kritikern wandte sich auch der damalige Redakteur der *Mitteilungen aus der anthroposophischen Arbeit in Deutschland* gegen das Buch. Als Tenor aller Einwände gegen Lindenbergs sorgfältige Analyse vor allem der Erst- und Zweitauflage von Rudolf Steiners Schrift *Das Christentum als mystische Tatsache*[2] ließ sich leicht die Kritikerüberzeugung erkennen, Steiner habe eines «Zuganges zum Christentum» nicht bedurft, er sei von jeher Christ gewesen. In den *Mitteilungen* erschienen mehrere Stellungnahmen, zuletzt in der Ausgabe von Johanni 1971 ein Aufsatz von Wilhelm Rath, in welchem dieser anhand ausgewählter Textstellen nachzuweisen versuchte, daß Steiner bei Abfassung der Erstauflage 1902 bereits im Besitze aller wesentlichen Erkenntnisse über die innere Natur des «Mysteriums von Golgatha» gewesen sei. In einem Begleitwort stellte sich die Redaktion der *Mitteilungen* ganz auf Raths Seite und warf Lindenberg unstatthaftes Zitieren, unverzeihliche Behandlung Steiners, pedantischen Philologengeist und anthroposophisches Schriftgelehrtentum vor.

Als der Verlag Lindenbergs Buch 1995 in erweiterter Zweitauflage herausbrachte, durfte mit einer freundlicheren Aufnahme gerechnet werden, denn Lindenberg hatte in einem längeren Nachwort die seinerzeitigen Einwände diskutiert und entkräftet.[3] Das Gegenteil trat ein. In der Wochenschrift *Das Goetheanum* wurde Lindenberg nicht nur sachlich, sondern vor allem in seiner persönlichen Integrität angegriffen und mit dem

Vorwurf konfrontiert, er habe Steiners Biographie bis zur Unkenntlichkeit entstellt. Die Vorgänge um den verleumderischen Aufsatz wurden später von einem der Hauptbeteiligten dokumentiert.[4] Während die Wochenschrift nach einer Neubildung der Redaktion zunächst schwieg, setzte sich die Kontroverse ohne Lindenbergs persönliche Beteiligung – wie fünfundzwanzig Jahre vorher – noch längere Zeit in den *Mitteilungen aus der anthroposophischen Arbeit in Deutschland* fort, allerdings in sehr gemäßigten Formen.

Zunächst erschien – in der Ausgabe 1/1996 – mein Aufsatz «Wilhelm Rath und Christoph Lindenberg über Rudolf Steiners Zugang zum Christentum», der noch im Hinblick auf die Angriffe gegen Lindenberg abgefaßt worden war. Als nächstes erschien in der Ausgabe 1/1997 ein Aufsatz von Rudolf Wiebelitz «Vom Freiheitsimpuls zum Liebesimpuls», in welchem Fragen der Entwicklung von Rudolf Steiners Ideenwelt behandelt und zum Teil abweichend von Lindenberg und von mir beantwortet wurden. Die erst nach der Erstauflage von *Individualismus und offenbare Religion* veröffentlichte Notizbucheintragung Rudolf Steiners: «1903: Die christlichen Mysterien gehen auf»[5] betrachtete Wiebelitz nicht als Nachweis neuer christologischer Einsichten Steiners in diesem Jahr. Zustimmend zitierte er Lindenbergs Bemerkung: «Man kann sich [...] nicht unvermittelt auf den Standpunkt stellen, den Rudolf Steiner erst mühevoll in Jahrzehnten erreicht hat. Man darf die Anstrengungen des Weges nicht scheuen.»

In der Ausgabe 2/1997 erschien ein Aufsatz von Hans Peter van Manen «Der Kampf um das *Christentum als mystische Tatsache*». Van Manen diskutierte die Schwierigkeit, bei Steiner zwischen referierenden Aussagen und der Mitteilung eigener Forschungsergebnisse zu unterscheiden. Er äußerte die dezidierte Überzeugung, daß Steiner 1902 die wichtigsten christologischen Einsichten bereits besaß, sie aber nur teilweise und mit Vorsicht mitteilen konnte oder wollte. Die Entwicklungsdynamik in Steiners Werdegang bestätigte van Manen, auch die Änderung von Steiner Haltung gegenüber der christlichen Religion.

Ich zitiere hierzu aus meiner Zuschrift an die *Mitteilungen* in Heft 4/1997:

«Bei der Untersuchung der von Wilhelm Rath seinerzeit herangezogenen Textstellen habe ich [...] nicht nur syntaktisch (Verwendung von

Indikativ oder Konjunktiv) argumentiert, sondern auch semantisch: Rudolf Steiner spricht an den entscheidenden Textstellen von Deutung, Auslegung, Folgerung, von (interpretierender) Behandlung und von Symbolik; es fehlt 1902 noch die lebensmäßige Nähe zu den Tatsachen der Passion. Zu einer Distanzierung von den traditionellen Glaubenslehren bestand für Steiner 1902 kein Anlaß, weil er die Aussagen des Neuen Testamentes «symbolisch-gnoseologisch» interpretierte und in dieser Deutung akzeptierte [...] Das Buch (über das Christentum) ist das unschätzbare Dokument eines Seelenweges, der aus den Tiefen des Unglaubens heraus bis zu der Schwelle des Mysteriums der Mysterien führt, um dann von der Gegenseite her geistig aufgenommen zu werden. Ich erlaube mir, hierzu auf meinen Aufsatz «Paulus und die Rechtfertigung der Freiheit» im *Jahrbuch für anthropoosophische Kritik* 1996 hinzuweisen. In diesem Zusammenhang ist darauf aufmerksam zu machen, daß Rudolf Steiner um die Jahrhundertwende nicht «seine Anschauung vom Wesen des Christentums» in inneren Stürmen retten mußte (wie van Manen meint), sondern seine Geistanschauung überhaupt, was gerade den entscheidenden Unterschied macht.»

In Heft 2/1997 war – zusammen mit van Manens Arbeit – mein Aufsatz «Mysterien der Idee» herausgebracht worden. In diesem Aufsatz versuchte ich, einen positiven Ansatz zu finden für ein Verständnis von Rudolf Steiners Entwicklung in den Jahren bis etwa 1903. Ich machte darin u.a. auf einen Aufsatz Steiners von 1903 aufmerksam, der eine deutlich gewandelte Auffassung von der Wesenheit des Christus Jesus erkennen läßt.[6]

In Heft 4/1997 ergriff Wolfgang Gädeke das Wort mit einem Aufsatz «Rudolf Steiners Zugang zum Christentum. Ergänzende Hinweise». Gädeke brachte eine Äußerung Rudolf Steiners gegenüber Friedrich Rittelmeyer in Erinnerung, wonach «die Anschauung über den Christus» bei ihm – Steiner – gemäß einer «karmischen Notwendigkeit» zeitweise zurückgetreten sei.[7] Gädeke bezweifelte «pädagogische» Absichten Steiners bei seinen Äußerungen über das Christentum in jener Zeit, also jedenfalls zwischen 1897 und 1902. Gleichwohl meinte Gädeke, Steiner hätten schon vor 1902 wichtige Erkenntnisse über das Christentum, zum Beispiel «Inkarnation, Abendmahl und Kirche», zur Verfügung gestanden und er bezog sich dabei auf Nachschriften von Steiners Vorträgen vom Winter 1901/1902, die im Archiv des Goetheanum vorhanden seien. Der «Erkenntnisumschwung» bei Steiner habe demnach zwischen 1899 und 1902 stattgefunden. Ich zitierte aus einer Stellungnahme von mir zu Gädekes Aufsatz in Heft 2/1998 der *Mitteilungen:*

«Wolfgang Gädeke versucht die Datierungsfrage voranzubringen durch Rückgriff auf unveröffentlichte Aufzeichnungen des Vortragskurses, den Rudolf Steiner im Winter 1901/1902 in Berlin gehalten hat. Gädeke bringt ein längeres, zusammenhängendes Textstück aus dem 11. Vortrag vom 25. Januar 1902 und versucht durch textliche Untersuchungen nachzuweisen, ‹daß Rudolf Steiners Geisterkenntnis am Anfang des Jahres 1902›, also vor Abfassung seiner Schrift *Das Christentum als mystische Tatsache,* ‹die Mysterien des Christentums wie Inkarnation, Abendmahl und Kirche als positive, geist-physische, gegenwärtige Wirklichkeit schon erfaßt hat.› Gegen dieses Verfahren möchte ich folgendes zu bedenken geben:

1. Die Nachschriften der Vortragsreihe von 1901/1902 sind von der Rudolf-Steiner-Nachlaßverwaltung nicht autorisiert. Nach wiederholter Auskunft der Nachlaßverwaltung liegen kaum mehr entzifferbare private Stenogramme sowie eine Jahrzehnte später entstandene Übertragung vor, die mit zahlreichen Fehlern behaftet ist [...] 2. Das herausgehobene Zitat ist Teil der Nachschrift eines Vortrages über «Plato und das Christentum». Steiner macht es sich in dem Vortrag ... zur Aufgabe, den platonischen Seelenweg zur übersinnlichen Ideenschau der frühkirchlichen Vorstellung einer sinnlichen Erscheinung des Erlösers gegenüberzustellen. Steiner schildert die ‹Kernvorstellungen des Christentums in ihrer ursprünglichen Bedeutung› mit Verständnis, ohne sie sich zu eigen zu machen. Anschließend an das von Gädeke herangezogene Textstück heißt es daher: ‹Es gehört zweierlei dazu [zu den Kernvorstellungen des Christentums, G.R.]: 1. das Verbürgtsein durch Augen- und Ohrenzeugen und 2. die Autorität der wirklich fortbestehenden Kirche ... Die Kirche muß die Verkörperung eines Mysteriums sein, sie muß hinzukommen zu dem Zeugnis der Apostel und Apostelschüler.› Aus dem Eros als Initiationskraft wurde der Glaube: ‹Der Glaube ist dasjenige, was nur offenbar werden kann, was verbürgt werden muß durch den Augenschein. Der Christ kann glauben, aber nicht nach dem Inhalte des Unendlichen streben.› Ich sehe von weiteren Zitaten ab, weil ich glaube,

daß sich bereits aufgrund dieser wenigen Sätze erkennen läßt, daß Steiner in dem Vortrag eine interessante Strukturbetrachtung aus der Werdezeit des christlichen Dogmas liefert. Von einer Wiedergabe der Ergebnisse eigener Geistesforschung kann keine Rede sein. 3. Wäre die Behauptung wohl vertretbar, daß die Grundaussage Steiners in der Buchveröffentlichung – die gnoseologische Deutung des Christentums – abweicht von der Grundaussage der kurz zuvor abgeschlossenen Vortragsreihe? Ist Steiner die Annahme einer derartigen Überzeugungs-Unbeständigkeit zumutbar oder schreibt er etwas, was er gar nicht meint? Ich glaube, daß eine Textuntersuchung hier an eine Grenze kommt, wo vom (inakzeptablen) Ergebnis her kritisch auf den Weg der Untersuchung zurückzublicken ist.»

Einen weiteren Versuch, Steiners zentrales christliches Erlebnis in die Zeit vor 1902 zu verlegen, unternahm Jürgen Bartels in einem Aufsatz «Das Mysterium von Golgatha und Rudolf Steiners Seelenprüfung an der Jahrhundertwende» in Heft 1/1999 der *Mitteilungen.* Bartels' Argumentation stützt sich vorwiegend auf die Interpretation von Aussagen Steiners in seiner Autobiographie. Eine gewissenhafte Textarbeit an den Büchern über die Mystik und über das Christentum ist in dem Aufsatz nicht enthalten. Bartels diskutiert deshalb auch nicht die Frage, inwieweit über zwanzig Jahre nach den behandelten Vorgängen entstandene Memoiren eine ausreichende Erkenntnisquelle für die Deutung dieser Vorgänge sind.

In Heft 2/1999 der *Mitteilungen* findet sich noch eine Zuschrift von Friedrich Schmidt-Hieber, worin eine Vortragsäußerung Steiners von 1907 wiedergegeben wird. Steiner interpretiert sein eigenes Buch, und Schmidt-Hieber liest diese Vortragsstelle gegen den Textverlauf des Buches. Diesen Sachverhalt will ich auf sich beruhen lassen.

In einer nicht abgedruckten Zuschrift wurde auf Vorträge Rudolf Steiners vom 10.6.1912 (GA 137) und vom 29.1.1918 (GA 181) hingewiesen. Auch in diesen Vorträgen interpretiert Steiner sein Buch im Rückblick. Ich gebe einen Absatz wieder aus einem Brief an die Verfasserin der Zuschrift: «Hinsichtlich der ... Vortragsstelle von 1912 erscheint die Beobachtung unausweichlich, daß Rudolf Steiner seinen Ausführungen den fortgeschriebenen Buchinhalt von 1910 zugrunde legte, obwohl er sich *expressis verbis* auf die Fassung von 1902 bezog. Wir lernen daraus, daß es nicht möglich ist, spätere Aussagen eines Autors ohne nähere Prüfung zur Interpretation früherer Werke heranzuziehen, auch dann nicht, wenn der Autor diese Verbindung selbst herzustellen scheint.»

Bei diesem Diskussionsstand ist es bis jetzt geblieben, auch unter Berücksichtigung einiger direkt an mich gelangter Zuschriften.

2. Kontinuität oder Wandel

In der Diskussion um Rudolf Steiners Zugang zum Christentum ging es vordergründig darum, wann die im Kapitel XXVI von Steiners Autobiographie berichtete existentielle Begegnung mit dem Wesen des Christentums, dem «Mysterium von Golgatha», stattgefunden hat, d.h. in welchem Abschnitt der Werksentwicklung. Dahinter stehen einander ganz oder teilweise widersprechende Auffassungen darüber, ob sich bei Steiner kurz vor oder nach der Jahrhundertwende eine Wandlung seiner Grundüberzeugungen vollzogen habe, bis hin zu einer Art von Konversion, oder ob im Werdegang von Steiners Ideenwelt Kontinuität unbeschadet des Anwachsens der geisteswissenschaftlichen Forschungsresultate nachweisbar sei. Die sich aufdrängende Forschungsfrage, *in welchem Sinne* von Kontinuität und/oder von Wandlung gesprochen werden könne, wurde im Verlaufe der Auseinandersetzungen kaum gestellt. Wichtig erschien den Kritikern Lindenbergs vor allem, Steiners Glaubwürdigkeit, die sie bedroht sahen, zu verteidigen. Liegt für dieses Abwehranliegen wirklich eine Notwendigkeit vor? Darf Steiner verteidigt werden auf Grundlage einer gesellschaftlich konstruierten *Vorstellung* von seiner Wesenheit?[8] Wiederholt wurde versucht, Steiners persönlichen Entwicklungsgang unter Zuhilfenahme geisteswissenschaftlicher Universalien zu deuten.[9] Alle diese Versuche scheitern daran, daß die Verfasser nicht ohne phantasievolle Gedankenkonstruktionen über die esoterischen Hintergründe von Steiners Lebenslauf auskamen. Die Esoterik der konkreten Werksentwicklung findet bei solchen Versuchen dagegen kaum Berücksichtigung. Hinweise darauf, daß Steiner über einzelne Erlebnisse und über seine eigenen Schriften im Rückblick nicht immer zutreffend berichtet, werden als Tabubruch behandelt. Gefühlsmäßig bestimmte, unreflektierte Festlegungen auf Kontinuität oder Wandlung in Steiners Werdegang erschweren die Beobachtung der besonderen Merkmale dieses Werdeganges, wie sie für eine Einsicht in die geistes- und bewußtseinsgeschichtliche Stellung Steiners notwendig ist. Wer es unternimmt, Steiners Seelen- und Geistesweg als heldische Aufwärtsbahn eines geborenen Sehers und Weisheitslehrers zu beschreiben, verschiebt das empfindliche Gleichgewicht zwischen menschlicher Mühe und dem Gnadewirken der geistigen Welt, welches auch diesem Lebenslauf innewohnt. Der im XXVI. Kapitel des *Lebensganges* in kurzen – leider allzuoft unsensibel zitierten – Worten angedeutete Einbruch der Transzendenz, der Gestalt des Salvators, kann nicht als Ergebnis einer Geistesforschung gewertet werden. Dieses Ereignis – wie auch immer es näher beschaffen gewesen sein mag – richtig zu verstehen und mit einer gewissen Andacht zu behandeln – der Tugend der Bewußtseinsseele! – ist nicht ein Problem Rudolf Steiners, sondern seiner späteren Schüler.

3. Eine philosophische Einweihung

In der Schriftenfolge von GA 1: *Goethes naturwissenschaftliche Schriften* (ab 1883) bis GA 8: *Das Christentum als mystische Tatsache* (1902) ist der Weg zu einer *philosophischen Einweihung* gebahnt als Grundlage der anthroposophischen Geisteswissenschaft selbst. Mit diesem zwanzigjährigen philosophischen Weg stellte sich Rudolf Steiner in den Strom der abendländischen Geistesentwicklung, der einerseits als ein Weg fortschreitender Aufklärung sich darstellt,[10] andererseits als ein Weg der höheren Intellektualität des Geistselbst.[11] Damit ist die Erfüllung der Mission des begrifflichen Denkens der menschlichen Freiheit überantwortet, der Freiheit zur Anerkennung der hellseherischen Wesenheit der Begriffe und Ideen.[12]

Mit der Proklamation der *philosophischen Einweihung* in dem Buche

Das Christentum als mystische Tatsache[13] und der substantiellen Verwirklichung derselben durch die Begegnung Steiners mit dem Mysterium von Golgatha ging der voranthroposophische Teil von Steiners Werk zu Ende.

Dieser Vorgang ist der bedeutendste *Wandel* in Rudolf Steiners Entwicklung; auf diesen Wandel kommt es für das Werksverständnis an. Ein Zielpunkt der Geistesentwicklung seit der Geburt des Gedankens im frühen Griechentum ist damit erreicht. Die *Kontinuität* offenbart sich in der von Steiner in seinem Buch *Theosophie* von 1904 dem *intuitiven Denken* nun unter dem Gesichtspunkt geistiger Forschungsergebnisse zugewiesenen Bedeutung.

1894 erklärte Steiner in seiner Freiheitsphilosophie den Begriff der Intuition folgendermaßen: «Im Gegensatz zum Wahrnehmungsinhalte, der von uns außen gegeben ist, erscheint der Gedankeninhalt im Innern. Die Form, in der er zunächst auftritt, wollen wir als *Intuition* bezeichnen. Sie ist für das Denken, was die Beobachtung für die Wahrnehmung ist. Intuition und Beobachtung sind die Quellen unserer Erkenntnis.»[14]

Zehn Jahre später, in dem Buche *Theosophie* heißt es:[15] «In dem gleichen Sinne, wie die Offenbarung des Körperlichen Empfindung heißt, sei die Offenbarung des Geistigen *Intuition* genannt. Der einfachste Gedanke enthält schon Intuition [...] Wie ohne das Auge keine Farbempfindungen da wären, so ohne das höhere Denken des Geistselbst keine Intuitionen [...] Durch die Intuitionen holt sich das Ich des Menschen, das in der Seele auflebt, die Botschaften von oben, von der Geisteswelt ...» Die Bewußtseinsseele trägt in sich das Intuitionsorgan. Durch dieses werden der Bewußtseinsseele die Intuitionen als Geistesbotschaften vermittelt.

Diese wenigen Zeilen zeigen bereits, welche Aufgabe dem intuitiven Denken nach Steiners Eintritt in den eigentlich anthroposophischen Teil seines Wirkens zufällt: Der gesamte Inhalt der anthroposophischen Geistesforschung, also ihre Ergebnisse, erschließt sich allein der Intuition. Bleibt diese aus, wird sie nicht bewußt, so vermag sich die Geisteswissenschaft im Menschen nicht zu offenbaren. Womit der Leser oder Hörer geisteswissenschaftlicher Mitteilungen umgeht, ist oft etwas anders, als er glaubt. Das Tor der Intuition ist das einzige Tor für die mögliche und notwendige Individualisierung des Geistes. Intuition als Wesenseinheit mit der Idee ist der Gipfelpunkt des modernen Individualismus. Das bedeutet: Die Geisteswissenschaft muß «Ich» werden. Die intuitive Ich-Werdung des *corpus anthroposophicum* ist die Finalität des Werkes Rudolf Steiners.

Aus diesem und keinem anderen Grunde ist von Steiner innerhalb der Anthroposophischen Gesellschaft eine Freie Hochschule für Geisteswissenschaft veranlagt worden. Der Hochschule ist die geistige Forschung auf intuitiver Grundlage als Aufgabe zugewiesen. Dieser Aufgabe wurde die Hochschule in der allgemein-anthroposophischen Fakultät durch schwere, institutionalisierte Irrtümer entrissen. Sie kann dieser Aufgabe wieder zurückgegeben werden, wenn sich die Mitglieder der Hochschule auf die Botschaft der Entwicklung des Werkes Rudolf Steiners durch Kontinuität und Wandel in der richtigen Art besinnen.

Anmerkungen

1 Stuttgart 1970.
2 Erstauflage 1902, überarbeitete Zweitauflage 1910, siebente Auflage 1959 als GA 8.
3 Vgl. meine Rezension in *Die Drei*, Heft 6/1995.
4 *Die Goetheanum-Krise,* Privatdruck 1996.
5 Rudolf Grosse, *Die Weihnachtstagung als Zeitenwende*, Dornach 1976.
6 «Einweihung und Mysterien» in Rudolf Steiner: Luzifer-Gnosis 1903 – 1908, GA 34, S. 34 ff.
7 Friedrich Rittelmeyer, *Meine Lebensbegegnung mit Rudolf Steiner*, Stuttgart 1928.
8 Vgl. Günter Röschert, *Anthroposophie als Aufklärung*, München 1997, Abschnitt 3.7.3.
9 Siehe z.B. Sergej Prokofieff, *Rudolf Steiner und die Grundlegung der neuen Mysterien*, Stuttgart 1982, und zuletzt: Friedwart Husemann, *Rudolf Steiners Entwicklung*, Dornach 1999. Zu letzterem Buch vgl. meine Rezension im *Jahrbuch für anthroposophische Kritik* 1999.
10 Vgl. Anm. 8.
11 Rudolf Steiner, *Theosophie*, GA 9, Kap. «Das Wesen des Menschen. Leib, Seele und Geist».
12 Rudolf Steiner, *Die Philosophie der Freiheit* , GA 4, zweiter Zusatz zur Neuauflage 1918.
13 Vgl. Lorenzo Ravagli, «Die Philosophie und der Sohnes-Gott» in diesem Buch.
14 Vgl. Anm. 12, Kap. VI.
15 Vgl. Anm. 11.

Einführung

I. Der Forschungsansatz der «Münchner Schule»

Lorenzo Ravagli

Zwei der seltenen definitionsartigen Charakterisierungen der Anthroposophie durch Rudolf Steiner heben ihre Wissenschaftlichkeit und ihre Methodik hervor. Die erste findet sich im ersten *Leitsatz*: «Anthroposophie ist ein Erkenntnisweg, der das Geistige im Menschenwesen zum Geistigen im Weltenall führen möchte.»[1]

Die zweite im Vorwort zur Buchausgabe des Vortrags *Philosophie und Anthroposophie*: «Unter Anthroposophie verstehe ich eine wissenschaftliche Erforschung der geistigen Welt [...] die, bevor sie den Versuch macht, in die übersinnliche Welt einzudringen, in der erkennenden Seele erst die im gewöhnlichen Bewußtsein [...] noch nicht tätigen Kräfte entwickelt, welche ein solches Eindringen ermöglichen.»[2]

Anthroposophie wird von Steiner als «Erkenntnisweg», als «wissenschaftliche Forschung» bezeichnet.[3] Sie beruht auf der Ausbildung von Erkenntniskräften, die im «gewöhnlichen Bewußtsein» noch nicht entwickelt sind, das heißt, sie beruht auf Schulung.

1. Wann beginnt die anthroposophische Forschung?

Angesichts der Tatsache, daß zur Praxis der anthroposophischen Forschung die Ausbildung von Erkenntniskräften erforderlich ist, kann die Frage aufgeworfen werden, wann die anthroposophische Forschung beginnt.

Diese Frage kann in zwei konträren Formen beantwortet werden.

1. Entweder die anthroposophische Forschung beginnt erst mit der Vollendung des Schulungsweges, der der Ausbildung der entsprechenden

Erkenntniskräfte dient. Dies führt zu einem engeren Begriff der anthroposophischen Forschung.

2. Oder aber, die Forschung beginnt bereits im Augenblick der Inangriffnahme des Schulungsweges, das heißt, das Beschreiten des Schulungsweges ist selbst ein elementarer Akt der anthroposophischen Forschung. Diese Version ergibt einen weiteren Begriff der Forschung.
3. Neben diesen beiden gibt es noch einen dritten Begriff der anthroposophischen Forschung, den historisierend-institutionellen. Er beinhaltet die Auffassung, anthroposophische Forschung sei nur im Rahmen der esoterischen Hochschule, das heißt, innerhalb der ersten Klasse dieser Hochschule möglich. Mitunter wird Nichtmitgliedern dieser Hochschule das Recht, von anthroposophischer Forschung zu sprechen oder der Anspruch eine solche zu betreiben, abgesprochen. Die Frage nach der anthroposophischen Forschung wäre dann mit dem Hinweis auf das zu beantworten, was in den Institutionen der Hochschule als anthroposophisch orientierte Geisteswissenschaft praktiziert wird.

Abgesehen von dieser dritten Variante, die das Problem nicht beantwortet, sondern nur verschiebt, ist die Alternative, die durch die ersten beiden Positionen eröffnet wird, denkbar groß. Die Entscheidung über die genannte Frage ist, wie leicht zu erkennen sein wird, von außerordentlicher, systematischer Bedeutung. Es ist keineswegs eine Haarspalterei oder eine müßige Angelegenheit, sich mit ihr zu befassen.

Je nachdem, wie man sie beantwortet, ergeben sich erhebliche Konsequenzen sowohl für das Verständnis der Anthroposophie als auch für die Möglichkeit der Praxis der anthroposophischen Forschung nach dem Tode Rudolf Steiners.

Wenn anthroposophische Forschung erst mit der Vollendung des Schulungsweges möglich wird, und zwar des Schulungsweges zur Erlangung von Erkenntnissen höherer Welten, wie Steiner ihn in *Wie erlangt man Erkenntnisse der höheren Welten?*, der *Theosophie* und der *Geheimwissenschaft im Umriß* dargestellt hat, dann kann man die erste Hälfte des Lebenswerkes Rudolf Steiners (bis 1900 oder 1902) nicht zur Anthroposophie rechnen. Denn dieser Teil des Lebenswerkes ist, den engeren Forschungsbegriff vorausgesetzt, kein Ausfluß anthroposophischer Forschung. Er ist es deshalb nicht, weil die Schriften, die Steiner vor der Jahrhundertwende veröffentlicht hat, die explizite Darstellung des Real-

Geistigen vermeiden. Sie bleiben innerhalb der Erlebnisse des Denkens stehen. Damit bleiben sie aber im weiteren Sinne innerhalb des gewöhnlichen Bewußtseins stehen. Denn die Grenze des gewöhnlichen Bewußtseins wird für die charakterisierte Version des Forschungsbegriffs erst in dem Moment überschritten, als mindestens imaginative Erfahrung vorliegt, die auch beschrieben werden kann.

Beginnt aber die Möglichkeit der anthroposophischen Forschung bereits mit der Inangriffnahme des Schulungsweges, dann ist die anthroposophische Forschung und damit auch die sogenannte anthroposophische Hochschularbeit innerhalb der Grenzen des gewöhnlichen Bewußtseins im weiteren Sinne möglich.

Anthroposophische Forschung ist, wenn der weitere Forschungsbegriff zugrunde gelegt wird, vom Augenblick an, wo der Schulungsweg betreten wird möglich, weil das gewöhnliche Bewußtsein von diesem Augenblick an dabei ist, sich in ein «außergewöhnliches» Bewußtsein umzuwandeln, mit anderen Worten: die Verwirklichung des intuitiven Denkens ist ohne forschenden Umgang mit der eigenen Bewußtseinstätigkeit nicht möglich.

Bejaht man die erste Variante, vertritt man einen verhängnisvollen Dualismus, den sich übrigens viele Gegner der Anthroposophie zu eigen gemacht haben. Dieser Dualismus besteht darin, daß es letztlich keine Vermittlung, keine Brücke zwischen dem gewöhnlichen Bewußtsein des Alltagsmenschen und dem außergewöhnlichen Bewußtsein des Sehers und Eingeweihten gibt. Wenn dies so ist, dann kann dem gewöhnlichen Bewußtsein auch kein Recht eingeräumt werden, den Inhalt des außergewöhnlichen Bewußtseins zu prüfen, ja nicht einmal die Möglichkeit eines verstehenden Nachvollzugs dieser Inhalte ist dann legitimerweise vertretbar. Das gewöhnliche Bewußtsein ist von seiner Form und seinen Inhalten her dem außergewöhnlichen Bewußtsein vollkommen inadäquat und zwischen zwei inkommensurablen Größen kann es kein Vergleichsmittel geben. Es eröffnet sich angesichts dieses Dualismus eine unüberbrückbare Kluft zwischen Glauben und Wissen, zwischen Offenbarung und Erkenntnis. Das heißt, die Kluft ist von seiten des Offenbarenden überbrückbar, aber nicht von Seiten dessen, der die Offenbarung empfängt. Gießt der Offenbarende die offenbarten Inhalte in Formen, die dem gewöhnlichen Bewußtsein verständlich sind, dann kann dieses zu den Inhalten einen verstehenden Zugang finden. Es kann aber diesen Inhalt nach keiner Richtung einer Prüfung unterziehen, da es an dieser durch seine vollständige Inadäquatheit gegenüber dem Offenbarungsinhalt gehindert wird.[4]

Man tritt mit dieser Auffassung nicht nur in das Lager der Gegner ein, man tritt auch zu Steiners eigener Auffassung der Beziehung zwischen dem gewöhnlichen und dem außergewöhnlichen Bewußtsein in Gegensatz.

Bejaht man die zweite Variante, dann sollte man zeigen, wo innerhalb des gewöhnlichen Bewußtseins anthroposophische Forschung stattfinden kann. Man sollte zeigen, wie diese innerhalb der Grenzen des gewöhnlichen Bewußtseins mögliche anthroposophische Forschung aussieht. Ebenso wäre zu verdeutlichen, mit welchen Mitteln des gewöhnlichen Bewußtseins diese Forschung praktiziert werden könnte. Zuletzt müßte dargestellt werden, in welchem Verhältnis sie zur anthroposophischen Forschung des außergewöhnlichen Bewußtseins steht.

2. Forschung innerhalb der Grenzen des «gewöhnlichen Bewußtseins»

Für Rudolf Steiner beginnt die Anthroposophie mit den *Grundlinien einer Erkenntnistheorie der Goetheschen Weltanschauung*. Sie stellen eine *philosophische Grundlegung der Anthroposophie* dar. Und zwar stellen sie eine Grundlegung der Anthroposophie als Wissenschaft dar, weil sie deren Erkenntnisart begründen. Aus diesem Grund schreibt Steiner 1925 in den *Anmerkungen zur Neuauflage*:

«Was in dieser Schrift über das Wesen der Erkenntnis gesagt wird, [gilt] auch für das Erkennen der geistigen Welten, auf das sich meine später erschienenen Schriften beziehen.»[5]

Im Rückblick erweist sich diese Schrift als «die erkenntnistheoretische Grundlegung und Rechtfertigung von alle dem, was ich später gesagt und veröffentlicht habe. Sie spricht von einem Wesen des Erkennens, das den Weg freilegt von der sinnenfälligen Welt in eine geistige hinein.»[6]

Dabei findet die Grundlegung der Anthroposophie als Erkenntnisart offenbar mit rein philosophischen Mitteln statt. Das heißt, Steiner bedient sich in den *Grundlinien* der Denkmittel des gewöhnlichen Bewußtseins und führt doch über das gewöhnliche Bewußtsein hinaus. Dies leisten die *Grundlinien* deshalb, weil sie zu jenem Ausnahmezustand führen, von dem im dritten Kapitel der *Philosophie der Freiheit* explizit die Rede ist. Die Charakterisierung des Denkens, die sich in den Kapiteln 8 bis 10 der *Grundlinien* findet, ist nur im intuitiven Neuvollzug verstehbar. In diesem Neuvollzug wird aber jener Bewußtseinszustand hervorgerufen, der die Wesensdurchdringung von Denkakt und Denkinhalt erst verständlich macht. Nur wer die Durchdringung der subjektiven und der objektiven Seite des Denkens intuitiv erlebt, kann ein wirkliches Verständnis der Charakterisierung des Denkens gewinnen, die bereits in den *Grundlinien* vorliegt. Hier erhebt sich, an dem ihm möglichen Ort, das gewöhnliche Bewußtsein in jenen «Ausnahmezustand» der intuitiven Selbsterfassung des Denkens, durch den es zu einem «außergewöhnlichen» Bewußtsein wird, ohne die Grenze des Denkerlebens zur Imagination zu überschreiten. Das bedeutet, daß das gewöhnliche Bewußtsein mit den ihm zur Verfügung stehenden Mitteln des Denkens sich selbst in einen außergewöhnlichen Bewußtseinszustand zu versetzen vermag, in dem es auch imstande ist, die Anthroposophie und ihre Erkenntnismethode philosophisch zu begründen. Wenn es aber imstande ist, die Erkenntnisart der Anthroposophie zu begründen, dann muß es diese auch praktizieren können, mindestens für den Teil der Wirklichkeit, der ihm durch den hergestellten Ausnahmezustand des reinen Denkens zugänglich ist. Anders ausgedrückt, die philosophische Grundlegung der anthroposophischen Erkenntnis ist bereits die beginnende Praxis dieser Erkenntnis. Denn in der Erkenntnis, die das Denken im intuitiven Erleben von sich selbst gewinnt, steht der Mensch in der geistigen Wahrnehmungswelt seines eigenen Denkens, und vermag in dieser den ihm hier zugänglichen Wahrnehmungen gegenüber jene Erkenntnisform zu realisieren, die die Erkenntnisform der Anthroposophie ist.

Die *Philosophie der Freiheit* ist für Steiner die «Darstellung einer Anthroposophie, die auf die Natur hin und das Stehen des Menschen in der Natur mit seiner ihm individuell eigenen sittlichen Wesenheit orientiert ist.»[7]

Im Sinn der *Philosophie der Freiheit* ist das «intuitive, reine», das heißt, sinnlichkeitsfreie Denken eine übersinnliche Erfahrung. Es ist elementares Hellsehen, wie Steiner immer wieder betont. Aus diesem Grunde kann er 1918 in einem *Zusatz zur Neuauflage* auch schreiben: «Im intuitiv erlebten Denken ist der Mensch in eine geistige Welt auch als Wahrnehmender versetzt. Was ihm innerhalb dieser Welt als Wahrnehmung so entgegentritt wie die geistige Welt seines eigenen Denkens, das erkennt der Mensch als geistige Wahrnehmungswelt [...] Die geistige Wahrnehmungswelt kann dem Menschen, sobald er sie erlebt, nichts Fremdes sein, weil er im intuitiven Denken schon ein Erlebnis hat, das rein geistigen Charakter trägt. Von einer solchen Wahrnehmungswelt sprechen eine Anzahl der von mir nach diesem Buche veröffentlichten Schriften. Diese *Philosophie der Freiheit* ist die philosophische Grundlegung für diese späteren Schriften. Denn in diesem Buche wird versucht, zu zeigen, daß richtig verstandenes Denk-Erleben schon Geist-Erleben ist.»[8]

Diese Aussage aus dem Jahr 1918 darf so ausgelegt werden, daß im reinen Denken bereits anthroposophische Forschung stattfinden kann. Denn im intuitiv erlebten Denken lebt der Mensch nicht bloß in einer Begriffswelt, er bewegt sich auch in der Wahrnehmungswelt seiner eigenen Denkakte, die durch die Begriffsinhalte in je verschiedener Weise rückbestimmt werden. Entwickelt er das Bewußtsein für diese Wahrnehmungen, dann bildet er seine geistige Wahrnehmungsfähigkeit differenziert gegenüber den geistigen Wahrnehmungsgegebenheiten der Begriffsinhalte aus, die er in ihrer individuellen Verschiedenartigkeit an seinen eigenen Denkakten erlebt.

Mit diesem Vorgang ist auch die Durchdringung von Wahrnehmungen mit Begriffen gewährleistet, die für das Erkennen erforderlich ist. Denn im Denkvollzug nimmt der Mensch an seinen Denkakten die Durchdringung dieser Denkakte durch die ihnen zugehörigen Begriffe wahr, die in das Denkaktgesetz eingebettet sind. «Im Betrachten des Denkens selbst fallen in eines zusammen, was sonst immer getrennt auftreten muß: Begriff und Wahrnehmung», wie Steiner in der *Philosophie der Freiheit* (1918) schreibt.[9] Das heißt, das Denken stellt, wenn es in der gekennzeichneten Form erlebt wird, eine Wirklichkeit dar, in seiner intuitiven Selbsterfassung entsteht seine Wirklichkeit und diese besteht in der Erkenntnis. Dabei wird nicht etwa nur das Denken oder das Gesetz des

Denkens erkannt: insofern an den Denkakten die den einzelnen Begriffen korrespondierenden Wahrnehmungen erfolgen, werden auch diese Begriffe erkannt. Gewiß werden durch die Wahrnehmungen der Begriffe an den Denkakten nicht alle möglichen Wahrnehmungen gemacht, die aus den Begriffen hervorgehen können, aber es sind, genauso wie Sinneswahrnehmungen, objektive Tatsachen der Welt, an denen eine Individualisierung der Begriffe beobachtbar ist.

Dieses Bewußtsein, das sowohl in den *Grundlinien einer Erkenntnistheorie der Goetheschen Weltanschauung*, als auch in der *Philosophie der Freiheit* beschrieben wird, bezeichnet Steiner in seiner Dissertation als «kritisches Bewußtsein». Das Eintrittstor in die anthroposophische Forschung der *Philosophie der Freiheit* ist das kritische Bewußtsein des Ausnahmezustandes. Es ist ein Bewußtsein, das ein «Wissen von der Gesetzmäßigkeit seines Tuns hat und sich dieser Gesetzmäßigkeit bemächtigt».[10]

Dieses Bewußtsein, das ein Wissen von der Gesetzmäßigkeit, in unserem Fall seines erkennenden Tuns hat, entsteht durch die Selbstanschauung des Tuenden, also die Selbstanschauung des Denkens. Das kritische Bewußtsein von *Wahrheit und Wissenschaft* ist mit dem Bewußtsein des Ausnahmezustandes der anderen philosophischen Werke identisch. Die anthroposophische Forschung im Sinne der philosophischen Grundschriften Rudolf Steiners trägt das kritische Bewußtsein als ein aufgehobenes Moment stets in sich. Das Moment der Kritik ist eine unverlierbare Signatur dieses Bewußtseins. Es hat sich gleichsam durch die intuitive Selbstanschauung geistig selbst gesiegelt (getauft).

Die anthroposophische Forschung ist im Sinne der *Philosophie der Freiheit*

1. kritisch beobachtete, begriffliche Durchdringung der Wahrnehmungswelt,
2. Erfassen tätig hervorgebrachter, rein ideeller Zusammenhänge,
3. Durchdringen des ideellen Weltzusammenhangs in der übersinnlichen Erfahrung des Denkens.

Die *Philosophie der Freiheit* lehrt bekanntlich eine Methode, keine Inhalte. Sie ist als Schulungsbuch zu betrachten, nicht als Erkenntnistheorie oder systematische Ethik. Sie führt zur Selbsterkenntnis des Geistes. Im meditativen Umgang mit ihr wird das Erkenntnisorgan der anthroposophischen Forschung, das reine Denken, ausgebildet. Dieses stellt ein tätiges, übersinnliches Wahrnehmungsorgan für den übersinnlichen Weltinhalt dar, den es in der Form des Begriffs zum Bewußtsein bringt. Die *Philosophie der Freiheit* bietet nicht nur eine «Einführung in übersinnliche Welterkenntnis» (so der Untertitel der *Theosophie*), sie führt zu dieser Erkenntnis unmittelbar hin. Nach der Vorrede zur *Theosophie* aus dem Jahre 1910 ist die *Philosophie der Freiheit* ein Weg, auf dem die Inhalte, die in der *Theosophie* dargestellt sind, gesucht werden können. («Wer noch auf einem anderen Wege die hier dargestellten Wahrheiten suchen will, findet einen solchen in meiner *Philosophie der Freiheit* .»[11])

Das reine Denken, das heißt, das kritisch-aufgeklärte Bewußtsein baut die Brücke zwischen dem gewöhnlichen Bewußtsein, das durch die Selbstvergessenheit des Denkens gekennzeichnet ist, und der anthroposophischen Forschung im engeren Sinne, in der die übersinnliche Wahrnehmungswelt in Form von Imaginationen, Inspirationen etc. zugänglich wird. Das reine Denken ist die grüne Schlange, die sich zur Brücke über den Strom umgestaltet.

Deshalb bildet auch das *Studium* die erste Stufe des rosenkreuzerisch-anthroposophischen Schulungsweges. Das Studium besteht im Sinne Steiners nicht darin, sich eine Summe von beliebig reproduzierbaren Vorstellungen anzueignen, sondern es besteht in der Ausbildung des reinen, sinnlichkeitsfreien Denkens anhand der Inhalte, die in der späteren Anthroposophie dargestellt sind, oder auch anhand der philosophischen Grundschriften, wie Steiner im Schulungskapitel der *Geheimwissenschaft im Umriß* ausführt. Das Studium führt zur Entwicklung des ersten übersinnlichen Erkenntnisorgans, das bereits im gewöhnlichen Bewußtsein (allerdings verschüttet und unerkannt) vorhanden ist.

«Das Studium ist nicht das Lernen, wie es gewöhnlich geschieht, sondern man muß darauf kommen, daß es für den Menschen ein Denken gibt, welches noch ein flüssiges, wirkliches Denken ist, wobei der Mensch alle sinnlichen Wahrnehmungen um sich herum ausschließt [...] Der Mensch muß lernen, alles zu vergessen, von allem abzusehen, was äußerlich auf die Sinne wirkt, ohne jedoch leeres Gefäß zu bleiben. Das ist möglich, wenn man sich in einen reinen, sinnlichkeitsfreien Gedanken vertieft, wie er in den Mitteilungen des Geistesforschers enthalten ist, und über das, was sich fortspinnt, sinnt. Ich habe in meinen Schriften diesen Weg verfolgt, ich habe sie so niedergeschrieben, daß wie bei einem lebendigen Wesen ein Glied aus dem andern organisch herauskommt.»[12]

«Das Studium erfordert, daß der Schüler die Geduld hat, gewisse Begriffe über die Welt zu gewinnen [...] Das geduldige Aneignen von Begriffen ist notwendig für jeden, der höher hinauf dringen will. Es ist dazu eine gewisse Trainierung des Denkens erforderlich, eine Angewöhnung, im reinen Elemente des Denkens zu leben und zu weben. Für die, welche die rosenkreuzerische Einweihung erlangen und den Geist trainieren wollen, sind solche Bücher geschrieben, wie *Philosophie der Freiheit* und *Wahrheit und Wissenschaft*. Es kommt darauf an, die für manche unendlichen Schwierigkeiten zu überwinden, den Gedanken zu verfolgen und zu erkennen, wie sich ein Gedanke aus dem andern mit Notwendigkeit herausspinnt.»[13]

3. Möglichkeiten der Forschung

1. Individuell selbständiges, nicht autoritätsgläubiges Verhältnis zu den Darstellungen der Geistesforschung im engeren Sinn

Auf dieses Verhältnis hat Steiner in der *Geheimwissenschaft im Umriß* mehrfach hingewiesen.

Einerseits dadurch, daß er «Leser» fordert, «welche sich bemühen, das Mitgeteilte an den Erkenntnissen der eigenen Seele und an den Erfahrungen des eigenen Lebens zu prüfen»,[14] und zwar «vor allem [...] vom gesunden, vorurteilslosen Denken und Menschenverstand aus».[15]

Steiner führt in der ersten Auflage der *Geheimwissenschaft* zu dieser Prüfung folgendes aus:

«[...] in dem Buche [...] ist [...] gezeigt, wie in vollem Maße das vernunftgemäße Denken zum Probierstein des Dargestellten werden kann und soll. Wer auf dieses Dargestellte die vernunftgemäße Prüfung ebenso anwendet, wie sie sachgemäß auf die Tatsachen der Naturwissenschaft angewendet wird, der erst wird entscheiden können, was die Vernunft bei solcher Prüfung sagt [...] [Es ist] nichts vorgebracht, was nicht verständlich sein kann unbefangener Vernunft und gesundem Wahrheitssinn [...] Der Verfasser sagt es unumwunden: er möchte vor allem Leser, welche nicht gewillt sind, auf blinden Glauben hin die vorgebrachten Dinge anzunehmen, sondern welche sich bemühen, das Mitgeteilte an den Erkenntnissen der eigenen Seele und an den Erfahrungen des eigenen Lebens zu prüfen. [Anmerkung 1913: Gemeint ist hier nicht etwa nur die geisteswissenschaftliche Prüfung durch die übersinnlichen Forschungsmethoden, sondern vor allem die durchaus mögliche vom gesunden, vorurteilslosen Denken und Menschenverstand aus.] Er möchte vor allem vorsichtige Leser, welche nur das logisch zu Rechtfertigende gelten lassen. Der Verfasser weiß, sein Buch wäre nichts wert, wenn es nur auf blinden Glauben angewiesen wäre; es ist nur in dem Maße tauglich, als es sich vor der unbefangenen Vernunft rechtfertigen kann.»

Läßt man diese Aussagen auf sich wirken, dann überraschen sie, je mehr ihre Bedeutung hervortritt, vor allem durch ihre Radikalität. Wenn der Verfasser dieser Zeilen sie ernst gemeint hat, und nicht bloß einen uneinholbaren Anspruch zugestand, um seine möglichen Kritiker zu besänftigen, dann sagt er doch tatsächlich, daß er seiner gesamten Darstellung einer «Anthroposophie als eines Ganzen» keinerlei Wert zusprechen könnte, wenn sie nur auf blinden Glauben angewiesen wäre. Wenn sich sein Buch nicht vor der «unbefangenen Vernunft rechtfertigen könnte», *dann wäre es nichts wert.*

Um so mehr muß ein Interesse daran bestehen, zu verstehen, wie diese Aufforderung Steiners (denn als Aufforderung an den Leser sind diese Aussagen gemeint) in die Tat umgesetzt werden kann. Es wäre also zu klären, was Steiner unter einer *vernunftgemäßen Prüfung durch das vorurteilslose Denken* versteht.[16] Was er meint, wenn er diese Prüfung mit der sachgemäßen Prüfung von Tatsachen der Naturwissenschaft vergleicht, wenn er von der logischen Rechtfertigung des Gesagten und von der Prüfung an den Erkenntnissen der eigenen Seele und den Erfahrungen des eigenen Lebens spricht. Das Bedürfnis diese Fragen zu klären wird sich bei einem Leser dann einstellen, wenn er die angeführten Aussagen Steiners ernst nimmt. Denn weder für den Leser noch für Steiner selbst (und wir dürfen hinzufügen: auch für die Welt) hätte sein Werk offenbar einen Wert, wenn es nicht mit einer prüfenden Bewußtseinshaltung erarbeitet würde.

Da Steiner nicht voraussetzt, daß der Leser die geschilderten übersinnlichen Beobachtungen durch eigene Beobachtungen überprüft, weil er über diese zunächst kaum verfügen wird, kann sich die geforderte Prüfung nur auf die *Logizität* (die innere Kohärenz der Begriffszusammenhänge), auf die *Plausibilität* (die Wahrscheinlichkeit in Anbetracht des Gesamtzusammenhangs der Darstellung) und auf ihre *Konfaktizität* (die Nichtauffindbarkeit von widersprechenden Wahrnehmungen oder widersprechenden Erkenntnisergebnissen aus anderen Wissenschaften) beziehen. Diese drei Faktoren machen den Inhalt der möglichen Prüfung aus, durch den die Darstellungen des Geistesforschers ihren individuellen Wert erhalten, wenn von einer *Falsifikationsprüfung* durch eigene übersinnliche Beobachtung abgesehen wird. Eine solche dreifache Prüfung ist aber erforderlich, wenn die Kenntnisnahme seiner Darstellungen nach Steiners Worten nicht den Charakter des blinden Glaubens haben soll.[17]

Andererseits hebt Steiner die Möglichkeit eines selbständigen, nicht autoritätsgläubigen Zugangs zur Anthroposophie dadurch hervor, daß er im Kapitel *Charakter der Geheimwissenschaft* auf die Bedeutung der intuitiven Evidenz für den miterkennenden Nachvollzug der Darstellung des Geistesforschers hindeutet:

«Man lebt im Lesen von geisteswissenschaftlichen Erkenntnissen auf andere Art, als in demjenigen der Mitteilungen sinnenfälliger Tatsachen. Liest man Mitteilungen aus der sinnenfälligen Welt, so liest man eben über sie. Liest man aber Mitteilungen über übersinnliche Tatsachen im rechten Sinne, so lebt man sich ein in den Strom geistigen Daseins. Im Aufnehmen der Ergebnisse nimmt man zugleich den eigenen Innenweg dazu auf [...]»[18] «In dem wahren gedankenmäßigen Aufnehmen steht man in dieser Welt schon drinnen und hat sich nur noch klar darüber zu werden, daß man schon unvermerkt erlebt hat, was man vermeinte, bloß als Gedankenmitteilung erhalten zu haben.»[19]

An dieser Stelle erinnert Steiner seine Leser, ohne ausdrücklichen Hinweis auf diese Schriften, an die philosophischen Grundwerke, an denen jene Form des Denkens entwickelt werden kann, die aufgrund der intuitiven Anschauung von Begriffsinhalten zu Evidenzerfahrungen gelangt.

2. Vorurteilsfreies Verstehen im Sinne einer aufgeklärten Hermeneutik

Ohne Selbstaufklärung des Verstehens ist vorurteilsfreies Verstehen des Anderen nicht möglich. Häufig werden in Steiner Ansichten hineingelesen, die dieser gar nicht vertreten hat. Diese Ansichten trägt ein unaufgeklärtes Verstehen in die Darstellungen Steiners hinein. Ein Verstehen, das alles Gesagte wörtlich nimmt, und nicht auch nach der hinter dem Gesagten stehenden Aussageabsicht fragt, mißversteht häufig das in den denkbar verschiedenartigsten systematischen Zusammenhängen mit dem Gesamtwerk Dargestellte.

Ein anderes, noch gravierenderes Problem des Verstehens ergibt sich daraus, daß vergegenständlichende Formen des Vorstellens vom unaufgeklärten Leser in die Darstellungen des Geistesforschers hineingetragen werden. Auf diesem Wege wird die Darstellung, die in Wahrheit dazu dienen soll, das Vorstellen und Denken von seiner Gebundenheit an die sinnliche Wahrnehmung loszureißen, zu einem Vehikel der fortgesetzten Pflege des Materialismus. Über die Klippe der Vergegenständlichung, die die Ausdrucksformen für das Übersinnliche mit dem Übersinnlichen selbst verwechselt, führt allein eine kritische Selbstaufklärung des Verstehens.

3. Historisch-kritischer und quellenkritischer Umgang mit dem Gesamtwerk Rudolf Steiners

Manche Darstellungen Rudolf Steiners stützen sich auf zu seiner Zeit äußerlich zugängliche Quellen. Insoweit sie sich allein auf solche Quellen abstützen, sind sie von diesen abhängig. Soweit sich durch die Weiterentwicklung der Forschung in der Darstellung von Sachbeständen Veränderungen ergeben haben, sind diese für die Darstellungen Steiners ebenso relevant, wie für die Quellen selbst, auf die er sich gestützt hat. Der genannte Umgang mit dem Gesamtwerk beruht unter anderem auf der Unterscheidung der Quellen, aus denen Steiner seine Erkenntnisse geschöpft hat. Nicht alle seine Aussagen sind originärer übersinnlicher Erkenntnis entsprungen. Manche gehen aus der Lektüre oder aus der gedanklichen Kombination historischer Kenntnisse hervor. Diesen gegenüber ist eine andere Haltung nötig, als den der übersinnlichen Erkenntnis entsprungenen Forschungsresultaten. Aber auch diese sind auf die mögliche Zeitbedingtheit ihrer Ausdrucksformen zu prüfen.

Ein weiteres Kapitel der Quellenkritik betrifft die Veränderungen in verschiedenen Auflagen der Werke Steiners, die auf ihn selbst zurückgehen, die unter Umständen erhellende Einblicke in das eigentlich Gemeinte eröffnen. Eine zusätzliche Fragestellung ist die Sicherheit der Textzeugnisse insbesondere der Vortrags- oder Gesprächsnachschriften.

4. Fähigkeit der Anwendung geisteswissenschaftlich erweiterter Begriffssysteme auf die Durchdringung der Wahrnehmungswelt, ohne dem Dogmatismus zu verfallen

Diese Fähigkeit ist namentlich in den sogenannten Tochterbewegungen von erheblicher praktischer Bedeutung. Wo die Anregungen Steiners zu eigener Forschung zu einem Sammelsurium von Handlungsanweisungen verkommen, hat sich die ursprüngliche Intention gründlich verlaufen. Die freie Individualisierung geisteswissenschaftlich erweiterter Begriffssysteme setzt die Fähigkeit zu selbständigem Denken voraus.

5. Fähigkeit zur Unterscheidung zwischen Erscheinungsform und Wesen der Anthroposophie

Diese Fähigkeit zielt auf die Erkenntnis einer *Anthroposophia perennis*, die völlig unabhängig von bereits entstandenen Ausdrucksformen für das Wesen der Anthroposophie, möglicherweise bereits in unserem Jahrhundert entstanden sind oder noch entstehen können, sicher aber entstehen müßten. Wenn mit den durch Steiner in einem bestimmten historischen Augenblick hervorgebrachten Ausdrucksformen für das Wesen der Anthroposophie bereits die Summe aller möglichen Ausdrucksformen erreicht wäre, dann wären alle Nachgeborenen zum Epigonentum verdammt. Die Fähigkeit des intuitiven Denkens ermöglicht die Unterscheidung von Wesen und Erscheinung, und lehrt in vollkommen andersartigen Ausdrucksformen das identische Wesen erkennen.

Auf all diesen Gebieten ist eine anthroposophische Forschung mit den Mitteln des aufgeklärten, kritischen Bewußtseins möglich und dringend erforderlich. Eine solche Arbeit ist zugleich eine elementare Hochschularbeit, wenn man unter dem Ausdruck elementar grundlegend versteht.

Von Hella Wiesberger stammt der Satz: «Rudolf Steiners Lebensgang ist sein Lebenswerk.» Steiners Lebenswerk, so kann man diesen Satz interpretieren, zeigt exemplarisch die Entwicklung eines Menschen von der Philosophie zur Anthroposophie, vom denkenden zum schauenden Bewußtsein, vom ethischen Individualismus zur aus der Substanz des Christentums erneuerten Gemeinschaft. Ohne Kontinuität und Wandel ist Entwicklung nicht zu verstehen. In allem, was sich entwickelt, muß es bleibende Elemente geben, sonst könnte man Veränderungen nicht erkennen. Begreift man Steiners Lebenswerk als Werk der Wandlung, dann muß einerseits herausgearbeitet werden, was sich in diesem Werk verändert hat, es muß aber auch das Augenmerk auf das Bleibende gerichtet werden. Die verschiedenen Beiträge des vorliegenden Buches stellen Versuche dar, die Entwicklung des Werkes Rudolf Steiners zwischen 1886 und 1902 in ihrem intuitiven Zusammenhang kritisch darzustellen. Sie gehen Kontinuität und Wandel im Werk Rudolf Steiners nach, indem sie den geistigen Weg, den Steiner von seinen frühen philosophischen Schriften bis zu seinem Werk *Das Christentum als mystische Tatsache* zurückgelegt hat, aus den veröffentlichten Texten zu rekonstruieren versuchen. Eine leitende Frage bei diesen Untersuchungen ist die, wie sich der Übergang vom philosophierenden in das schauende Bewußtsein, das zu einem neuen, mystisch vertieften Verständnis des Christentums führen kann, vollzieht und wie er begrifflich rekonstruiert werden kann. Daß dieser Übergang nicht frei von Dramatik, von Gefahren und Versuchungen ist, dokumentiert Steiners Lebenswerk zwischen 1886 und 1902. Insofern stellen die in diesem Buch enthaltenen Versuche auch Beiträge zum Verständnis der Biographie Rudolf Steiners dar.[20]

Anmerkungen

1 GA 26, *Anthroposophische Leitsätze*, S. 14.
2 GA 35, *Philosophie und Anthroposophie*, S. 66.
3 Zur Frage der Wissenschaftlichkeit der Anthroposophie vgl. *Anthroposophie als Aufklärung* von Günter Röschert, München 1997, S. 35 f. sowie Lorenzo Ravagli, «Anthroposophie als Wissenschaft im Verhältnis zu anderen Wissenschaften» in: Ernst-Michael Kranich, Lorenzo Ravagli, *Waldorfpädagogik in der Diskussion*, Stuttgart 1990, S. 94 – 141.
4 Das Problem des Studiums und der Prüfung wird ausführlich von Günter Röschert in seinem Buch *Anthroposophie als Aufklärung* (München 1997, S. 96 – 125) behandelt.
5 GA 2, *Grundlinien einer Erkenntnistheorie der Goetheschen Weltanschauung*, S. 138.
6 Ebenda, S. 10.
7 GA 28, 1900, *Mein Lebensgang*, S. 186.
8 GA 4, *Die Philosophie der Freiheit*, S. 256.
9 Ebenda, S. 146.
10 GA 3, *Wahrheit und Wissenschaft*, S. 44.
11 GA 9, *Theosophie. Einführung in übersinnliche Welterkenntnis und Menschenbestimmung*, S.12.
12 Rudolf Steiner in GA 97, S. 223.
13 Rudolf Steiner in GA 97, S. 190.
14 GA 13, *Die Geheimwissenschaft im Umriß, S. 14*.
15 Ebenda.
16 Siehe Anm. 4.
17 Günter Röschert diskutiert in *Anthroposophie als Aufklärung* die Prüfung als methodisches Erfordernis, das den Übergang vom Studium zur Forschung ermöglicht, ausführlich.
18 A.a.O., S. 49.
19 A.a.O., S. 50.
20 Bekanntlich gibt es eine anthroposophische Apologetik, die weder den eingangs geschilderten Dualismus mit seiner Vorstellung absoluter Erkenntnisgrenzen vertreten möchte – weil Steiner selbst diesen Dualismus abgelehnt hat – noch sich auf eine Erhebung des Bewußtseins im Gebiete des intuitiven Denkens zu einem Forschungsinstrument einlassen möchte. Diese anthroposophische Apologetik schadet dem Ansehen Steiners und der Anthroposophischen Gesellschaft. (Als Beispiel kann das Buch von Friedwart Husemann: *Rudolf Steiners Entwicklung*, Dornach 1999

gelten, das im *Jahrbuch für anthroposophische Kritik 2000* einer näheren Kritik unterzogen wird.) Mit dieser Form der Rezeption von Steiners geisteswissenschaftlichem Werk befassen sich die folgenden Beiträge nur am Rande. Die Autoren wollen vielmehr versuchen, durch positive Betrachtungen einen Beitrag zu einer selbständigen wissenschaftlichen Auffassung von Rudolf Steiners Person und Werk zu geben.

II. Der Monismus im Lebensgang Rudolf Steiners zwischen 1883 und 1904[1]

Günter Röschert

«Diese Bücher [*Wahrheit und Wissenschaft, Die Philosophie der Freiheit,* G.R.] sind so entstanden, daß meine Person nur die Gelegenheit gegeben hat, daß diese Gedankengebäude in die Sinnlichkeit getreten sind. Man mußte sich einfach hingeben, auf daß diese Gedanken sich selbst erzeugten, sich selbst fortspinnen.»[2]

Rudolf Steiner

1. Einleitung: Monotheismus und Monismus

Mit der Offenbarung am Horeb, von der das 2. Buch Mose berichtet, beginnt das Zeitalter des Einen Gottes in der Geschichte. Im ätherischen Feuer des Dornbusches gibt sich Gott kund als Ich.[3] Der Monotheismus ist die Religion des wachsenden Ich. Das Ich des Menschen ist dazu berufen, sich über die Wahrnehmung der Sinnesdinge zu erheben zum Leben in der rein geistigen Welt. Deshalb ist mit der Horeb-Offenbarung das Bilderverbot verbunden: Du sollst dir kein Bildnis machen noch irgendein Gleichnis.[4]

Zur Ehre des einen Gottes, der vom Volksgott zum Menschheitsgott aufstieg, wird das Hauptgebet Israels gesprochen: «Höre Israel, der Herr ist unser Gott, der Herr ist einzig! Darum sollst du den Herrn, deinen Gott lieben von ganzem Herzen, von ganzer Seele und mit ganzer

Kraft.»[5] Die Religion des einen und einzigen Gottes enthält in sich die Doppelwahrheit: Gott ist transzendent, Gott ist immanent.

Die Erfahrung der Transzendenz Gottes liegt nahe, denn die Menschheit lebt schon lange in einer entgötterten Welt. Der Dualismus Gott/Welt ist gegeben, der Monismus aber ist aufgegeben. Spirituelle Tiefe erreicht die Ein-Gott-Religion in der Erfahrung der Immanenz.[6]

Immanenz- und Transzendenzphilosophie ergänzen einander, auch das Erlebnis der absoluten Transzendenz Gottes hat Größe.

In der abendländischen Theologiegeschichte ist vorwiegend der Transzendenzgedanke bestimmend gewesen, denn das theologische, in der Abstraktionskraft fortgeschrittene Bewußtsein trägt die Anlage zum Diesseits-Jenseits-Dualismus in sich. Der Volksglaube dagegen sah die Natur voller Geister und das Geistige in sinnlicher Erscheinung. Das ist die naive Vorform eines modernen Monismus. Die Vorstufe des Monismus liegt in der Immanenzmystik des ausgehenden Mittelalters und im Werke zweier monistischer Denker der frühen Neuzeit: Giordano Bruno (1548 - 1600) und Baruch de Spinoza (1632 - 1677).[7]

Bruno ist der Philosoph des Kopernikanismus, der den Untergang des geozentrischen Weltbildes nicht nur hinnimmt, sondern enthusiastisch begrüßt. Der Kosmos ist ein lebendiger Organismus, erfüllt vom *primus intellectus* Gottes. Ein nach Ausdehnung und Zahl der Welten unendliches Universum ist Selbstverwirklichung des unendlichen Gottes. Dem weltimmanenten Gott Personeigenschaft zuzuschreiben, scheint unmöglich, ebenso unmöglich die Inkarnation des Logos in einer heilsbedürftigen Welt zu denken. Der Kosmos ist die rückhaltlose Vollstreckung der göttlichen Schöpfungsallmacht.[8]

Die Philosophie Spinozas, weniger kämpferisch, desto eindringlicher entwickelt, zeigt:

Die *natura naturans* – die schaffende Natur – ist Gottes Wirken in der *natura naturata* – der geschaffenen Natur. Letztere ist zwar von Gott verschieden, besitzt aber keine eigene Existenz. Gott ist die all-eine Substanz, der immanente Sinn sowohl der wahrnehmbaren wie der geistigen Welt.[9/10]

2. Rudolf Steiner 1883–1892: Der Monismus als Erkenntnislehre

Der Monismus Brunos und Spinozas ist an Rudolf Steiner durch die Goethe-Arbeit herangetreten, sehr früh, wahrscheinlich um das 20. bis 21. Lebensjahr.[11] Keiner der beiden Denker wird in Steiners Autobiographie *Mein Lebensgang* erwähnt.

Der erste Band von Goethes naturwissenschaftlichen Schriften der Kürschnerschen Ausgabe erscheint 1883. Der 22jährige Steiner referiert in einem einführenden Aufsatz[12] ausführlich und mit voller Zustimmung Spinozas Erkenntnisart: «Da nun Erkennen offenbar ein Gewahrwerden des Wesens der Dinge ist, dieses Wesen doch aber nur in dem Anteile, den ein endliches Wesen von dem Urprinzip aller Dinge hat, bestehen kann, so heißt Erkennen ein Gewahrwerden jenes Unendlichen in den Dingen. (Fußnote: Einiger Attribute Gottes in denselben)».

Von den in Spinozas *Ethik* dargestellten drei Erkenntnisstufen strebte Goethe vornehmlich die dritte an, das intuitive Wissen. Dieses hat zu seiner Voraussetzung, daß sich das göttliche Urprinzip in die Welt ausgegossen hat, als deren Ideengehalt. Wahre Erkenntnis ist nur möglich, wenn Gott in den Dingen wirklich verborgen ist. Goethes anschauende Urteilskraft, die sich der auf dem Grunde der Dinge lebenden Idee bemächtigt, ist erkenntnistheoretischer Spinozismus. Die besondere Entdeckung Goethes besteht darin, daß die organische Welt intuitive Begriffe der anschauenden Urteilskraft verlangt, anders diese Welt unerkennbar bleiben müßte und sich nur im Gewande des Mineralischen darstellen könnte. Steiners Anliegen bei der Herausgabe der naturwissenschaftlichen Schriften Goethes ist es, diese Entdeckung in ihrer Bedeutung richtig zu würdigen.

Steiner ordnet sich damit selbst in den Strom der Immanenzphilosophie ein, wie er durch Spinoza und Goethe repräsentiert wird.

Wann sich Steiner erstmals mit Giordano Bruno beschäftigte, ist ungewiß, doch dürfte er sehr früh auf Goethes ganz im Geiste des Nolaners gehaltene Verse aufmerksam geworden sein:

Was wär' ein Gott, der nur von außen stieße,
Im Kreis das All am Finger laufen ließe!
Ihm ziemt's, die Welt im Innern zu bewegen,
Natur in sich, sich in Natur zu hegen,
So daß, was in ihm lebt und webt und ist
Nie seine Kraft, nie seinen Geist vermißt.[13]

1886 erscheint als Beigabe zur Kürschnerschen Ausgabe von Goethes naturwissenschaftlichen Schriften die Arbeit Steiners: *Grundlinien einer Erkenntnistheorie der Goetheschen Weltanschauung.* Die Rezeption des Spinozismus und die Sichtweise Brunos drückt sich in folgenden Sätzen aus:[14] «Unsere Ansicht hat gezeigt, daß jede Annahme von einem Seinsgrund, der außerhalb der Idee liegt, ein Unding ist. Der gesamte Seinsgrund hat sich in die Welt ergossen, er ist in sie aufgegangen. Im Denken zeigt er sich in seiner vollendetsten Form, so wie er an und für sich selbst ist.» «Der Weltengrund hat sich in die Welt vollständig ausgegossen; er hat sich nicht von der Welt zurückgezogen, um sie von außen zu lenken, er treibt sie von innen; er hat sich ihr nicht vorenthalten. Die höchste Form, in der er innerhalb der Wirklichkeit des gewöhnlichen Lebens auftritt, ist das Denken und mit demselben die menschliche Persönlichkeit. Hat somit der Weltengrund Ziele, so sind sie identisch mit den Zielen, die sich der Mensch setzt, indem er sie darlebt.» Der Mensch «erreicht als Geist die höchste Form des Daseins und vollbringt den vollkommensten Weltprozeß».

Zweifellos widersprechen diese Sätze, die sich im jeweiligen Textzusammenhang noch eindrucksvoller darstellen, den Erfahrungen des gewöhnlichen Bewußtseins. Keineswegs erfährt der Mensch die Ziele seines Handelns regelmäßig als identisch mit den Zielen Gottes. Das Immanenzbewußtsein, welches die angeführten Sätze charakterisieren, ist dem Alltag nicht gegeben, es ist vielmehr höheres (eigentlich tieferes) Bewußtsein, das dem Mystiker oder dem spekulativen Denker nur in entsagungsvollem Bemühen für Augenblicke zugänglich ist. Zur Vorsicht in diesem Sinne mahnt ein Hinweis Steiners aus der erwähnten Schrift von 1886:[15] «Beim Gedanken bin ich mir klar, daß jenes Werden [des Begriffes, G. R.] ohne meine Tätigkeit nicht möglich ist. Ich muß den Gedanken durcharbeiten, muß seinen Inhalt nachschaffen, muß ihn innerlich durchleben bis in seine kleinsten Teile, wenn er überhaupt irgendwelche Bedeutung für mich haben soll.»

Das Denken ist nach Steiner also nicht etwa naturwüchsiges Wirken des allgemeinen Seinsgrundes, sondern Arbeit des Menschen. Es handelt sich hier um ein wesentliches – mit der Tradition Brunos und Spinozas allerdings durchaus zu vereinbarendes – Merkmal des von Steiner damals vertretenen Monismus. Im Denken begreift der Mensch die Naturgesetze als solche, die ohne ihn nur wirken würden:[16/17] «Die Gesetze würden zwar die Weltprozesse beherrschen, aber sie kämen nicht zur Erscheinung.» Die gewillkürten Denkbewegungen des Menschen enthalten also die Möglichkeit, die Ideenordnung des Kosmos in sich aufzunehmen. Das in diesem Zusammenhang mehrfach gebrauchte Bild vom Denken als Organ der Ideen-Wahrnehmung hat Steiner später nicht mehr verwendet, wohl weil dieser Metapher eine gewisse Passivität zu eignen scheint. Von weiterführender Bedeutung ist der Hinweis, daß im Sinnenobjekt der im Seelen-Innern gefaßte Gedanke im Augenblicke des Erkennens wiedererscheint.[18] Diesen Erklärungstypus greift Steiner ein Jahr nach dem Erscheinen der *Grundlinien*, 1887, im zweiten Band von *Goethes naturwissenschaftlichen Schriften* auf mit den monumentalen Worten: «Das Gewahrwerden der Idee in der Wirklichkeit ist die wahre Kommunion des Menschen.»[19]

Dieser Satz bezeichnet den exzeptionellen Erfahrungsinhalt, daß die adäquate Idee einer Sache in einem blitzartigen Koinzidenzerlebnis (der «Kommunion») wie von außen wahrnehmbar wird, in Form des von der denkenden Beobachtung erfaßten und durchdrungenen Objektes. In dem Objekte erscheint die Idee allerdings in ihrem Anderssein, das Wahrnehmungsobjekt ist die «besondere Form des Begriffes».[20] Auf dieses Problem zielt der folgende Satz, ebenfalls aus dem erwähnten Band: «Das Wesen eines Dinges erforschen heißt, im Zentrum der Gedankenwelt einsetzen und aus diesem heraus arbeiten, bis uns ein solches Gedankengebilde vor die Seele tritt, das uns mit dem erfahrenen Dinge identisch erscheint.»[21]

Kann die Idee mit dem anschaulichen Gegenstande identisch werden? Dies meinte schon Schiller gegenüber Goethe bestreiten zu müssen.[22] Wenn es zuträfe, so läge hier allerdings der Erfahrungsgrund eines Monismus der Idee als Identitätsphilosophie. Steiner verfolgte die Annahme der Identität jedoch nicht weiter. Wenige Seiten vor der angeführten Stelle heißt es in der bezeichneten Schrift: «Das, was die Besonderheit eines Objektes ausmacht, läßt sich nicht begreifen, sondern nur anschauen.»[23] Etwas später jedoch wieder, ganz im Geiste des Spinoza: «Der gesamte Seinsgrund ist in der Idee aufgegangen, hat sich in sie ergossen, rückhaltlos, so daß wir ihn nirgends als in ihr zu suchen haben.»[24/25]

Wie sind diese Aussagen miteinander zu vereinbaren? Deutlich zeigt sich hier im erkenntnistheoretischen Bemühen Steiners eine unaufgelöste Spannung, der die Philosophie der Immanenz niemals entgeht: Die wahrnehmbare Welt erhält ihre einzige Bestimmung aus der Idee; was die Wahrnehmung aber selbst ausmacht, läßt sich nur anschauen, nicht begreifen. Wie kommt die Idee dazu, eine anschauliche, nicht-ideelle Außenseite zu haben? Der Monismus berührt an dieser Stelle das Problem der Verdinglichung des Geistes oder der Entfremdung, einen Topos der Hegelschen Philosophie. Mit den Mitteln der Erkenntnistheorie läßt sich die auftretende Unausgeglichenheit nicht lösen.

Wie ist die Existenz der Sinneswelt vom Gesichtspunkt des Monismus überhaupt zu verstehen? Schon Spinoza hatte den Gedanken eines göttlichen Schöpfungsaktes im Sinne des 1. Buches Mose nicht akzeptieren können, weil die Vorstellung eines isolierten Willensereignisses solcher Art einem dualistischen Weltbild anzugehören schien. Die weitere Folge eines konsequenten Immanenzdenkens und im Gefolge die Annahme der Ewigkeit der sinnlich-übersinnlichen Welt war die entschiedene Ablehnung der Idee einer Inkarnation Gottes (der Weltvernunft) als Mensch. Spinoza steht hier gemeinsam mit Bruno gegen den Evangelisten Johannes, ein Ausgleich zwischen beiden Ansätzen erscheint kaum vorstellbar. Mit Rückblick auf Spinoza können Untergründe der Goetheschen Reserve gegenüber dem geschichtlichen Christentum ebenso wie das Schweigen Steiners zur christlichen Frage in den ersten Anfängen seiner schriftstellerischen Laufbahn verständlich werden.[26]

Der dritte Band von *Goethes naturwissenschaftlichen Schriften* erscheint 1890, als Steiner längst in Weimar weilte und an seinem Werk *Die Philosophie der Freiheit* arbeitete. Bei Durchsicht des Bandes, vor allem des großen Aufsatzes «Goethe als Denker und Forscher» findet man dieselbe Spannung wie schon 1887: «Die Sinneswahrnehmung ist [...] ein Etwas, das nie in den Begriff eingeht; das wahrgenommen werden muß, wenn es überhaupt Gegenstand unserer Erkenntnis werden soll.»[27] Wie der Begriff sich im Einzelfall im Sinnesobjekt auslebt, macht dessen Zugehörigkeit zu einem der Naturreiche aus. Der strenge Monismus erscheint bedroht, denn die Sinneswahrnehmung bildet neben der Idee einen eigenständigen Weltfaktor.

1892 kommt Steiners Dissertationsschrift unter dem Titel *Wahrheit und Wissenschaft* in den Buchhandel. Der VIII. Abschnitt «Praktische Schlußbetrachtung» ist vom Autor der Buchausgabe angefügt worden. Es heißt dort u.a.: «Es gehört [...] zum Berufe des Menschen, die Grundgesetze der Welt, die sonst zwar alles Dasein beherrschen, aber nie selbst zum Dasein kommen würden, in das Gebiet der erscheinenden Wirklichkeit zu versetzen. Das ist das Wesen des Wissens, daß sich in ihm der in der objektiven Realität nie aufzufindende Weltengrund darstellt.»[28] Davon war schon 1886 die Rede. Der Weltengrund hat sich in die Welt ausgegossen, er führt in der Welt (oder als Welt?) ein unoffenbares, «nie aufzufindendes» Dasein. Sollte der erkennende Mensch befähigt sein, den Weltengrund in Ideenform zur Erscheinung zu bringen, so müßte ein solcher Vorgang nicht nur menschliche, ja nicht nur Bedeutung für die Dingwelt haben, sondern er hätte Bedeutung für den Weltengrund selbst. Über dieses Problem findet sich bei Steiner aber zunächst keine Aussage.

Überblickt man den von Rudolf Steiner zwischen 1883 und 1892, also in knapp zehn Jahren durchmessenen Weg unter dem Gesichtspunkt der einheitlichen Welterklärung oder des Monismus, so ist unverkennbar, daß bei aller Kontinuität einzelne wesentliche Fragen offenbleiben: Der Eigenbestand der Wahrnehmungswelt, die Modalität der Idee in der Sinneserscheinung, das Verhältnis des empirischen Bewußtseins zur Immanenzerfahrung. Die besondere Diktion der angeführten Schriften wie auch mittelbare Hinweise aus Steiners Autobiographie legen nahe, daß die angeführten Fragen für Steiner selbst in jener Zeit noch keine entscheidende Rolle spielten.

2. Der Monismus in der praktischen Philosophie

Rückblickend auf den in Wien zwischen 1879 und 1890 verbrachten Lebensabschnitt schreibt Steiner 1924, in dem Sendschreiben «Die Natur und unsere Ideale» von 1886 an die Dichtern Marie Eugenie delle Grazie habe die Urzelle der später entstandenen *Philosophie der Freiheit* gelegen.[29] Dem von tiefem Pessimismus erfüllten Werk der jugendlichen Dichterin stellte Steiner damals das Bekenntnis – nicht etwa zum Optimismus – sondern zur Freiheit entgegen. In der unbedingten Verteidigung der Freiheit als des menschlichen Wesensmerkmales schlechthin und in der Suche nach gedanklicher Sicherung dieser Freiheit liegt ein Hauptinteresse Steiners nicht nur in jenen Jahren. Zunächst mußte es um die erkenntniswissenschaftliche Stütze, um den Aufweis des eigentlichen Freiheitspunktes im Menschen gehen.

Mit der Freiheitsproblematik ist der Hebel angesetzt zur Verwandlung des Monismus im Verfolge Brunos, Spinozas und Goethes. Der Immanenzgedanke führt zur Betonung des lückenlosen Wirkens der Naturgesetze (Determinismus), für den Menschen zur Vorstellung der Prädestination nicht aus theologischen, sondern aus naturphilosophischen Gründen. Vorausbestimmung menschlichen Schicksals durch Naturgesetz und Freiheitsphilosophie vertragen sich aber nicht. Im Werke Steiners nimmt der Monismus den Freiheitsgedanken in sich auf, das ist dann die Tat der *Philosophie der Freiheit.* Eine Vorankündigung findet sich in einem Satz Steiners von 1887, der fast beziehungslos im zweiten Band von *Goethes naturwissenschaftlichen Schriften* sich findet: «Die erhabenste Gottesvorstellung bleibt doch immer die, welche annimmt, daß Gott sich nach der Schöpfung des Menschen ganz von der Welt zurückgezogen und den letzteren ganz sich selbst überlassen habe.»[30]

Selbstverständlich kann diese Aussage nicht für die Erkenntnisfrage gültig sein. Die monistische Erkenntnistheorie wäre ihrer ontologischen Basis beraubt. Die Hingabe des Weltengrundes an die Schöpfung kann nur so beschaffen sein, daß sich bestimmende ethische Antriebe nicht mehr aus der Weltwirklichkeit unmittelbar und auf prinzipiell wahrnehmbare Weise (Stimme Gottes am Horeb) offenbaren. Die ethische

Idee muß vom Menschen vielmehr in schöpferischer Gedankenarbeit konzipiert werden, wenn sie überhaupt vorhanden sein soll. In dem angeführten Band heißt es dazu: «Im Handeln ergänzen wir diesen Prozeß [den Weltprozeß, G. R.] dadurch, daß wir die Ideenwelt, insofern sie noch nicht Wirklichkeit ist, in solche umsetzen.»[31] Wenige Seiten weiter heißt es: «Der Weltlenker hat sich seiner Macht begeben, hat alles an den Menschen abgegeben, mit Vernichtung seines Sonderdaseins, und dem Menschen die Aufgabe zuerteilt: wirke weiter.»[32]

Der traditionelle Gedanke der Immanenz Gottes muß durch die Triebkraft der Freiheitsidee die Wendung erhalten, daß der Geist innerhalb der Welt wohl vorhanden ist, aber in einem abgelähmten Zustand sich befindet. Die Entwirklichung und Verdinglichung des Schöpfungsgeistes gibt erst die Möglichkeit eigenen menschlichen Handelns. Diese ethische Idee wirkt zurück auf die Auffassung vom Erkennen. Der Weltenlenker hat sich zugunsten des Menschen seiner Macht begeben, dennoch treibt er die Welt von innen her an. Diese beiden zunächst kaum zu vereinbarenden Aussagen Steiners lassen sich harmonisieren durch den Begriff des Erkenntnisweges. Nicht die selbstverständliche intuitive Einsicht in die Weltzusammenhänge (die Triebkräfte der Welt) ist des Menschen Teil, sondern die mühsame und stets partikulare gedankliche Rekonstruktion der verborgenen geistigen Gesetze des Weltbestandes. Dies schließt nicht aus, daß sich die Gedankenarbeit steigert zur ideell-intuitiven Erkenntnis im Sinne Spinozas und Goethes.

In der *praktischen Philosophie* läuft der Dualismus stets auf irgendeine Gebotsethik hinaus, der moralische Imperativ aus einer der drei möglichen Quellen: der geistigen Welt, der sozialen Welt, dem eigenen Gewissen. Stützt sich der Monismus auf die innere Einheit der Ideenwelt, so ist diese selbst umfassender zu denken, als die Naturwirklichkeit mit Einschluß des Menschen dies zunächst nahelegt. Der Ideenwelt gehören ausgeformte Ideen an, welche natürliche Gegebenheiten regieren, und ungeformte Ideenkeime, die vom Menschen erst entdeckt und in das menschliche Geistesleben übergeführt werden müssen.[33] Die Ideenwelt erscheint unter diesem Gesichtspunkt schichtenmäßig gegliedert, was den Monismus der Idee modifiziert, aber nicht aufhebt.[34] Gleichwohl stößt man an dieser Stelle, von anderem Ausgangspunkt her, auf ein schon bei der erkenntnistheoretischen Betrachtung aufgetretenes Problem. Wie ist es zu erklären, daß die moralische Idee in der sinnlichen Welt überhaupt Ansatzpunkte findet, um sich zu verwirklichen? Wird die moralische Idee der Sinneswelt oktroyiert oder gibt es sinnliche Vorformungen der Idee? Diese Frage erscheint in dem Zeitabschnitt von 1883 bis 1892 von Steiner noch nicht gelöst, selbst wenn die Zurückweisung eines abstrakten Materiebegriffes[35] ein Schritt auf dem Wege zur Lösung ist.

3. Der Zeitraum 1883 bis 1894 im Rückblick

Die zwischen 1883 und 1892 entstandenen Schriften Steiners zeigen fraglos Kontinuität im Verfolg einer monistischen Weltauffassung. Die Aporie der Immanenz, nämlich die Frage nach der wahrnehmbaren Wirklichkeit, bleibt jedoch in ihrem Kern ungelöst. Der Impetus der Freiheit verhindert das Einmünden des Monismus in den Determinismus.

Wie äußert sich Steiner selbst mehr als dreißig Jahre später in seiner Autobiographie[36] zu den Grundproblemen des genannten Lebensabschnittes? In Betracht kommen Aussagen über den Monismus selbst, aber auch Schilderungen der seelisch-geistigen Situation des Autors.

Schon im ersten Kapitel berichtet Steiner, wie sich das Kind und der Jugendliche eines inneren «Seelenraumes» gewiß waren als Schauplatz geistiger Wesenheiten und Vorgänge. Die Gedanken erscheinen als «Offenbarungen einer geistigen Welt auf diesem Seelenschauplatz». Für etwa das 18. Lebensjahr heißt es im III. Kapitel: «Eine Welt geistiger Wesen gab es für mich. Daß das «Ich», das selbst Geist ist, in einer Welt von Geistern lebt, war für mich unmittelbare Anschauung. Die Natur wollte aber in die erlebte Geistwelt nicht herein.» Von *Natur* ist hier in sinnlich-wahrnehmbarer Hinsicht die Rede. Dies wird deutlich in folgenden Sätzen, ebenfalls aus dem III. Kapitel: «Gedanken-Erleben war mir das Dasein in einer Wirklichkeit, an die als an einer durch und durch erlebten sich kein Zweifel heranwagen konnte. Die Welt der Sinne erschien mir nicht so erlebbar. Sie ist da; aber man ergreift sie nicht wie den Gedanken. Es kann in ihr oder hinter ihr ein wesenhaftes Unbekanntes stecken. Aber der Mensch ist in sie hineingestellt. Da entstand die Frage: ist denn *diese* Welt eine volle Wirklichkeit? Wenn der Mensch an ihr aus seinem Innern die Gedanken webt, die dann Licht in diese Sinneswelt bringen, bringt er dann tatsächlich etwas ihr Fremdes zu ihr hinzu? Das stimmt doch gar nicht zu dem Erlebnis, das man hat, wenn die Sinnenwelt vor dem Menschen steht und er mit seinen Gedanken in sie einbricht. Dann erweisen sich doch die Gedanken als dasjenige, durch das die Sinnenwelt *sich* ausspricht.»

Für die Zeit um 1882, als Steiner sich der Lektüre von Schriften Eduard von Hartmanns hingegeben hatte, heißt es im VI. Kapitel: «Ich stellte dem entgegen, daß die Bewußtseinserlebnisse durch die innerliche Verstärkung des Seelenlebens in das wahrhaft Wirkliche untertauchen können. Ich war mir klar darüber, daß sich im Menschen das Göttlich-Geistige offenbart, wenn der Mensch durch sein Innenleben diese Offenbarung möglich macht.» Der Konditionalsatz zeigt, daß Steiner die Erkenntnistheorie als Erkenntnisweg behandelt wissen möchte. Dann kann gelten: «Wer das Geistige in der Anschauung erfaßt, der spricht von ihm als von einem diesseitigen, nicht von einem jenseitigen im erkenntnistheoretischen Sinne.»[37]

Das X. Kapitel enthält eine abschließende Betrachtung zu den drei ersten Lebensjahrzehnten (1861-1891). Es heißt da u. a.: «Erkennen war mir das Wiederfinden der durch die Seele erlebten Geistesinhalte in der wahrgenommenen Welt.» Die wahrgenommene Welt ist selbst aus dem Geiste, offenbart aber diesen nicht unmittelbar. «Ich wollte zeigen, daß der Mensch denkend nicht Bilder über die Natur wie ein ihr Außenstehender formt, sondern das Erkennen Erleben ist, so daß der Mensch erkennend in dem Wesen der Dinge steht.»

Mit dieser Deutlichkeit ist der nur durch innere Schulung zu erlangende Erfahrungscharakter des Erkennens in den Schriften jener Zeit sicher nicht zum Ausdruck gekommen. Im IX. Kapitel des *Lebensganges* bezeichnet Steiner seine damalige Anschauungsweise geradezu als «mystisches Ideenerleben», wodurch sich der besondere Grundzug seiner Erkenntnislehre ausweist. Die Fähigkeit des Erkennens ist – besonders in ihren höheren Formen – nur der Anlage nach gegeben, tatsächlich muß sie erworben werden: «Dieses Zusammentreffen der wahren Wirklichkeit der äußeren Welt mit der wahren Wirklichkeit im Innern der Seele muß für das erkennende Bewußtsein in emsiger geistiger Innentätigkeit errungen werden ...»

Im Lebens-Rückblick hat das Problem des Monismus an Gewicht verloren. Welche Bedeutung etwa die Auffassung des Erkennens als eines Wiederfindens für den Monismus hat, wird im *Lebensgang* nicht weiter ausgeführt.

Am 27. November 1891 hält Steiner in Wien vor dem «Wissenschaftlichen Club» einen Vortrag über Monismus, von dem keine Nachschrift existiert. Steiner berichtet über den Vortrag mit nur einem einzigen Satz im XV. Kapitel des *Lebensganges*: «Ich stellte dar, wie der Mensch durch die Sinne von außen die physische Seite der Wirklichkeit, durch die geistige Wahrnehmung «von innen» deren geistige Seite erfaßt, so daß alles, was erlebt wird, als einheitliche Welt erscheint, in der das Sinnliche den Geist abbildet, der Geist sich im Sinnlichen schaffend offenbart.» In dieser Zeit legte Steiner bereits letzte Hand an die *Philosophie der Freiheit* . Im XVII. Kapitel des *Lebensganges* ist – soweit es sich um die Erkenntnislage Steiners unmittelbar vor der letzten Ausformung der *Philosophie der Freiheit* handelt – das Problem des Monismus vom ethischen Gesichtspunkt aus zusammenfassend gekennzeichnet: «Über dem Naturgeschehen und dem Geistig-Moralischen gibt es eine wahre Wirklichkeit, die sich moralisch offenbart, die aber im moralischen Tun zugleich die Kraft hat, sich in ein Geschehen umzusetzen, das so zur Geltung gelangt wie das Naturgeschehen.»

Die Grundzüge der *Philosophie der Freiheit* umreißt Steiner im gleichen Kapitel, indem er die seinerzeit erhobenen Einwände Eduard von Hartmanns einbezieht: «In dem Hindeuten darauf, daß die Sinneswelt in Wirklichkeit geistiger Wesenheit ist und daß der Mensch als seelisches Wesen durch die wahre Erkenntnis der Sinneswelt in einem Geistigen webt und lebt, liegt das eine Ziel meiner *Philosophie der Freiheit*. In der Kennzeichnung der moralischen Welt als einer solchen, die ihr Dasein in dieser von der Seele erlebten Geistwelt aufleuchten und damit den Menschen in Freiheit an sich herankommen läßt, ist das zweite Ziel enthalten.»

Das derart charakterisierte Buch wurde im Laufe des Jahres 1894 in sehr kleiner Auflage der Öffentlichkeit übergeben.

4. Die Philosophie der Freiheit

Das Werk enthält den Umriß einer philosophischen Anthropologie in zwei Teilen: die Selbstbeobachtung des Erkenntnislebens und die Erfahrung moralischer Gestaltungskraft.

Die ihm vorgezeichnete Gestalt hat das Buch erst ab der zweiten Auflage 1918 erhalten, doch sind die grundlegenden Gedankengänge schon 1894 vorhanden. Im *Lebensgang*, Kapitel XVII, heißt es: «Es (das Buch, G. R.) ist zunächst die Darstellung einer Anthroposophie, die auf die Natur hin und auf das Stehen des Menschen in der Natur mit seiner individuell eigenen sittlichen Wesenheit orientiert ist.»

Das Werk, auf das Rudolf Steiner in den folgenden Jahrzehnten in seinen Vorträgen immer wieder und teilweise in ausführlicher Art zurückgekommen ist, führt zur Begegnung von Anthropologie und Anthroposophie, die Steiner 1917, ein Jahr vor dem Erscheinen der Zweitauflage, in seinem Buch *Von Seelenrätseln*[38] als wissenschaftliches Desiderat skizziert hatte. Tritt die Begegnung der beiden Forschungsarten im Verlaufe des Studiums der *Philosophie der Freiheit* wirklich ein, so wird dieser Vorgang zu einer Modifikation des spinozistischen Monismus führen müssen, wie ihn Steiner im großen Ganzen vorher vertreten hatte. Eine solche Modifikation ist in der *Philosophie der Freiheit* auch tatsächlich veranlagt, und zwar durch die von Steiner eingeführte anthropologisch-anthroposophische Methode der seelischen Beobachtung, von der schon auf dem Titelblatt des Buches die Rede ist.[39]

Vom Gesichtspunkt des Monismus aus gesehen entwickelt sich der Ideengang des Werkes etwa wie folgt:[40]

(1) Der aus Erkenntnis handelnde Mensch ist das Ebenbild der Idee der Welteinheit; er ist zugleich der im Handeln Erkennende. Das Ideal des aus eigener Erkenntnis handelnden freien Geistes ist stets in der Gefahr, zerrissen zu werden.[41] Der Handelnde und der Erkennende sind – je für sich genommen – schimärische Teilbilder des Menschen. Der aus Erkenntnis Handelnde steht mittig in der Verbindung von Weisheit und Liebe (Kopf und Herz). Den Eingang des Buches bildet also der Blick auf die Monade Mensch und die ihr drohende Spaltungsgefahr.

(2) Die Wirklichkeit ist als dualistische gegeben, sie erscheint als Geist und Materie, Subjekt und Objekt, Form und Substanz. Will der durch seinen Leib selbst in diesen Zwiespalt gestellte Mensch die Dualform der Wirklichkeit überwinden, auf der Suche nach Einheit, so ist der Punkt der *coincidentia oppositorum* im inneren Erleben aufzusuchen, wo es heißen darf: Hier ist nicht mehr bloß Ich, hier liegt etwas, was mehr als Ich ist. Die Verbindung von Ich und Welt muß sich innerhalb des Ich ereignen als Weltprozeß. Dem wirken entgegen die streitigen Philosophien des Dualismus – Resignation vor dem Abgrund – und des zeitgenössischen Monismus – Leugnung des Gegensatzes selbst. Die Suche nach dem Einheitsprozeß im Innern ist der Weg zum Monismus der Erfahrung.

(3) Der Monismus der Erfahrung gründet in der begrifflichen Intuition. Das aktuelle Denken wird nicht beobachtet, sondern unmittelbar erfahren. Der Ausnahmezustand der Beobachtung des Denkens betrifft vergangenes, fremdes oder fingiertes Denken und ermöglicht nicht die Intuition, sondern das Intuitionsbewußtsein. Die Intuition des Denkens, d. h. des jeweilig entstehenden Inhalts ist intuitiv verbunden mit der Intuition des Ich: «... Ich [erfasse] mich innerhalb des Weltinhaltes in meinem Denken als in meiner ureigensten Wesenheit ...» Der Kardinalpunkt ist die beobachtungsfreie Selbsterfahrung des intuitiven Denkens, die Einheit von Denkakt, Denkinhalt und Ich:

«... Ich gebe meinem Dasein den bestimmten, in sich beruhenden Inhalt der denkenden Tätigkeit.»

Mit dieser dreistelligen Relation als Erfahrung ist der archimedische Punkt der Erkenntnistheorie gewonnen; von diesem ersten Punkt der Wirklichkeit aus erscheint es aussichtsreich, weiterzuschreiten und die Sinneswahrnehmung von innen her zu erfassen.

(4) Dazu bietet die Analyse des Wahrnehmungsvorganges ein Vorspiel. Die Welt der Wahrnehmungen läßt sich nicht rückführen auf anderes. Die mittels des Denkens betriebenen Versuche, die Wahrnehmung ihrer Tatsächlichkeit zu entkleiden, scheitern in logischen Aporien. Was erfährt der Erkenntnissucher am Chaos der Wahrnehmungswelt? Das Denken entfaltet sich an diesem Chaos, Wahrnehmung und Denken begegnen sich im Bewußtsein. Das Ich erfährt sich gegenüber der Objektwelt als Subjekt. Die Mannigfaltigkeit der Wahrnehmungswelt erscheint als Hintergrund der inneren Einheit, aber von der Einheit nicht erfaßt.

Die reine Wahrnehmung in ihrer Fragwürdigkeit: Vielheit oder selbst fließende Einheit? ist der Horizont, die Peripherie des ichlichen Denkbewußtseins.

(5) Höhepunkt und Hauptaussage des ersten Teiles der *Philosophie der Freiheit*:

Der Ursprung des dualistischen Erlebens der Welt liegt in der Doppelnatur des Menschen als des Trägers eines universellen Denkprozesses einerseits, als Eigenwesen mit gegliederter Leibesorganisation andererseits. Durch das Denken bestimmt sich der Mensch als Einzelwesen und fügt sich zugleich ein in die Universalität der Gedankenwelt.

Die dem Kosmos angehörige Leibesorganisation grenzt aus dem Weltprozeß die zusammenhanglose Wahrnehmungswelt heraus. Im Innern stößt der Begriff nach, um Zusammenhang zu stiften. Der Erkenntnisakt ist die Synthese von Wahrnehmung und Begriff.

Der Augenblick des Erkennens ist Bürgschaft der Wirklichkeit, falls die Wahrnehmung als Außenseite des Begriffes, dieser als das Wesen der Wahrnehmung erfahren wird. Durch das Denken wird der Weltprozeß rekonstruiert als Idee, die Wahrnehmung erschöpft sich in ihrem So-sein.

An dieser Stelle drängen sich die bereits aus den Vorstufen der Freiheitsphilosophie bekannten Fragen auf. Wie kommt die Idee resp. der Begriff dazu, sich die Wahrnehmung anzugliedern? Ist die Wahrnehmung außer-ideell, durch ideelle Bezüge nur umgeben und gehalten oder ist sie selbst Idee, jedoch in ihrem Anderssein? Was könnte mit letzterem im monistischen Sinne gemeint sein?

Der Monismus der Denk-Erfahrung umgreift das Erkennen, ohne aber die Wahrnehmungsseite der Welt voll integrieren zu können. Dies ist umso bemerkenswerter, als Steiner die Auflösung der Wahrnehmung ins Nichts durch erkenntnistheoretische Überlegungen der zeitgenössischen Philosophie energisch bekämpft, die Wahrnehmung als Erkenntnisbaustein also rettet.

Das fünfte Kapitel der *Philosophie der Freiheit* ist gleichwohl der Schlüssel für die Steinersche Lösung des Problemverbundes Immanenz und Freiheit, und zwar in einer Art, die bis in die Endphasen seines Werkes trägt. Die kosmische Ecke der Freiheit ist gebildet durch die Leibesorganisation des Menschen; das Gegenbild des Freiheitsraumes ist die Anthropologie der Freiheit, welche die Abschnürung vom Weltzusammenhang garantiert. Dieses abgegrenzte Gebiet, welches allein selbständiges Denken und Handeln des Menschen ermöglicht, wird aber fortlaufend wieder einbezogen in die kosmische Ordnung durch einen Prozeß, der Eigendynamik des Menschen erfordert, durch das Denken. In der Erfahrung dieses Einbezugs als Kommunion[42] liegt der Urimpuls der Anthroposophie, insofern diese als kosmische Freiheitslehre auftritt.

(6) Die intuitive Erkenntnisidee der Synthese von Wahrnehmung und Begriff hat ihre verfestigte Repräsentanz in der Doppelnatur der Vorstellung, die je nach Standpunkt als Wahrnehmung am Subjekt oder als der in die Einzelheit getriebene Begriff erfahren wird. Die Vorstellung ist der vergegenständlichte Schatten des Monismus der Erfahrung.

(7) Im Sinne der Freiheitswissenschaft Steiners ist der Monismus Resultat des Erkenntnisprozesses, gegeben ist er nicht. Wird der Dualismus von Wahrnehmung und Begriff absolut gesetzt, fehlt es an der Synthese, so müssen als Konsequenz unübersteigbare Erkenntnisgrenzen angenommen werden. Das Einheitsband der Dinge ist allein die Idee, die Annahme von Realprinzipien, unwahrnehmbaren Kräften usw. muß in Widersprüche führen.

Der erste Teil der *Philosophie der Freiheit*, die Kapitel 1 bis 7, begründet den Monismus der Denk-Erfahrung, der freilich den unaufgelösten Einschluß des Wahrnehmungsproblems in sich enthält. Gegenüber den Goethe-Schriften der achtziger Jahre ist die Darstellung des Monismus bis zur seelischen Beobachtung fortgeschritten. Der Ausnahmezustand des dritten Kapitels ist vorgelagerte Schwelle mit bewußtseinsbildender Wirkung. Der Monismus der *Philosophie der Freiheit* ist also zunächst dadurch charakterisiert, daß er in der bewußtseinshellsten Tätigkeit, dem Denken, den konkreten Erfahrungsansatz findet. Der metaphysische Monismus Brunos und Spinozas, der bei Goethe bereits Erkenntnis- (aber nicht Selbsterkenntnis-)Methode wurde, ist geerdet, aber nicht durch einen materiellen, sondern durch einen spirituellen Erdprozeß. Die Entdeckung der ideellen Intuition eröffnet den Keimgrund eines schöpferischen Idealismus auch des handelnden – nämlich des aus Erkenntnis handelnden – Menschen. Wie läßt sich in die einheitliche Welterklärung ein heteronomes tatsächliches Element einführen, das auf Freiheit beruhende menschliche Handeln, ohne daß das Kontinuum des Weltgeschehens durchbrochen wird?

(8) Durch das Gefühl bezieht der Mensch die Welt auf sich selbst; im Willen bezieht er sich auf die Welt. Durch das Denken wird die Selbstwahrnehmung im Begriff des Selbst aufgehoben.[43]

(9) In der praktischen Vernunft koinzidieren Triebfeder und Motiv. Das ist nur möglich wegen des Intuitionsvermögens selbst, welches Aktivität des Denkens und Hingabe an die Situation in sich vereinigt. Der moralischen Idee steht gegenüber der einzelne Fall. Der ethische Individualismus ist also Situationsethik auf dem Hintergrund der einheitlichen Ideenwelt.

Wie fügt sich das Allgemeine zum Besonderen, so fragt man sich?

Der intuitiv erfaßten Idee korrespondiert ein Gefühl, die Liebe zum Objekt. Offen bleibt: Ist es die Liebe zum Tätigsein als solchem, zum Ziel der Handlung oder zu den Weltwesenheiten, denen die Tat gelten soll?

(10) Den dualistischen Erkenntnistheorien entsprechen ebensolche Moralphilosophien: die Autoritätsethik, die Automaten- und Sklavenmoral der Freiheitsgegner, die Leugnung oder Zurückweisung der inneren Antriebe. Der Monismus ist die Ethik des Weges: Aus dem in Freiheit und Unfreiheit gemischten Dasein heraus verwirklicht sich das Ideal des freien Geistes. Dieses ist in der Ideenwelt vorhanden und will sich mit dem (wahrnehmbaren) Einzelwesen Mensch vereinigen.

(11) Überall in der Natur werden die Dinge ursächlich und gesetzmäßig von innen bestimmt. Allein bei dem menschlichen Handeln wird die Idee erst später «wahrnehmbar», als Inhalt der Handlung. Da die moralische Intuition ihrerseits innerweltlich vom Menschen gefunden wird, erscheint der ideelle einheitliche Weltzusammenhang nirgends unterbrochen.

(12) Der Monismus des Werdens soll auch die Entwicklungslehre integrieren: Der Weltfortgang ist naturgesetzlich bedingt, wenn auch der Begriff des höher organisierten Wesens nicht aus dem Begriff des niederer organisierten Wesen hervorgeht. Dennoch liegen die Ursachen neuer Formen in bereits bestehenden, nämlich in den Umgestaltungsmöglichkeiten des Typus.[44] Ebenso wie hier, durch Umweltbedingungen veranlaßt, völlig neue Organismen auftreten, fördert das handelnde Individuum, Typus für sich, neue Ideen zutage, um sie seinem Handeln zugrundezulegen.

(13) In der moralischen Produktivität liegt Selbstgestaltung und -bestimmung. Der freie Geist wählt nicht zwischen Optimismus und Pessimismus, sondern schafft sich seine Welt durch Beteiligung am Weltprozeß. Er strebt danach, seine sittlichen Ideale verwirklichen zu können. Die Frage der Theodizee ist falsch gestellt: Nicht Gott ist zu rechtfertigen, sondern der Mensch ist daraufhin zu befragen, ob er seine eigene Natur voll entfaltet hat.[45]

(14) Individuum und Gattung stehen einander gegenüber, aber nicht absolut. Der freie Geist verständigt sich mit dem anderen freien Geist vorurteilslos und durch Gedankenwahrnehmung. Er bildet damit die Urzelle einer Gemeinschaft freier Geister, die Sozialgestalt der Zukunft.

Der ethische Individualismus beinhaltet in der Werkfassung von 1894 eine fundamentale Normkritik. Das Gewicht der Darstellung liegt – und das ist bei Steiner seit den Tagen des Sendschreibens an Marie Eugenie delle Grazie so – im sittlichen Autonomismus, dem Standpunkt der «freien Sittlichkeit»:[46] «Leben und Lebenlassen ist die Grundmaxime der freien Menschen. Sie kennen kein Sollen; wie sie in einem besonderen Falle wollen werden, das wird ihnen ihr Ideenvermögen sagen.»

Der Determinimus einer strikten Immanenzphilosophie wie auch die verschiedenen Gebotsethiken erscheinen überwunden durch die besondere Konzeption der moralischen Produktivität, die Steiner seinem Werk zugrunde legt: Der Ideengehalt der freien Handlung muß willentlich erst gefunden werden, sonst existiert er nicht, aber er fügt sich erfahrungsgemäß zu den Ideengehalten des Handelns der anderen freien Geister. An dieser Stelle hängt die Freiheitsphilosophie an einem Faden über dem Abgrund der Willkür.

5. Die Konsequenzen des Monismus

Die acht bzw. sieben Kapitel des ersten und zweiten Teiles der *Philosophie der Freiheit* von 1894 finden eine Abrundung in dem 16. Kapitel: «Die Konsequenzen des Monismus». Die Titulatur zeigt, in welchem Maße der Monismus Anliegen des Verfassers ist, ja daß dieser den Inhalt seines ganzen Buches als eine Explikation des Monismus betrachtet. Zusammenfassend ergibt sich nun: Die Erfahrungswelt bietet dem menschlichen Erkenntnisbedürfnis die notwendigen und ausreichenden Grundlagen des Erkennens, das Handeln stützt sich auf die Ergebnisse dessen, was Steiner im 13. (1918: im 12.) Kapitel als moralische Phantasie eingeführt hatte. Ein vorgegebenes, nicht erfahrbares Jenseits lehnt der Monismus in jeder Hinsicht ab, sei es eine unerkennbare geistige oder eine unwahrnehmbare Atomenwelt.

Dieser gegenüber einer schlechten Metaphysik wie auch gegenüber den konfessionellen Jenseitsüberlieferungen gewiß nicht unberechtigte Standpunkt wird von Steiner im genannten Schlußkapitel auffällig gesteigert.[47] Das mit dem Gedankeninhalt erfüllte Leben in der Wirklichkeit ist zugleich das Leben in Gott. «Die Welt ist Gott.» Der letzte, auch durch den Zusammenhang nicht gemilderte Satz ist die Grundaussage des undifferenzierten Pantheismus, wie ihn selbst Spinoza niemals vertrat. Hinzu kommt: «Der persönliche Gott ist nur der in ein Jenseits versetzte Mensch ...» Das ist die Stimme Feuerbachs und der Religionskritik des 19. Jahrhunderts.

Die von Steiner in jenen Jahren betriebene Verweltlichung Gottes[48] ist auch eine Konsequenz der Unklarheiten bei der Bestimmung des Wesens der Wahrnehmung, von denen oben die Rede war. Es mag sein, daß die Frage nach dem «Was» der Wahrnehmung stets auf den Begriff geht,[49] aber die Frage nach dem Warum derselben ist damit nicht beantwortet; sie ist nicht einmal gestellt worden. Auch der vielzitierte Satz Steiners von 1890 über den nichtmateriellen Charakter der Materie[50] erklärt nicht die Sinneswahrnehmungen als solche in ihrer außerbegrifflichen Qualität. 1894, im erwähnten Schlußkapitel der *Philosophie der Freiheit* heißt es: «Das Denken gibt uns von der Wirklichkeit die wahre Gestalt, als einer in sich geschlossenen Einheit, während die Mannigfaltigkeit der Wahrnehmungen nur ein durch unsere Organisation bedingter Schein ist.»[51] Die Analyse dieses Satzes ergibt bei Berücksichtigung des Kontextes: Die wahre Gestalt der Wirklichkeit ist nicht das Denken, wohl aber vermittelt das Denken die lückenlose Einheit der Wirklichkeit, den Strom des Weltgeschehens, vermöge seiner eigenen Lückenlosigkeit. Von der Wahrnehmung ist nur die Mannigfaltigkeit organisationsbedingter Schein, nicht sie selbst. Was es mit dem Wahrnehmungsmäßigen schlußendlich auf sich hat, wird auch hier nicht ausgesagt.

Das Korrelat des Wahrnehmungsproblems im Bereich der praktischen Philosophie ist die Situationsgebundenheit des Handelns oder – mit anderen Worten – der Wahrnehmungsbezug der moralischen Intuition. In der Erstfassung der *Philosophie der Freiheit* ist die Situationsbedingtheit menschlichen Handelns über der Auseinandersetzung mit dem Kantianismus kaum berücksichtigt. Der ausgereifte Mensch «handelt wie er will, das ist nach Maßgabe seiner ethischen Intuition; und er sieht in der Erreichung dessen, was er will, seinen wahren Lebensgenuß.[52/53]

Besonders aufschlußreich ist der Vergleich der Erstfassung eines Kernstücks aus dem 11. (1918: 10.) Kapitel im Vergleich mit der Fassung von 1918:[54]

1894: «Ich prüfe nicht, ob meine Handlung gut oder böse ist; ich vollziehe sie, weil ich in sie verliebt bin.»

1918: «Ich prüfe nicht verstandesmäßig, ob meine Handlung gut oder böse ist; ich vollziehe sie, weil ich sie liebe. Sie wird ‹gut›, wenn meine in Liebe getauchte Intuition in der rechten Art in dem intuitiv zu erlebenden Weltzusammenhang drinnensteht; ‹böse›, wenn das nicht der Fall ist.»

1894 ist die einzige Richtschnur die von keinerlei absoluten Werten eingeschränkte Hervorbringungskraft des zum Handeln entschlossenen Individuums. Die Verträglichkeit individueller Intuition mit den moralischen Intuitionen der anderen Menschen wird nicht vorausgesetzt, aber erwartet aus der Einigkeit der Ideenwelt heraus. 1918 kommt es auf das Verhältnis des Handelns zum intuitiv erlebten Weltzusammenhang an, womit die Auffassung von 1894 nicht aufgegeben, wohl aber mit der Tatsächlichkeit der jeweiligen Lebenssituation in Beziehung gebracht ist.[55]

Insgesamt bietet die *Philosophie der Freiheit* die monistische Überzeugung Rudolf Steiners in einer vorher nicht erreichten Geschlossenheit dar:

- Der Monismus ist aus der Immanenzphilosophie heraus an die Schwelle der Erfahrung, nämlich der seelischen Beobachtung als intellektueller Anschauung geführt. Diese wird zur Methode der Erkenntnistheorie, wenn auch unter Inkaufnahme des noch ungelösten Wahrnehmungsproblems.
- In die einheitliche Welterklärung ist das Freiheitsproblem erfolgreich integriert; die prädestinatorische Gefahr ist abgewendet, aber es entsteht ein überspitzter Voluntarismus zuletzt noch mit pantheistischem Einschlag. Die Lösung der Freiheitsfrage liegt in der von Steiner vertretenen, aber nur zwischen den Zeilen ausgesprochenen, besonderen Form des Idealismus. Die Idee ist ungestalteter Lebenskeim und wird durch schöpferische Denktätigkeit zum Einzelbegriff. Die Naturreiche enthalten die Idee in Form der Naturgesetze.[56]

Die Diesseitigkeit der Idee, Voraussetzung eines konsistenten Monismus der Denk-Erfahrung, kann behauptet werden, weil von der Idee nur innerhalb dieses Erfahrungsbereiches gesprochen wird. Die Zirkelhaftigkeit dieser Erklärung bleibt unschädlich, weil von metaphysischen Ideen nirgends Gebrauch gemacht wird.

6. Die Lebenssituation Rudolf Steiners vor der Jahrhundertwende

Als die *Philosophie der Freiheit* 1894 der Öffentlichkeit übergeben wurde, hatte Steiner ausweislich seines autobiographischen Berichtes von 1924 die volle Aussagekraft der Sinneswelt noch nicht in eigenem Erleben realisiert.[57] Dies muß überraschen bei einer Persönlichkeit, die seit frühester Jugend übersinnliche Anschauungen auch von Naturwesenheiten hatte und die als Philosoph die Sinneswahrnehmung mit Goethe gegen den Reduktionismus verteidigte. Dieses wirklich vorhandene Problem ist Ausdruck eines stufenweisen Eindringens Steiners in die

Geheimnisse der Stoffeswelt. Wegen dieser Situation nimmt es nicht Wunder, wenn im Ideenverlauf der *Philosophie der Freiheit* an den entsprechenden Stellen eine Fraglichkeit auftritt, die mit dem Eigencharakter der Sinneswelt zu tun hat. Symptomatisch ist die Konzeption des 11. (1894: 12.) Kapitels, seine zum Teil verfehlten Annahmen über den Richtungssinn der organischen Evolution, was aber andererseits die Einführung des entscheidenden Begriffes der moralischen Phantasie nicht hinderte.

Unverrückbar stand die Einsicht in die Wirklichkeit und Geistigkeit des Ich. Gerade der Ich-Duktus des Buches wirkt klärend in den Seelenraum hinein; er ist von kathartischer Wirkung.

In einem Vortragszyklus von 1908 führt Steiner folgendes aus: «Sehr weit kann der Mensch in bezug auf diese Katharsis schon kommen, wenn er zum Beispiel alles das, was in meiner *Philosophie der Freiheit* steht, so innerlich durchgenommen und erlebt hat, daß er das Gefühl hat: Das Buch war mir eine Anregung, aber ich kann jetzt die Gedanken genauso, wie sie dastehen, eigentlich selbst reproduzieren.»[58] Die auf diese Weise geläuterte Seele nennt Steiner die Jungfrau Sophia.

Was an der zitierten Stelle ausgesprochen ist, muß selbstverständlich in erster Linie vom Autor der *Philosophie der Freiheit* selbst gelten. Der charakteristische Monismus des Buches ist die Offenbarung (Hypostase) der Seele seines Autors.[59] Das Buch ist in bezug auf den Monismus von einer Erwartungshaltung durchzogen, denn an den archimedischen Punkt der Erkenntnistheorie will der Hebel der Erkenntnis angesetzt werden, aus der moralischen Phantasie wollen Taten von magischer Moralität erfließen.[60] Zugleich kann aus dem intuitiven Denkvollzug die erste Geist-Erfahrung als Wahrnehmung aufsteigen, die moralische Phantasie ist die Brücke zu der späteren Schicksalsdeutung Steiners: Die Philo-Sophien-Vorstufe der Anthropo-Sophia, die sich 1894 erst allmählich ihrer Geburt annähert.

1897 ließ Steiner als Abschluß seiner Weimarer Goethe-Arbeit das Buch *Goethes Weltanschauung* erscheinen.[61] Drei Jahre, nachdem die *Philosophie der Freiheit* in die Welt getreten war, zeichnet Steiner Goethe als Repräsentanten eines monistischen Erkenntnisstrebens. Im ersten Teil des Buches entfaltet sich das Bild der abendländischen Gedankenentwicklung seit Parmenides als abwechselndes Überwiegen einzelner

Teile des einheitlichen Erkenntnisvorganges (Sinneswahrnehmung, Begriff, Vorstellung) in der Erkenntnistheorie. Der Punkt der Einheit wird erreicht in der Anschauung der selbst hervorgebrachten Idee,[62] zu welcher Erfahrung Goethe aber nicht vorgedrungen ist.

Die Gedankenwelt der *Philosophie der Freiheit* beginnt sich zu erweitern. Ein neuer Ton wird stellenweise angeschlagen. Die tieferen Kräfte der Welt sind gerade durch das verhüllt, was sie wirken: «Im Menschengeist werden sie aus ihrer Verzauberung erlöst.»[63] Der Leser des Buches wird darauf aufmerksam, daß die «erlösende» Kraft des Geistes nicht mehr allein in der Ideenproduktion gesehen wird, sondern zunehmend in der Objektivierung aller inneren Erlebnisse des erkennenden Menschen.[64] Das eigene Innenleben klärt den Menschen auf über das Wesen der Naturvorgänge. Dies kommt nicht einer anthropomorphen Verfälschung gleich, sondern ist Wesen des Erkenntnisvorganges als Gipfelpunkt der Weltentwicklung: In dem Subjektiven liegt das eigentlichste und tiefste Objektive.[65] Die angeschaute Idee ist ein Weltvorgang, der sich selbst erklärt.

Woher aber kommen die materiellen Schichten der Welt, die der Idee (dem Naturgesetz) zwar gehorchen, aber diese zugleich verhüllen? Diese Frage bleibt auch 1897 offen.

Mit der Erweiterung der Erkenntnistheorie auf Gefühls- und Empfindungserfahrungen der Seele steht Steiner bereits in einem in seiner Autobiographie (Kap. XXII.) geschilderten Seelenumschwung ab dem 35. Lebensjahr (1896), der seinem gesamten Forschen eine neue Grundlage gibt.

Unbemerkt von seiner Umgebung durchlebt Steiner eine eingreifende seelische Neuorientierung, über welche er sich erst ein Vierteljahrhundert später im Rückblick äußert.[66] Trotz der undramatischen Art der Schilderung im XXII. Kapitel des *Lebensganges* ist die Bedeutung dieses Vorganges, der mindestens ein Jahr in Anspruch nimmt, unmittelbar zu bemerken. Mehr und mehr wird die eigene Wahrheit der sinnenfälligen Welt bewußte Erfahrung. Steiner schreibt: Es «waren damals die geistige und die sinnenfällige Welt in ihrer vollen Gegensätzlichkeit mir vor die Seele getreten. Aber ich empfand den Gegensatz nicht als etwas, das durch irgendwelche philosophischen Gedanken – etwa zu einem «Monismus» – ausgleichend geführt werden müßte. Ich empfand vielmehr, daß ganz voll mit der Seele in diesem Gegensatz drinnen stehen, gleichbedeutend ist mit «Verständnis für das Leben haben».»[67]

Der Mensch gibt mit seiner Seele den Schauplatz, auf dem die Dinge ihre Wahrheit aussprechen können. Die im Menschen aufstoßende Idee ist eine «Umformung des Sinnendaseins». Der Gedanke erscheint wie entthront, aber er ist nur enger mit der erscheinenden Wirklichkeit verknüpft.[68] Im Rückblick angesichts des Todes setzt Steiner den Terminus «Monismus» in Anführungszeichen, so sehr erscheint ihm nun die Tiefe des Erlebens über die philosophische Betrachtung hinauszuführen.

Zweifellos ist der Monismus der *Philosophie der Freiheit* durch den schon zwei Jahre nach deren Erscheinen einsetzenden Umschwung, den das Buch *Goethes Weltanschauung* erst anfänglich verarbeitet, in Veränderung begriffen.[69] Die wahrnehmbare Welt einschließlich des leiblichen Menschen und die sozialen Beziehungen sind ein Rätsel und die Lösung des Rätsels liegt in der Seele des Menschen. Die veränderte Lebensstimmung läßt einen Monismus der Idee und der Denk-Erfahrung unzureichend erscheinen.

Die Wahrnehmungswelt ist nicht mehr der nicht auflösbare bloße Rest gegenüber der umfassenden Klarheit des Ideenreiches, sondern selbst die Offenbarung einer geistigen Welt, an der sich das Denken messen lassen muß. Gerade wenn sich die Wahrnehmung rein auszusprechen vermag, ohne begriffliche Kontamination, kann das Denken aus seiner beobachtenden Ruhe heraustreten und die Geisteswahrheit der Dinge in Ideenform ausdrücken, die der Bildform sich nähert. Das Denken rechtfertigt sich durch Entsagung.

Mit dieser Bemerkung ist ein moralischer Zug in die Erkenntnistheorie hineingekommen; er bewährt sich in der Ethik, denn die moralische Idee verhält sich zur konkreten Situation des Lebens ebenfalls entsagend.

So ist durch den Seelenumschwung bei Steiner der Monismus auf die Ebene des Lebens gebracht. Die moralische Phantasie, das Organ des höheren Lebensgeistes im Menschen[70] erhält den Platz, wo sie ansetzen kann: das wirkliche Leben. Eben an jene Fraglichkeiten des Monismus, von denen oben die Rede war, führt also der Seelenumschwung heran. Einzelheiten werden wichtig,[71] während vorher die große Ideenlinie vorherrschte.

Steiner strebt in dieser Zeit auch äußerlich aus seinen bisherigen

Lebensverhältnissen heraus. Im Verlaufe des Jahres 1897 verändert er sich nach Berlin, hinein in die höchst ungesicherte Freiheit des hauptstädtischen Kulturbetriebes.

1899 entstanden, neben einer Reihe von Gelegenheitsarbeiten, die beiden großen Abhandlungen «Der Egoismus in der Philosophie» und «Haeckel und seine Gegner».[72]

Der Monismus ist in diesen Arbeiten nicht besonders thematisiert und doch ist ständig von ihm die Rede. Das Anliegen, die geistige Produktivkraft des Menschen im Erkennen und Handeln als Quellgrund einheitlicher Welterklärung nachzuweisen, wird von Steiner erneut mit einer Absolutheit vertreten, die notwendig zu gewissen Verzeichnungen in der Auseinandersetzung mit Denkern führt, deren Hauptanliegen anders zentriert ist. Im unbewußten Heraussetzen der Innenwelt und in deren Verselbständigung als Transzendenz faßt Steiner das Wesen der Entfremdung. Wie schon im – damals – 16. Kapitel der *Philosophie der Freiheit* bewegt sich Steiner auf den Bahnen der Feuerbachschen Religionskritik, die Karl Marx seinerzeit zur Grundlage seiner eigenen, ökonomischen Entfremdungstheorie gemacht hatte. Der ideologiekritische Aufsatz über den Egoismus läßt besonders in der Ablehnung des positiven Christentums an Deutlichkeit nichts zu wünschen übrig. Schon Hemleben mußte 1965 finden, daß in jener Zeit «der rote Herr – Luzifer» über Steiners Schulter geblickt habe.[73]

Die Arbeit über Haeckel enthält folgende Bemerkung über den Monismus: «Das Wesen des Monismus besteht in der Annahme, daß alle Weltvorgänge, von den einfachsten mechanischen an bis herauf zu den höchsten menschlichen Geistesschöpfungen in gleichem Sinne sich naturgemäß entwickeln und daß alles, was zur Erklärung der Erscheinungen herangezogen wird, innerhalb der Welt selbst zu suchen ist.»[74] Dahinter steht das Streben der Immanenzmystik, hier in die Sprache der Evolutionstheorie übersetzt. Bei der Verteidigung des Immanenzgedankens wird man Steiner gerne folgen, nicht so gerne bei diesem Versuch, die Ethik auf die Haeckelsche Deszendenztheorie aufzustocken.

Eine inhaltliche Klärung des Wahrnehmungsproblems bzw. des Problems der Situationsethik bringen die Jahre um die Jahrhundertwende nicht. Auch eine Auftragsarbeit, zwei Bände *Welt- und Lebensanschauungen im neunzehnten Jahrhundert*, erschienen 1900 und 1901,[75] trägt nicht weiter. In der Vorrede des ersten Bandes schreibt Steiner: «Ich stehe mit meinen eigenen Anschauungen in vollem Einklange mit den Ergebnissen, zu denen der größte Naturforscher der Gegenwart, Ernst Haeckel, gelangt ist.» Es ist also die Entwicklungsidee in Darwinscher und Haeckelscher Ausprägung, die Steiner als Grundlage seines Monismus geeignet erschien. Würde dies in eine Sackgasse führen? Der christentumskritische Ton jener Zeit verschärft sich in polemische Formulierungen hinein. Immerhin enthält die Vorrede des zweiten Bandes bereits Zeichen einer Distanzierung von Haeckel.

Im Mai 1900 gründeten Berliner Autoren den «Giordano-Bruno-Bund für einheitliche Weltanschauung». Steiner wirkte mit, obwohl ihm der dort vertretene Monismus eine flache Angelegenheit zu sein schien. Im Kampfe gegen die Konfessionen war man sich aber weitgehend einig.[76] Charakteristisch ist ein Diskussionsbeitrag Steiners vom März 1902.[77] Das Monon sei im «System gesetzmäßiger Beziehungen» zu suchen, das der Menschengeist den Phänomenen hinzufügt: «Wenn wir von der äußeren zur inneren Erfahrung fortschreiten, werden wir ein einheitliches Weltbild zustande bringen.

Am 8. Oktober 1902 hält Rudolf Steiner seinen «grundlegenden anthroposophischen» (sic!) Vortrag[78] im Giordano-Bruno-Bund, also durchaus in der rechten Tradition, mit dem Titel: «Monismus und Theosophie».[79] Die Überwindung des Gegensatzes zwischen Wissenschaft und Religion ist das Thema des Vortrages. Diese Überwindung zu leisten sei die Aufgabe von Monismus und Theosophie: «Theosophie (ist) nichts anderes als letzte Anforderung eines wahren Monismus zwischen Naturerkenntnis und Selbsterkenntnis.»

Steiner charakterisiert «Theosophie» als das Ergebnis göttlicher Kraft des Menschen selbst; ihr Inhalt sei der Erkenntnisinhalt der Zeit, als religiöses Empfinden ausgesprochen. Die Überlegenheit der modernen Naturwissenschaft soll diese Vertiefungsmöglichkeit geben. Steiner schließt den Vortrag mit dem Hinweis auf ein Gemälde von Antoine Wiertz (1806–1865), das er auf der Rückfahrt vom Theosophischen Kongreß in London 1902 in Brüssel gesehen hatte, soweit bekannt eine eher monströse Darstellung des Zukunftsmenschen.[80]

Die Analyse der spärlichen Notizen von Vortrag und Diskussion zeigt, daß im Vordergrund von Steiners Theosophie-Verständnis jener Zeit unverrückbar die ideelle Produktivkraft des Menschen steht. Diese Quelle des Monismus der *Philosophie der Freiheit* wird von Steiner wie ein Heiligtum bewacht.

7. Die Verwandlung des Monismus 1902-1904

1901 hatte Steiners Beziehung zur Berliner Loge der Theosophischen Gesellschaft begonnen. Aus zwei längeren Zyklen von Logenvorträgen der Winter 1900/1901 und 1901/1902 gehen die Bücher *Die Mystik im Aufgange des neuzeitlichen Geisteslebens und ihr Verhältnis zur modernen Weltanschauung*[81] und *Das Christentum als mystische Tatsache*[82] hervor. Bis in diese nun schon anthroposophischen Grundschriften hinein reicht der individualistische Monismus des Menscheninnern. «Ich suche keinen Gottesgeist in der Natur, weil ich das Wesen des Menschengeistes in mir zu vernehmen glaube. Zu meinen Tier-Ahnen bekenne ich mich ruhig, weil ich zu erkennen glaube, daß dort, wo diese Tier-Ahnen ihren Ursprung haben, kein seelenartiger Geist wirken kann. Ich kann Ernst Haeckel nur zustimmen, wenn er einer Unsterblichkeit, wie sie manche Religion lehrt, die ewige Ruhe des Grabes vorzieht. Denn ich finde eine Herabwürdigung des Geistes, eine widerwärtige Sünde wider den Geist in der Vorstellung einer nach Art eines sinnlichen Wesens fortdauernden Seele.»[83] Das Übersteigerte dieses Tones erscheint heute nur mehr schwer akzeptabel, wenngleich man der Ablehnung des Materialismus in der Religion sicher zustimmen wird. Eine gewisse Distanzierung der Nachgeborenen von der damaligen Diktion Steiners wird nicht die Verehrung mindern für die in den beiden genannten Schriften erreichte großartige Weiterentwicklung der Gedankenwelt der *Philosophie der Freiheit*.[84] Der Freigeist Steiner lehnt das historische Christentum ab, aber die Ideenlinie seines Werkes nähert sich unaufhaltsam dem Christentum als Tatsache und damit der Sphäre des Auferstandenen.

Erkenntnis im Sinne der «Mystik» ist die geistige Wiedergeburt der Dinge der Welt auf dem menschlichen Seelenschauplatz und zugleich Selbsterweckung des erkennenden Menschen. Das Ich erlebt sich als «All-Ich». Freies Handeln fließt allein aus dem «All-Ich», nach der geistigen Wiedergeburt des Menschen.

Das Menschenleben wird zum kosmischen Faktor. In der nun ansetzenden, durchgreifenden Metamorphose des Monismus wird klar, daß der Weltengeist (das «All-Ich») selbst in den Gang der Menschheitsentwicklung einbezogen ist. Deshalb ist das «All-Ich» auch nicht der europäische Aufguß des all-einheitlichen Brahman. Steiner nähert sich der Beantwortung der oben in Anschluß an *Wahrheit und Wissenschaft*[85] gestellten Frage; der Monismus durchbricht vermöge eigener Triebkraft die Grenzen des Individualismus, die der *Philosophie der Freiheit*, ohne aber in einen konturlosen Pantheismus einzumünden. Diese dramatischen Vorgänge können für den menschlichen Träger der Verwandlung nicht ohne tiefgreifende Krisen abgehen.

In seiner Autobiographie berichtet Steiner für den Lebensabschnitt von 1897 bis 1902 von «Prüfungen», die er im innerlich seelischen Erleben zu durchlaufen hatte:[86]

- die Anschauung der zerstörerischen Kräfte des Zeitalters,
- die Gefahr der Veräußerlichung des ethischen Individualismus,
- die Auseinandersetzung mit dem transzendental orientierten Christentum.

Mit dem Buche über das *Christentum als mystische Tatsache* von 1902 ist die Sphäre erreicht, in welcher Individualismus und Monismus koinzidieren und damit erst eine höhere Berechtigung erhalten, wenngleich die Realität dessen, was Steiner später den «Christus-Impuls» nennt, noch nicht zur Darstellung kommen konnte.

Die Erlebnisformen des Schülers der Mysterien werden in einer Art geschildert, daß diese auch auf die Gegenwart, d. h. aber auf den Entwicklungsweg Rudolf Steiners selbst bezogen werden müssen.

Gott hat sich in die Dinge der Welt ergossen. Erkenntnis ist die Erlösung des verzauberten Gottes. In der Seele des Menschen kann das verzauberte, in der Mannigfaltigkeit der Naturdinge zerstückelte Göttliche wiederaufleben.

Die Seele ist die Mutter, aus der der Gottesproß als Sohn geboren wird. Dieser Ewigkeitsgedanke liegt innerhalb des Weltganzen, die Erkenntniskraft (auch die moralische Kraft) ist höhere Naturkraft im Menschen. 1910, bei der Neuauflage des Buches, wird daraus die Konsequenz gezogen: «Vereinigung der Seele mit ihren höchsten Kräften ist zugleich Vereinigung mit dem geschichtlichen Christus.»[87]

Der Text des *Lebensganges* gibt keine Möglichkeit einer unbezweifelbaren zeitlichen Einordnung der drei Prüfungen und des anschließenden entscheidenden Durchbruches. Aus der Redaktionsgeschichte des Buches über das Christentum[88] sowie aus einem Vergleich insbesondere der Notizen zu dem Vortrag «Monismus und Theosophie» mit einem anderen Vortrag, den Steiner im Berliner Architektenhaus am 4. Januar 1904 mit dem Thema «Theosophie und Christentum» gehalten hat,[89] müßte für diesen Durchbruch der Zeitraum zwischen 1902 und 1904 angenommen werden. Doch ist hier keine Sicherheit möglich. Rudolf Steiner selbst beschreibt, was ihm widerfuhr, am Ende des XXVI. Kapitels seines *Lebensganges*: «In der Zeit, in der ich die dem Wort-Inhalt nach Späterem so widersprechenden Aussprüche über das Christentum tat, war es auch, daß dessen wahrer Inhalt in mir begann keimhaft vor meiner Seele als innere Erkenntniserscheinung sich zu entfalten. Um die Wende des Jahrhunderts wurde der Keim immer mehr entfaltet. Vor dieser Jahrhundertwende stand die geschilderte Prüfung der Seele.»[90]

Um den damit und mit den im Text folgenden Worten angedeuteten Erlebnisinhalt recht einordnen zu können, ist zu berücksichtigen, daß grundstürzende Menschheitserfahrungen stets nur von Einzelnen durchlebt und durchlitten werden; der Einzelne – und darin besteht sein Führertum – ist Organ der Gesamtmenschheit, ob diese besonders davon Kenntnis nimmt oder nicht.

Es besteht kein Anlaß, Rudolf Steiners grundlegende Christus-Erfahrung zeitlich komprimiert auf ein einmaliges Erlebnis zu beschränken; offensichtlich handelte es sich trotz aller Dramatik um einen eine gewisse Zeit hindurch sich steigernden Vorgang, der dann – in der späteren anthroposophischen Geistesforschung – vorher unausdenkbare Weiten der Ausgestaltung eröffnete. Rudolf Steiner hat wie jeder bedeutende Mystiker vor dem Zeitgewissen ein Anrecht darauf, daß die Erfahrungen, über die er zurückhaltend genug berichtet, ernst genommen werden. Auch der Schüler Steiners wird auf diesem Anrecht bestehen müssen.

Das innere Licht aus dem Zentrum des realen Christentums fällt auch auf den philosophischen Monismus, wie er von Steiner bis 1902 zur Darstellung kam, und verwandelt ihn zum dritten Mal.

Diese dritte Verwandlung führt nun aber direkt in die christliche, anthroposophische Geistesforschung selbst hinein. Deshalb werden die Fraglichkeiten der Immanenzphilosophie, die Steiners Schriften ab 1886 begleitet hatten, nicht spekulativ beantwortet, sie lösen sich vielmehr in einer neuen christlichen Weltweisheit auf:

- Die materielle Welt ist aus der geistigen herausgetreten durch Opfer und Entsagungstaten geistiger Weltwesenheiten; darin liegt ihre tiefste Wahrheit. Den Weg zur fortschreitenden Verdichtung führen andere geistige Mächte bis in die vom Todeshauch umgebene Mineralisierung hinein.
- Die Stufenfolge der Naturreiche hat ihren Grund in der Nähe oder Ferne der Idee, die hier repräsentativ für den geistigen Urgrund der Wahrnehmungswelt auftritt.
- Das Material der Taten freier Geister, die wechselnden Lebenssituationen in der menschlichen Gemeinschaft, sind das Ergebnis früherer Erdenleben der Beteiligten und ihrer Schicksalsverkettungen. Darin liegt die «Stoffbestimmtheit der Idee» (Radbruch): Die moralische Phantasie erspürt in der Lebenslage deren Erwartung der ideengetragenen Handlung. Das äußere Schicksal fragt nach dem inneren Ideenvermögen. Die von der persönlichsten ethischen Einsicht getragene Tat erreicht den Hochgrad der Freiheit, wenn sie zutiefst der fragenden Sehnsucht der Dinge ihrer Umgebung antwortet.

Daß all dies so ist, vermag der philosophische Monismus nicht zu beweisen, es beweist sich vielmehr aus der Wirklichkeit heraus.

Für Steiner war der Monismus das Fundament der Geisteswissenschaft, aber noch nicht diese selbst.

8. Schluß: Die monistische Welterfahrung und die Trinität

Die Immanenzweisheit Brunos und Spinozas ist über den Vermittler Goethe für Rudolf Steiner ein Ausgangspunkt seiner Laufbahn als Denker geworden. In der Gedankenwelt Brunos und Spinozas hatte weder der Schöpfungs- noch der Erlösungsgedanke Raum, darin bestand ihr Ketzertum.[91] Die Distanz Steiners von dem Schöpfungs- und dem Erlösungsgedanken reicht bis in das Buch über die Mystik, erst in der Schrift über das Christentum beginnt sich der Mysterienbegriff der Erlösung und in der Konsequenz eine neue Einsicht in die Schöpfungsvorgänge zu formen.

Der Monismus der Anfänge widerspiegelt die große Tradition und Lebensstimmung des Monotheismus: Der Monismus meint den Vatergott in seiner umfassenden, die Einzelheiten der Welt in sich aufsaugenden Macht. Bei Steiner, dem die Differenziertheit der geistigen Welt selbstverständliche Erfahrung war, mußte der deistische Monismus der Anfänge in Bewegung geraten. Wohl neigte Steiner zunächst der Einheitlichkeit der Ideenwelt zu, aber er brachte diese nicht transzendent («platonisch») zur Darstellung, sondern als Erzeugnis des Menschengeistes. Die Quelle der Ideenproduktion ist das Ich, und der Dynamik des Ich konnte der Monismus auf die Dauer nicht widerstehen, denn das Ich ist der Monismus in der Vereinzelung, der zerstückelte Dionysos. Daß an dieser Stelle – teilweise in Anschluß an die Stirnersche Philosophie[92] – ein luziferischer Zug bei Steiner spürbar wird, ist nicht zu verwundern. Der wahre Begriff des Ich lag noch nicht vor, denn die Transzendenz Gottes war noch nicht wieder hereingenommen worden.

Die erste Metamorphose des Monismus ist die *Philosophie der Freiheit*. Das Spekulative wird seelischer Beobachtungsinhalt, womit ein Erfahrungselement dem Monismus eingepflanzt ist. Der klare Weg der Freiheitsphilosophie ist die Katharsis des Seelenleibes.

Die zweite Metamorphose des Monismus liegt im seelischen Umschwung bei Steiner. Die Mannigfaltigkeit der Welt dringt an den Monismus heran. Ein Lebenskeim ist gesetzt, der seine Wirkungen haben muß, auch über die Haeckelsche Ausprägung des Monismus hinaus. Für Steiner tritt die Vielfalt des Lebens vor allem in den intensiven Menschenbegegnungen der Weimarer und der Berliner Zeit auf.

Die dritte Metamorphose ist die Auflösung und Erlösung des Monismus. In welche Richtung diese letzte Verwandlung gehen würde, dafür gibt es einen Anhaltspunkt bereits in der *Philosophie der Freiheit*. Die Analyse der Kapitel zeigt nämlich eine durchgehend trinitarische Struktur, und zwar als Komplexe sich überlagernder Dreiheiten.[93] Dies lassen selbst die oben gegebenen kurzen Referate der Kapitel schon erkennen.

Nach der Jahrhundertwende wird die trinitarische Ordnung des Seins für Steiner überwältigende Erfahrung: Aus dem Immanenzgrund der Seele tritt die Transzendenz an ihn heran in der kosmischen Größe des «Mysteriums von Golgatha».

Der spätere Beschauer wird nicht umhin können, sich zu gestehen, daß die nun Ereignis gewordene geistige Führung bereits in den Vorstufen waltete, auch dort, wo das Christentum «dem Wort-Inhalte nach» verleugnet wurde. Die Wissenschaft des Geistes (Pneumatologie) lebt aus dem Impuls Christi (Christologie). Sie entfaltet sich auf dem Urgrunde der geschaffenen Wirklichkeit der Welt des Vaters.

Die Gottheit offenbart sich nicht monistisch, sondern trinitarisch – das ist das Ergebnis des Monismus im Lebensgang Rudolf Steiners. Es muß wohl nicht besonders betont werden, daß die damit angedeutete Verwandlung eine tief in die Wesensglieder eingreifende Wirkung haben muß.

Was bedeutet der Monismus dem Studierenden der Anthroposophie? Er ist ein Teil seiner Gedankenwege, und er ist unentbehrlich, denn er ist der Weg dessen, der vorangeschritten ist, der Weg nach Damaskus.

Einführung

Anmerkungen

1 Das Thema des Monismus im Lebensgang Rudolf Steiners hat Winfried Gurlitt behandelt in folgenden Aufsätzen: «Goethes Weltanschauung und die einheitliche Welterklärung Rudolf Steiners», *Das Goetheanum*, 38. Jg. Nr. 30; «Gestaltwandel der Idee im Lebenswerk Rudolf Steiners», *Das Goetheanum*, 41. Jg., Nr. 17; «Was ist unter seelischen Beobachtungsresultaten nach naturwissenschaftlicher Methode zu verstehen?», *Die Drei*, 33. Jg. (1963), Nr.4.

2 Vortrag, Kassel 28. Juni 1907, in: *Menschheitsentwickelung und Christuserkenntnis* (GA 100), Dornach 1967, Seite 167.

3 Ex. 3, 14. Die Theorie eines Ur-Monotheismus der Völker ist umstritten.

4 Ex. 20,4; Deut. 58.

5 Deut. 6,4.

6 Der *Terminus technicus* für die Immanenz Gottes im Judentum ist «Einwohnung», Ex. 38, 21; das ist die Erklärung der Schechina. Diese Geistgestalt repräsentiert die Immanenz in einer transzendent orientierten Religion.

7 Die Philosophie Brunos ist in geistesgeschichtlichem Zusammenhang zu sehen mit den Werken des Avicenna (980-1037) und des Averroes (1126-1198). Hierzu die Analyse von Ernst Bloch, *Avicenna und die aristotelische Linke*, Bloch-Gesamtausgabe, Bd. 7, Frankfurt 1972.

8 Den Entwicklungsschritt von Nikolaus von Kues zu Giordano Bruno behandelt Hans Blumenberg in *Aspekte der Epochenschwelle: Cusaner und Nolaner*, Suhrkamp (stw 174), Frankfurt 1976.

9 Baruch de Spinoza, *Die Ethik nach geometrischer Methode dargestellt*, Hamburg o. J. (PhB), hier besonders Teil 1, Lehrsatz 18.

10 Erste Orientierung über Bruno und über Spinoza geben die Bändchen der Reihe Rowohlts Monographien Nr. 171 und 285, jeweils mit zahlreichen weiteren Nachweisen.

11 Goethe erwähnt Spinoza im XIV. und XVI. Buch seiner autobiographischen Schrift *Aus meinem Leben. Dichtung und Wahrheit.*

12 Rudolf Steiner, *Goethes naturwissenschaftliche Schriften* (GA 1), Dornach [3]1973, Seite 79.

13 Vgl. hierzu Steiners Vortrag Berlin 26. Januar 1911, in *Antworten der Geisteswissenschaft auf die großen Fragen des Daseins* (GA 60), Dornach 1983.

14 Rudolf Steiner, *Grundlinien einer Erkenntnistheorie der Goetheschen Weltanschauung mit besonderer Rücksicht auf Schiller* (GA 2); Dornach 1960, Seiten 84, 125.

15 Ebd., Seite 47.

16 Ebd., Seite 77.

17 In denselben Zusammenhang gehört Steiners Auffassung von der «Urpflanze»: Goethes Gedanke sei «die in die Idee übersetzte Natur der Pflanze selbst, die in unserem Geist ebenso lebt wie im Objekt»; siehe Anm. 12, Seiten 12, 33.

18 Vgl. unten Seite 46 (Zitat aus *Mein Lebensgang*, Kapitel X).

19 Siehe Anm. 12, Seite 126.

20 Siehe Anm. 14, Seite 68. Hierzu schon Rudolf Steiners Jugendaufsatz: «Einzig mögliche Kritik der atomistischen Begriffe», abgedruckt in *Das Goetheanum*, 18. Jg., Nrn. 22 und 23.

21 Siehe Anm. 12, Seite 162.

22 J. W. Goethe, «Glückliches Ereignis».

23 Siehe Anm. 12, Seite 154.

24 Siehe Anm. 12, Seite 177.

25 An späterer Stelle des zweiten Bandes (s. Anm. 12) kommt Steiner unmittelbar auf Goethes Verhältnis zu Giordano Bruno und Baruch de Spinoza zu sprechen; Seite 215 ff.

26 Dieses Schweigen wird ab 1894 zunehmend abgelöst von kritischen Äußerungen über das historische Christentum.

27 Siehe Anm. 12, Seite 280 f.

28 Rudolf Steiner, *Wahrheit und Wissenschaft* (GA 3), Dornach 1958, Seite 86.

29 Rudolf Steiner, *Mein Lebensgang* (GA 28), Dornach 1949, Kap. VII, Seite 87 ff.

30 Siehe Anm. 12, Seite 125. Charakteristisch ist, daß mit dem angeführten Satz ein geschichtlicher Faktor, Schöpfung und Rückzug Gottes von der Welt, in das Immanenzproblem eingeführt wird.

31 Siehe Anm. 12, Seite 196.

32 Siehe Anm. 12, Seite 200.

33 Bei dieser Betrachtungsweise ist zu berücksichtigen, daß der Monismus Steiners nicht «objektiver Idealismus» ist, entgegen gelegentlichen Aussagen von Steiner selbst, sondern geistiger Realismus mit ideeller Erscheinungsweise. Zeitweise meinte Steiner wohl, seiner Philosophie die Ideenwelt als solche zugrunde legen zu sollen, später präzisierte er aber unmißverständlich dahin, daß die Idee nur den Schatten, die dem Menschen zugekehrte Außenseite der wirklichen geistigen Welt darstelle. Es handelt sich hier um einen Aspekt der Auseinandersetzung Steiners mit dem Platonismus.

Das Problem des latenten Dualismus innerhalb des Monismus wird mit der Reduktion der Ideenwelt zu einem Phänomen der (wirklichen) geistigen Welt allerdings nur in eine tiefere Schicht der Universalwirklichkeit zurückverlegt. In dieser Problemlage ist der Grund dafür zu suchen, daß Steiners Anthroposophie bis heute vorwiegend dualistisch aufgefaßt wird, was zu den merkwürdigsten Anachronismen führen kann.

34 Die geisteswissenschaftlichen Forschungsergebnisse des Buches *Theosophie* (GA 9), Dornach 1978, sind hier philosophisch antizipiert. Hier wird ein wichtigstes Element der Kontinuität bei Steiner sichtbar.

35 «Das sinnenfällige Weltbild ist die Summe sich metamorphosierender Wahrnehmungsinhalte ohne eine zugrundeliegende Materie»; siehe Anm. 12, Seite 274.

36 Siehe Anm. 29.

37 Ebd.

38 Rudolf Steiner, *Von Seelenrätseln* (GA 21), Dornach [3]1960.

39 Rudolf Steiner, *Die Philosophie der Freiheit* (GA 4), Dornach [14]1978. Der Text der 1. Auflage von 1894 ist photomechanisch nachgedruckt, Dornach 1983 (Hrsg. Kurt Franz David). Eine gewissenhafte philologische Aufarbeitung enthält GA 4a (Hrsg. David Marc Hoffmann).

40 Steiner legt besonderen Wert auf den Verlaufstypus des Buches, auf die gegliederte Abfolge der Kapitel und thematischen Komplexe, wie im Vortragswerk oft betont. Mit aller Vorsicht nur kann daher der Gedanke des Monismus, der allerdings ein konstitutiver ist, aus dem Gedankenfluß des Buches herausgehoben werden. Um nicht zu umfangreichen Zitaten und deren Interpretation genötigt zu sein, müssen raffende und Konsequenzen beinhaltende Wendungen gebraucht werden.

41 Der freie Geist konzentriert in sich die Erinnerung an den Urbeginn und den Ausblick auf das Ziel des Schöpfungswerkes. Da der Urmensch zugleich der Kosmos ist, liegt in ihm auch das kosmologische Fundament der monistischen Philosophie. Der freie Geist ist das Ideal des individualisierten Urmenschen. Diese Perspektive ergibt sich ohne textliche Stütze aus dem Fortdenken des Eingangskapitels.

42 Vgl. Anm. 19.

43 In einem Zusatz von 1918 präzisiert Steiner: Das intuitive, also zutiefst ich-hafte Denken ist Kraft der Liebe zu den Welterscheinungen in geistiger Art. Es darf also erwartet werden, daß das auf Intuition beruhende Handeln sich in den Weltzusammenhang einfügen wird.

44 Auffallen muß, daß Steiner ein Hauptergebnis seiner Goethe-Forschung, den Begriff des Typus, in der *Philosophie der Freiheit* mit Schweigen übergeht. Die Entwicklungslehre des 12. Kapitels hat unverkennbar einen darwinistischen Einschlag erhalten.

45 Die in dem Sendschreiben an M. E. delle Grazie (vgl. Anm. 29) zu erblickende «Urzelle» der *Philosophie der Freiheit* dürfte in erster Linie im jetzt 13. Kapitel zu lokalisieren sein.

46 Siehe Anm. 39, Seite 170; die nachfolgende Textstelle ist der 1. Auflage entnommen, Seite 155.

47 A.a.O. der 1. Auflage, siehe Anm. 39, Seite 239; in der angeführten späteren Auflage die Parallelstelle Seite 250.

48 Die notwendige Kehrseite der Ablehnung der Transzendenz.

49 A.a.O. der 1. Auflage, Seite 97 f.

50 Zitiert Anm. 35.

51 A.a.O. der 1. Auflage, Seite 234.

52 Dieser Text bleibt auch 1918 stehen; siehe Anm. 39, Seite 222 f. bzw. 235.

53 Nur am Rande sei erwähnt, daß Aleister Crowley, eine der fragwürdigsten Figuren der europäischen Esoterik, als Lebensregel den Satz Rabelais verbreitete: Tue, was du willst, soll sein das ganze Gesetz.

54 Siehe Anm. 39, Seiten 151 f. bzw. 162.

55 Ein voller Vergleich der Texte der 1. und der 2. Auflage ist bisher nicht erarbeitet worden.

56 Vgl. Herbert Witzenmann, *Intuition und Beobachtung*, Bd. 1, Stuttgart. 1977, besonders den gleichnamigen Aufsatz.

57 Siehe Anm. 29, Kapitel XXII.

58 Rudolf Steiner, *Das Johannes-Evangelium* (GA 103, Dornach [8]1962, Seite 200.

59 Verhältnisse dieser Art sind in den Werken der hohen Literatur selbstverständlich, wenn auch von sehr unterschiedlicher biographischer Intensität. Der Blick auf solche Wechselwirkungen mit der Konzentration auf die Objektivität des Werkes ist etwas ganz anderes als die psychologische Ausdeutung, die wegen der Quellenlage meist ohnedies auf schwachen Füßen steht.

60 Zum Begriff der moralischen Phantasie auch G. Röschert, *Ethik und Mathematik*, Stuttgart 1986, das letzte Kapitel; ferner ders. Situationsethik und moralische Phantasie, in Karl-Martin Dietz (Hrsg.): *Rudolf Steiners Philosophie der Freiheit*, Stuttgart 1994.

61 Rudolf Steiner, *Goethes Weltanschauung* (GA 6), Dornach [5]1963.

62 Dies ist die Anknüpfung an das 3. Kapitel der *Philosophie der Freiheit.*

63 Siehe Anm. 61, Seite 65.

64 Ebd., Seite 63.

65 Ebd., Seite 64.

66 Auch der Vortrag Steiners Berlin 4.2.1913, Skizze eines Lebensabrisses, vorgesehen GA 250 f., enthält keinerlei Hinweis auf diesen Vorgang.

67 Siehe Anm. 29, Seite 222.

68 In den fünften Band von *Goethes naturwissenschaftliche Schriften* (GA 1e), Dornach 1982, Seite 377, setzt Steiner folgende Fußnote: «Esoterisch ist ein Begriff, wenn er im Zusammenhang mit den Erscheinungen betrachtet wird, aus denen er gewonnen ist. Exoterisch, wenn er als Abstraktion abgesondert für sich betrachtet wird.»

69 Die Grenzen der herkömmlichen Erkenntnistheorie sind durch Erweiterung auf andere Seelenvorgänge als das Denken ohnedies überschritten.

70 Vgl. Rudolf Steiner, *Grundbegriffe der Theosophie* (GA 53), Dornach 1957, Vortrag Berlin 9. Februar 1905.

71 Siehe Anm. 29, Seite 221.

72 Enthalten in Band 30 der Gesamtausgabe *Methodische Grundlagen der Anthroposophie* (GA 30) Dornach 1961.

73 Johannes Hemleben, *Ernst Haeckel und Rudolf Steiner*, Stuttgart 1965.

74 Haeckels eigene Weltanschauung!

75 Erstauflage Berlin, Zweitauflage in erweiterter Form als *Die Rätsel der Philosophie* (GA 18), Dornach [8]1968.

76 Vgl. *Beiträge zur Rudolf Steiner Gesamtausgabe*, Heft 79/80, Ostern 1983, Dornach.

77 «Über Philosophie, Geschichte und Literatur», abgedruckt in Band 51 der Gesamtausgabe, Dornach 1983.

78 Siehe Anm. 29, Seite 273 (Kapitel XXIX). Steiner war inzwischen in Kontakt gekommen mit der Theosophischen Gesellschaft und übernahm ab 1902 den Aufbau einer deutschen Sektion als deren Generalsekretär.

79 Eine Vortragsnachschrift existiert nicht; vgl. Anm. 29, Kapitel XXIX.

80 Johanna Mücke, Alwin Alfred Rudolph, *Erinnerungen an Rudolf Steiner*, Basel 1955.

81 Band 7 der Gesamtausgabe, von Steiner in der 2. Auflage 1924 ergänzt, Dornach [5]1960.

82 Band 8 der Gesamtausgabe, von Steiner in der 2. Auflage 1910 ergänzt und erweitert. Vgl. hierzu Christoph Lindenberg, *Individualismus und offenbare Religion*, Stuttgart 1970, und G. Röschert: Rückblick und Ausblick (in diesem Band)

83 Siehe Anm. 81. Seite 144 f.

84 Eine eingehende Analyse der Erstauflage der beiden Schriften steht noch aus.

85 Anm. 28.

86 Siehe Anm. 29, XXVI., XXVII., XXX. Kapitel.

87 GA 8, Dornach ^{7}1959, Seite 156.

88 Mit der sich vor allem Lindenberg eingehend befaßt hat, siehe Anm. 82.

89 Enthalten in Band 52 der Gesamtausgabe, *Spirituelle Seelenlehre und Weltbetrachtung*, Dornach 1972.

90 Anm. 29, Seite 257.

91 Walter Nigg, *Das Buch der Ketzer*, Zürich 1949, Kapitel «Ketzer-Philosophie».

92 Max Stirner, *Der Einzige und sein Eigentum*, Leipzig 1924 (Neuauflage); vgl. dazu den in Anm. 72 angegebenen Aufsatz Steiners über den Egoismus.

93 Es handelt sich um einen semantischen Strukturtypus, der mit der von anderer Seite beschriebenen syntaktischen Struktur nichts zu tun hat.

Grundlinien einer Erkenntnistheorie der Goetheschen Weltanschauung

III. Psychologie, Volkskunde und Geschichte als Freiheitswissenschaften oder die philosophische Grundlegung der Geist-Erkenntnis

Lorenzo Ravagli

1. Gesamtintention der *Grundlinien*

Im folgenden werden zunächst Gesichtspunkte zum Verständnis der Wissenschaftssystematik und Methodologie der Naturwissenschaften vorgetragen, wie sie in den *Grundlinien einer Erkenntnistheorie der Goetheschen Weltanschauung*[1] entwickelt sind. Danach folgt eine Diskussion der Methodik der Geisteswissenschaften, zu denen Rudolf Steiner auch die «Psychologie» rechnet.

Steiner will in den *Grundlinien* nicht bestimmte Erkenntnisse einzelner Disziplinen, sondern die Grundlagen einer universalen Welterkenntnis vermitteln. Noetik (Erkenntniswissenschaft) ist für ihn die philosophische Fundamentalwissenschaft, die Wissenschaft aller Wissenschaften. Dies deshalb, weil sie nicht von anderen Disziplinen das Gesetz ihres Wesens empfängt, sondern weil sie es sich durch Selbst-Erkenntnis gibt. Da Erkenntnistheorie über die Gesetzmäßigkeit des Erkennens schlechthin aufklärt, klärt sie auch über die Gesetzmäßigkeiten besonderer Erkenntnisformen auf. Keine andere Disziplin ist geeignet, das Gesetz des Erkennens zu ergründen und darzustellen, außer die Noetik. Alle anderen haben das Erkennen und damit die Wissenschaft von der Selbstverständigung des Erkennens mit sich selbst zu ihrer Voraussetzung.

Steiner steht mit dieser Konzeption nicht nur in der gesamten philosophischen Tradition, von den Sophisten und ihrer Thematisierung des Begründungsproblems angefangen bis zu Descartes und seinem radikalen, aber schon im Ansatz gescheiterten Versuch einer Neubegründung der Fundamente des Erkennens, er steht insbesondere in der Tradition des Deutschen Idealismus und seines Systemgedankens. Hier sei nur auf Hegels *Enzyklopädie der philosophischen Wissenschaften* hingewiesen, die nicht nur denselben Anspruch der Universalität des philosophischen Wissens erheben, sondern auch bezüglich der Wissenschaftssystematik mit dem Konzept der *Grundlinien* verwandt sind. (Hegels *Enzyklopädie* entwickelt sich bekanntlich durch den Dreischritt der Logik, der Naturphilosophie, und der Philosophie des Geistes: bei Steiner tritt an die Stelle der Logik die Noetik, das heißt an die Stelle des sich selbst entwickelnden Begriffs die Verständigung des erkennenden Bewußtseins mit sich selbst. Auf diesen Ausgangspunkt der *Grundlinien*, deren erster Teil erkenntnistheoretisch im engeren Sinne ist, folgen die Naturphilosophie – der Abschnitt über das naturwissenschaftliche Erkennen, und die Geistphilosophie – die Darstellungen über die Wissenschaften der Freiheit oder Geisteswissenschaften.)

Steiners «Wissenschaftslehre» führt aber über den bloßen Gedanken- und Ideenidealismus der Transzendentalphilosophie hinaus, weil sie sich nicht mit der Entwicklung des Erkennens in der Form der Idee begnügt, sondern die Form des Erkennens selbst sich entwickeln läßt. Zugleich ist seine Wissenschaftslehre ein aristotelisch-thomistischer Gegenentwurf gegen den mechanistischen Methodenmonismus der Naturerkenntnis, wie er durch Descartes, Newton und Kant inauguriert worden ist. Steiners System der Wissenschaften hat aber – und dadurch unterscheidet sich seine Weiterführung des thomistischen Aristotelismus vom historischen Thomismus – in der Methode und den Ausgangspunkten nichts «Scholastisches» an sich. Sein Gegenentwurf gegen die mechanistischen Theorien der Welt und des Erkennens stellt keine dogmatisch-deduktive Metaphysik dar, sondern Steiner weiß sich dem positivistischen Methodenideal der Erfahrungserkenntnis verpflichtet.[2] Mit Hilfe einer konsequenten Durchführung des positivistischen Erfahrungsprinzips gelangt er zu einer immanent-kritischen Transzendierung des reduktionistischen Positivismus, der sich als bloßer Empfindungspositivismus durch die Unbegründbarkeit seiner eigenen Prinzipien *ad absurdum* führt.

Insofern stellt Steiners Wissenschaftsverständnis eine Besinnung auf die Ursprungsintention des Aristotelismus dar: Dieser ist Empirismus, aber von idealistischen Komponenten durchzogener und getragener

Empirismus. Ist doch bei Aristoteles – geradeso wie bei Platon, wenn auch mit der bekannten, aber selbst aporetischen Spitze gegen die Anamnesis – Prinzipien-Erkenntnis apriorisch oder intuitiv, während konkrete naturwissenschaftliche Einzelerkenntnisse nur aposteriorisch zu gewinnen sind. Der aristotelische Empirismus läßt sich daher als idealistischer oder rationeller Empirismus bezeichnen. In dieser aufgeklärt empiristischen Grundhaltung sind Steiner wie Goethe Aristoteles verwandt, ohne jedoch, was die Herkunft ihrer Methodenideale anbelangt, von ihm abhängig zu sein.

Aristotelisch an Steiner und Goethe ist die Betonung der Erfahrung. Aristotelisch ist aber auch die *hierarchia entis,* die ontologische Schichtung der Wirklichkeit, in der sich das Sein als Seiendes vielgestaltig auffächert. Denn «das Sein wird in vielfältiger Bedeutung gesagt» (Aristoteles), aber doch so, daß es zu ganzheitlicher Schichtung sich fügt. Wirklichkeit ist demnach nicht als einförmiges, sondern als einheitliches, aber in sich differenziertes Gefüge zu denken. Dies nicht nur etwa im Sinn der kategorialen Aussagemöglichkeiten des Seins, sondern vor allem im Sinne der realen Schichtung der Welt in der über- (oder unter-)kategorialen ontischen Dimension.

Der ontologische Pluralismus spiegelt sich bei Goethe wie bei Steiner im methodologischen Pluralismus. Dieser Pluralismus ist eine methodologische Grundeinstellung, deren Aktualität und Bedeutsamkeit für den Erkenntnisfortschritt neuerdings wieder entdeckt zu werden beginnt. Allerdings bestehen bedeutsame Unterschiede zwischen der ganzheitlich-ontologisch gebundenen Form, wie sie Steiner und Goethe, und der Variante, wie sie, mit teils anarchistischem Beigeschmack, neuerdings Feyerabend und Spinner vertreten. Während bei Feyerabend der Pluralismus letztlich einem Skeptizismus entspringt, vermag Spinner seiner fallibilistischen Abkunft trotz seiner konsequenten Kritik an Popper nicht zu entrinnen. Dadurch entgeht ihm die Möglichkeit einer im ontischen Bestand der Wirklichkeit gegründeten Erkenntnisverfassung, die, was ihre Methoden anbelangt, dem Falsifikationszwang nicht unterworfen ist. Dem in sich differenzierten Sein, als geschichtet gefügtem Seiendem, kann, so Steiner, nur ein Erkennen gerecht werden, das selbst in sich differenziert, das heißt, geschichtet gefügt ist.

Die mechanisch-kausalen Erklärungsmuster und Paradigmen, die im

Verlauf der anbrechenden Neuzeit die Alleinherrschaft angetreten haben, dürfen lediglich für die anorganisch-leblose Welt, die nach mathematisch-geometrischen, also quantitativen Grundsätzen begreiflich scheint, Geltung beanspruchen. Bereits für den organischen, erst recht aber für den seelischen und geistigen Phänomenbereich gelten andere, diametral entgegengesetzte Paradigmen.[3]

Thomistisch (ebenso ließe sich sagen platonisch-plotinisch) ist in der Wissenschaftstheorie Steiners die Offenheit für die die Sinnenempirie transzendierende Wirklichkeit. Aber im Unterschied zum Thomismus befindet sich die übersinnliche Welt nicht in der Hut einer dogmatisierten Offenbarung und der sie verwaltenden Instanzen, sie ist vielmehr prinzipiell von der Erfahrung des Menschen eingeholt. Denn die Erfahrung ist ein methodisches Prinzip, das auf den gesamten Weltinhalt Anwendung finden muß, auch auf den nicht-sinnlichen Weltinhalt. Dies deshalb, weil das Erfahrungsprinzip gegenüber den Inhalten der möglichen Erfahrung neutral, indifferent ist. Schließlich ist es für die inhaltliche Bedeutung der erfahrenen Weltinhalte nebensächlich, ob ihr Erscheinen an die Tätigkeit des Menschen gebunden ist oder nicht. Die Tätigkeit des Menschen (in ihrer funktionellen und instrumentellen Dimension) verändert nicht die inhaltliche Bedeutung der erfahrenen Welt-Inhalte, sie macht sie lediglich zugänglich. Dieser Grundsatz gilt für den gesamten Weltinhalt, auch für den übersinnlichen, der insofern durch die Erfahrung zugänglich ist, als er vom Menschen in kontrollierter und wiederholbarer, intersubjektiv überprüfbarer Form hervorgebracht wird.

2. Steiner als Hermeneutiker

Steiner will in den *Grundlinien* die universelle Erkenntnisart Goethes zur Darstellung bringen. Dies kann er nur, indem er die immanenten Strukturprinzipien des Goetheschen Erkennens analysiert. Bei dieser

Analyse verfährt er, seiner eigenen Aussage zufolge, nach der Methode Friedrich Schillers. Schiller ist Hermeneutiker. Er liefert das Methodenideal für die *Grundlinien*. Schiller liefert zugleich das Vorbild für die psychologische Methode der *Grundlinien*. Schiller praktiziert die immanente Methode: die selbstlose Hingabe an den anderen Geist, um aus dessen Anschauung eine Einsicht in seine Intuitionen zu gewinnen. Freilich bedarf auch der Hermeneutiker interpretativer Kategorien. Dies führt zwangsläufig zum Problem des hermeneutischen Zirkels, aber nicht ebenso zwangsläufig zum Versagen des hermeneutischen Bemühens. Der hermeneutische Zirkel, von Heidegger thematisiert, besagt, daß das Verständnis einer Sache oder eines Menschen stets von einem vorgeprägten Vorverständnis ausgeht und damit voraussetzt, was es erst gewinnen will, nämlich das vorurteilsfreie und vorbehaltlose Verstehen der betrachteten Sache. Aus dem hermeneutischen Zirkel führt nur ein selbstkritisches Bewußtsein heraus, das durch die Selbsterfassung des der Betrachtung hingegebenen Geistes diesem ein Bewußtsein von den Kategorien verschafft, die er in seinem hermeneutischen Bemühen verwendet.

Selbstbeobachtung ist Voraussetzung für das Bewußtwerden der eigenen Verstehensstruktur und für die Möglichkeit, Vorurteile aus der Interpretation des Anderen herauszuhalten. Selbstbeobachtung ist Voraussetzung für die kritische Besonnenheit und selbstlose Hingabe, die der Hermeneutiker benötigt, wenn er seinem Gegenstand gerecht werden will. Kritische Besonnenheit und selbstlose Hingabe sind demnach die methodischen Leitparadigmen, die der Hermeneutiker verwirklichen muß. Kritische Besonnenheit schützt ihn vor subjektgeprägten Urteilen, die sich wie ein Schleier vor das Verständnis des Anderen legen und zu dessen interpretativer Verformung, Entstellung führen müssen. Selbstlose Hingabe ermöglicht die Aufnahme der fremden Intuitionen und deren immanentes Verstehen aus ihnen selbst. Das Zusammenspiel beider Maximen ermöglicht Kongenialität durch Einfühlung und kritische Reflexion aus der Distanz zugleich. Zwischen beiden Leitparadigmen muß der Hermeneutiker dauernd oszillieren und bei ihrer Anwendung die rechte Mitte finden.[4] Dort aber, wo der betrachtete Geist sich selbst nicht zu erklären vermag, ist der Hermeneutiker auf seine eigenen interpretativen Kategorien zurückgewiesen, durch die er die verborgenen Intentionen des Anderen, das in ihm waltende Gesetz zu entschlüsseln vermag.

3. Das System der Wissenschaften

Mit dieser Methode wendet sich also Steiner der Analyse der Struktur des Goetheschen Erkennens zu. Er entwickelt dabei eine Wissenschaftssystematik, die ein Abbild der ontologischen Struktur der Wirklichkeit ist. Diese gliedert sich in Natur- und Geisteswelt, genauer in das Reich des Anorganischen, des Organischen, des Seelischen und des Geistes.

a. Anorganik

Die unorganische Natur ist ein System von Wirksamkeiten, in dem die Vorgänge stets von gleichartigen Faktoren bestimmt sind, die einander äußerlich gegenüberstehen (*Grundlinien*, 86 f.).

Die anorganische Wissenschaft hat die wirkenden Ursachen zu erforschen, die den Phänomenen in ihrem Gegenstandsbereich zugrunde liegen. Steiner erwähnt namentlich Mathematik, Physik und Mechanik als Wissenschaften, die nach der anorganischen Methode verfahren und Paradigmen der Anorganik verwenden. Dabei fällt auf, daß eine unter Umständen den Geisteswissenschaften zugerechnete Wissenschaft, die Mathematik, hier unter die Naturwissenschaften des Anorganischen subsumiert wird. Diese Einordnung liegt einerseits darin begründet, daß die Mathematik keine Wissenschaft vom Lebendigen, sondern eine Wissenschaft ist, die sich mit den Strukturen und Dimensionen des Unlebendigen befaßt. Zudem aber sind die Gesetze der Mathematik wie jene von Mechanik und Physik auf den Konstituenten von Koordination und Sukzession aufgebaut, das heißt die einzelnen Elemente stehen sich äußerlich gegenüber und bleiben sich auch in ihrer Verknüpfung äußerlich.

Die Ursachenerforschung kann 1. auf dem Weg der ideellen Rekonstruktion sinnlicher Gegebenheiten erfolgen, also durch die willkürliche Konstruktion eines wissenschaftlichen Phänomens in gedanklicher Form, oder 2. durch das Herstellen künstlicher Bedingungen, das heißt Versuchsbedingungen, die durch ihre Veränderbarkeit (Variabilität) und durch die Vernachlässigbarkeit von Nebenbedingungen die Isolation der wesentlichen Faktoren beobachteter Vorgänge zulassen. Die zwei methodischen Mittel der anorganischen Naturwissenschaft sind also: das Gedankenexperiment und der faktische Versuch. Die anorganische Naturwissenschaft soll die notwendigen Bedingungen, die unmittelbar die untersuchten Phänomene bewirken, isolieren. Diese notwendigen Bedingungen konstituieren das sogenannte «Urphänomen», die «Grundtatsache», die mit dem «objektiven Naturgesetz» identisch ist: Urphänomen und Grundtatsache sind Gegenstand der anorganischen Naturwissenschaft. Die induktive Methode, die (1886) von zeitgenössischen Wissenschaftstheoretikern propagiert wird, ist zur Herausarbeitung von Urphänomenen ungeeignet, sie führt bloß zu statistischer Verisimilität und zum Fallibilismus (Falsifikationszwang).

Im Gegensatz dazu führt das Aufsuchen notwendiger Bedingungen zu Wesenseinsicht und damit zu apodiktischer Gewißheit. Dennoch haben Naturgesetze hypothetische Form, auch wenn der Zusammenhang, den sie konstatieren, ein apodiktisch gewisser ist. Sie legen die Bedingungen fest, die notwendig sind, damit bestimmte Wirkungen eintreten können. Diese legen sie aber nicht deduktiv fest, sondern aufgrund von Beobachtung und Experiment, also erfahrungsorientiert. Die Methode der anorganischen Naturwissenschaft beruht auf Beobachtung und Experiment, sie ist «rationeller Empirismus», weil sie von der Empirie ausgeht, aber bei der Idee endet. Sie ist darüber hinaus beweisend und erklärend: denn Erkennen im Anorganischen bzw. mittels anorganischer Denkformen beruht auf der Subsumtion des Einzelfalls unter ein allgemeines Gesetz; die Erklärung ist Reduktion, das heißt Zurückführung des Komplizierteren auf das Einfache. Das geistige Vermögen, das in der Erkenntnisform der Anorganik zur Anwendung gelangt, ist die reflektierende, beweisende Urteilskraft, die durch Subsumtion von Einzelfällen unter allgemeine Regeln zu ihren spezifischen Ergebnissen findet.

b. Organik

Die Wissenschaften des Organischen nun haben einen völlig anderen Gegenstand. Sie benötigen deshalb auch ein völlig anderes Methodenparadigma. Die Übertragung der anorganischen Methode auf die organische Welt, die Monopolisierung der Gesetze des Unorganischen, der physikalistische Methodenmonopolismus, führt deshalb auch zur Auslöschung der spezifischen Natur des Organischen. Das bedeutet aber, daß die organischen Vorgänge auf diesem Wege weder verstanden noch erklärt werden können. Die scheinbaren Erklärungen sind lediglich Scheinerklärungen. Während in der anorganischen Wissenschaft Erklären möglich ist, das heißt Ableiten von sinnenfälligen Wirkungen aus sinnenfälligen Ursachen, kann das Inhaltliche, das spezifisch Organische eines Lebewesens nicht aus äußeren Bedingungen (exogenistisch) abgeleitet werden, weil es übersinnlich ist. (Dies macht Steiner in Auseinandersetzung mit dem Darwinismus und seiner mechanistischen Selektions- und Entwicklungstheorie deutlich.)

Die organische Gestalt ist nur aus einem inneren Prinzip (endogenistisch) ableitbar, die äußeren Bedingungen sind Randbedingungen mit denen sich das Wirkprinzip des organischen Lebens in selbstzentrierter Autonomie auseinandersetzt. Das gilt aber auch für die *patterns of behaviour,* die weder aus dem Gesetz der ökologischen Nischen noch aus dem Ort der jeweiligen Art innerhalb der zoologischen Systematik allein erklärbar sind. Das innere Wirk-Prinzip des organischen Lebens ist der «Typus», das allgemeine Bild des Organismus, aus dem sich alle besonderen organischen Formen ableiten lassen. Der Typus allein gewährleistet den Zusammenhang in der Sukzession der Formen der organischen Evolution, in Wachstum, Bewegung, Fortpflanzung usw., er spezialisiert sich rein ideell, d. h. übersinnlich in «Urpflanze» und «Urtier». Der Typus wird von Steiner als Vernunftidee bezeichnet. Das bedeutet, er ist kein festgelegter, abstrakter Verstandesbegriff, der mit Hilfe einer bestimmten Anzahl von Merkmalen ein für allemal definiert ist, sondern eine flüssige, in sich bewegte, übersinnliche Gestalt. Vor allem ist er nicht nur *causa cognoscendi* der jeweiligen organischen Formen für den Menschen, sondern auch *causa efficiens* in den Dingen für die Erscheinungen des organischen Lebens.

Während bei der Anorganik das Erkenntnisprinzip die Subsumtion der Einzelfälle unter allgemeine Regeln ist, muß in der Organik der Typus in Einzelgestalten metamorphosiert werden. Während das Naturgesetz ein abstraktes Erkenntnisprinzip ist, das außerhalb der durch es erklärten Phänomene steht, ist der Typus ein den Einzelorganismen immanentes Prinzip der Gestaltmetamorphose: er ist «Entelechie». Mit diesem von

Aristoteles übernommenen Begriff bezeichnet Goethe jenes innere typische Wirkprinzip des Organismus. Die Anorganik erklärt ihre Phänomene durch Reduktion, die Organik führt zu einer anschauenden Erkenntnis der einzelnen Organismen und ihrer Bildungen durch synthetische Entwicklung. Die aus dem Typus zu entwickelnde Formenreihe organischer Gestaltung ist der Inhalt einer rationellen Organik. Die Methode der rationellen Organik ist nicht die beweisende, sondern die entwickelnde, beschreibende und darstellende (bildschaffende) Methode. Die entwickelnde Methode setzt eine anschauende Urteilskraft voraus, die nicht nur die abstrakte Form des Gesetzes zu den sinnlichen Gegebenheiten hinzufügt, sondern auch den sinnlichen Anteil der Erkenntnis selbst erzeugt. Zu der Betätigung dieser anschauenden Urteilskraft ist der Mensch zwar veranlagt, er muß diese Veranlagung aber systematisch schulen, soll die anschauende Urteilskraft zu einem sicheren Erkenntnismittel werden wie der analytische Verstand. Steiner nennt diese Form der Erkenntnis in den *Grundlinien* «Intuition». Die Intuition ist nicht bloß ein heuristisches Prinzip, dessen Wirksamkeit dem Zufall überlassen bleibt, sondern eine gesetzmäßig wirkende Geistestätigkeit, die eine intellektuelle, übersinnliche Anschauung ihres Gegenstandes erzeugt. Sie ist eine höhere, intensivere Geistestätigkeit als das Reflektieren des analytischen Verstandes, der lediglich die Form des Gesetzes zu seinen Gegenständen hinzufügt.

c. Geisteswissenschaften

Die Geisteswissenschaften sind, im Gegensatz zu den Naturwissenschaften, die sich mit der Notwendigkeit objektiver Gesetze oder der Notwendigkeit des entelechischen Prinzips befassen, Freiheitswissenschaften. Denn der Endzweck des Menschen als Geist ist die Freiheit. Dies ist das Paradoxon der Freiheit. Freiheit ist der einzige Endzweck, der sich selbst aufhebt und insofern die Freiheit nicht ausschließt. Der Mensch ist nicht von Natur zur Freiheit bestimmt, sondern muß sich aus Freiheit zu seiner höheren Natur bestimmen. Nur indem er sich über die Naturbestimmtheit erhebt, vermag er seine Freiheit zu realisieren. Zwar ist diese Erhebung über die Natur in ihm veranlagt, denn die Natur hat ihn als

Mängelwesen konstituiert: den Überschuß der Erfüllung seines Mangels kann er aber nur durch Selbsttätigkeit hervorbringen. Die Freiheit, das heißt, die Selbstbestimmung des Geistes als eines auf sich selbst gegründeten Individuums, ist das Leitparadigma der Geisteswissenschaften, oder, anders ausgedrückt: die Idee der Persönlichkeit stellt den hermeneutischen Schlüssel zum Reich der Freiheit dar. Im Phänomenbereich der Geisteswissenschaften hat es der Geist mit seinen eigenen Produktionen zu tun. Kausalität und Metamorphose spielen keine Rolle, es geht um Intentionen und Intuitionen, und zwar um Intentionen und Ideen von Individuen. Hier ist das Allgemeine durch das Besondere bedingt, das Besondere ist selbst gesetzgebend. Das Allgemeine ist der Spezialfall, das Besondere ist die Regel. Es kann in den Geisteswissenschaften also nicht darum gehen, aus allgemeinen Gesetzen zu erklären, was bedeutet, die Notwendigkeit von Erscheinungen aus ihren Bedingungen abzuleiten, oder Entwicklungen als Metamorphosen eines entelechischen Prinzips darzustellen, sondern, weil ihr Gegenstand die Idee als individuell tätiges Wesen, das ideenerfüllte Individuum ist, kann es nur darum gehen, das Individuum zu verstehen, dessen geistigen Gehalt im von ihm selbst geprägten Ausdruck kennenzulernen und unmittelbar aufzufassen.

4. Grundlegung der Psychologie als Freiheitswissenschaft

Das Individuum verlangt, daß der Betrachter sich in seinen geistigen Gehalt einlebt, in seine Intuitionen eintaucht und aufgrund dieser Vereinigung zu einem Verständnis seiner Intentionen gelangt. Dieses Leitparadigma gilt auch für die Psychologie als Geisteswissenschaft. Gegenstand der Psychologie ist der tätige Geist und die von diesem ausgehenden Manifestationen in Denken, Fühlen und Wollen. Der freie Geist ist der sich selbst bestimmende Geist: wenn dieser freie Geist Gegenstand der Psychologie sein soll, dann insofern, als er sich den gesamten Inhalt seines Wesens selbst beilegt. Die Selbstreflexion, Selbstbetrachtung, Selbsterfassung ist daher Methode der Psychologie. Dies hat zur Folge, daß die Selbsterkenntnis des Psychologen Voraussetzung für sein Verstehen des anderen Geistes ist.

Steiner geht es jedoch nicht um die Erkenntnis des Individuums in seiner empirischen Tatsächlichkeit, nicht um die Erkenntnis seiner zufälligen Eigenschaften, sondern um das reine Individuum, das reine Ich, man könnte auch sagen, das transzendentale Ich, das sich im Sinne der Fichteschen Wissenschaftslehre als das autonome Prinzip der Selbstverwirklichung erweist. Die Ausführungen Steiners über Methode und Gegenstand der Psychologie gelten weniger vom empirischen als vielmehr vom transzendentalen Ich. Vom transzendentalen Ich gelten auch die Aussagen, die Steiner im Psychologiekapitel der *Grundlinien*[5] macht, nicht vom empirischen Ich.

Das von «allen Zufälligkeiten befreite», «aus seiner Umgebung herausgelöste», «für sich betrachtete Individuum» ist das reine oder transzendentale Ich. Von diesem gilt, daß es «nur jene Merkmale, Eigenschaften, Fähigkeiten besitzt, die es sich vermöge der Einsicht in sein Wesen zuschreibt»;[6] oder daß «Denken, Fühlen, Wollen seine Manifestationen sind».[7] Das transzendentale Ich als Zentrum der einheitlichen Seele ist auf der Ebene der empirischen Selbsterfahrung nur insofern greifbar, als es, um mit Kant zu sprechen, das Prinzip der «synthetischen Einheit der Apperzeption» ist und jede unserer Vorstellungen muß begleiten können. Steiner behauptet vom Ich, daß «jede Tätigkeit unserer Persönlichkeit mit diesem Zentrum unseres Wesens verbunden ist. Sieht man bei einer Handlung von dieser Verbindung ab, dann hört sie überhaupt auf, eine Seelenerscheinung zu sein. Sie fällt entweder unter den Begriff der unorganischen oder der organischen Natur».[8]

Betrachtet man aber die empirische Natur des Menschen, dann stellt man fest, daß die allerwenigsten Manifestationen des Denkens, Fühlens und Wollens vom Ich ausgehen. Am ehesten gelingt diese Manifestation bei den Akten des Vorstellens. Bei den Akten des Fühlens und Wollens entschwindet der Zusammenhang von Ich und Akt, wenn man von den diese Akte begleitenden Vorstellungen absieht. Denken, Fühlen und

Wollen nur insofern gelten zu lassen, als sie Manifestationen des selbstbewußten Ich sind, könnte man bei einem reinen Geistwesen, etwa bei einem Engel, der, weil er leibfrei ist, auch kein seinem Willen entgegenstehendes *impedimentum* besitzt, wie die Scholastiker sagen würden, aber nicht bei einem empirischen Menschen. Jene seelischen Erlebnisse, die Ausdruck des Zusammenhangs des menschlichen Ich mit dem Organismus sind, müssen dem menschlichen Ich ebenso zugerechnet und können nicht ohne weiteres aus dem Gegenstandsgebiet der Psychologie ausgeschlossen werden. Ist doch der Zusammenhang und das Zusammenspiel des menschlichen Ich mit der leiblichen Organisation gerade das spezifische Moment des menschlichen Seelenlebens.

Doch kann man folgendes als Hypothese formulieren: Wenn Steiner 1886 schon vom menschlichen Engel hätte sprechen können oder wollen, dann wäre diese Grundlegung der Psychologie der Ort dafür gewesen. Aus diesem Grund konnte Steiner 1924 behaupten, als er die *Grundlinien* neu herausgab, daß die Psychologie für ihn schon 1886 Pneumatologie gewesen sei und die «Anschauung der gesamten Geistes-Welt» eingeschlossen habe. Denn die Rede vom transzendentalen Ich beruht auf der intellektuellen Anschauung des menschlichen Engels. Durch diese intellektuelle Anschauung eröffnet sich auch der Ausblick auf die Volkskunde und die Geschichte, die der Psychologie als die beiden anderen, von Steiner behandelten Geisteswissenschaften an die Seite treten. Wenn Steiner von diesen spricht, dann blickt er auf Erzengel und Zeitgeister, ohne ihre Namen zu nennen. Wenn Steiner in Psychologie, Volkskunde bzw. Staatswissenschaft und Geschichte die hauptsächlichen Formen der Geisteswissenschaft sieht, dann deshalb, weil er auf die gesamte dritte Hierarchie blickt, die mit dem geistigen Leben der Menschheit insofern verbunden ist, als der Mensch dem Engel das Bewußtsein seiner selbst als einer freien Persönlichkeit verdankt, dem Erzengel das Bewußtsein, Angehöriger eines Volkes bzw. der ganzen Menschheit zu sein, und den Zeitgeistern, das Bewußtsein, dem Strom der Geschichte anzugehören.[9]

Fassen wir zusammen: In den *Grundlinien* schildert Steiner die Gesetzmäßigkeit des menschlichen Erkennens. Von den beschriebenen Erkenntnismethoden ist nur die der anorganischen Erkenntnis die des gewöhnlichen Alltagsbewußtseins des Menschen. Alle anderen, die organische Wissenschaft und die drei Formen der Geisteswissenschaft, sind

Chiffren der Transdenzenz, denn sie verlangen eine Veränderung des erkennenden Bewußtseins, ein Überschreiten der Grenzen, die dem reflektierenden Verstand gesetzt sind.

Es scheint klar, warum sich eine «wahre Psychologie» nur aus der Anschauung des tätigen Geistes des Menschen ergeben kann: weil nur auf diese Weise die Konstitution der psychischen Phänomene beobachtet werden kann. Die wahre Psychologie ist deshalb Pneumatologie: sie zeigt den individuellen Menschengeist als transzendentales Ich, sie löst die psychologischen Paralogismen der *Kritik der reinen Vernunft*[10] und weist den Weg zur Beseitigung der kosmologischen Antinomien.[11] Sie zeigt aber auch die Genese der empirischen Phänomene des Seelischen aus der Tätigkeit des Geistes. Insofern hat Steiner 1886 ein psychologisches Forschungsprogramm formuliert, das er später weiterverfolgte. Diese Interpretation liegt auch deshalb nahe, weil Steiner in seinen erkenntnistheoretischen Erwägungen, wie schon eingangs erwähnt, keine inhaltlichen Erkenntnisse vermitteln will, sondern methodologische Leitlinien entwirft, die zur Anwendung zu bringen einer späteren praktischen Forschung obliegt. Die weitere Entwicklung und Ausgestaltung dieses Forschungsprogramms läßt sich an seinem Werk aufzeigen.

5. Die *Philosophie der Freiheit* als transzendentale Psychologie

Im Jahr 1894 erscheint *Die Philosophie der Freiheit*. Sie zeigt am Beispiel der Vorstellungsbildung und der Willenstätigkeit, wie das Seelische aus dem Wirken des Überseelischen konstituiert wird. Sie ist deshalb eine das Transzendente einbeziehende, das heißt transzendentale Psychologie. Die *Philosophie der Freiheit* wendet die pneumatologische Methode der *Grundlinien* an, um die Konstitution der Vorstellungen aus dem Übervorstellbaren, dem Begriff, und dem Untervorstellbaren, der Wahrnehmung, durch die Erkenntnisakte des Menschen aufzuzeigen. Ebenso wird gezeigt, daß der einzelne Willensakt erst wirklich wird, wenn der übervorstellbare geistige Gehalt des Willens, das Motiv, den untervorstellbaren Tätigkeitsgrund des Willens, die Triebfedern, in Bewegung setzt. *Die Philosophie der Freiheit* zeigt vor allen Dingen, daß zwischen den zwei geistigen Konstituenten, die im Menschen vereint sind, zwischen Wille und Idee ein kontinuierlicher Übergang besteht und daß der Ort dieses Übergangs das menschliche Seelenleben im engeren Sinn ist.

Steiner bemüht sich in der *Philosophie der Freiheit* offenkundig um eine Vermittlung zwischen dem ontologischen Bereich des transzendentalen tätigen Geistes und der empirischen Welt. Deshalb wendet er auch der empirischen Seite des Seelenlebens seine Hauptaufmerksamkeit zu. Dadurch, daß er in bezug auf die innere Beobachtung zwischen Wahrnehmung und Begriff unterscheidet, kann er die Manifestationen des Geistes: Denken, Fühlen und Wollen sowohl transzendentalphilosophisch deduzieren als auch den empirischen Formen des Denkens, Fühlens und Wollens gerecht werden.

Subjekt und Objekt werden in der *Philosophie der Freiheit* transzendentalphilosophisch durch den Bezug des Denkens, das heißt, des tätigen Geistes auf sich selbst konstituiert. Wenn das Denken zwischen Subjekt und Objekt rein ideelle Beziehungen herstellt, dann liegen diese transzendentalen Beziehungen auch den empirischen Phänomenen des Vorstellens, Fühlens und Wollens zugrunde. Der rein ideelle Bezug der Objekte auf das Subjekt ist der transzendentale Akt, der dem Fühlen zugrunde liegt; das empirische Fühlen selbst ist das wahrnehmungsartige Erlebnis dieses Bezugs. Der rein ideelle Bezug des Subjekts auf die Objekte ist der transzendentale Akt, der dem Wollen zugrunde liegt; der empirische Willensakt ist das Wahrnehmungserlebnis dieses ideellen Bezugs. Wahrnehmungsartig an Fühlen und Wollen sind: Emotionen, Affekte, Leidenschaften, Sympathien, Antipathien, Triebe, Begierden und ihre jeweiligen unwillkürlichen Begleitvorstellungen. Diese empirische Seite des Seelenlebens wird aber nicht vom transzendentalen Ich abgekoppelt, sondern ihm zugerechnet, da das transzendentale Subjekt auf seine eigenen empirischen Komponenten wesentlich bezogen ist. Steiner nennt diese empirischen Komponenten «leiblich-seelische Organisation» oder «charakterologische Anlage». Zwar liegt das transzendentale Subjekt, das reine oder «wahre Ich» jenseits der empirischen Seelennatur (der «seelischen Organisation«), es liegt aber dem Selbstbewußtsein zugrunde, konstituiert dieses und bleibt dessen fortwährender Ermöglichungsgrund. Die charakterologische Anlage faßt alle Neigungen und Abneigungen, Bildungen und Gewohnheiten des empirischen Subjektes in sich.

Steiner hat diese Forschungsrichtung weiter verfolgt und das, was er 1886 Psychologie nannte: seine Lehre vom subjektiven Geist und seiner Konstitution aus dem transzendentalen Ich in den folgenden Jahren und Jahrzehnten fortlaufend vertieft.[12]

1910 finden sich entsprechende Darstellungen in seinen Vorträgen über Psychosophie,[13] 1917 in der Schrift *Von Seelenrätseln*.[14]

6. Psychologie als Psychosophie

1910 stellt Steiner dar, daß der Gesamtheit der seelischen Phänomene zwei Konstituenten zugrunde liegen: das Begehren und die Urteilstätigkeit.

1. Das Begehren manifestiert sich in den Phänomenen von Liebe und Haß, in Sympathie und Antipathie als Seelenerlebnissen.

2. Die Urteilstätigkeit mündet in der Vorstellungsbildung (Urteilsbildung).

Aus der Befriedigung oder Nichtbefriedigung des Begehrens entspringen Lust und Unlust. Sämtliche Gefühle lassen sich kategorial aus der Verbindung von Begehren und Urteilstätigkeit ableiten. Selbst die Sinnesempfindung (nicht die Sinneswahrnehmung als der wahrgenommene Weltinhalt!) ist eine Modifikation des Begehrens.

Aus der Urteilstätigkeit entspringt der Gehalt der Vorstellungen der Seele, die nicht verlorengehen, nachdem sie gebildet sind, sondern Bestandteil des Unterbewußten, genauer, der Lebensprozesse werden und bei Bedarf erinnert werden können (oder auch nicht).

Die Wurzeln des Begehrens liegen außerhalb der Seele, im Geist, dem transzendentalen Ich; in den seelischen Binnenraum münden bloß die Befriedigungen oder Nichtbefriedigungen, der Genuß und das Entbehren.

Ebenso liegt das Urteilen seinem Abschluß nach außerhalb der Seele: im Gehalt nämlich, der als sinnlich wahrnehmbarer oder nichtsinnlich-ideeller in die Urteilsbildung einfließt. Nur der Anfang der Urteilsbildung liegt im seelischen Binnenraum: das Suchen nach der Entscheidung (dem Urteil).

Der Umfang des menschlichen Bewußtseins ist begrenzter als der Gesamtgehalt des menschlichen Wesens. Das Bewußtsein kommt dort zustande, wo die beiden Ströme des seelischen Lebens: der Vorstellungsstrom und der Strom des Begehrens sich überlagern.

Steiner macht in diesem Zusammenhang die überraschende Entdeckung, daß der Strom der Vorstellungen aus der Vergangenheit in die Zukunft fließt und der Strom des Begehrens aus der Zukunft in die Vergangenheit, das heißt, daß im menschlichen Bewußtsein zwei reale, aber diametral entgegengesetzte Zeitströmungen zusammentreffen und sich im Erleben der Gegenwart gegenseitig aufheben. Das menschliche Zeitbewußtsein, insofern es ein Bewußtsein der Gegenwart ist, wird also durch die Überschneidung jener beiden Zeitströme konstituiert.

Das empirische Ich-Bewußtsein, das nicht mit dem allgemeinen Bewußtsein identisch ist, tritt zu diesen beiden Strömen als drittes, aus dem Überzeitlichen, dazu. Es wird durch das transzendentale Ich konstituiert, indem dieses sich des Vorstellungsstroms bemächtigt und seine Einheit begründet; im Aufrechterhalten dieser Synthesis stellt es den Zusammenhang zwischen sich und der Ich-Vorstellung her, die aber lediglich eine Spiegelung des transzendentalen Ich am Komplex der mit ihm verbundenen Vorstellungen ist. Unmittelbar offenbart sich das transzendentale Ich nur in der Urteilstätigkeit. Als solches kann es aber nicht vorgestellt werden.

7. Der Zusammenschluß der transzendentalen und der empirischen Psychologie im Buch *Von Seelenrätseln*

Nach diesen kurzen Hinweisen auf die Psychosophie 1910 ein ebenso kurzer Hinweis auf die Darstellungen im Buch *Von Seelenrätseln* aus dem Jahr 1917.

Diese Schrift geht erheblich über das bisher Gebotene hinaus, weil sie nicht nur einen Zusammenhang des transzendentalen Ich mit der Welt der empirischen Seelenerscheinungen, sondern auch einen Zusammenhang beider mit den physiologischen Gegebenheiten des menschlichen Organismus herstellt. Es wird gewiß nicht unzutreffend sein zu behaupten, daß Steiner hier versucht, das bisher in Buchveröffentlichungen von seiner Seite offen gelassene Leib-Seele-Problem einer Lösung zuzuführen. Dieser Beitrag zur Lösung des Leib-Seele-Problems entspringt, wie es der ganzen Tendenz seiner Pneumatologie entspricht, nicht philosophischen Spekulationen oder experimentellen Laboruntersuchungen, sondern der Anwendung seiner transzendentalen, pneumatologischen Beobachtungsmethode.

Steiner stellt seine Ergebnisse einer – wie er sagt – dreißigjährigen Forschung (die also mit dem Forschungsprogramm der *Grundlinien* von 1886 ihren Anfang nahm) im Kapitel über «Die physischen und geistigen Abhängigkeiten der Menschenwesenheit»[15] dar.

Die psychischen Phänomene gliedern sich in *Von Seelenrätseln* in die Klassen des Vorstellens, Fühlens und Wollens. Diese rein seelischen Vorgänge bedürfen, um ins empirische Bewußtsein zu treten, einer physiologischen Grundlage. Zwar ist der «Leib als Ganzes» Grundlage des Seelenlebens, aber die verschiedenen Klassen von Phänomenen ordnen sich verschiedenen Leibestätigkeiten ein. Die physiologischen Gegenstücke des Vorstellungslebens liegen in der Nerventätigkeit und der Tätigkeit der Sinnesorgane. Das Fühlen steht in Beziehung zum Lebensvorgang des Atmungsrhythmus. Das Wollen stützt sich auf Stoffwechselvorgänge. Steiner weist auf die Priorität der rein seelischen Vorgänge, die ihren Niederschlag in physiologischen Prozessen finden müssen, um ins empirische Bewußtsein der gewöhnlichen Introspektion zu treten. Mit dem angedeuteten Zusammenhang hat Steiner zwei völlig neuartige Beobachtungen dargestellt: 1. die Dreigliederung der physiologischen Vorgänge, die jeweils eigene Klassen bilden, sich aber gegenseitig in antagonistischer Einheit durchdringen; 2. die spezifische Zuordnung der seelischen Phänomene zu diesen physiologischen Phänomen-Klassen.

Steiner stellt aber noch zwei weitere Beobachtungen dar: die eine betrifft die Sinneswahrnehmung und die menschliche Bewegungsfähigkeit; die andere die Beziehungen, die das empirische Seelenleben zum überempirischen Leben des Geistes, zum transzendentalen Ich hat. Die Sinneswahrnehmung (d. h. der wahrgenommene Inhalt) und mit ihr die Vorgänge, die sich in den Sinnen abspielen, sind nicht Teile des organischen Geschehens, sondern Weltvorgänge, die durch die Sinne in den Organismus hineinragen und von der Seele intentional umspannt werden. Ebenso ist der Bewegungsvorgang kein Vorgang, der auf den menschlichen Organismus und dessen physiologische Komponenten reduziert werden könnte, sondern ein Vorgang, durch den sich die Menschenseele intentional in die Gleichgewichts- und Kräfteverhältnisse der empirischen Außenwelt durch die Vermittlung der organischen Prozesse einordnet. Was die transzendentalen Grundlagen der empirischen Seelenerscheinungen betrifft, so ist das Vorstellen im überempirischen Erfahrungsbereich ein lebendig kraftendes Bildgeschehen, das sich in sinnvoller Gliederung jener Erkenntnisform erschließt, die Steiner in den *Grundlinien* anschauende Urteilskraft (hier: Imagination) genannt hat. Die Nerventätigkeit hat gegenüber diesem lebendig kraftenden Bildgeschehen die Aufgabe, es zu den abstrakten Vorstellungen «herabzulähmen», die das gewöhnliche Bewußtsein erfüllen. – Das Fühlen hat seine transzendente Grundlage in der Tätigkeit des geistigen «Seelenwesenskerns» des Menschen, der diesem über Geburt und Tod hinaus eignet und nur durch die pneumatologische Methode der «Inspiration» erschaut werden kann. Aus der inspirativen Beobachtung dieses «geistigen Seelenwesenskerns» ergibt sich eine Beantwortung der Unsterblichkeitsfrage. Gegenüber dieser Tätigkeit des geistigen Seelenwesenskerns haben die rhythmischen physiologischen Vorgänge die Aufgabe, sie in der Form des träumenden Erlebens bewußt zu machen. – Das Wollen als empirischer Bewußtseinsinhalt, das nur nach seinen Begleitvorstellungen vorstellungsbewußt wird und ansonsten sich der unmittelbaren Beobachtung entzieht (»verschlafen» wird), wird durch transzendentale Anschauung der unsterblichen Individualität des Menschen bewußt, die die Einheit ihrer Metamorphosen in den Erscheinungszusammenhängen der einzelnen Inkarnationen darstellt. So ergibt sich durch die transzendentale Anschauung des Wollens eine intuitive Erkenntnis (wobei der Intuitionsbegriff hier eine etwas andere Bedeutung als in den *Grundlinien* hat) der wiederholten Erdenleben und der Gesetzmäßigkeiten des menschlichen Schicksals.

Der Versuch, die dargestellten Entwicklungsstufen der psychologischen Forschungen Steiners zusammenzuschauen, läßt erahnen, was für ihn Pneumatologie, soweit ihr Gegenstand der tätige Geist des Menschen ist, bedeutet. Es läßt sich aber auch erahnen, was er 1886 intendierte, als er von der psychologischen Methode als einer Methode der Selbsterfassung des tätigen Geistes gesprochen hat. Klar ist jedenfalls, daß diese pneumatologische Methode, die der Psychologie als einer Freiheitswissenschaft zugrunde liegt, sich in der Methode der gewöhnlichen Introspektion nicht erschöpft.

Psychologie als Pneumatologie umspannt für Steiner den Ausgang vom hermeneutischen Bemühen, das den historischen Selbstausdruck des Menschen für seine individuelle seelische Inhaltlichkeit zugänglich macht, ebenso wie die transzendentale Konstitutionslehre der empirischen Seelenphänomene bis hin zur Entstehung der Ich-Vorstellung, die mittels der transzendentalen Anschauung gewonnen wird, deren Methode Steiner in den *Grundlinien* unter dem Titel der «Selbsterfassung des tätigen Geistes» zwar andeutet, aber erst in späteren Werken systematisch dargestellt hat.

«Psychologie als Freiheitswissenschaft» ist demnach eine jener Chiffren der Transzendenz wie sie für das philosophische Jugendwerk Steiners insgesamt charakteristisch sind, die zwar eine eigenständige Bedeutung haben, aber in ihrer Tiefendimension erst im Verlauf des Lebenswerks nach und nach ausgeschöpft werden.

8. Nachtrag zum Verständnis der Volkskunde

Neben der Psychologie führt Steiner in den *Grundlinien* auch Volkskunde bzw. Staatswissenschaft und Geschichte als Geisteswissenschaften auf. Wie setzte Steiner seine geisteswissenschaftlichen Methodenideale in seinem historisch-politischen Denken in den 80er Jahren um? Diese Frage sei anhand des Nationalitätenproblems etwas näher untersucht. Das Spektrum der deutschen Haltungen zu den Slawen im 19. Jahrhundert reicht von Herders fortwirkender romantischer Verklärung des Slawentums bis zu Bismarcks verständnisloser Verachtung, die ihn nicht begreifen ließ, warum sich europäische Großmächte wegen einiger «stinkender Wallachen» auf dem Balkan miteinander schlagen sollten. Während Herder für den Aufschwung der slawischen Selbstbesinnung, die in zahlreiche Nationalismen überging, wenn auch nicht für diesen Übergang verantwortlich war, hinderten Bismarck und die Hohenzollern die Habsburgermonarchie bis gegen Ende des Ersten Weltkriegs daran, zu einer föderalistischen Umgestaltung ihres Vielvölkerstaates zu gelangen, der die slawischen Nationalitäten politisch und gesellschaftlich aufwertete.

Aus dem Jahr 1884 ist das Fragment eines Briefes von Steiner an einen (unbekannten) Freund erhalten, in dem er seine damalige Sicht des Verhältnisses zwischen Deutschösterreichern und Slawen zum Ausdruck brachte. Steiner schrieb am 3. Oktober 1884: «Für den Deutschen in Österreich gibt es nur zweierlei Parteibestrebungen. Entweder er ist in der Minorität, dann muß er die Fahne der Kultur entfalten und den Slawen und Magyaren geistig imponieren. Oder er ist in der Majorität und am Ruder, dann muß er in echt demokratischem Geiste den Autonomismus und die freie Selbstbestimmung der Völker auf seine Fahne schreiben und jenem Zukunftsstaate entgegenstreben, der der Kultur am günstigsten ist: dem geschlossenen Handelsstaat ohne ‹Geld› und ‹Börse›».[16]

Als 23jähriger sah Steiner für die Deutschen, inmitten des bereits voll entbrannten Nationalitätenkampfes, sofern sie zur *Minorität* gehörten, nur eine einzige politische Handlungsmöglichkeit: nicht die Obstruktion oder den Kampf um die politische Macht, nicht die nationale Propaganda, wie sie von den damaligen Deutschnationalen unter Georg Ritter von Schönerer betrieben wurde, oder gar Separatismus und Irredentismus, sondern die Deutschen sollten die Fahne der Kultur entrollen und den nicht-deutschen Völkern des Habsburgerreiches durch ihre geistigen Leistungen imponieren. Auf diese Weise, so hoffte er wohl, würden nicht-deutsche Majoritäten innerhalb bestimmter Verwaltungsgebiete – wie etwa in Ungarn, Kroatien, Böhmen und Mähren – die neben deutschsprachigen Bevölkerungsteilen lebten, am ehesten zu einer Anerkennung der Rechte der Deutschen auf kulturelle Selbstbestimmung zu bewegen sein. Befänden sich die Deutschen aber in der *Majorität*, so sollten sie nicht etwa eine rücksichtslose Germanisierungspolitik betreiben, sondern vielmehr in echt demokratischem Geist den Autonomismus, also die Selbstbestimmung des Einzelnen und die Selbstbestimmung der Völker anstreben, die allerdings nicht in der historischen Realität des Habsburgerreiches bereits verwirklicht war, sondern erst in einem anzustrebenden Zukunftsstaat verwirklicht werden sollte.

Steiner wies den Deutschen also zwei Aufgaben zu: eine *Bildungsaufgabe*, die darin bestehe, die Kultur der Humanität und des Idealismus im Sinne Herders, Goethes und Humboldts zu befördern und eine *politische Aufgabe*, die er in der Verwirklichung der demokratischen Selbstbestimmung für alle Völker des Habsburgerreiches sah, einer Selbstbestimmung die eine vollumfängliche Berücksichtigung von Minderheitenrechten einschloß. Denn aus dem deutschen Geist, nicht dem deutschen Staat ging ein Idealismus des Willens (Fichte) und ein Idealismus des Denkens (Hegel) hervor, wie ihn die Welt seit der griechischen Antike nicht mehr gesehen hatte. Deshalb konnte Steiner von der Wiedergeburt des antiken Griechentums im deutschen Geist sprechen. Dieser Geist, der mit Nationalität nichts zu tun hatte, sondern die Artikulation des allgemeinen Menschheitsgeistes auf seiner damals höchsten Entwicklungsstufe war, fühlte sich zu einer Mission berufen: zur Mission, den in den Ketten des politischen und geistigen Feudalismus schmachtenden Völkern die Botschaft der Freiheit und der Menschenwürde zu bringen.

Hält man die zitierten Bemerkungen aus dem Brieffragment von 1884 mit Steiners späterer Ablehnung des Nationalismus zusammen, wie sie z. B. in seiner Haltung gegenüber dem tschechischen Nationalismus oder dem Zionismus zum Ausdruck kommt, könnte die Frage entstehen, ob ihm, als er den Deutschen Österreichs die politische Aufgabe zuschrieb, in «echt demokratischem Geist den Autonomismus und die freie Selbstbestimmung der Völker» auf ihre Fahne zu schreiben, bewußt war, welches Potential der Zerstörung das Schlagwort von der Selbstbestimmung der Völker in sich birgt, das er ja später als «Wilsonianismus» kennzeichnete. Die betreffenden Bemerkungen sind natürlich schwer zu interpretieren, weil sie im nur fragmentarisch überlieferten Brieftext nicht weiter erläutert werden.

Denkbar wären folgende Interpretationen: a) Steiner verstand 1884 die Selbstbestimmung der Völker im Sinne einer staatlich-territorialen Autonomie, also nationalistisch oder b) Steiner schwebte schon damals eine Form der Selbstbestimmung der Völker vor, die staats- und grenzübergreifend sein sollte, weil sich der Staat nicht um die Kultur zu kümmern habe, sondern – wie der kryptische Nachsatz über den geschlossenen Handelsstaat «ohne Geld und Börse» nahelegt – allein um rechtliche Angelegenheiten (der Staat soll sich *nicht* um «Geld und Börse» kümmern). Die erstere Möglichkeit ist eher unwahrscheinlich, da er im Falle der deutschen Majorität ja nicht das Nationalstaatsprinzip geltend machte, gemäß welchem die Majorität das Staatsvolk hätte bilden müssen, eine Fiktion, von der etwa in Ungarn die Magyaren nach dem österreichisch-ungarischen Ausgleich von 1867 geleitet wurden, sondern gerade die Autonomie und die Selbstbestimmung der Völker – innerhalb Österreich-Ungarns gedacht. Jedenfalls scheint er, ganz im Geiste der Humboldtschen Überlegungen, die *Grenzen der Wirksamkeit des Staates* in Richtung der individuellen und auch kollektiven Autonomie des geistigen, kulturellen, religiösen Lebens gedacht zu haben und zwar in der Form, daß (national-)staatliche Interessen die Pflege des kulturellen, geistigen und religiösen Lebens nicht beeinträchtigen dürften. Der Versuch, Autonomie und Selbstbestimmung der Völker angesichts von Majoritäten – welcher nationaler Herkunft auch immer – zu verwirklichen, kann nur als Befürwortung von Minderheitenrechten, als Ablehnung des Nationalismus jeglicher Art, also auch des deutschen oder deutsch-österreichischen verstanden werden.

Diese Interpretation würde auch durch Steiners Plädoyer für die individuellen Freiheitsrechte gestützt, das er in seinen *Grundlinien* veröffentlichte, in denen er Überlegungen über das Verhältnis von Einzelmensch und Staat anstellte. Hier heißt es einleitend: «Der Mensch soll nicht wie das Wesen der unorganischen Natur auf ein anderes Wesen nach äußeren Normen, nach einer ihn beherrschenden Gesetzlichkeit wirken, er soll auch nicht bloß die Einzelform eines allgemeinen Typus sein, sondern er soll sich den Zweck, das Ziel seines Daseins, seiner Tätigkeit selbst vorsetzen. Wenn seine Handlungen die Ergebnisse von Gesetzen sind, so müssen diese Gesetze solche sein, die er sich selbst gibt. Was er an sich selbst, was er unter seinesgleichen, in Staat und Geschichte ist, das darf er nicht durch äußerliche Bestimmung sein. Er muß es durch sich selbst sein. Wie er sich in das Gefüge der Welt einfügt, hängt von ihm ab [...]

Der Geist nimmt nur jene Stelle in der Allgemeinheit, im Weltganzen ein, die er sich als individueller gibt.»[17]

Hier spricht Steiner nicht nur unmißverständlich für das Prinzip der individuellen Selbstbestimmung: er sieht das Wesen des Menschen in seiner Fähigkeit zur sittlichen und politischen Autonomie, darin besteht kein Zweifel. Der Mensch soll nicht bloß «die Einzelform eines allgemeinen Typus» sein: wäre er dies, dann wäre er mit den organischen Formen der Pflanzen- und Tierwelt verwandt, die aus ihrer Typusidee begriffen werden können. Als Geist ist jeder einzelne Mensch aber sein eigener Typus – oder, wie Steiner diesen Gedanken 1904 in seiner *Theosophie* ausdrückt: als Ich, als Geist, ist jeder Mensch seine eigene Gattung. Jede Form einer typologischen Betrachtung des Menschen ist seinem Wesen unangemessen, also auch eine volkstypologische oder rassentypologische. Die Individualität soll alles, was sie ist, durch Selbstbestimmung sein, die Gesetze ihres Handelns sollen die Gesetze sein, die sie sich selbst gibt. Genau diese Überzeugung spricht Steiner in den *Grundlinien* aus, wenn er sagt, die menschliche Persönlichkeit, deren Wesen er in ihrer geistig-kreativen Potenz sieht, besitze nur jene Eigenschaften, die sie sich durch Selbstbestimmung zuschreibe und was an Äußerungen des Denkens, Fühlens und Wollens nicht aus den Tathandlungen des Ich hervorgehe, sei lediglich Ergebnis organischer Tätigkeit. Selbst was der Einzelne im Staat, in der Gesellschaft ist, darf er nicht durch äußerliche Gesetze sein, sondern nur durch selbstgegebene Gesetze, also durch Gesetze, die durch das Mitwirken des Einzelnen, durch demokratische Prozesse, zustande kommen müssen und die das Recht der individuellen Selbstbestimmung vollauf gewährleisten.

Nun konnte Steiner allerdings nicht gänzlich von der historischen und politischen Realität absehen, in der er 1886 seine *Grundlinien* schrieb. Es wäre blauäugig gewesen, die Grundsätze einer radikal individualistischen Weltsicht zu erörtern, die nach dem Erscheinen seiner *Philosophie der Freiheit* 1894 sogar als Weltsicht eines individualistischen Anarchismus bezeichnet wurde,[18] ohne die historische Wirklichkeit Österreichs, der europäischen Nationen oder die Weltsituation im allgemeinen zu berücksichtigen. Deswegen führt Steiner weiter aus:

«Der Mensch gehört aber nicht nur sich, er gehört auch der Gesellschaft an. Was sich in ihm darlebt, ist nicht bloß seine Individualität, sondern zugleich jene des Volksverbandes, dem er angehört. Was er vollbringt, geht ebenso wie aus der seinen, zugleich aus der Vollkraft seines Volkes hervor. Er erfüllt mit seiner Sendung einen Teil von der seiner Volksgenossenschaft. Es kommt darauf an, daß sein Platz innerhalb seines Volkes ein solcher ist, daß er die Macht seiner Individualität voll zur Geltung bringen kann.

Das ist nur möglich, wenn der Volksorganismus ein derartiger ist, daß der einzelne den Ort finden kann, wo er seinen Hebel anzusetzen vermag. Es darf nicht dem Zufall überlassen bleiben, ob er diesen Platz findet.

Die Weise zu erforschen, wie sich die Individualität innerhalb der Volksgemeinde darlebt, ist Sache der Volkskunde und der Staatswissenschaft.»[19]

Auch hier betont Steiner wiederum – inmitten der Hochblüte der verschiedenen Kollektivismen in Österreich-Ungarn, die nicht um das Recht der einzelnen Individualität, sondern um das Recht der Volksindividualitäten – die in der Nationalitätendiskussion des Habsburgerreiches als «historisch-politische Individualitäten» oder schlicht als «Nationalitäten» bezeichnet wurden – kämpften, die Notwendigkeit, die historisch-politische Individualität oder Nationalität so aufzufassen, daß sie die individuelle Selbstbestimmung nicht behindere: ja, noch mehr, der Volksverband muß so organisiert werden, *daß der Einzelne die Macht seiner Individualität innerhalb seines Volkes* (seiner Nationalität) *voll zur Geltung bringen kann.*

Man unterschied in der Habsburgermonarchie in der Regel zwölf solche Nationalitäten: Deutsche, Tschechen, Polen, Ruthenen (Karpatho-

Ukrainer), Slowenen, Italiener, Madjaren, Slowaken, Rumänen, Serben und Szekler. Dazu kamen eine Vielzahl von nationalen Minderheiten in praktisch allen Gebieten dieser Nationalitäten. Individualrechte dürfen nach Steiner durch Verfassungsrechte nicht eingeschränkt oder gar gebrochen werden, sondern müssen diese garantieren und fördern. Der Staat hat dem einzelnen Menschen zu dienen und nicht der einzelne Mensch dem Staat. Volkskunde und Staatswissenschaft wird explizit die Aufgabe zugewiesen, die Art und Weise zu erforschen, wie sich die Individualität innerhalb der Gemeinschaft, der sie angehört, darlebt und darleben kann, wobei die Volkskunde eher historisch ausgerichtet ist und das Wirken der Einzelpersönlichkeiten innerhalb der historisch-politischen Individualitäten untersuchen soll, während die Staatswissenschaft solche Formen von Verfassungen entwickeln soll, die sowohl Ausdruck der jeweiligen historisch-politischen Individualität sind, als auch zulassen, daß sich das einzelne Individuum im Rahmen dieser Verfassung voll zur Geltung bringt. In diesem Sinne weist Steiner an der betreffenden Stelle der Staatswissenschaft die Aufgabe zu, die Volksindividualität zu erforschen: «Die Volksindividualität ist der Gegenstand dieser Wissenschaft. Diese hat zu zeigen, welche Form der staatliche Organismus anzunehmen hat, wenn die Volksindividualität in demselben zum Ausdrucke kommen soll. Die Verfassung, die sich ein Volk gibt, muß aus seinem innersten Wesen heraus entwickelt werden. Auch hier sind nicht geringe Irrtümer im Umlauf. Man hält die Staatswissenschaft nicht für eine Erfahrungswissenschaft. Man glaubt die Verfassung aller Völker nach einer gewissen Schablone einrichten zu können.

Die Verfassung eines Volkes ist aber nichts anderes, als sein individueller Charakter in festbestimmte Gesetzesformen gebracht. Wer die Richtung vorzeichnen will, in der sich eine bestimmte Tätigkeit eines Volkes zu bewegen hat, darf diesem nichts Äußerliches aufdrängen: er muß einfach aussprechen, was im Volkscharakter unbewußt liegt.»[20]

Dies bedeutet nichts anderes, als daß sich ein Volk, das sich als solches betrachtet, auch selbst seine Verfassung geben können muß, daß ihm diese nicht von außen aufgedrängt werden darf. Gleichzeitig darf diese politische Autonomie natürlich die Individualrechte und die Rechte von Minderheiten nicht verletzen. Steiner geht offenbar von der Überzeugung aus, daß in jeder historisch-politischen Individualität, also in jeder

Nationalität, wenn sie die Möglichkeit besitzt, sich ihre Verfassung selbst zu geben, soviel Vernunft waltet, daß ihre Verfassung, wenn sie denn aus dem freien Walten der Vernünftigen hervorgeht, die Freiheitsrechte anderer Volksindividualitäten und einzelner Individuen nicht verletze. Die Volkskunde, die die Individualität des Volkes als vernünftige begreifen soll, setzt voraus, daß sich in jeder ethnischen Gruppe die Vernunft ausspricht, sofern sie nicht von anderen ethnischen Gruppen unterdrückt wird. «Die Volksindividualität als vernünftige zu begreifen, ist die Methode der Volkskunde. Der Mensch gehört einem Ganzen an, dessen Natur die Vernunftorganisation ist.» Durch das Walten der Vernunft im einzelnen Menschen und durch das Walten der Vernunft der Einzelnen, die sich als Teile eines größeren, gesellschaftlichen (gemeinschaftlichen) Ganzen verstehen, dem sie angehören, ergibt sich für Steiner ein Ausblick auf die menschheitliche Vernunftorganisation, an der alle menschlichen Individuen teilhaben. Die Vernunft soll walten im Handeln des Einzelnen und sie soll walten im Handeln der historisch-politischen Individualitäten, die durch Einzelne vertreten werden. Steiner beschwört hier das Vernunftideal der Aufklärung angesichts des politischen Irrationalismus, der sich in den anschwellenden Nationalismen der Völker des Habsburgerreiches bekundete, die kollektive Eigenschaftlichkeiten der individuellen Freiheit unterordneten.

Ein 1888 veröffentlichter Aufsatz gibt Aufschluß über jenen kryptischen Satz aus dem oben behandelten Brieffragment ergibt, das von einem anzustrebenden «Handelsstaat ohne Geld und Börse» spricht. Über die von Papst Leo XIII. publizierte Enzyklika schreibt Steiner am 13. Juli 1888 in der *Deutschen Wochenschrift* einen Artikel, in dem er sich zugleich zum wahren Liberalismus bekennt und den hemmungslosen «Börsenliberalismus» – heute würde es heißen «Neoliberalismus» – verwirft.[21] Die darin enthaltenen Passagen über den positiven Gehalt des Liberalismus lauten: «Es soll [...] nicht geleugnet werden, daß mit dem liberalen Prinzip der Kernpunkt der modernen Kultur überhaupt richtig getroffen ist. Das Barometer des Fortschrittes in der Entwicklung der Menschheit ist nämlich in der Tat die Auffassung, die man von der Freiheit hat, und die praktische Realisierung dieser Auffassung. Unserer Überzeugung nach hat die neueste Zeit in dieser Auffassung einen Fortschritt zu verzeichnen, der ebenso bedeutsam ist, wie jener war, den die

Lehren Christi bewirkten: ‹es sei nicht Jude, noch Grieche, noch Barbar, noch Skythe, sondern alle seien Brüder in Christo›. Wie damals die Gleichwertigkeit aller Menschen vor Gott und ihresgleichen anerkannt wurde, so bemächtigte sich in dem letzten Jahrhundert immer mehr die Überzeugung der Menschen, daß nicht in der Unterwerfung unter die Gebote einer äußeren Autorität unsere Aufgabe bestehen könne, daß alles, was wir glauben, daß die Richtschnur unseres Handelns lediglich aus dem Lichte der Vernunft in unserem eigenen Innern entstammen solle. Nur das für wahr halten, wozu uns unser eigenes Denken zwingt, nur in solchen gesellschaftlichen und staatlichen Formen sich bewegen, die wir uns selbst geben, das ist der große Grundsatz der Zeit.» Nun folgt aber die Kritik jener Form des Liberalismus, durch den dieser seiner eigenen ursprünglichen Intention untreu geworden ist, jenes Liberalismus, den Steiner als «Pseudo-Liberalismus» oder «Börsenliberalismus» bezeichnet:

«Wie jeder an sich richtige Grundsatz, so kann natürlich auch dieser in fehlerhafter Form aufgefaßt werden und damit unsägliches Unheil anrichten. Ja, man kann überhaupt von der Einführung der wahren Gestalt dieses Grundsatzes in das praktische Leben noch nicht viel bemerken. Es liegt nämlich der Irrtum nahe, daß mit der Aufstellung der Maxime, nur dem eigenen Innern zu folgen, jedwede Geltendmachung subjektiver Willkür rein individuellen Strebens gerechtfertigt sei. Das aber führt notwendig dazu, daß Willkür gegen Willkür, subjektive Interessen gegen subjektive Interessen stehen und endlich ein Kampf aller gegen alle herauskommt, ein ‹Kampf ums Dasein›, in dem nicht allein der Stärkere gegen den Schwächeren, sondern der Unredliche gegen den Redlichen, der Unlautere gegen den Freund der Wahrheit siegt. Zu dieser Ausartung ist das Freiheitsprinzip in den letzten Dezennien wirklich gekommen, und was man landläufig heute als Liberalismus bezeichnet, das ist dieses Zerrbild des modernen Geistes. Es ist traurig, aber leider nur zu wahr, daß hier eine ursprünglich richtige Anschauung zu dem scheußlichen System der Ausbeutung des Individuums durch das Individuum geführt hat. Es ist nur schade, daß dieser Börsenliberalismus so lange sein Unwesen getrieben hat, denn nur weil er die Köpfe gegen alles, was wahrhaft den Namen der Freiheit führt, blind machte, haben sich viele sonst nicht unbedeutende Männer von der freiheitlichen Bewegung abgewendet und der Reaktion in die Arme geworfen. Jetzt scheint glücklicherweise die Todesstunde jenes Pseudo-Liberalismus nicht mehr ferne.

Der Mensch ist eben nicht bloß ein individuelles Wesen, sondern er gehört einem größeren Ganzen, einer Nation an. Was man sonst Gattung nennt, das ist für den Menschen die Nation [gemeint im Sinne der historisch-politischen Individualitäten des Habsburgerreichs und nicht im Sinn des Nationalstaats, L. R.]. Und wie, was gleichwertig ist, auch in seinen Äußerungen sich als gleichartig erweist, so wird auch die Stimme der Vernunft, wenn der Mensch wirklich objektiv auf sie hört, nicht in diesem Individuum so, in jenem anders sprechen. Und wenn auch die Vernunft in vielen Menschen numerisch verschieden, so ist sie doch inhaltlich gleich; gibt sich das Individuum wahrhaft in den Bann derselben und nicht in den der subjektiven Willkür und des Egoismus, so kann das Wollen des einen das des andern nicht ausschließen, sondern wird sich mit ihm begegnen, es ergänzen und unterstützen. So werden die Strebungen einer Anzahl von Individuen, die staatlich zusammengehören, ein vernünftig geordnetes System bilden, innerhalb welchem sich der einzelne wirklich frei bewegen kann. *In diesem System wird jeder seine Aufgabe erfüllen, ohne von dem andern eingeschränkt, bekämpft oder ausgebeutet zu werden; er wird weder durch eine Autorität, wie in der katholischen Weltanschauung, noch durch den Egoismus des andern, wie beim modernen pseudoliberalen Staate, in seiner Freiheit beengt sein.* [Hervorhebung L.R.] Das ist eine Staatsordnung, wie sie dem wahren Liberalismus entspricht und wie sie zugleich als wahrhaft staatssozialistisch bezeichnet werden kann.

Immer klarer zeigen die Ereignisse, daß sich diese Anschauung von unserer Lebensgestaltung in die Wirklichkeit heraufarbeitet. Sie bedeutet den wahren Fortschritt gegenüber der alten kirchlichen Ordnung. Sie ist es, die eine neue Zeitepoche begründen wird; gegen sie werden päpstliche Rundschreiben nichts vermögen. Sie ist eine historische Notwendigkeit, wie es einst das Christentum war. Der Pseudo-Liberalismus ist keine ...»

Die Nationalitätenfrage im Österreich des 19. Jahrhunderts war dadurch bedingt, daß diese von Steiner als historische Notwendigkeit apostrophierte Entwicklung weitgehend ignoriert wurde und zwar von nahezu allen Beteiligten. Die politischen und die ethnischen Grenzen der Volksgruppen im Habsburgerreich stimmten nicht überein und man glaubte vielfach, dieses Problem nur lösen zu können, indem man Österreich in eine Anzahl zentralistischer Einheitsstaaten zergliederte, die ihre Untertanen ebenso bevormundeten und unterdrückten, wie sich diejenigen, die sich von Österreich loslösen wollten, durch dieses unterdrückt fühlten. Das österreichische Nationalitätenproblem war aber kein rein österreichisches, sondern ein europäisches Problem, denn die Interessen der europäischen Großmächte, die Interessen Frankreichs, Englands, Preußens und Rußlands und nicht zuletzt des ottomanischen Reiches mußten von den Habsburgern bei der Behandlung der aufkeimenden Emanzipationsbestrebungen stets mit berücksichtigt werden. Spätestens seit dem Krimkrieg war der Drang des Zarenreiches nach dem Südbalkan offensichtlich. Spätestens seit den Frankfurter Bemühungen um eine deutsche Reichsverfassung war deutlich, daß die Mehrheit der liberalen Kräfte einer Aufnahme der nichtdeutschen Länder Österreichs in ein liberalisiertes Deutschland widerstrebte. Das Frankfurter Parlament trat offen für ein Ende des Habsburgerreiches in seiner traditionellen Form ein. Der bonapartistische Cäsarismus Frankreichs führte durch seine Unterstützung Sardiniens den Verlust der italienischen Gebiete Habsburgs herbei. Im Anschluß an den preußisch-österreichischen Krieg von 1866 wurde offensichtlich, daß die neue Großmacht Preußen nur ein dualistisch organisiertes Habsburgerreich dulden wollte, in dem die Deutschen und die Magyaren als einzig verläßliches Bollwerk gegen den Vorstoß der Slawen nach Westen fungierten. Die Deutschen und seit 1867 die Magyaren dominierten im Reich. Allein schon deshalb übten sie auf die übrigen Volksgruppen einen bedeutenden, leitenden Einfluß aus. Sie schritten voran, die anderen folgten. Die Geschichte der Tschechen spiegelt die Gesamtgeschichte der Wirrungen um die Lösung der Nationalitätenfrage im kleinen wieder. Die Polen lebten einen vom Ausland stark beeinflußten, hoch entwickelten Nationalismus dar. Die kroatische Frage und die Frage der Südslawen beleuchten die Bedeutung des kulturellen Nationalismus für die Entwicklung Gesamtösterreichs. Außerdem spielen in der Frage der Südslawen auch die schwierigen Beziehungen zwischen ethnisch verwandten Gruppen diesseits und jenseits der Grenzen des Reiches eine Rolle.[22]

Was den Gegensatz zwischen Nationalismus und Übernationalität anbelangt, so meint Robert Kann, der Historiker des Nationalitätenproblems im Habsburgerreich: «Die Geschichte des habsburgischen Reiches kann man als einen Versuch ansehen, eine [...] übernationale Ordnung herzustellen. [...] Wie immer man zu der alten Monarchie stehen mag, ihre ehrwürdige Bedeutung wird durch die Tatsache klargestellt, daß an dieser übernationalen Aufgabe durch fast vier Jahrhunderte gearbeitet wurde, ohne daß der Reichsaufbau selbst zerstört wurde. Ungeachtet aller Irrungen und Wirrungen der österreichischen Geschichte ist dies eine gewiß bedeutsamere historische Tatsache als die Zerstörung der Monarchie im Ersten Weltkrieg.»[23]

Schaut man diese Sicht der Geschichte des Habsburgerreiches mit der Tatsache zusammen, daß die Deutschen neben den Magyaren – letztere seit 1867 – in diesem Reich die dominierende Rolle spielten, daß die Deutschen zwar einen Führungsanspruch erhoben und tatsächlich eine dominierende und privilegierte Stellung innehatten, aber gleichzeitig einen nicht-deutschen, übernationalen Universalitätsgedanken repräsentierten, ergibt sich folgende Wertung der politischen und kulturellen Kräfteverhältnisse. Gerade indem die Angehörigen der politischen und kulturellen Führungsschicht im Vielvölkerstaat diesen übernationalen Standpunkt repräsentierten, wurden sie von den Vertretern der anderen Völker angefeindet, die ihre eigenen Nationen von diesem deutschen, übernationalen Universalitätsstandpunkt emanzipieren wollten. Der Nationalismus war keine deutsche Erfindung, es war der aufklärerische Geist der Universalität, der Freiheit und Gleichwürdigkeit aller Menschen, den die Deutschen in die Völker des Reiches trugen. Natürlich fußte die geistige Elite, die dies tat, auf einem sozialen System, das dem unsrigen in kaum etwas ähnelte, aber dies tut ihrem Anspruch, den Geist der völkerverbindenden Humanität und des Kosmopolitismus, von dem sie durchdrungen waren, als Botschaft unter die Völker zu tragen, keinen Abbruch. Das Habsburgerreich, das seine europäische Legitimation aus der Abwehr des Türkenansturms und seiner Repräsentation des römischen Heilsgedankens gegenüber den Schismatikern des Westens und Heiden des Ostens bezog, bot unter seinem Mantel den Vertretern der Humanität und der Aufklärung die Möglichkeit, ihre evolutionäre Botschaft in der Welt des südeuropäischen, orientalischen und asiatischen Despotismus zu verbreiten. Ihr Wirken hatte aber den gegenteiligen als den erwarteten Effekt: statt daß ihnen aus den angerufenen Völkern das

Echo des Friedens und der Verbrüderung entgegenkam, wurden diese erst ihrer eigenen Nationalität bewußt. Indem das noch-nicht «Völkische» mit dem Übernationalen in Berührung kommt, das letztlich doch als die Botschaft eines Volkes erscheint, von dem es getragen wird, wandelt sich das seiner Nationalität noch nicht Bewußte erst zu einem «Völkischen». Man könnte den Gedanken auch umkehren: die Intuition der übernationalen, die Völker in einem gemeinsamen Menschheitsbewußtsein auflösenden Humanität erweckt in diesen das Bewußtsein, daß sie nicht dieser Humanität angehören und auch nicht angehören wollen, sondern zuerst sich selbst. Dies ist die Dialektik der Aufklärung, daß sie das Gegenteil von dem hervorruft, was sie erreichen will: statt Befreiung Unterdrückung, statt Licht des Bewußtseins Verdunkelung des geistigen Horizontes, statt Frieden auf Erden den Kampf aller gegen alle. Das Habsburgerreich mußte zusammenbrechen, nicht weil es den Gedanken der Universalität vertrat, sondern weil die von ihm beherrschten Völker diesem Reich nicht angehören wollten, weil sie nicht die habsburgische Universalität, sondern ihre eigene Partikularität wollten und diese unbedingt und genauso unteilbar, wie das Reich, aus dem sie strebten, nach ihrer Auffassung teilbar sein sollte. Der Widerspruch jener Völker und Ethnien, die dem Habsburgerreich angehörten, aber nicht der deutschen Sprachnation, gegen den deutschen Anspruch auf Universalität, führte letztlich zur gewaltsamen Zerstörung der gesamteuropäischen Vorkriegsordnung.

Wer sich angesichts dieses Entwicklungshorizontes, der natürlich bei Anwendung besonnener Urteilskraft abzusehen war, gegen den Nationalismus der nichtdeutschen Völker und Ethnien wandte, versuchte die habsburgische Dynastie gegen die politischen Kräfte zu verteidigen, die sie zerstören wollten: mehr noch, die Europa in seiner damaligen Gestalt zerstören wollten.

Im Ersten Weltkrieg sollte der deutsche Anspruch auf Universalität vollständig ausgelöscht werden. Dies gelang auch, allerdings nur vorübergehend. Denn aus der übernationalen war man seit Wilhelm II. längst in die nationale Rolle zurückgefallen. Als Preußen Österreich die Vorherrschaft im Deutschen Bund entzog, war der geistige Übergang des universalistischen, katholischen Herrschaftsanspruches der Habsburgermonarchie auf eine national sendungsbewußte, protestantische Dynastie bereits vollzogen, die mit der Gründung des Deutschen Reiches in Wahrheit ein unheiliges Reich ins Leben rief. Es konnte nur den Widerstand der anderen europäischen Reiche hervorrufen, die gleich ihrem germanischen Nachzügler bereits vor diesem ihre Nachfolgeansprüche – als britisches Empire und als französisches Empire, ganz zu schweigen vom byzantinischen Zarenreich im Osten Europas – gegenüber dem Heiligen Römischen Reich zum Ausdruck gebracht hatten. Schon das zweite deutsche Reich war eine Usurpation. Das dritte deutsche Reich war die Usurpation einer Usurpation oder die Pervertierung einer Pervertierung des Reichsgedankens durch eine Clique hemmungsloser Fanatiker und Schwerverbrecher, die aus Vernunftgründen allein nicht erklärbar ist. Das Reich des gesunden Menschenverstandes, das die Aufklärung mit ihrem Anspruch auf Universalität gründen wollte, endete in der Tyrannei der Irrationalität, es endete in Auschwitz und Birkenau. Die Deutschen brauchten als «verspätete Nation» nur etwas länger als die Franzosen, für die der Traum von der Vernunft in der Schreckensherrschaft der Guillotine und der Wiedererrichtung eines Imperiums durch Bonaparte mündete. Doch war dies nur deshalb der Fall, weil sich in Deutschland in der Zwischenzeit eine Räuberbande des Universalitätsgedankens bemächtigt hatte, die nicht mehr nach den Wünschen derer fragen wollte, die sie unterdrückte und die ihre pseudo-rationale Partikularität als Rassenadel verabsolutierte.

Steiner dagegen schloß sich in seiner Analyse der Reichsgründung Nietzsche an, der in dieser Gründung die *Exstirpation des deutschen Geistes* zugunsten des Deutschen Reiches gesehen hatte, denn für Steiner konnte es nur *ein* deutsches Reich geben und das war das *Reich des Geistes*. Man könnte gegen Nietzsches Diagnose natürlich einwenden, welcher reale deutsche Geist denn 1871 überhaupt noch exstirpiert werden konnte. In Steiner jedenfalls hatten diese Identifikation des Reichsgedankens mit dem Reich des Geistes der deutsche Idealismus und die deutsche Klassik erweckt. Obwohl – oder gerade weil – Steiner aus der Habsburgermonarchie stammte, identifizierte er sich mit dem Geisterreich, das ein Reich freier Geister sein sollte (1894 in der *Philosophie der Freiheit*), denn das Habsburgerreich war seinem Wesen und seiner Idee nach ein übernationales, ein anti-nationales Reich. Aber dieses Reich konnte nicht bestehen bleiben, bzw. es hatte nie wirklich existiert, denn es war bloß eine Idee. Es war eine Idee, als deren Träger aber jeder erscheinen konnte, der sich im Reich des Geistes zu bewegen verstand: das beinhaltete für Steiner der Begriff des Deutschen. Ein Deutscher ist man nicht von Geburt, so war seine Auffassung, Deutscher wird man: man muß sich das Geburtsrecht im Reich des Geistes erst aktiv erwerben, bevor man als Angehöriger dieses Reiches anerkannt werden kann, aber ohne das Ablegen kollektiver Identitäten ist diese Mitgliedschaft nicht zu erreichen. Deutsche waren für ihn folgerichtig auch nicht jene lärmenden Antisemiten, jene Krawallmacher und politischen Raufbolde, die Juden wegen ihrer Religion, ja wegen ihrer Rassenzugehörigkeit verfemten oder den «Streit der Parteien» in die seiner Ansicht nach «widerlichste Form» desselben, in den «Rassenkampf» herabzerrten. Diese Individuen waren für Steiner keine Vertreter des deutschen Geistes, des Geistes überhaupt, denn sie verhöhnten allen «Glauben an die Ideen», sie waren Vertreter dogmatischer, reaktionärer Traditionen, dem Licht des fortschrittsfreundlichen Denkens Feind und mußten, so Steiner 1901, auf allen Gebieten «so energisch als möglich» bekämpft werden. Er hielt so wenig von der Bedeutung einer möglichen Rassenzugehörigkeit, daß er im Blick auf die zionistische Idee, die eine Nationalität, einen Staat auf der Rassenzugehörigkeit aufbauen wollte, schon 1888 meinte, das Beste, was den Juden geschehen könne, sei, wenn sie in den Völkern, in denen sie lebten, aufgingen, daß er Vorkämpfer der zionistischen Idee wie Nordau und Herzl als «Versucher» und «Verführer» ihres Volkes bezeichnete, weil sie ihm, statt des schmackhaften Brotes des Menschheitsgedankens die Steine des Rassen-Nationalismus zu essen gaben. Steiner war keineswegs Antisemit. Er war ein Gegner jeglichen Nationalismus und Rassedenkens, die Volk und Rasse identifizierten und mit einer religiösen Heilssehnsucht verbanden. Dies war genau jene politische Messiaserwartung, die die Heraufkunft des Tieres vorbereitete, deren Bevorstehen Steiner später für 1933 voraussagte.[24]

Anmerkungen

1 Die Angaben zu den *Grundlinien* beziehen sich auf die 7. Auflage innerhalb der Rudolf Steiner-Gesamtausgabe (GA 2), Dornach 1979.

2 Dies äußert Steiner gegenüber Haeckel in einem Brief am 4.12.1892, veröffentlicht in: *Briefe*, Bd. II, S. 127, Dornach 1953: «Ich kämpfe, seitdem ich schriftstellerisch tätig bin, gegen allen Dualismus und sehe es als die Aufgabe der Philosophie an, durch eine streng positivistische Analyse unseres Erkenntnisvermögens den Monismus wissenschaftlich zu rechtfertigen ...»

3 Statt Koordination und Sukzession, die die Vorgänge der anorganischen Welt bestimmen, zum Beispiel Präkursion (das vorauslaufende Einwirken des erst später in Erscheinung Tretenden) und Kopulation (die sich erhaltende Wesensdurchdringung) im Erscheinungsgebiet des Organischen.

4 Hier besteht eine deutliche Differenz zwischen Steiner und dem späteren Gadamer, der in der unendlichen Distanz, die die Vorurteilsstruktur des menschlichen Verstehens zu den Dingen und Sachverhalten schafft, einen Vorteil der Hermeneutik sieht. In Wahrheit ist dieses unaufgelöste Dilemma der nie erreichbaren Horizontverschmelzung der Grund dafür, daß Hermeneutik bei Gadamer in Wirkungsgeschichte abgleitet.

5 S. 119-128.

6 S. 119.

7 S. 122.

8 S. 122.

9 Diese Zusammenhänge hat Steiner nach der Jahrhundertwende vielfach dargestellt, zum Beispiel in GA 110, *Geistige Hierarchien und ihre Widerspiegelung in der physischen Welt*, Dornach 1972, S. 88 f., und GA 121, *Die Mission einzelner Volksseelen*, Dornach 1962, S. 11 f.

10 Immaterialität, Incorruptibilität, Personalität, Immortalität der Seele.

11 Das Problem der Zusammensetzung, der Teilung, der Entstehung und der Abhängigkeit des Daseins der Welt.

12 Die folgenden Beispiele stellen nur zwei, allerdings prägnante, von vielen möglichen Illustrationen dieser Erkenntnisvertiefung dar.

13 *Anthroposophie, Psychosophie, Pneumatosophie*, GA 115, Dornach 1980.

14 GA 21, *Von Seelenrätseln*, Dornach 1983.

15 GA 21, S. 150 f.

16 *Briefe I*, Nr. 66, S. 110.

17 GA 2, S. 116/17.

18 Siehe die Vorträge Steiners, GA 183a, *Entwicklungsgeschichtliche Unter-*

lagen zur Bildung eines sozialen Urteils aus dem Jahr 1918. Hier bemerkt er am 24. November: «Es war das neunzehnte Jahrhundert schon ziemlich weit herangerückt, da hat ein einsichtiger Mann die schöne Abhandlung geschrieben: *Ideen zu einem Versuch, die Grenzen der Wirksamkeit des Staates zu bestimmen*. Es war ein preußischer Minister, Wilhelm von Humboldt. Diese Abhandlung lag mir ganz besonders deshalb am Herzen, weil in den neunziger Jahren und noch etwas in das zwanzigste Jahrhundert herein gerade meine *Philosophie der Freiheit* – nicht durch meinen Willen, aber durch andere – immer unter die Literatur ‹individualistischer Anarchismus› gestellt wurde. Das erste Werk war immer Wilhelm von Humboldts *Grenzen der Wirksamkeit des Staates zu bestimmen*, als das letzte Werk war gewöhnlich immer meine *Philosophie der Freiheit*, zeitlich angeordnet, eingereiht. Nun, sie sehen, es ist möglich gewesen, registriert zu werden unter ‹individualistischer Anarchismus›, aber immerhin zusammen mit einem preußischen Minister!» S. 213.

19 *Grundlinien*, a.a.O., S. 123.

20 Hier, wie auch das folgende Zitat, ebenda.

21 «Papsttum und Liberalismus», GA 31, *Gesammelte Aufsätze zur Kultur- und Zeitgeschichte 1887 – 1901*, S. 134 f.

22 Vgl. Robert A. Kann, *Das Nationalitätenproblem der Habsburgermornachie*. Band 1. *Das Reich und die Völker*, Graz-Köln 1964, S. 12/13.

23 Kann, *Das Nationalitätenproblem*, S. 14.

24 Die Frage nach Steiners Verhältnis zum Judentum wird im Kapitel 7 wieder aufgegriffen. Zum «Tier aus dem Abgrund» vgl. GA 346, S. 239-240 – Ausführlicher wird Steiners Verhältnis zum Judentum und seine Ablehnung des Antisemitismus behandelt in: Bader / Leist / Ravagli, *Rassenideale sind der Niedergang der Menschheit. Anthroposophie und der Antisemitismusvorwurf*, Stuttgart 2002.

IV. Die *Grundlinien einer Erkenntnistheorie der Goetheschen Weltanschauung* im Frühwerk Rudolf Steiners

Günter Röschert

Im Laufe der Arbeit an Goethes naturwissenschaftlichen Schriften in der Kürschnerschen Ausgabe bemerkte Rudolf Steiner, daß Goethes Arbeiten zwar stets auf einer sach- und geistgemäßen Art der Naturanschauung beruhen, daß es Goethe aber nicht zu einer durchgehend schlüssigen Theorie seiner Erkenntnisart überhaupt gebracht hatte. Wie Rudolf Steiner 1924 in seiner Autobiographie *Mein Lebensgang* berichtet, führte ihn diese Beobachtung dazu, selbst eine Erkenntnistheorie der Goetheschen Weltanschauung in Angriff zu nehmen.[1] Steiner, der bis dahin erst einige kleinere Aufsätze sowie die Einleitungen und Erläuterungen zum ersten Goethe-Band veröffentlicht hatte, begann mit der 1886 erscheinenden Schrift *Grundlinien* seine schriftstellerische Laufbahn.[2] Es muß daher von besonderem Interesse sein, daß Steiner in den *Grundlinien* – wie gezeigt werden soll – bestimmte allgemeinste Überzeugungen anklingen läßt, Grundannahmen, die dem Buch bei aller Voraussetzungslosigkeit im Erkenntnistheoretischen den charakteristischen Zug eines Weltanschauungssystems verleihen.

1. Goethe und Spinoza: vom Weltengrund

Steiner arbeitete ab 1882, nachdem er den Auftrag zur Herausgeberschaft erhalten hatte, am ersten Band der naturwissenschaftlichen Schriften Goethes. Das Buch kam im Februar 1884 in den Buchhandel.

Die Einleitungen zu den Goetheschen Texten zeigen, daß Steiner einen erkenntnistheoretischen Ausgangspunkt in der Eigenwesenheit des Denkens sieht. Die Ideengehalte des Denkens setzt Steiner gleich mit den inneren Triebkräften der Natur. Er ist der Ansicht, daß die Versenkung in die Gegenstände durch «anschauende Urteilskraft» (Goethe) zur Verschmelzung mit dem Geiste der Objektivität führen kann.

Im 4. Abschnitt der Einleitungen behandelt Steiner Wesen und Bedeutung von Goethes Schriften über organische Bildung und kommt dabei auf Spinoza zu sprechen. Die wiederholte Lektüre der *Ethik* Spinozas sei es gewesen, die Goethe auf das Studium der organischen Wissenschaften angemessen vorbereitet habe. Die Erkenntnislehre der *Ethik* führte auf der dritten Stufe zum anschauenden oder intuitiven Wissen. Gerade diese höchste Art der Erkenntnis habe Goethe angestrebt. Der Gott Spinozas sei der Ideengehalt der Welt, das «treibende, alles stützende und alles tragende Prinzip». Letzteres sei als ein Unendliches «in seinem Offenbarwerden ganz aus sich herausgegangen», es habe «sich selbst, sein eigenes Wesen und Leben in seine Schöpfung gelegt, so daß es nur mehr in dieser» existiere. Goethe habe in seinen Arbeiten zur Organik Spinozas Denkweise konsequent durchgeführt.

Es handelt sich hier nicht um ein literaturgeschichtliches Problem, sondern um das Einverständnis Steiners mit den Überzeugungen Spinozas und ihrer wissenschaftlichen Anwendung durch Goethe. Die in der Behauptung der Möglichkeit eines intuitiven Wissens liegenden Grundannahmen haben maßgebliche Bedeutung für die Konzeption der *Grundlinien*, mit deren Ausarbeitung Steiner 1884 beginnt.[3]

Verständlicherweise legt Steiner Wert darauf, die *Grundlinien* als eine nur durch sich selbst begründete Erkenntnistheorie zu entwickeln. Dennoch sind Spuren der Gotteslehre Spinozas im Text enthalten, ja durch diese kurzen Andeutungen ist der metaphysische Hintergrund der *Grundlinien* aufs deutlichste bezeichnet.

In den Abschnitten 4 bis 7 des Buches bestimmt Steiner den Begriff der Erfahrung, in den Abschnitten 8 bis 10 den Begriff des Denkens. Dann behandelt er die Verbindung beider in den Abschnitten 11 bis 14 unter dem Kapitelthema «Die Wissenschaft». Am Ende des 14. Abschnitts führt die Darstellung zu folgenden Sätzen: «Unsere Ansicht hat gezeigt, daß jede Annahme von einem Seinsgrund, der außerhalb der Idee liegt, ein Unding ist. Der gesamte Seinsgrund hat sich in die Welt ausgegossen, er ist in sie aufgegangen. Im Denken zeigt er sich in seiner vollendetsten Form, so wie er an und für sich selbst ist.»

Streng genommen haben die Ausführungen Steiners bis zu dieser Stelle nur gezeigt, was der erste und der dritte eben zitierte Satz enthält. Der dazwischenliegende zweite Satz ist eine kosmogonische Aussage, die aus dem voraufgegangenen nicht abzuleiten ist, sondern diesem eher vorangehen konnte. Die Abschnitte 15 und 16 behandeln die Erkenntnisprobleme der Naturwissenschaften. Gegen Ende des 16. Abschnittes resümiert Steiner: «Unsere Weltansicht hat uns zu der Ansicht geführt, daß der Kern der Welt in unser Denken einfließt, daß wir nicht nur über das Wesen der Welt denken, sondern daß das Denken ein Zusammengehen mit dem Wesen der Wirklichkeit ist.» Der Kern der Welt kann nur der oben erwähnte Seinsgrund sein und dies ist zweifellos eine Bezeichnung Gottes. Insofern der Seinsgrund in das menschliche Denken einfließt und dieses ein Zusammengehen mit dem Wesen der Wirklichkeit bedeutet, begegnet sich der Seinsgrund im Erkennen selbst; im erkennenden Menschen schaut sich Gott in der Natur.

Die Abschnitte 17 bis 20 sind den Geisteswissenschaften gewidmet. Im 19. Abschnitt wird das Wesen des menschlichen Handelns charakterisiert. Dann heißt es: «Der Weltengrund hat sich in die Welt vollständig ausgegossen; er hat sich nicht von der Welt zurückgezogen, um sie von außen zu lenken, er treibt sie von innen, er hat sich ihr nicht vorenthalten. Die höchste Form, in der er innerhalb der Wirklichkeit des gewöhnlichen Lebens auftritt, ist das Denken und mit demselben die menschliche Persönlichkeit. Hat somit der Weltengrund Ziele, so sind sie identisch mit den Zielen, die sich der Mensch setzt, indem er sich darlebt.»

Der Weltengrund ist eine weitere Bezeichnung Gottes, die mit dem Wort Seinsgrund synonym ist. Gott denkt nicht nur, sondern er handelt auch im Menschen oder umgekehrt: die menschlichen Handlungsziele sind zugleich Gottes Ziele.

2. Idee und innere Triebkraft der Welt

Rudolf Steiner ist der Überzeugung, daß Goethe die intuitive Erkenntnisart Spinozas durchaus beherrschte und in seinen Forschungen auch anzuwenden in der Lage war. Es handelte sich bei Goethe nicht um eine nur theoretische Anknüpfung an Spinoza, sondern um eine erworbene Fähigkeit. Die eigenen Erkenntnismöglichkeiten Steiners waren in dem hier in Betracht kommenden Lebensabschnitt von 1882 bis 1886 allerdings bereits wesentlich weitreichender.[4] Die bei Steiner seit seinen Jugendjahren vorhandenen geistig-übersinnlichen Anschauungen bedurften aber einer philosophischen Begründung. Hier führte zwar Goethe nicht unmittelbar weiter, wohl aber die im Verlaufe der Goethe-Arbeit immer inhaltsvoller und tiefer werdende Anschauung des Denkvorganges. Die Zentralerfahrung der universell-kosmischen Natur des Denkens stand Steiner in jeder Zeit mühelos zu Gebote; er erlebte das Denken nicht in der entfremdeten Form des Zeitbewußtseins.

Die Überzeugung, daß in der Idee die inneren Triebkräfte der Welt beschlossen liegen, besitzt bei Steiner eine empirische Basis. Für das Gegenwartsbewußtsein ist dagegen das Denken vom materiellen Weltgeschehen deutlich getrennt, erschöpft sich in dem inneren Verknüpfen von Vorstellungs- und Begriffsinhalten im Interesse menschlicher Orientierung in einer stofflichen Umgebung. Steiners seelisch-geistige Befindlichkeit lag in jenen Jahren anders, wie sich aus dem Buch *Mein Lebensgang*, besonders aus dessen XXII. Kapitel, ergibt. Steiner kannte das Denken als Lebensvorgang, die Subjektivität übergreifend, geistig inhaltsvoll, von Schöpfungskräften erfüllt. In der Terminologie der Scholastik könnte man sagen: Steiner erlebte die Begriffe und Ideen *in rebus* und konnte von da aus zu ihrer Existenzform *ante rem* aufsteigen. In dieser selbstverständlichen, aber theoretisch bis zum Beginn der Goethe-Arbeit noch nicht voll abgesicherten Erfahrung, lag der Anknüpfungspunkt an die Erkenntnislehre Spinozas.[5]

Die zentrale Natur der Denk-Erfahrung macht verständlich, daß die Darlegungen des ersten Bandes der Goethe-Schriften und der *Grundlinien* nicht bei einer rein erkenntnistheoretischen Erörterung stehenbleiben, sondern wenigstens andeutungsweise zu theologischen und kosmogonischen Implikationen weiterschreiten. Die oben zitierten Textstellen zeigen: Der «Seins-» oder «Weltengrund» kann zunächst nicht personal vorgestellt werden. Auch die Vorstellung eines zeitlich irgendwie fixierbaren Schöpfungsvorganges, in welchem der geistig gedachte Weltengrund eine ungeistige, materielle Natur in völliger Willkür aus dem Nichts heraus schafft, paßt nicht zu Steiners Grunderfahrungen, denn die Natur ist nicht ungeistig. Auch an eine automatisch ablaufende Evolution, die im organischen Bereich allein durch den Selektionsdruck auf der Grundlage von Zufallsmutationen bewirkt wird, ist nicht zu denken, denn der Seinsgrund hat sich ja in die Welt ausgegossen. Hier drängt sich der Gedanke der fortdauernden Schöpfung auf, wie er in der Theologie unserer Tage wieder diskutiert wird. Noch näher liegt der Emanationsgedanke, der die Weltentwicklung als fortschreitende Verdichtung und Verstofflichung des Geistes, als stufenweise Selbstentäußerung Gottes deutet.[6]

Gott selbst ist in der Welt verborgen. Von einer unmittelbaren Erkenntnis des in diesem Sinne transzendenten Gottes kann daher unter den gegebenen Voraussetzungen keine Rede sein. Gleichwohl ist Erkenntnis möglich, was einer Offenbarung des verborgenen Gottes in dem Medium der inneren Energien des Denkens entspricht. Insofern der Mensch in seinem Denken und Handeln sich keineswegs an der Oberfläche oder gar außerhalb der Geisteswirklichkeit des Kosmos befindet, sondern im steten Einklang mit den verhüllten Gotteskräften, wirkt er als Magier in einem magischen Kosmos. Steiners monistische Auffassung, in der Idee liege der Kern der Welt, führt zu einem magischen Idealismus, in welchem die Idee im Denken die Position des wirkungsmächtigen Symbols einnimmt.[7]

Erkennen und Handeln sind die zwei Seiten eines magischen Pfades, der in immer weitere Tiefen der Alleinheit des Universums führt. Gott ist ausgeflossen in dieses Universum. In seiner vorweltlichen Eigenart ist er unerfahrbar; aber er lebt auf im Denken, insofern dieses die krafterfüllte Wesenheit der Idee mehr und mehr in sich faßt.

3. Die *Grundlinien* als Propädeutikum des mystischen Pfades

Die Immanenzphilosophie der *Grundlinien* steht in einem traditionsgeschichtlichen Zusammenhang. Damit ist nicht eine Abhängigkeit Steiners von einzelnen Vordenkern behauptet. Ein traditionsgeschichtliches Kontinuum ist vielmehr eine transpersonale Wesenheit für sich, an welcher einzelne Individuen Anteil haben können, selbst wenn sie nur wenig voneinander wissen mögen.

Hinsichtlich seiner Überzeugung von dem in der Welt ausgeflossenen Gott, der nur in seiner Weltoffenbarung als Idee, nicht aber unmittelbar seiner Gottheit nach erkannt werden kann, steht Rudolf Steiner in der Tradition der negativen Theologie des *Dionysios Areopagita.* Dies betont Steiner selbst in den Vorträgen des Jahres 1907, allerdings ohne auf Näheres einzugehen.[8] Die unter dem Namen des Dionysios Areopagita veröffentlichten Schriften stammen aus dem 5. oder 6. Jahrhundert.[9] Sie entfalteten ungeheure Wirkung und wurden zu Grundschriften der christlichen Mystik. Gerade die Botschaft von der Unerkennbarkeit Gottes eröffnet den mystischen Pfad. Die Überwindung der Vordergründigkeit des Stofflichen ist als Reinigung notwendig, um Erleuchtung über die wahre Wesenheit der Idee zu erlangen. Im XI. Kapitel des *Lebensganges* konnte Steiner daher im Rückblick sagen, seine damalige Anschauung beruhe auf «mystischem Ideenerleben». Die strikte Ablehnung einer außerweltlichen (transzendenten) Lenkerschaft Gottes und die wiederholte Betonung der göttlichen Immanenz machen die *Grundlinien* zu einem Propädeutikum des mystischen Pfades. Nur auf der Grundlage der Immanenz ist die intuitive Erkenntnisstufe, wie Spinoza sie lehrte, überhaupt möglich. Ein Zusammenleben mit dem Göttlichen in der Natur, im Kosmos, kann eben nur angestrebt werden, wenn der Kosmos die Gottheit in sich trägt. Die Organik Goethes, die Steiner als die der Zukunft betrachtet, bedarf der intuitiven Erkenntnismethode und steht insofern auf dem Fundament der Immanenzphilosophie, die Steiner in jenen Jahren vertritt.

Der Immanenzgedanke verbindet Steiner mit dem tragischen Denker des 16. Jahrhunderts, mit *Giordano Bruno.* Bruno ist der Philosoph des beseelten und belebten Universums, das in seiner Unendlichkeit die Unendlichkeit Gottes offenbart. Das Universum erneuert sich durch eine Kette von Wiedergeburten, an denen auch die menschlichen Seelenmonaden Anteil haben. Der erste Dialog, den Bruno 1584 während seines England-Aufenthaltes schrieb – *Das Aschermittwochsmahl* –, hat initiatorischen Charakter. Das ist verständlich, denn Bruno hatte in seinem 30. Lebensjahr die unwillkürliche Einweihung in die Geisteskräfte der Natur erfahren.[10]

Den Kopernikanismus vertrat Bruno nicht aus astronomischen, sondern aus magischen Gründen. Er sah in dem heliozentrischen Weltsystem den Vorauswurf des Lichtes der wiedererstehenden magischen Weisheit Alt-Ägyptens. Das Wesen der alten Weisheit erkannte er in dem Wissen um das innere Wirken Gottes in dem großen Organismus des Universums. Ein äußerer Beweger ist undenkbar, ebenso die Inkarnation Gottes als Kreatur. Der Gott Giordano Brunos ist ausgeflossen in die Dinge hinein, er hat wenig Ähnlichkeit mit dem willkürlich handelnden Schöpfergott des Monotheismus. Es spielt keine Rolle, ob Bruno eine zureichende Vorstellung von der alt-ägyptischen Weisheit besaß. Die Renaissance-Kultur Italiens hatte über den Neuplatonismus jedenfalls Beziehung zur hermetischen Tradition. Der mythische Gründer Alt-Ägyptens, Hermes Trismegistos, lehrte nach Überzeugung der Hermetiker die Erfahrbarkeit der Kräfte des Universums, des heiligen Organismus der Welt, die Konzentration des Makrokosmos im menschlichen Mikrokosmos und die durchgehende Sympathie aller Dinge. – Diese hermetisch-alchymistische Überlieferung hat eine Fortsetzung bis in die *Grundlinien* hinein; denn Steiner wußte ebenfalls um den Zusammenhang aller Dinge und den inneren Beweger, der sich in der Idee offenbart.

Die *Grundlinien* sind ein Protest gegen Dualismus und Agnostizismus, gegen die Marginalisierung menschlichen Erkennens und Handelns. Für Steiner ist der Mensch der «Mittelpunkt der Weltordnung», der im Denken «den vollkommensten Weltprozeß vollbringt».[11] Von den Taten des Menschen gehen daher mannigfaltige Wirkungen aus, die sich in alle Teile des Universums erstrecken. Zum ideellen Magier ist der denkende Mensch berufen, und damit ist in der Tat die Erneuerung eines Teiles der altägyptisch-hermetischen Weisheit gegeben.

Noch eine dritte Traditionslinie lassen die *Grundlinien* erkennen.

Gott, wie er an und für sich ist, bleibt verborgen in seinen Werken, aber die Schöpfungsidee als Schöpfungsweisheit ist dem Menschen zugänglich. Die göttliche Weisheit ist die Erstgeborene Gottes und die Repräsentantin der Erkennbarkeit der Welt.[12] *Chokmah* (griech. Sophia) hat das Ausfließen Gottes in die Dinge sinnhaft, weisheitsvoll eingerichtet. An diesen Aspekt der alttestamentlichen Weisheitsliteratur schließen sich die *Grundlinien* an und überbrücken damit einen Zeitraum von mehr als zwei Jahrtausenden, in welchem sich die denkende Menschheit in wechselnder Form, aber unablässig auf der Suche nach der heiligen Weisheit befand. Niemand schaut Gott und lebt, aber seiner Chokmah vermag der erkennende Mensch zu begegnen.[13]

4. System der Wissenschaft

Die Kapitel E und F der *Grundlinien* enthalten den Entwurf eines Systems der Wissenschaften. Dieses gliedert sich in die Naturwissenschaften – Wissenschaft der unorganischen Natur und Wissenschaft der organischen Natur – und in die Geisteswissenschaften – Psychologie, Völkerkunde und Geschichtswissenschaft. Es kommt hier nicht auf die Ergänzungsbedürftigkeit dieses Systems an, sondern auf die Beziehungen der von Steiner angeführten fünf Wissenschaftsgebiete zueinander. Die beiden Naturwissenschaften sind zwar klar definiert; doch fällt es auf, daß Steiner keinen Unterschied zwischen den Wissenschaften der belebten und der beseelten Natur macht. Im Zeichen des Goetheschen Methodenpluralismus müßte dies eigentlich erwartet werden. Ungewöhnlich ist Steiners Anordnung der Geisteswissenschaften. In der «Psychologie» «steht der Geist sich betrachtend selbst gegenüber».[14] Die Methode der Psychologie ist nach Steiner die Vertiefung des Geistes in die eigene Tätigkeit, also «Selbsterfahrung» des Geistes. Zentral ist daher der Begriff des menschlichen Individuums, in dem der Geist seiner selbst bewußt wird. – Die zweite Geisteswissenschaft hat die Volksindividualität zum Gegenstand. Diese ist eine die Einzelindividuen übersteigende selbständige Wesenheit, die als vernünftige begriffen werden kann. – In der Geschichte als der dritten Geisteswissenschaft kommt es auf den Zusammenhang menschlicher Handlungen im Zeitverlauf an. Hingabe an die ideellen Zusammenhänge ist daher nach Steiners Überzeugung die Methode der Geschichtswissenschaft.

Wer Steiners später entstandene Engellehre kennt, wird nicht umhin können, in der Trias der Geisteswissenschaften die dritte Engel-Hierarchie (Angeloi, Archangeloi, Archai) wieder zu erkennen. Die Geisteswissenschaften würden demnach das Wirken der Engel in den Individualgeistern der Menschen, das der Erzengel in den Volksindividualitäten und das der Archai als Zeitgeister in den geschichtlichen Verlaufsstrukturen zum Gegenstand haben. In der wissenschaftlichen Aufhellung dieser Bereiche wäre eine stufenweise Erhöhung des Bewußtseins in das Gebiet der dritten Hierarchie hinein veranlagt.

Entscheidend ist die «Psychologie» als zentrale Disziplin. Wie Steiners Erläuterungen zeigen, handelt es sich in dieser Wissenschaft um Selbsterfassung, Selbstsetzung und um das Selbstbewußtsein des in den Naturreichen nur wirkenden, aber nicht auf sich selbst reflektierenden Geistes. Im Menschen erscheint der Geist, wie er ist, als tätig. Der Geist ward Mensch und versteht sich selbst. Da der in den Naturreichen tätige Geist der Geist Gottes ist, ist der Übergang von den Naturwissenschaften zur «Psychologie» zugleich die Menschwerdung Gottes. Die Metamorphose des Geistes bleibt aber hier nicht stehen, sondern der Individuum gewordene Geist steht vor dem Aufstieg in die geistigen Reiche selbst durch deren soziologisch-historische Abschattung. Auf der Stufe der Volksindividualitäten berührt er das Reich der Archangeloi, auf der Stufe der Geschichte das Reich der Archai oder Urkräfte. Der Übergang von der «Psychologie» zu den anderen Geisteswissenschaften ist daher der Weg zur Vergottung des Menschen.

Steiners Wissenschaftssystem entstand nicht aus einer Bestandsaufnahme der vorhandenen Wissenschaft, sondern aus einem einzigen zentralen Gesichtspunkt: In der Idee erfaßt sich der Mensch als tätig und wird damit eins mit dem bis zum Menschen hin treibenden göttlichen Dasein. Versteht der Mensch sich selbst in seinem Erkennen, so entsteht damit das anthropologische Zentrum des Universums: Die Idee wird Fleisch und denkt sich selbst als Mensch. Erst auf dieser Stufe wird das System der Wissenschaften verständlich als der Inkarnationsweg Gottes und Deifikationsweg des Menschen.

Daß sich in den *Grundlinien* solche Perspektiven auftun, gehört zu den Rätseln dieses Werkes. War sich Steiner dieser Perspektiven, die ihn unmittelbar mit der Hierarchienlehre des Dionysios verbinden, bewußt? Besonders charakteristisch ist die hermetische Aufeinanderbezogenheit des Weges hinab und des Weges hinauf. Die Naturwissenschaften erforschen die Geheimnisse Gottes in seiner Weltoffenbarung und bereiten damit die Geisteswissenschaften vor. Die soziale und die geschichtliche Welt sind Schöpfungen des Menschen, die eigengesetzlichen Wesens sind. Dionysios beschreibt den Aufstieg zu den Engelsreichen dreistufig als Reinigung, Erleuchtung und Vollendung.

Insoferne die *Grundlinien* in der Tradition des Dionysios stehen, leiten sie hinüber in die spätere Darstellung des anthroposophischen Erkenntnisweges durch Steiner. Die Erkenntnistheorie der *Grundlinien* muß wegen der unbegrenzten Keimkraft des Involutionspunktes im denkenden Ich notwendig Erkenntnisweg werden. Auf die höhere geistige Anschauung hat Steiner in einer Anmerkung zur Neuauflage 1924 der *Grundlinien* selbst hingewiesen.

5. Immanenz – Transzendenz

Das Buch *Grundlinien* ist erst im vorletzten Lebensjahr Rudolf Steiners in zweiter Auflage (2. bis 6. Tausend) erschienen: Im Vorwort von 1924 rekapituliert Steiner seine Situation von 1886: «Es stand bei mir die innerlich erlebte und im Denken erkannte Tatsache, daß der Mensch mit seinem Denken, wenn er dies genügend vertieft, in der Weltwirklichkeit als einer geistigen drinnen lebt [...] Mein Leuchtstern war stets die ganz durch sich selbst bewirkte Anerkennung der Tatsache, daß der Mensch sich innerlich als vom Körper unabhängiger Geist, stehend in einer rein geistigen Welt, schauen kann.»

Die Gottesvorstellung der Grundlinien grenzt noch an den unklaren

Pantheismus des 19. Jahrhunderts an. 1887 führt Steiner im zweiten Band der naturwissenschaftlichen Schriften Goethes aus: «Der Weltenlenker hat sich seiner Macht begeben, hat alles an den Menschen abgegeben, mit Vernichtung [!] seines Sonderseins, und dem Menschen die Aufgabe zuerteilt: wirke weiter.» Noch in der Erstauflage der *Philosophie der Freiheit* 1894 findet sich die Aussage: «Die Welt ist Gott.» 38 Jahre später ist im Vorwort von 1924 der *Panentheismus* thematisiert: «Die Entwicklung der Welt ist so zu verstehen, daß das vorangehende Ungeistige, aus dem sich später die Geistigkeit des Menschen entfaltet, neben und außer sich ein Geistiges hat. Die spätere durchgeistigte Sinnlichkeit, in der der Mensch erscheint, tritt dann dadurch auf, daß sich der Geistesvorfahre des Menschen mit den ungeistigen Formen vereint und, diese umbildend, dann in sinnenfälliger Form auftritt.»

Das «neben und außerhalb» der ungeistigen Formen bestehende Geistige ist Gott, der überall in der Schöpfung gegenwärtig ist, der aber nicht in der Schöpfung aufgeht. Zur durchgehenden Immanenzlehre der *Grundlinien* ist auf dem Erkenntnisweg Steiners die zunächst abgelehnte Transzendenz hinzugetreten. In den *Grundlinien* vertritt Steiner einen Monismus der Idee, der das Erkenntnisinteresse allein auf den in die Welt ausgegossenen Seinsgrund lenkt. Da die Welt für das gewöhnliche beobachtende Bewußtsein aber zunächst als Verhüllung des Seinsgrundes erscheint und nur ein Begriffsbewußtsein *post rem* möglich erscheint, trat zu der von Steiner vertretenen wirklichen Immanenz für den Leser eine bewußtseinsmäßige Transzendenz, von der in den *Grundlinien* allerdings nicht die Rede ist. Der Grund für dieses Schweigen liegt in der bereits erwähnten Ausnahmesituation Steiners.

Das panentheistische Weltbild der Anthroposophie, das im Vorwort von 1924 zum Ausdruck kommt, bedeutet die Wiedergewinnung der Transzendenz in der Wirklichkeit. Damit ist auch der Wunsch des Menschen, sich persönlich an den «Kern der Welt» zu wenden, Gott als das makrokosmische Du im Gebet anzusprechen, geistig gesichert. Es ist ein tief christliches Anliegen, die Personalität Gottes gewahrt zu sehen. Ein ebenso tiefes Anliegen ist es freilich, Gott in den Dingen zu entdecken, das Universum als die Leiblichkeit Gottes in der Gestalt seiner Weisheit anerkennen zu dürfen.

Steiners Schrift *Grundlinien* dient diesem Anliegen. Der «objektive

Idealismus» des Werkes führt den Studierenden in eine Erkenntnisdynamik, die ihn zur Vertiefung des Idealismus und zugleich zu dessen Überschreitung führt. Der Idealismus wird zum «herrlichen Schatten, der aus einer geistigen Welt in das Innere des Menschen fällt und der eine Aufforderung darstellt, von dem Schatten aus die Welt zu erreichen, die den Schatten wirft».[15] Mit diesen autobiographischen Worten ist deutlich gemacht, daß der Gedankenorganismus der *Grundlinien* sich nicht in der Begründung einer Erkenntnistheorie erschöpft, sondern sein Wesentliches in dem Impuls zur Verwandlung (Spiritualisierung) besitzt.

6. Mensch und Logos

Im zweiten Band der naturwissenschaftlichen Schriften Goethes schreibt Rudolf Steiner 1887 einleitend: «Im Erkennen erfahren wir, welches die ideellen Bedingungen der Sinneserfahrungen sind; wir bringen die Ideenwelt, die in der Wirklichkeit schon liegt, zum Vorschein; wir schließen also den Weltprozeß in der Hinsicht ab, daß wir den Produzenten, der ewig die Produkte hervorgehen läßt, aber ohne unser Dasein ewig in ihnen verborgen bliebe, zur Erscheinung rufen. Im Handeln aber ergänzen wir diesen Prozeß dadurch, daß wir die Ideenwelt, insofern sie noch nicht Wirklichkeit ist, in solche umsetzen.»

Das philosophische Bewußtsein von Steiners Schriften jener Jahre versteht sich als Teil einer einheitlichen Wirklichkeit, die in ihrer Außenseite der Beobachtung zugänglich, dem Innern nach aber Emanation Gottes ist. Der erkennende und handelnde Mensch ist Träger einer messianischen Aufgabe: Er vollendet den Weltprozeß. Die Übernahme dieser Aufgabe setzt die Göttlichkeit des Menschen voraus, aber der empirische Mensch ist von einer Gottähnlichkeit seines Tuns und Lassens weit entfernt. Gott wurde Mensch, aber nicht jeder Mensch, sondern zunächst Mensch im allgemeinen. Er wurde Mensch als Wort (Logos). Das Wort, der Logos, ist die Einheit von Begriff und Rede. Der Logos ist die ausgesprochene Idee. Gott schläft in den Dingen, aber der erkennende Mensch kann den Logos Gottes in sich aufnehmen, der von Anbeginn der Welt an mit Gott verbunden ist.

Die griechische Logoslehre hat orientalische Wurzeln, vor allem in Iran. Die Eigenschaft der Schöpfungsmittlerschaft verbindet den Logos mit der heiligen Weisheit (chokmah) des Judentums. Nach dem Logos ist alles gebildet, auch die Erkenntnisfähigkeit des Menschen. Der Logos ist die durchgehende Linie in der Metamorphose der Idee durch die Natur- und Geistesreiche. Er ist das System der Wissenschaften. Der Logos wird bewußtseinsmäßig Mensch in der «Psychologie». Diese Möglichkeit eröffnet sich der Menschheit infolge der einmaligen Inkarnation des Logos in einem Menschen. Diese Einsicht ist allerdings in den *Grundlinien* noch nicht enthalten, wohl aber veranlagt. Im Rückblick von 1924 nimmt Steiner den Logosbegriff für die *Grundlinien* in Anspruch: «In dem Logos lebt die Menschenseele; wie lebt die Außenwelt in diesem Logos; das ist schon die Grundfrage meiner *Erkenntnistheorie der Goetheschen Weltanschauung* aus der Mitte der achtziger Jahre; es bleibt so für meine Schriften *Wahrheit und Wissenschaft* und *Die Philosophie der Freiheit*.»[16]

Sicherheit gewann Steiner nach seinem Selbstzeugnis erst ab 1896 durch den im *Lebensgang* erwähnten Seelenumschwung: «In der Welt und ihrem Wirken lebt der Logos, die Weisheit, das Wort.»

Hier ist der Ansatzpunkt einer kosmischen Christologie, der in den *Grundlinien* freilich noch völlig verborgen liegt (im Unterbewußtsein ihres Autors). Erkennbar aber ist die Logik der Entwicklung von der apophantischen Theologie der dionysischen Schule und deren mystischer Schulung, der wiederentstandenen magischen Weisheit Ägyptens bei den Denkern der Renaissance, von der Weisheitslehre Israels und der Logoslehre der Griechen über Baruch de Spinoza und Goethe bis zu einer Erkenntnistheorie der Goetheschen Weltanschauung.[17]

Die genannten Traditionslinien führen in eine «Psychologie» hinein, der die Schrift *Grundlinien* selbst zuzurechnen ist. Von dort aus eröffnet sich die Perspektive auf eine neue Wissenschaft des Geistes, wie sie Steiner in der Tat dann geschaffen hat.

Anmerkungen

1 GA 28, *Mein Lebensgang*, Kap. VI. Mit diesem Entschluß stellte sich Steiner schicksalsgemäß in den traditionsgeschichtlichen Strom, dem Goethe selbst angehört.

2 GA 38, *Briefe I*, Briefe Nr. 70 und 74.

3 GA 38, *Briefe I*, Brief Nr. 70.

4 GA 28, *Mein Lebensgang*, Kap. 1. Schon für das Kind: «... die Wirklichkeit der geistigen Welt war mir so gewiß wie die der sinnlichen. Ich hatte aber eine Art Rechtfertigung dieser Annahme nötig.»

5 Für Steiner als hellseherisch Begabten ist allerdings charakteristisch, daß Spinoza die intuitive Erkenntnis als dritte Stufe seiner Erkenntnislehre kennzeichnet, währenddessen er selbst im XXII. Kapitel des *Lebensganges* die «ideell-geistige Erkenntnis» als Mittelstufe beschreibt, über welcher noch die eigentlich höhere, geisteswissenschaftliche Erkenntnis anzuordnen ist.

6 Vgl. Jürgen Moltmann, *Gott in der Schöpfung*, München 1985 (Chr. Kaiser).

7 GA 262, *Rudolf Steiner – Marie Steiner: Briefwechsel und Dokumente 1901-1925*, Brief Nr. 7 vom 18.4.1903.

8 GA 100, *Menschheitsentwicklung und Christuserkenntnis*, Vorträge Kassel vom 16.6.1907, 27.6.1907, Basel 16.11.1907.

9 Dionysios Areopagita, *Die Hierarchien der Engel und der Kirche*, Planegg 1955 (O.W Barth); ders., Mystische Theologie, Planegg 1956.

10 Giordano Bruno, *Von den heroischen Leidenschaften*, Hamburg 1989 (F. Meiner), insoweit dort der Aktaion-Mythos behandelt wird.

11 GA 2, *Grundlinien*, Kap. 20.

12 Spr. Sal. 8, 22. Im übrigen Horst Dietrich Preuß, *Einführung in die alttestamentliche Weisheitsliteratur*, Stuttgart 1987 (Urban TB 323).

13 Chokmah nimmt auch im kabbalistischen Sephirot-System eine wichtige Position ein.

14 GA 2, *Grundlinien*, Abschn. 18.

15 GA 28, *Mein Lebensgang*, Kap. VIII.

16 GA 28, *Mein Lebensgang*, Kap. XXIII.

17 Nach Veröffentlichung des Aufsatzes «Der Monismus im Lebensgang Rudolf Steiners» (*Die Drei*, Beiheft 1/1989) erreichte mich eine Zuschrift von Jörgen Smit, worin dieser auf den Unterschied eines statischen und eines dynamischen Monismus hinwies. Ich danke Smit für diesen wichtigen Hinweis. Der damalige und auch der vorliegende Aufsatz zielen auf eine Darstellung gerade der dynamischen Elemente des Monismus.

Die Philosophie der Freiheit

V. Moralische Phantasie, moralische Technik, moralische Intuition – Fragen an den ethischen Individualismus

Lorenzo Ravagli

Der deutsche Idealismus als Morgenröte der Anthroposophie

1. Kants Philosophie und ihr Inspirationsquell

Seit dem Jahr 1789 bewegt sich durch das abendländische Denken ein geheimnisvolles Wesen. Die Spuren dieses Wesens können in den Systemgebäuden und in den Grundintuitionen einer Reihe von Denkern des ausgehenden 18. und des 19. Jahrhunderts aufgefunden werden. Durch die philosophiegeschichtliche Spurensuche gelangt man zur Einsicht in den Inspirationsquell der abendländischen Philosophie seit der französischen Revolution, der sich gegen Ende des 19. Jahrhunderts an die Oberfläche arbeitet.

Eine Spur dieses Inspirationsquells findet sich bereits in der kantschen Philosophie. Die kantsche Philosophie ist, wie die Begriffskompositionen der auf Kant folgenden Idealisten Systemphilosophie. Kant hat seine drei Kritiken aus einer Systemidee entwickelt, die diesen Kritiken ihren Inhalt und ihre Form gibt. Diese Systemidee ist nicht nur der Gedanke der Unterscheidung zwischen praktischer und theoretischer Philosophie, die in einem dritten Teil des Systems nach Vermittlung und Versöhnung streben, sondern auch eine bestimmte Anschauung des Menschen, der durch die Beschaffenheit der Vermögen seines Gemüts und seiner Erkenntnisvermögen den Grund für die Gliederung der Philosophie in die verschiedenen Systemteile bildet. Schon Kant blickt mit unübersehbarer Deutlichkeit auf den Menschen, wenn er philosophiert, auch wenn sein Blick durch die unausgesprochenen Subreptionen seines Denkens das Wesen des Menschen nicht mit letzter Klarheit zu erfassen vermag. Nicht in der ersten der erschienenen Kritiken, der *Kritik der reinen Vernunft*, sondern erst in der 1790 veröffentlichten *Kritik der Urteilskraft*, hat Kant sich über die seiner Systemidee zugrundeliegende Anschauung vom Menschen ausgesprochen. In der ersten Fassung der Einleitung zur *Kritik der Urteilskraft* aus dem Jahr 1790 finden sich die für unsere Fragestellung entscheidenden Passagen.

«Wenn», so heißt es unter der Überschrift «Von dem System der obern Erkenntnisvermögen, das der Philosophie zum Grunde liegt», «die Rede nicht von der Einteilung einer *Philosophie*, sondern unseres *Erkenntnisvermögens a priori durch Begriffe* (des oberen) ist, d.i. von einer Kritik der reinen Vernunft, aber nur nach ihrem Vermögen zu denken betrachtet (wo die reine Anschauungsart nicht in Erwägung gezogen wird), so fällt die systematische Vorstellung des Denkungsvermögens dreiteilig aus, nämlich erstlich in das Vermögen der Erkenntnis des *Allgemeinen* (der Regeln), *den Verstand*, zweitens das Vermögen der *Subsumtion des Besondern* unter das Allgemeine, die *Urteilskraft*, und drittens das Vermögen der *Bestimmung* des Besondern durch das Allgemeine (der Ableitung von Prinzipien) d.i. *die Vernunft.*

Die Kritik der reinen *theoretischen* Vernunft, welche den Quellen alles Erkenntnisses a priori (mithin auch dessen, was in ihr zur Anschauung gehört) gewidmet war, gab die Gesetze der *Natur*, die Kritik der *praktischen* Vernunft das Gesetz der *Freiheit* an die Hand und so scheinen die Prinzipien a priori für die ganze Philosophie jetzt schon vollständig abgehandelt zu sein.»[1]

Kant unterscheidet demgemäß am menschlichen Erkenntnisvermögen, insofern dieses ein reines ist, also frei von Inhalten, die es aus der sinnlichen Erfahrungswelt gezogen haben könnte, drei unterschiedliche Fähigkeiten: den Verstand, die Vernunft und die Urteilskraft, die zwischen den beiden ersteren in der Mitte steht. Dem Verstand gesteht er die Fähigkeit zu, die allgemeinen Gesetze zu erkennen, die in der reinen Naturwissenschaft zur Anwendung gelangen, der Vernunft das Vermögen, nicht für die Erkenntnis, sondern für den Willen Gesetze zu geben und die Aufgabe der Urteilskraft besteht in einer Vermittlung des Allgemeinen und des Besonderen, auf das Verstand und Vernunft in unterschiedlicher Weise bezogen sind.

Während für Kant der Verstand das reine Vermögen des Allgemeinen ist und es nur mit diesem Allgemeinen zu tun hat, vermag die Vernunft, das Besondere durch das Allgemeine zu bestimmen. Sie ist also nicht nur auf das Allgemeine bezogen, sondern bestimmt durch die Gesetze, die sie dem Handeln gibt, das Besondere, eben das empirisch handelnde Subjekt. Der Urteilskraft scheint Kant eine ähnlich vermittelnde Funktion, wie der Vernunft zuschreiben zu wollen, insofern sie imstande ist, das Besondere unter das Allgemeine, das der Verstand hervorgebracht hat, zu subsumieren. In Wirklichkeit ist es aber nur die Urteilskraft, die sich zwischen der Sphäre des Allgemeinen und des Besonderen hin und her zu bewegen vermag, denn sie empfängt aus der Sinnlichkeit das Besondere und aus dem Verstand das allgemeine Gesetz. Nur weil sie an beiden teilhat, vermag sie das Besondere unter das Allgemeine zu subsumieren. Wie sie dies tut, untersucht die *Kritik der Urteilskraft*. Die Vernunft vermag nicht wirklich, Allgemeines und Besonderes zu versöhnen, sie ist keine dienende, sondern eine herrschende Vernunft. Die Kantsche Vernunft beugt sich nicht zum empirischen Subjekt herunter und verlockt seine Neigungen mit den Liebkosungen der Idee. Die Kantsche Vernunft setzt sich mit imperialer Gebärde über das ephemere Einzelsubjekt hinweg und kümmert sich nicht um die situativen Divergenzen, denen das handelnde Subjekt gegenübersteht. Sie beschränkt sich, wie in der *Kritik der praktischen Vernunft* entwickelt wird, auf die Aufstellung eines formalen Gesetzes des menschlichen Handelns. Die Umsetzung dieses Gesetzes überläßt die imperiale Vernunft dem jenseits der Sphäre der Kritik stehenden empirischen Individuum.

Doch bevor wir uns tiefer in den Begründungszusammenhang der Kantschen Kritiken einlassen, sollten wir zur Kenntnis nehmen, daß wir mit der Unterscheidung der drei Erkenntnisvermögen offenbar noch nicht den tiefsten Grund der Systematik erreicht haben. Das gälte vielleicht dann, wenn der Mensch allein ein erkennendes Wesen wäre. Da er aber ein wirkliches Lebewesen mit einem unterschiedlicher Erfahrungen fähigen Gemüt ist, finden sich in ihm noch weitere Kräfte vor, die zu der Systematik der drei Erkenntnisvermögen in einer fundierenden Beziehung stehen. Die Systematik der Erkenntnisvermögen ist von sekundärer Valenz, ihnen voraus liegt eine Systematik des lebendigen Subjekts, die Kant als die Systematik der Gemütskräfte bezeichnet. Unter diesen tritt das Erkenntnisvermögen lediglich als eines von dreien auf. Über dieses System aller Vermögen des menschlichen Gemüts läßt sich Kant im folgenden Abschnitt der Einleitung aus.

«Wir können alle Vermögen des menschlichen Gemüts ohne Ausnahme auf die drei zurückführen: das *Erkenntnisvermögen*, das *Gefühl der Lust und Unlust* und das *Begehrungsvermögen* [...] Denn es ist immer ein großer Unterschied zwischen Vorstellungen, so fern sie, bloß aufs Objekt und die Einheit des Bewußtseins derselben bezogen, zum Erkenntnis gehören, imgleichen zwischen derjenigen objektiven Beziehung, da sie, zugleich als Ursache der Wirklichkeit dieses Objekts betrachtet, zum Begehrungsvermögen gezählt werden, und ihrer Beziehung bloß aufs Subjekt, da sie für sich selbst Gründe sind, ihre eigene Existenz in demselben bloß zu erhalten und so fern im Verhältnisse zum Gefühl der Lust betrachtet werden; welches letztere schlechterdings kein Erkenntnis ist, noch verschafft, ob es zwar dergleichen zum Bestimmungsgrunde voraussetzen mag.»[2]

Kant setzt die Differenz der Seelenkräfte, denn von diesen ist hier die Rede, zu drei Vorstellungstypen in Beziehung. Es gibt Vorstellungen, die bloß auf das Objekt bezogen sind und insofern zur Erkenntnis gehören – kurz: Erkenntnisvorstellungen. Diese Vorstellungen beinhalten das in sich zusammenhängende Wissen von der Welt. Es gibt aber auch Vorstellungen, die zwar auf das Objekt bezogen, zugleich aber auch als die Ursache des Objektes gedacht werden, auf das sie sich beziehen – Willensvorstellungen. Und drittens gibt es Vorstellungen, die bloß auf das Subjekt bezogen sind, und ihre Existenz in diesem Subjekt erhalten, weil es an ihnen Lust empfindet – Gefühlsvorstellungen. Für Kant ist offenkundig, daß das Gefühl der Lust und Unlust nichts über die Gegenstände, sondern nur etwas über das Subjekt aussagt. Die Vorstellungen der Lust und Unlust sind deswegen allein auf das Subjekt bezogen. Die Vorstellungen des Willens sind solche, die allerdings einen Bezug auf das Objekt enthalten, weil sie es hervorbringen. Die Erkenntnisvorstellungen aber vermitteln Subjekt und Objekt miteinander, weil sie einerseits Vorstellungen vom Objekt sind, zugleich aber auch dem Subjekt sein zusammenhängendes Bewußtsein vom Objekt verschaffen. Im Wissen von den Objekten weiß das Subjekt zugleich sich selbst als das von den Objekten Wissende. Wissen vom Objekt ist Sich-Wissen des Subjektes im Objekt. Dieser Gedanke liegt, ohne ihren Sinn zu überdehnen, in Kants Äußerung über die «Vorstellungen, so fern sie, bloß aufs Objekt und die Einheit des Bewußtseins derselben bezogen, zum Erkenntnis gehören».

Kenner der *Philosophie der Freiheit* werden den Hinweis in mehrfacher Hinsicht überraschend finden, daß Steiner sich offensichtlich dieser systematischen Ableitung der Seelenkräfte aus den drei Vorstellungsarten angeschlossen hat. Im achten Kapitel seiner *Philosophie der Freiheit* finden sich die entsprechenden Passagen über die drei Kräfte des Gemüts oder der Seele, in denen Steiner diese Faktoren des Lebens in derselben Art wie Kant zu drei Vorstellungsarten in Beziehung bringt. Wie bei Kant ist auch bei ihm die Erkenntnisfunktion der Vorstellung das Medium, durch die sich das Subjekt mit der Welt der Objekte zusammenschließt, während Gefühl und Wille zwei einseitige Beziehungsrichtungen von Subjekt und Objekt begründen. Steiner schreibt: «Das Fühlen ist ein rein individueller Akt, die Beziehung der Außenwelt auf unser Subjekt, insofern diese Beziehung ihren Ausdruck findet in einem bloß subjektiven Erleben.

Es gibt noch eine andere Äußerung der menschlichen Persönlichkeit. Das Ich lebt durch sein Denken das allgemeine Weltleben mit; es bezieht durch dasselbe rein ideell (begrifflich) die Wahrnehmungen auf sich, sich auf die Wahrnehmungen. Im Gefühl erlebt es einen Bezug der Objekte auf sein Subjekt; im Willen ist das Umgekehrte der Fall. Im Wollen haben wir ebenfalls eine Wahrnehmung vor uns, nämlich die des individuellen Bezugs unseres Selbstes auf das Objektive. Was am Wollen nicht rein ideeller Faktor ist, das ist ebenso bloß Gegenstand des Wahrnehmens wie das bei irgendeinem Dinge der Außenwelt der Fall ist.»[3]

Das Fühlen ist für Steiner wie für Kant also eine rein subjektive Funktion des Lebens. Im Fühlen erlebt der Mensch die Beziehung der Welt auf sein Subjekt. Das Ich stellt einen begrifflichen Zusammenhang zwischen der Welt der Objekte und seinem Subjekt her, in dem sich das Subjekt durch die Objektwelt bestimmt erkennt. Wird dieser Zusammenhang erlebt, dann lebt das Subjekt in Gefühlen. Wenn das Ich einen Zusammenhang herstellt, in dem es die Welt der Objekte durch sein Subjekt bestimmt, dann setzt es sich in eine Willensbeziehung zur Welt der Objekte. Was an dieser Willensbeziehung nicht ideell (begrifflich) ist, wird wahrgenommen und ist insofern ein Erleben des Bezogenseins des Subjekts auf die Welt der Objekte. Allein in der rein begrifflichen Sphäre vermittelt das Denken Subjekt und Objekt und schließt sie zu einer höheren Einheit zusammen. Aus der Verabsolutierung des Gefühls zum Erkenntnisprinzip entwickelt sich für Steiner die Gefühlsmystik und aus der Verabsolutierung des Willens zum Weltprinzip die Willensmetaphysik. Trotz dieser identischen Interpretation der Gemütskräfte bestehen doch zwischen Steiner und Kant bedeutende Unterschiede. Denn während es dem Menschen bei Steiner tatsächlich gelingt, durch sein Erkennen zu einer Versöhnung der getrennten Sphären von Subjekt und Objekt zu gelangen, vermag bei Kant weder das Erkennen noch das Handeln diese Versöhnung zu leisten. Doch dazu weiter unten. Schließen wir zunächst die Behandlung der Kantschen Überlegungen zur philosophischen Systematik und ihrer Begründung ab.

Kant geht es in seiner Einleitung zur *Kritik der Urteilskraft* darum, zu zeigen, daß er mit dem System seiner drei Kritiken eine erschöpfende Kritik nicht nur der drei Vermögen des Gemüts, sondern auch der drei Erkenntniskräfte des Menschen geleistet hat. Nur wenn diese Arbeit erschöpfend geleistet ist, kann die Aufgabe der Kritik als abgeschlossen betrachtet werden. Deswegen fährt Kant im folgenden fort: «Nun hat das *Erkenntnisvermögen* nach Begriffen seine Prinzipien a priori im reinen Verstande (seinem Begriffe von der Natur), das *Begehrungsvermögen* in der reinen Vernunft (ihrem Begriffe von der Freiheit) und da bleibt noch unter den Gemütskräften überhaupt ein mittleres Vermögen oder Empfänglichkeit, nämlich das *Gefühl der Lust und Unlust*, so wie unter den obern Erkenntnisvermögen ein mittleres, die Urteilskraft übrig.»[4] Der Gedanke erfährt nun insofern eine überraschende Wendung, als Kant deutlich macht, daß der Verstand, der ja die Begriffe der Natur hervorbringt, seine Behandlung in der *Kritik der reinen Vernunft* erhalten habe. Das Hauptgeschäft der *Kritik der reinen Vernunft* ist also eigentlich eine Kritik des Verstandes. Gegenüber der Vernunft kommt der *Kritik der reinen Vernunft* nur eine negative Aufgabe zu: die nämlich, ihren unberechtigten Anspruch auf das Gebiet des Verstandes abzuwehren und ihr ein Feld ihrer Geltung außerhalb der Naturerkenntnis zuzuweisen, das im Bereich des Praktischen liegt. So schreibt Kant in der Vorrede zur ersten Auflage der *Kritik der Urteilskraft*: «Es war also eigentlich der *Verstand*, der sein eigenes Gebiet und zwar im *Erkenntnisvermögen* hat, sofern er konstitutive Erkenntnisprinzipien a priori enthält, welcher durch die im allgemeinen so benannte Kritik der reinen Vernunft gegen alle übrige Kompetenten in sicheren aber einigen Besitz gesetzt werden sollte. Eben so ist der *Vernunft*, welche nirgend als lediglich in Ansehung des *Begehrungsvermögens* konstitutive Prinzipien a priori enthält, in der Kritik der praktischen Vernunft ihr Besitz angewiesen worden.»[5] Die übrigen Kompetenten, gegen die der Verstand in seinen rechtmäßigen Besitz gesetzt werden mußte, kamen aber nur in der Einzahl vor: und zwar unter dem Namen der Vernunft. Die Ansprüche dieser Vernunft auf Naturerkenntnis (sowie auf Psychologie, Kosmologie und Theologie) wurden in der *Kritik der reinen Vernunft*, genauer in ihrem dritten, dialektischen Teil abgewiesen.

Nunmehr ergeben sich durch die Kantschen Überlegungen drei klare Beziehungen zwischen den sog. oberen Erkenntnisvermögen und den drei Kräften des menschlichen Gemüts. Der Verstand ist ausschließlich für Erkenntnis zuständig. Er ist mit seinen Prinzipien a priori konstitutiv gesetzgebend für die Naturerkenntnis. Was die Vernunft hervorbringt, kann man aber nicht Erkenntnis nennen. Deswegen steht sie auch nicht als Erkenntnisorgan zur Debatte, sondern als gesetzgebendes Organ für den Willen. Sie vermittelt dem Menschen den Begriff der Freiheit als des unendlichen Sollens, das ihn zur Verwirklichung des Sittengesetzes verpflichtet. Der Urteilskraft bleibt demnach das dritte Gebiet, das zwischen der Notwendigkeit der Natur und der Notwendigkeit der Sitten steht: das Gebiet, das die Welt der Sittlichkeit und die Welt der Natur miteinander verbindet und möglicherweise versöhnt. Dieses Gebiet ist das Reich der Kunst im zweifachen Sinn der Naturkunst und der menschlichen Kunst. Das in der Einleitung zur *Kritik der Urteilskraft* von Kant mitgeteilte Schema[6] verdeutlicht die gegenseitigen Beziehungen zwischen Seelenkräften, Erkenntnisvermögen, Gegenstandsbereichen und Prinzipien:

Gesamte Vermögen des Gemüts	**Erkenntnisvermögen**	**Prinzipien a priori**	**Anwendung auf**
Erkenntnisvermögen	Verstand	Gesetzmäßigkeit	Natur
Gefühl der Lust und Unlust	Urteilskraft	Zweckmäßigkeit	Kunst
Begehrungsvermögen	Vernunft	Endzweck	Freiheit

Wie man aus diesem Schema ersieht, betrachtet Kant den Verstand als das eigentliche, einzige Erkenntnisvermögen, während die Vernunft nur insofern in Betracht kommt, als sie ihre allgemeinen Prinzipien für das Handeln aufstellt und die Urteilskraft sich mit dem Natur- und dem Kunstschönen befaßt.

Nun kommt es aber in Kants Philosophie, trotz der imposanten Grundintuition, die seinem System zugrundeliegt, zu keiner wirklichen Versöhnung der einzelnen Teile seiner Philosophie und damit der Wirklichkeit. So wie der Vernunft der Erkenntniszugang zur Natur verschlossen bleibt, bleiben auch dem Verstand die Gegenstände der Vernunft verschlossen. Aber nicht allein dies. Auch die Welt der Objekte, die Natur, um deren Erkenntnis es dem Verstand doch geht, kann der Verstand mit seinen konstitutiven Prinzipien der Naturerkenntnis nicht wirklich erkennen. Das wahre Objekt, das Ding an sich, bleibt für den Verstand unerkennbar. Was er erkennt, ist nur subjektive Erscheinung für die Sinne, *phainomenon*, entstanden durch die Anschauungsformen des Gemüts und hineingepreßt in die Kategorien des Verstandes. Für diese subjektiven Erscheinungen gilt das Gesetz des Verstandes, aber seine Erkenntnis ist in Wahrheit eine Pseudo-Erkenntnis, weil er die Dinge nicht nach ihrem Wesen erkennt, sondern lediglich der Erscheinung nach. Kant wird ja auch nicht müde, dies zu betonen. Der Zusammenschluß zwischen Subjekt und Objekt, der in den Erkenntnisvorstellungen erfolgen soll, ist weder von seiten des Subjektes, noch von seiten des Objektes ein Zusammenschluß von Wirklichem. Er ist lediglich ein Zusammenschluß von Erscheinungen, deren ontologischer Status problematisch bleibt. Kant konstruiert ein Erkenntnisprinzip, das nichts wirklich erkennt und ein Prinzip des Handelns, das in Wirklichkeit niemanden zu bewegen vermag. So wie die theoretische und die praktische Philosophie in Kants System auseinanderklaffen, ohne miteinander versöhnt zu werden, so gelingt es ihm weder in der theoretischen, noch in der praktischen Philosophie zu einer wirklichen Versöhnung von Subjekt und Objekt vorzudringen. Während in der Naturphilosophie die Natur als das unerkennbare Absolute außerhalb des Verstandes bleibt, bleibt in der praktischen Philosophie die Vernunft als das nie zu verwirklichende Absolute außerhalb des einzelnen Subjektes. Dadurch kann Kant auch keinen wirklichen Freiheitsbegriff formulieren, der zeigen müßte, wie das Allgemeine, die Vernunft und das Besondere, der individuelle Wille, in der Sphäre des Praktischen zusammenwirken und ineinander übergehen. Naturgemäß kann auch die *Kritik der Urteilskraft* keine Vermittlung anbieten. Sie zeigt lediglich, daß wir gezwungen sind, die organische Natur so anzuschauen, als wirke in ihr eine objektive Teleologie und daß es keine allgemeingültigen Regeln für die Beurteilung des Schönen gibt. Subjektives und Objektives können auch durch die Urteilskraft, die diese beiden in Form des Allgemeinen und des Besonderen zusammenbringen sollte, nicht miteinander vermittelt werden.

2. Das Hervortreten des Inspirationsquells im nachkantischen Idealismus

Die auf Kant folgenden und an ihn anknüpfenden Idealisten haben diesen Mangel der kritischen Philosophie deutlich erkannt, ausgesprochen und zu beheben versucht. Das Grundmotiv des nachkantischen Idealismus ist das Versöhnungsmotiv. Versöhnt sollen werden Subjekt und Objekt, Natur und Geist, Verstand und Vernunft. Fichte, Schelling und Hegel suchen nach einer Versöhnung von Subjekt und Objekt, indem sie sich auf den Ursprung der Subjekt-Objekt-Beziehung im menschlichen Denken besinnen. Schon Kant hatte diese Besinnung durch seine im Ungefähren verschwebende Rede von der transzendentalen Synthesis angebahnt. Die nachkantischen Idealisten entdeckten den Ort der transzendentalen Synthesis im menschlichen Denken, wenn auch jeder auf seine besondere Weise. Die Leistung der nachkantischen Idealisten ist nicht zu überschätzen, denn sie verwiesen das philosophische Grundproblem der Neuzeit in das Gebiet, in dem eine wirkliche Lösung gefunden werden konnte. Sie befreiten die begrifflichen Beziehungen, die Kant ins Auge gefaßt hatte, von ihren ungeklärten Voraussetzungen und legten den rein ideellen Zusammenhang frei, der durch ursprüngliche Akte des Denkens zwischen Subjekt und Objekt gestiftet wird. Sie übersetzten die Kantsche Dreiheit der Vorstellungsarten in die Sprache des reinen Denkens und gaben ihr dadurch erst ihre wahrhaft philosophische Gestalt.

In der Tat finden sich die drei von Kant unterschiedenen Erkenntnisvermögen im menschlichen Denken, genauer gesagt, sie können bei einer exakten Beobachtung des Denkvorgangs an diesem unterschieden werden. Es handelt sich bei diesen sog. Erkenntnisvermögen um drei Seiten ein und desselben Wesens, das durch diese Einheit in der Dreiheit seine Totalität zur Erscheinung bringt. Der Verstand, der die Gesetze der Natur hervorbringt, der von Kant als das Vermögen des Allgemeinen bezeichnet wird, findet in der *Inhaltsseite* des Denkens seinen Ursprung. Denn die Inhalte des Denkens sind das Allgemeine des Denkens. Die Inhalte sind Begriffe und Ideen. Begriffe und Ideen sind aber immer allgemein. Was Kant als das Erkenntnisvermögen schlechthin bezeichnet, hat seinen Untergrund in den allgemeinen Inhalten des Denkens. Die Vernunft, die Kant als das Vermögen begreift, das Besondere durch das Allgemeine zu bestimmen, und der er die Aufgabe der Gesetzgebung für den Willen zuschreibt, findet sich am Denken in dessen *Aktualität*. So allgemein die Inhalte des Denkens sind, so individuell sind die Akte des Denkens. Sowenig, wie es ein wirkliches Denken ohne die allgemeinen Denkinhalte geben könnte, könnte es ein solches ohne die einzelnen Akte geben, die erst die Inhalte in Fluß bringen und dadurch den wirklichen Denkvorgang ermöglichen. Das Vermögen, das Besondere durch das Allgemeine zu bestimmen, besteht darin, daß das Besondere, das denkende Subjekt, sich selbst durch die allgemeinen Inhalte des Denkens im Denkvorgang bestimmen läßt. Das Begehrungsvermögen, das nach Kant der Gesetzgebung durch die Vernunft bedarf, gibt sich als Denkwille selbst sein Gesetz. Die Urteilskraft schließlich, die Kant als das Vermögen der Subsumtion des Besonderen unter das Allgemeine begreift, tritt in der wechselseitigen Verbindung des Allgemeinen und des Besonderen zutage, die im *Denkvollzug* verwirklicht wird. Jeder Denkvollzug stellt eine Synthese des Allgemeinen, der erfaßten Begriffe und des Besonderen, der einzelnen Denkakte, dar, die diese Begriffe zur Erscheinung bringen. Im wirklichen Denkvollzug geht, in unabgeschlossenem und unabschließbarem Fluktuieren der individuelle Denkwille in den allgemeinen Denkinhalt und der allgemeine Denkinhalt in den individuellen Denkwillen über. Dadurch stellt das Denken in seinem wirklichen Vollzug die fortgesetzte Vermittlung des Allgemeinen und des Besonderen, des Objekts und des Subjekts dar. In diesem fortdauernden Hin- und Herschwingen zwischen Subjekt und Objekt, zwischen Selbsterinnerung im Akt und Selbstvergessenheit im Inhalt manifestiert sich in rein ideeller Form die Dualität, die allen Erlebnissen des Gefühls zugrundeliegt. Der reale Vorgang des Denkens trägt also drei Seiten an sich: 1. den wirklichen Vollzug, der ein Ineinanderübergehen von Inhalt in Akt und Akt in Inhalt ist, 2. die Inhaltsseite, die ihr Erscheinen den einzelnen Akten verdankt und 3. die Aktseite, die ihre Bestimmtheit den allgemeinen Inhalten verdankt, aus denen sie hervorgeht.

Hätte einer der drei auf Kant folgenden Idealisten jedes dieser drei für das Erscheinen des Ganzen notwendigen Momente zu seinem Recht kommen lassen, dann wäre die geistige Natur des Menschen bereits um die Wende vom 18. zum 19. Jahrhundert in ihrer Totalität erfaßt worden. Da nun aber Fichte, Schelling und Hegel jeweils nur eines dieser drei Momente zum Grundprinzip ihrer Philosophie erhoben haben, verbargen sich die beiden anderen jeweils hinter ihrem Rücken. Ein Philosoph, der vermocht hätte, die drei philosophischen Systeme von Fichte, Schelling und Hegel zu einer höheren Synthese zu erheben, wäre imstande gewesen, die Dreieinheit des geistigen Wesens des Menschen, das sich im Denken offenbart, zu erfassen. Doch ein solcher Philosoph tritt bis zum Ende des 19. Jahrhunderts nicht in Erscheinung.

Blickt man von diesem Gesichtspunkt aus auf die philosophischen Systeme der nachkantischen Zeit, dann enthüllen sich deren konstitutive Grundideen und die Gestalten des Geistes beginnen in neuer Art zu sprechen. Es wird auch deutlich, daß die auf Kant folgende idealistische Philosophie aus demselben Inspirationsquell hervorgegangen ist, aus dem der Grundgedanke des kantschen Systems entsprang.

3. Fichtes Philosophie des Denkakts

Fichte entwickelte in der Zeit zwischen 1794 und 1797 das Konzept seiner *Wissenschaftslehre*. Diese Wissenschaftslehre versucht die Kritik der praktischen Vernunft in das Gebiet der theoretischen Philosophie zurückzuführen. Nur wenn das Erkennen als geistige Tathandlung, also als ursprünglich praktisch begriffen wird, kann das Subjekt mit dem Objekt versöhnt werden. Nur wenn gezeigt werden kann, daß das Objekt tatsächlich (transzendental-idealistisch gedacht) aus dem Subjekt hervorgeht, besteht die Möglichkeit, den Menschen von der Erkenntnis-Entmündigung zu befreien, in die er durch die kantsche Philosophie manövriert wurde. Die Wissenschaftslehre geht der Frage nach, worin der Grund alles Wissens liege und sie findet diesen Grund nicht in einer Bestimmung des erkennenden Subjektes durch das Objekt, sondern in ursprünglichen, sich selbst und das andere seiner selbst, also das Objekt, setzenden Tathandlungen des Erkenntnis-Subjektes. Indem dem Subjekt, genauer dem Ich, die Kraft zugesprochen wird, sich selbst und die Negation seiner selbst zu setzen, wird ihm eine ursprüngliche, durch nichts anderes bedingte Aktualität zuerkannt. Alles Wissen geht zuletzt auf die geistigen Tathandlungen des transzendentalen Ich, des absoluten Ich zurück. Von diesem transzendentalen oder absoluten Ich her muß auch das empirische Ich gedacht werden, das sich als durch das Objekt eingeschränkt vorfindet. Diesem im Gegensatz zum Objekt stehenden Subjekt ist aber ein Subjekt, ein Ich vorgeordnet, das sich selbst hervorbringt und insofern absolut ist. Dieses absolute Subjekt, das Ich der Wissenschaftslehre, ist dem Objekt genauso, wie dem empirischen, relativen Ich übergeordnet. Das empirische Ich fällt aber mit diesem transzendentalen zusammen, wenn es sich auf den geistigen Standpunkt der Wissenschaftslehre zu erheben und sich in seinen ursprünglichen, selbstsetzenden Tathandlungen anzuschauen vermag.

Fichtes Philosophie, die den gesamten Inhalt der Wirklichkeit aus dem absoluten Subjekt zu entwickeln versucht, ist offensichtlich eine Philosophie des *Denkwillens*. Denn für den Denkwillen gilt in der Tat, daß alles Objektive aus seinen ursprünglichen, sich selbst und das andere seiner selbst setzenden Tathandlungen hervorgeht. Der Denkwille setzt sogar sich selbst als Objekt, nämlich als Begriff des Denkwillens und ist diesem Begriff zugleich voraus, da letzterer gar nicht erscheinen könnte, wenn ihn nicht der Denkwille zur Erscheinung brächte.

Vom Ich, das als geistiges Wesen im Denken lebt, kann man als einer reinen *energeia* sprechen. Dieses sich durch den Denkwillen offenbarende Ich ist reine Tätigkeit ohne allen Inhalt. Eine Tätigkeit ohne allen Inhalt hebt sich aber selbst auf, denn alle Tätigkeit muß einen Inhalt haben. Die Tätigkeit des Denkwillens ist deswegen immer schon an die Inhalte rückgebunden und verweist auf diese, ebenso wie die Inhalte auf die Tätigkeit zurückverweisen, aus der sie entspringen.

4. Schellings Philosophie des Denkvollzugs

Diese Einseitigkeit der Fichteschen Philosophie hat Schelling früh erkannt und ausgesprochen, seit Fichte Jena verlassen hatte. Zwischen 1794 und 1806 versuchte er, den Teil der Philosophie zu bearbeiten, der seiner Ansicht nach im Fichteschen Denken zu kurz gekommen war. Deshalb trat Schelling als Naturphilosoph hervor. Schelling bemängelte an Fichtes Denken insbesondere, daß dieser das Recht der Objektivität geschmälert habe. Fichte hatte nicht vermocht, die objektive Welt in ihrer inhaltlichen Differenzierung aus dem absoluten Ich abzuleiten. Die Natur kam in seinem System nur als versinnlichtes Material der Pflicht, in einem völlig rudimentären Sinn vor. Fichtes Interesse lag auch nicht in der objektiven Welt. Es lag im Subjekt und seiner Willensnatur. Deswegen ist Fichtes Philosophie selbst in der *Wissenschaftslehre* ethische Philosophie. Nur wenn der Wille des Denkenden sich auf den Standpunkt der intellektuellen Anschauung hinaufschwingt, kann er die kühnen Setzungen des Fichteschen Denkens ebenso thetisch nachvollziehen. Deswegen vertritt er sogar in der Wissenschaftslehre die Auffassung, daß die Art des Denkens von der moralischen Qualität des Willens abhänge.

Demgegenüber verwies Schelling auf die objektive Welt, auf die Natur, die gegenüber dem Subjekt zumindest gleichursprünglich und gleichbürtig sein müsse. Schelling wollte nicht das Subjekt gegenüber dem Objekt überbetonen, um letzteres aus dem ersteren abzuleiten, er wollte vielmehr zeigen, wie Subjekt und Objekt aus einem übersubjektiven und überobjektiven, indifferenten Seinsgrund hervorgegangen sind und hervorgehen. Dieses Anliegen, Subjekt und Objekt in ihrer wechselseitigen Aufeinanderbezogenheit gelten zu lassen, ließ Schelling zum Schöpfer der Indifferenzphilosophie werden. Die Indifferenz, die Ununterschiedenheit von Subjekt und Objekt steht am Anfang des Schellingschen Philosophierens. Er versucht die ursprüngliche Indifferenz durch eine Stufenleiter von Differenzen zur letzten und höchsten Identität von Subjekt und Objekt in der Philosophie der Identität zu führen. Die Philosophie der Indifferenz ist eine Philosophie des *Denkvollzugs*. Wie gezeigt, stellt der Denkvollzug das fortgesetzte Fluktuieren von Denkinhalt und Denkakt dar, das Verschwinden des Unterschiedenen in der Ununterscheidbarkeit, um aus ihr unablässig wieder in die Unterscheidung hervorzutreten. Für Schelling sind Subjekt und Objekt immer schon eine Einheit, nur daß diese Einheit in der objektiven Welt zunächst unentwickelt, also indifferent ist. Durch das Auseinandertreten der beiden Pole differenziert sich das ursprünglich Ununterschiedene und konstituiert durch jeweils unterschiedliches Vorwiegen des einen über das andere das Stufenreich der Naturkräfte und Naturgeschöpfe. In jedem Naturprozeß ist aber immer schon der Geist, und damit in allem Objektiven immer schon das Subjektive mitenthalten, um schließlich im Menschen, als dem höchsten Geschöpf der Natur als solcher, als denkende Subjektivität hervorzutreten. Das Reich der Natur und das Reich des Geistes unterscheiden sich dadurch voneinander, daß in der Natur das Objektive generell das Subjektive überlagert, während im Reich des Geistes das Objektive vom Subjektiven überlagert wird. Dennoch trägt die Natur den Geist unentwickelt in sich, während das Reich des Geistes auf der integrierten und potenzierten Natur beruht. In den aufsteigenden Reihen der Gestalten der Natur und der Gestalten des Geistes nehmen die Gebilde an Komplexität, d.h. an integrierten Graden der Vermittlung von Subjekt und Objekt zu, auf je höherer Stufe sie stehen. Die Natur ist eine Projektion des Geistes in die Sphäre des Objektiven, der Geist eine Projektion der Natur in die Sphäre der Subjektivität.

Der Punkt der Indifferenz, dem alles Seiende entspringt, ist das Absolute. Das Absolute ist aber, als Indifferenz, ein unentwickeltes Absolutes. Es findet zu seiner Totalität erst durch seine Entwicklung, d.h. durch die Entfaltung der in ihm angelegten Entzweiung. Die Fichteschen Tathandlungen, die dem Idealismus zuerst seine innere Dynamik verliehen, durch die der Idealismus zu einer okkulten Entwicklungslehre mutierte, verwandeln sich in Schellings Naturphilosophie in eine Selbstentwicklung des Absoluten. Das Absolute ist erst bei sich selbst angelangt, wenn es alle in ihm enthaltenen Differenzen und Identitäten aus sich herausgesetzt und sich selbst in objektiver Form zur Anschauung gebracht hat, um sich in dem Angeschauten als Subjekt selbst zu wissen. Das Endresultat des Weltprozesses, der bei der Natur beginnt, ist das bei sich seiende Absolute, das sich als die Identität aller Differenzen begreift, die es aus sich entlassen hat, um zu sich selbst zu kommen.

Bis 1806 bearbeitete Schelling nahezu ausschließlich die Naturphilosophie. Dadurch stellt auch das Schellingsche System zu diesem Zeitpunkt eine Einseitigkeit dar, gegen die Hegel sich seit der Vorrede zu seiner *Phänomenologie des Geistes* zu wenden begann. Den Geistteil seiner Philosophie bearbeitete Schelling erst erheblich später, nach der langen Pause des Schweigens, in die er durch den Tod seiner Gattin verfiel. Durch den Rückgriff auf die positiven Inhalte von Mythologie und Offenbarung versuchte Schelling eine positive Philosophie zu schaffen und nach dem Tode Hegels über diesen hinauszugehen. Schelling vermochte jedoch durch diesen Rückgriff das wirklich Positive, die reale Existenz der Individualität und die reale Existenz des Geistes nicht einzuholen. So entwickelte er zwar eine synthetische Begriffsmystik, ohne jedoch das Gebiet des philosophischen Begriffs, d.h. des Allgemeinen, zu überschreiten. Auch seine Spätphilosophie ist vom Gedanken der Identität beherrscht und bleibt damit, wenn auch unter umgekehrten Vorzeichen, der Grundintuition seines Philosophierens verpflichtet. Diese Grundintuition ist die Intuition des Denkvollzugs. Der Denkvollzug ist die reale Indifferenz von Akt und Inhalt, von Subjekt und Objekt. Weil sich aber Schelling in der ersten Lebenshälfte an die positiven Inhalte der Natur und in der zweiten Lebenshälfte an die positiven Inhalte des Geistes verliert, vermag er die Grenzen der Reflexionsphilosophie nicht zu überschreiten. Vom Denkvollzug gilt, daß er die reale Indifferenz ist. Vom im Denkvollzug lebenden Ich kann man sagen, daß es die reale Indifferenz von Objekt und Subjekt erlebt. Das denkende Ich lebt im Denken und das Denken lebt während des Denkvollzugs im denkenden Ich. Der Denkvollzug ist die Seele des denkenden Ich, während im Denkakt das geistige Selbst des denkenden Menschen Gestalt annimmt. Im Vollzug schwingt das Ich fortwährend zwischen selbstvergessener Hingabe an den Inhalt, den es hervorbringt und empfängt und dem sich erinnernden Selbstsein im Akt hin und her.

5. Hegels Philosophie des Denkinhalts

Hegel schließlich verlegte sich auf die reine Geistphilosophie. Seit der *Phänomenologie des Geistes* (1807) verfolgte er seinen eigenen Denkweg, der ihn zur synthetischen Rekonstruktion der Selbstwerdung des Absoluten im dialektischen Begriffsprozeß führte. Auch in der *Wissenschaft der Logik* (1812f) und in der *Enzyklopädie der philosophischen Wissenschaften* (1817) versuchte er zu zeigen, wie sich das Absolute, die ursprüngliche Identität, durch die Selbstbewegung des Begriffs zu einem Bewußtsein seiner Totalität entfaltet. In Hegels Philosophie wird das Objekt zum Subjekt. Im absoluten Geist, der einzigen Substanz und dem einzigen Inhalt der Philosophie, ist die Substanz zugleich Subjekt. Aber dieses Subjekt schließt zugleich jegliche Form der Objektivität in sich. Die Totalität des Wissens, die die philosophische Enzyklopädie darstellt, ist die Totalität der Denkinhalte, die das Absolute, der Begriff, in seiner Selbstentfaltung aus sich hervortreibt. Der Weltprozeß ist eine Metamorphose des Begriffs. Diese Metamorphose erschließt sich einer philosophischen Phänomenologie. Hegel verfährt auch in seiner *Enzyklopädie* und in seiner *Logik* phänomenologisch. Das Phänomen, um das es ihm alleine geht, ist der Begriff. Der Begriff ist das sich selbst erklärende und entwickelnde Phänomen, das zugleich das Wesen ist. In der Anschauung des sich selbst entwickelnden Wesens geht das denkende Subjekt unter. Das denkende Subjekt kommt im Hegelschen System nicht als reales Subjekt, als positive einzelne Entität, sondern nur als Begriffsinhalt zur

Geltung. Deshalb ist die Hegelsche Philosophie eine Philosophie des *Denkinhaltes*. In der Welt des allumfassenden logischen Prozesses geht das denkende Subjekt, das den Schauplatz der Selbstverwirklichung des Absoluten bildet, letztlich unter. Daß Hegel von der Selbstbewegung des Begriffs sprechen kann, zeugt von seiner selbstlosen Hingabe an den Denkinhalt, aber auch von seiner Selbstvergessenheit. In der Tat geht das Ich im Denkinhalt auf. Zwar bringt es diesen hervor, aber es erhält von ihm zugleich seine Bestimmung. Das denkende Ich hätte keinen Inhalt, wenn es diesen nicht aus der Inhaltswelt des Denkens empfinge. Aus der objektiven und allgemeinen Welt der Denkinhalte empfängt das denkende Ich seine geistige Gestalt. Ohne den Denkinhalt besäße das Ich zwar Kraft, es wäre *energeia*, aber es wäre zugleich gestaltlos. Erst durch die begrifflichen, ideellen Bestimmtheiten gestaltet sich das denkende Ich als geistig konturierte Individualität aus. Wenn man von einer geistigen Individualität sprechen könnte, dann müßte man sagen, sie sei aus den ideellen Bestimmtheiten der Gedanken gewoben, aus denen und in denen dieses Ich denkend lebt.

Es zeigt sich bei diesem Überblick über die drei nachkantischen Idealisten, daß sie aus einer Besinnung auf das denkende Menschenwesen philosophieren. Jeder hebt ein Moment dieses Wesens heraus und entwickelt aus diesem Moment sein gesamtes philosophisches System. In ihrer Einseitigkeit grandios und einmalig sind die Begriffsgebäude der nachkantischen Idealisten. Erst wenn man die drei Grundintuitionen zusammenschaut, wird man allerdings des ganzen geistigen Wesens des Menschen ansichtig. Man könnte davon sprechen, daß in der Philosophie von Fichte, Schelling und Hegel das transzendentale Menschenwesen aufscheint, wenn man darunter das geistige Menschenwesen versteht. Dieses geistige Menschenwesen ist der Inspirationsgrund des kantschen wie auch des nachkantischen Idealismus. Fichte philosophiert aus einem vergeistigten Willen. Seine Philosophie ist eine Philosophie des Geistesmenschen. Schelling vergeistigt das menschliche Gefühlsleben und entwickelt aus diesem vergeistigten Gefühlsleben seine merkwürdig durch die Polarität und Entzweiung schwebende Philosophie der Identität. Seine Philosophie ist eine Philosophie des Lebensgeistes. Hegel schließlich vergeistigt das menschliche Vorstellen, insofern im Vorstellen der gesamte Weltinhalt repräsentiert ist. Durch diese Vergeistigung des Vorstellens erfaßt er in seiner phänomenologischen Schau den rein ideellen Gehalt der Welt. Seine Philosophie ist eine Philosophie des Geistselbstes. Allen ist gemeinsam, daß sie das Gebiet des reinen Begriffs nicht verlassen. Hätte Hegel es verlassen, wäre er zur Imagination gelangt, Schelling gar zur Inspiration und Fichte zur Intuition.

Seit dem Tode Hegels verdunkelt sich der geistige Horizont Europas. Auch Schelling hält sich nicht auf der ursprünglichen Höhe seines Denkens. Deswegen der Rückgriff auf Mythologie und Offenbarung. In der zweiten Hälfte des neunzehnten Jahrhunderts wendet sich das Denken vom Inspirationsquell ab, der dem deutschen Idealismus zugrundeliegt und beginnt sich mit der empirischen Welt und den darin vorkommenden geschichtlichen Realitäten zu befassen. Diese These ließe sich durch einen Hinweis auf die geschichtliche, kulturelle und wissenschaftliche Entwicklung Europas in der zweiten Hälfte des 19. Jahrhunderts weitläufig begründen. Das würde aber den Rahmen dieser Untersuchung sprengen. Ich beschränke mich auf die Geschichte des Denkens, in der sich die geistige Gesamtbewegung des Jahrhunderts ohnehin abbildet. Wie in einem Spiegelbild erscheint in der zweiten Hälfte des 19. Jahrhunderts das transzendentale Wesen des Menschen in der Sphäre der Endlichkeit und der empirischen Subjektivität. Hier erscheint es so, daß es in seine drei Bestandteile zerrissen ist. In der philosophischen Reflexion der drei Existenzialisten des 19. Jahrhunderts wird dieses Spiegelbild des geistigen Menschenwesens sichtbar. Diese drei Existenzialisten, die ihren philosophischen Impetus aus dem Denken gegen den Idealismus schöpfen, sind Stirner, Kierkegaard und Nietzsche. Stirner ist der Existentialist des Denkens und stellt in seinem Werk das Gegenbild zur Hegelschen Philosophie dar. Kierkegaard ist ein Existentialist des Gefühls und schafft insofern den Gegenentwurf zur Philosophie Schellings. Nietzsche ist ein Existentialist des Willens und wiederholt unter Verneinung des Geistes den Fichteschen Ansatz des Philosophierens.

Die Verdunkelung des geistigen Horizonts im nachidealistischen Existentialismus

6. Stirner als Philosoph des geistentfremdeten Denkens

1844 erscheint Stirners einzig bedeutendes Buch *Der Einzige und sein Eigentum.* In diesem Werk reformuliert Stirner die Beziehung zwischen dem denkenden Ich und der Welt der Gedanken. Es versteht sich als fundamentale Kritik am Hegelschen Universalismus des Begriffs. Was alle Existentialisten dem deutschen Idealismus vorzuwerfen haben, spricht bereits Stirner mit unübertrefflicher Klarheit aus: die Hypostasierung und Substantiierung des Allgemeinen. Diese Hypostasierung des Allgemeinen macht eine Rückbesinnung auf das Individuelle erforderlich. Das Individuelle ist aber zugleich das Endliche, Begrenzte, Empirische und Einmalige. Das individuelle Subjekt in seiner Endlichkeit, Einmaligkeit und Unwiederholbarkeit wird durch die Existenzialisten des 19. Jahrhunderts zur Würde eines philosophischen Gegenstandes erhoben, indem die Philosophie zugleich gezwungen wird, in die Niederungen der empirischen Realität hinabzusteigen. An die Stelle des idealistischen Euphorismus des Allgemeinen setzen die Existenzialisten die nominalistische Emphase des Einzelnen. Einige Kernpassagen aus Stirners Werk sollen dies verdeutlichen.

In seiner Kritik am Geistbegriff des Idealismus schreibt Stirner:

«Bist Du eher ein Denkender, als Du denkst? Indem Du den ersten Gedanken erschaffst, erschaffst Du Dich, den Denkenden; denn Du denkst nicht, bevor Du einen Gedanken denkst, d.h. hast.»[7] Stirner legt Wert darauf, zu betonen, daß der Gedanke ein Geschöpf des Denkenden ist und nicht umgekehrt. Dadurch möchte er der Versuchung vorbauen, der Hegel seiner Ansicht nach erlag: daß der Schöpfer ein Sklave seiner Geschöpfe, das denkende Ich – Ich, dieses Ich, das nur ich bin – ein Sklave des Allgemeinen wird, das nur durch es und dank ihm existiert. Nicht dieses Ich, das Ich bin, geht aus dem Allgemeinen hervor, sondern das Allgemeine ist mein Geschöpf. Es würde gar nicht existieren, wenn ich nicht in meiner empirischen, historischen, einmaligen Existenz diesem Allgemeinen vorausginge, wenn ich es nicht erdächte, erzeugte, schöpfte. Warum soll ich meinem Geschöpf – dem Allgemeinen – Macht über mich zugestehen? Ich versammle in mir alle Macht, das Allgemeine hat gegenüber meinem Ich gar keine Macht. Es gibt keinen Menschen, keinen Geist, keinen Gott, dem ich mich unterwerfen müßte, denn dieses mein Ich ist der Schöpfer der Begriffe von Mensch, Geist und Gott, bringt es sie doch unübersehbar hervor.

Stirner fordert dazu auf, das Verhältnis des denkenden Ich zu seinen Hervorbringungen aus der Beobachtung zu bestimmen. Er will keine Theorie, sondern Erfahrung vermitteln. Denn nur die Erfahrung der individuellen Macht über den Gedanken läßt mich den Gedanken bezwingen. Dabei steht er dem Dilemma gegenüber, nur mit Hilfe der Gedanken oder der Sprache auf etwas verweisen zu können, was jenseits der Sprache und jenseits des Gedankens erblickt werden muß. Jeder Versuch, es zu beschreiben oder in Begriffe zu fassen, trägt immer schon die Gefahr in sich, von dem, worum es eigentlich geht, abzulenken. Bei Stirner kehrt in seinem Versuch auf das Nicht-Begriffliche, das Nicht-Sprachliche der Ich-Existenz hinzuweisen, eine ähnliche Problematik wieder, die bereits die negative Theologie beherrschte, nur daß hier das Nicht-Begriffliche nicht Gott, sondern die eigentliche Existenz des einzelnen Menschen ist. Dieses Eigentliche wäre nur schlecht benannt, wenn man es mit dem Begriff des Wesens beschreiben wollte. Denn das Wesen ist der Begriff, dessen universelle Macht über das Ich Stirner zerstören möchte. Stirner bedient sich unablässig der hinweisenden Funktion von Begriffen, um das beobachtende Bewußtsein auf das bloß Beobachtbare, Nicht-Begriffliche zu verweisen. So kämpft er über hunderte von Seiten hinweg einen zähen Kampf gegen das Allgemeine und seinen Knecht: das Wort.

«Beobachte Dich einmal jetzt eben bei Deinem Nachdenken, und Du wirst finden, wie Du nur dadurch weiter kommst, daß Du jeden Augenblick gedanken- und sprachlos wirst. Du bist nicht etwa bloß im Schlafe, sondern selbst im tiefsten Nachdenken gedanken- und sprachlos, ja dann gerade am meisten. Und nur durch diese Gedankenlosigkeit, diese verkannte ‹Gedankenfreiheit› oder Freiheit vom Gedanken bist Du dein eigen. Erst von ihr aus gelangst Du dazu, die Sprache als dein Eigentum zu verbrauchen.»[8]

Also der Mensch, der ich bin, ist nicht bei sich, wenn er denkt oder spricht. Nur in der Gedankenlosigkeit, in der Sprachlosigkeit ist er ganz bei sich oder in sich, denn dann ist er nicht bei den Gedanken, bei der Sprache, die er hervorbringt und die er für sein Wesen halten könnte. Das innere Verstummen des allzeit geschwätzigen Subjektes stellt es der unbegrenzten Leere gegenüber. Und eben in dieser Leere, die dem Tode vergleichbar ist, findet es sich selbst, jenseits alles Allgemeinen. («Ich, der Unsagbare, mithin nicht bloß Gedachte; denn das bloß Gedachte ist stets sagbar, weil Wort und Gedanke zusammenfallen [...] Ich bin keine Idee, sondern mehr als Idee, d.h. unaussprechlich.»[9])

Am dichtesten kommt die existentielle Grunderfahrung Stirners in folgenden Sätzen zum Ausdruck:

«Eigen ist Mir der Gedanke erst, wenn Ich ihn jeden Augenblick in Todesgefahr zu bringen kein Bedenken trage, wenn Ich seinen Verlust nicht als einen Verlust für Mich, einen Verlust Meiner, zu fürchten habe. Mein eigen ist der Gedanke erst dann, wenn Ich zwar ihn, er aber niemals Mich unterjochen kann, nie Mich fanatisiert, zum Werkzeug seiner Realisation macht.

Also Gedankenfreiheit existiert, wenn Ich alle möglichen Gedanken haben kann; Eigentum aber werden die Gedanken erst dadurch, daß sie nicht zu Herren werden können. In der Zeit der Gedankenfreiheit herrschen Gedanken (Ideen); bringe ich's aber zum Gedankeneigentum, so verhalten sie sich als meine Kreaturen.»[10]

Am Ende seines Werkes kommt Stirner selbst auf die Parallele zwischen der negativen Theologie und seiner Rede vom unaussprechbaren Ich zurück. Er macht in dieser Schlußpassage noch einmal deutlich, worum es ihm geht: um die Befreiung des existierenden Ich, das sich nur in ursprünglicher Unmittelbarkeit als Einheit und Ganzheit erfährt, von der Vorherrschaft aller allgemeinen Mächte. Stirners Grundanliegen ist die Emanzipation der empirischen Subjektivität gegenüber der Macht des Ideellen, aber auch der Macht des Faktischen, sofern es sich nicht um das Faktum der Eigenheit handelt. Durch seine Abwendung vom deutschen Idealismus wird Stirner zum Begründer des Existentialismus im 19. Jahrhundert.

«Man sagt von Gott: ‹Namen nennen Dich nicht.› Das gilt von Mir: kein Begriff drückt mich aus, nichts, was man als mein Wesen angibt, erschöpft Mich; es sind nur Namen. Gleichfalls sagt man von Gott, er sei vollkommen und habe keinen Beruf, nach Vollkommenheit zu streben. Auch das gilt allein von mir.

Eigner bin ich meiner Gewalt, und ich bin es dann, wenn Ich Mich als Einzigen weiß. Im Einzigen kehrt selbst der Eigner in sein schöpferisches Nichts zurück, aus welchem er geboren wird. Jedes höhere Wesen über Mir, sei es Gott, sei es der Mensch, schwächt das Gefühl meiner Einzigkeit und erbleicht erst vor der Sonne dieses Bewußtseins. Stell' Ich auf Mich, den Einzigen, meine Sache, dann steht sie auf dem Vergänglichen, dem sterblichen Schöpfer seiner, der sich selbst verzehrt, und Ich darf sagen:

Ich hab' mein' Sach' auf Nichts gestellt.»[11]

In dieser Schlußpassage des Stirnerschen Werkes klingt aber auch der Abgrund an, der sich im existentialistischen Denken auftut: es ist der Abgrund des Nichts und damit des Nihilismus. Der Existentialismus birgt den Keim des Nihilismus in sich, der sich entfaltet, sobald sich das Denken von den letzten Haltepunkten befreit, an denen es sich bei Stirner und auch bei Kierkegaard noch festhält. Der Haltepunkt Stirners ist das Allgemeine, weil er all sein Denken auf die Negation des Allgemeinen konzentriert. Im Negieren hält er das Allgemeine fest, wenn auch bloß negativ. So bleibt Stirner selbst in der totalen Negation noch dem Hegelianismus verpflichtet und verdankt dem Gespenst, das er verneint, daß es ihn vor dem Sturz in den bodenlosen Abgrund bewahrt. Man überlege sich: wenn Stirner nicht das Allgemeine hätte bekämpfen können, worüber hätte er dann geredet oder gedacht?

7. Kierkegaard als Philosoph des verdunkelten Gefühls

Während Stirner das Verhältnis des Ich zum Gedanken thematisiert, geht es Kierkegaard um das Verhältnis des Ich zum Gefühl. Da Kierkegaard der Ausblick auf die Haltekraft des Allgemeinen ebenso versagt ist wie Stirner, ist er der Philosoph der Zerrissenheit. In ursprünglicher Form kommt die Zerrissenheit der Seele bei Kierkegaard im Begriff der Angst zum Ausdruck. Kierkegaard blickt in den Abgrund der Seele, die den Gedanken verloren hat. In seinem Denken spricht sich die Seele aus, die zwischen Subjektivität und Objektivität steht und zwischen beiden keinen Ausweg findet. Schon in *Entweder-Oder* geht es um diese Zerrissenheit und in einem anderen Hauptwerk, in *Der Begriff Angst* (1844), beschreibt Kierkegaard die Zerrissenheit der Seele zwischen Sünde und Erlösung mit Hilfe des Begriffes Angst. Durch Kierkegaard finden die empirischen Bestimmungen der Seele, die den Geist verloren hat, Eingang in die Philosophie. Die Seele ist der Ort der Angst. Die Angst ist die existentielle Grundverfassung des Menschen. Sie ist es deshalb, weil die Seele Kierkegaards den Weg in das Universelle nicht gehen kann, in dem sie sich vom Allgemeinen getragen fühlen könnte. Kierkegaard ist gleichsam aus dem Reich des Allgemeinen in die Welt der unendlichen Einzelheiten gestürzt und steht der Zusammenhangslosigkeit und Sinnlosigkeit der empirischen Welt gegenüber. Diese Sinnlosigkeit der Welt, aus der der vom Gedanken gestiftete Sinn entschwunden ist, ruft in der Seele Angst hervor.

Auch Kierkegaard bleibt in seinem Denken noch auf den deutschen Idealismus bezogen. Aber er macht – genauso wie Stirner – gegenüber dem Allgemeinen, das im Idealismus die Herrschaft ausübt, das Recht der einzelnen Individualität bzw. Subjektivität geltend. Nicht das Allgemeine ist für Kierkegaard das wahrhaft Konkrete. Das wahrhaft Konkrete ist für ihn diese einzelne, endliche Existenz in ihrer Endlichkeit und Begrenztheit.

«Der konkreteste Inhalt, den das Bewußtsein haben kann, ist das Bewußtsein von sich selbst, vom Individuum selbst, nicht das reine Selbstbewußtsein, sondern das Selbstbewußtsein, das so konkret ist, daß kein Schriftsteller, nicht der wortreichste, nicht der darstellungsmächtigste, es je vermochte, ein einziges solches zu beschreiben, während jeder einzelne Mensch ein solches ist.»[12]

Dieses Einzelne findet sich in der Welt vor. So wie es sich vorfindet, ist es aber nicht durch das Allgemeine erlöst, sondern dem Endlichen verfallen. Weil es ein einzelnes Bewußtsein ist und in dieser Einzelheit seine konkreteste Bestimmung besteht, hat es sich auch mit dem ersten Erwachen seines Selbstbewußtseins aus der Sphäre des Allgemeinen entfernt. Das Allgemeine ist auch für Kierkegaard das Absolute oder Unendliche.

Aber er findet keinen Weg in die Unendlichkeit, denn es gibt keinen Grund für das Individuum in seiner Endlichkeit in das Unendliche hinüberzuspringen. Es ist dem Augenblick verfallen und dem Verschwinden des Augenblicks ausgesetzt. Selbst die Unschuld ist schon mit dem Makel des Grauens behaftet, den das Unendliche in der Seele erweckt. Der Geist ist nicht der Ursprung des Friedens, sondern der Ursprung des Schreckens. Denn die Unendlichkeit, die er in sich birgt, ist wie ein verschlingender Abgrund, der das Individuum in sich hineinzuziehen droht. Die Freiheit, die dem endlichen Subjekt aus der Sphäre des Geistes entgegenleuchtet, erfüllt es nicht mit Zuversicht, sondern mit lähmendem Schrecken. Kierkegaards philosophische Psychologie ruht auf einer Anthropologie der Angst.

«Die Unschuld ist Unwissenheit», schreibt er. «In der Unschuld ist der Mensch nicht als Geist bestimmt, sondern seelisch in unmittelbarer Einheit mit seiner Natürlichkeit bestimmt. Der Geist ist im Menschen träumend [...] In diesem Zustand ist Friede und Ruhe; aber es ist da zu gleicher Zeit etwas anderes, was nicht Unfriede und Streit ist; denn es gibt ja da nichts, womit man streiten könnte. Was ist es also? Nichts. Aber welche Wirkung hat das Nichts? Es gebiert die Angst. Dies ist das tiefe Geheimnis der Unschuld, daß sie zu gleicher Zeit Angst ist. Träumend plant der Geist seine eigene Wirklichkeit, aber diese Wirklichkeit ist Nichts, aber dieses Nichts sieht die Unschuld beständig außerhalb seiner.

Die Angst ist eine Bestimmung des träumenden Geistes und gehört als solche in die Psychologie hinein. Im Wachen ist der Unterschied zwischen mir selbst und meinem Anderen gesetzt, schlafend ist er suspendiert, träumend ist er ein angedeutetes Nichts. Die Wirklichkeit des Geistes erweist sich beständig als eine Gestalt, durch die seine Möglichkeit verlockt wird, die aber fort ist, sobald er nach ihr greift, und die ein Nichts ist, das nur ängstigen kann. Mehr kann sie nicht, solange sie sich nur zeigt. Den Begriff Angst sieht man fast niemals in der Psychologie behandelt, ich muß deshalb darauf aufmerksam machen, daß er gänzlich verschieden ist von der Furcht und ähnlichen Begriffen, die sich auf etwas ganz Bestimmtes beziehen, während die Angst die Wirklichkeit der Freiheit als Möglichkeit für die Möglichkeit ist.»[13]

Warum, könnte man Kierkegaard fragen, ist der Geist, der Ausblick auf die unendlichen Möglichkeiten, die er in sich birgt, Angst, und nicht Zuversicht oder Vertrauen? Warum verliert die Seele im Augenblick, in dem sie in die unendlichen Möglichkeiten des Geistes ausgreift und sich eine davon zueigen macht, ihre Unschuld und verfällt der Schuld? Warum ist sie, bevor sie die Möglichkeit der Freiheit ergriffen hat, durch ihre Angst vor dem Geist bereits schuldig geworden? Die Antwort liegt in der Zerrissenheit der Seele. Denn die Seele ist in Kierkegaards Lebenserfahrung und Anthropologie die zerrissene Subjektivität, die zwischen der Nötigung des Leibes und der unendlichen Weite des Geistes ausgespannte Innerlichkeit, die keinen Ausweg aus ihrer Zerrissenheit zu finden vermag. Die Kierkegaardsche Innerlichkeit ist immer schon gott- oder geistverlassen. Sie ist schon schuldig, bevor sie überhaupt zu einem Bewußtsein ihrer selbst erwacht ist. Auf Kierkegaards philosophischem Subjekt lastet die Schuld der Vorväter. Die Unschuldsvermutung kann deshalb gar nicht für das Subjekt gelten, weil es bereits vor seiner Existenz von der Schuld seiner Vorväter zerfressen ist. Zwar versucht Kierkegaard, dieses Verfallensein an die Schuld aus einer Phänomenologie der Angst herzuleiten. Aber diese Phänomenologie ist gar keine Phänomenologie, sie ist nur die Projektion der Kierkegaardschen Zerknirschtheit auf die Leinwand des philosophischen Begriffs. In Kierkegaards Existenz drängt sich mit Macht die Subjektivität des Denkers in die philosophische Reflexion ein. In bisher beispielloser Art kreist in Kierkegaard das Denken eines Philosophen um die Bestimmungen seiner eigenen Subjektivität. Zwar finden wir auch in Fichtes oder Hegels Denken eine persönliche Färbung. Aber die Persönlichkeit färbt den Begriff und wird nicht selbst zum Thema der Philosophie. Sein Leben lang spielt Kierkegaard mit der Philosophie Verstecken. Der eigentliche Grund seiner vielen pseudonymen Identitäten liegt darin, daß er sich vor dem Anspruch der Philosophie, die Subjektivität zu überwinden, versteckt. Und eben weil er in der Subjektivität und Innerlichkeit seines Gefühls steckenbleibt, vermag er auch das Problem der Versöhnung nicht zu lösen.

Deswegen beschreibt in all seinen Werken Kierkegaard seine eigenen, höchstpersönlichen Probleme. Auch in der folgenden Passage aus dem Werk *Der Begriff Angst* beschreibt er seine eigene Seelenlage, aus der er keinen Ausweg findet.

«Daß die Angst sichtbar wird, ist das, worum sich alles dreht. Der Mensch ist eine Synthese des Seelischen und des Leiblichen. Aber eine

Synthese ist undenkbar, wenn die zwei nicht in einem Dritten geeinigt werden. Dieses Dritte ist der Geist. In der Unschuld ist der Mensch nicht bloß Tier, wie er denn überhaupt, wenn er in irgendeinem Augenblick seines Lebens bloß Tier wäre, niemals Mensch werden würde. Der Geist ist also gegenwärtig, aber als unmittelbarer, als träumender. Soweit er nun anwesend ist, ist er in gewisser Weise eine feindliche Macht; denn er stört beständig das Verhältnis zwischen Seele und Leib, das wohl Bestehen hat, doch zugleich insofern Nichtbestehen, als es dies erst durch den Geist bekommt. Auf der andern Seite ist er eine freundliche Macht, die ja gerade das Verhältnis zustande bringen will. Welches ist also das Verhalten des Menschen zu dieser zweideutigen Macht, wie verhält der Geist sich zu sich selbst und zu seiner Bedingung? Er verhält sich als Angst. Sich selber loswerden kann der Geist nicht; sich selbst ergreifen kann er auch nicht, solange er sich außerhalb seiner selbst hat; in das Vegetative herabsinken kann der Mensch auch nicht, denn er ist ja bestimmt als Geist; die Angst fliehen kann er auch nicht, denn er liebt sie ja; eigentlich lieben kann er sie nicht, denn er flieht sie.»[14]

Aus dieser fatalen Lage gibt es schlechterdings kein Entrinnen. Ob sich der Geist nun zu sich selbst entschließt oder nicht: schuldig ist er allemal. Schuldig durch die Angst, schuldig durch das Verharren in der Angst, schuldig durch das Sich-Ergreifen und die Verwirklichung der Freiheit.

Die Verdunkelung des geistigen Horizontes seit dem Tode Hegels schreitet voran und macht auch vor den Kräften des Willens nicht Halt. In Stirner verdunkelte sich das Verhältnis des Ich zum Denken oder zum Geist, in Kierkegaard das Verhältnis des Ich zum Fühlen oder zur Seele und in Nietzsche das Verhältnis des Ich zum Willen oder zum Leib. Man könnte diesen Vorgang auch so charakterisieren: Fichte blickt durch seinen vergeistigten Willen auf den Ideenhorizont der Welt, Schelling durch sein vergeistigtes Gefühl und Hegel durch sein vergeistigtes Vorstellungsleben. In Stirner wird der geistige Horizont durch die Vorstellung des Ich verdunkelt, in Kierkegaard wird das denkende Ich durch die Gefühlsinhalte der Seele überschwemmt und in Nietzsche wird es durch die Kräfte des Willens überwältigt.

8. Nietzsche als Philosoph der Willensverfinsterung

Diese Gegebenheit läßt sich bereits deutlich in Nietzsches Erstlingswerk erkennen, das im Jahr 1872 erschien: *Die Geburt der Tragödie aus dem Geiste der Musik.* Nietzsche sucht bereits in diesem Werk – ob verleitet durch Schopenhauer oder nicht sei dahingestellt – nach Erlösung von der Qual der Individuation in der Ekstase des Lebens. Die Grundtendenz in Nietzsches Denken tritt von Anfang an zutage und bleibt zeit seines Lebens unverändert. Sie verstärkt sich nur im Laufe der Zeit. Für Nietzsche ist die Frontstellung bereits in *Die Geburt der Tragödie* klar: das empirische Subjekt ist ein Geschöpf der Objektivität des Willens, des Lebensinstinktes. Was die Herrschaft in der menschlichen Existenz ausübt, ist nicht das Ich oder die Vernunft, sondern der blinde Wille, der nach Verwirklichung des ihm eingeborenen Lebensdranges verlangt. Bei diesem Bemühen steht ihm die Vernunft nur im Weg. Sie ist eine fatale Erfindung lebensfeindlicher Mächte und das Individuum sollte sich von ihrem krankmachenden Einfluß befreien. Schon *Die Geburt der Tragödie* enthält ein Hohes Lied auf den vernunftlosen Lebensinstinkt, auf den Rausch und auf den Tod, weil in ihm das Individuum untergeht und von der Qual seiner Individuation befreit und erlöst wird.

An die Stelle des denkenden Ich, das sich aus der Kraft der Vernunft selbst bestimmt, möchte Nietzsche die Urkraft eines blinden Willens setzen, in dem er die Fülle des Lebens sieht. Auch in diesem philosophischen Grundgedanken reflektiert sich eine persönliche Lebenssituation: Nietzsche kompensiert den Mangel an Leben und Gesundheit, von dem seine persönliche Existenz gekennzeichnet war, durch seine Philosophie. Er erdenkt das, was ihm an Leben fehlt.

Wenn Nietzsche den Selbstmord der griechischen Kultur diagnostiziert, läuft er zur Hochform auf. Wenn er den Bazillus, von dem die Kultur der Griechen infiziert war, beschreibt, dann geißelt er zugleich die zersetzende Wirkung des Denkens auf das Leben. Sein Antirationalismus verführt ihn dazu, das Vehikel der menschlichen Freiheit und Selbständigkeit im Interesse des Lebens zu negieren. Aber Nietzsche ist kein Advokat des spezifisch menschlichen Lebens, er ist der Advokat eines dämonischen Lebens, das er nicht versäumt zu charakterisieren. Dort wo das individuierte Ich, das im Denken lebt, aus der Seele verdrängt wird, machen sich die Kräfte eines instinktiven Willens geltend, der nicht menschlich, sondern dämonisch ist. Über die zerstörende Kraft des Denkens führt Nietzsche aus:

«Einen Schlüssel zu dem Wesen des Sokrates bietet uns jene wunderbare Erscheinung, die als ‹Dämonion des Sokrates› bezeichnet wird. In besonderen Lagen, in denen sein ungeheurer Verstand ins Wanken geriet, gewann er einen festen Anhalt durch eine in solchen Momenten sich äußernde göttliche Stimme. Diese Stimme mahnt, wenn sie kommt, immer ab. Die instinktive Weisheit zeigt sich bei dieser gänzlich abnormen Natur nur, um dem bewußten Erkennen hier und da hindernd entgegenzutreten. Während doch bei allen produktiven Menschen der Instinkt gerade die schöpferisch-affirmative Kraft ist und das Bewußtsein kritisch und abmahnend sich gebärdet, wird bei Sokrates der Instinkt zum Kritiker, das Bewußtsein zum Schöpfer – eine wahre Monstrosität *per defectum!* Und zwar nehmen wir hier einen monströsen *defectus* jeder mystischen Anlage wahr, so daß Sokrates als der spezifische Nicht-Mystiker zu bezeichnen wäre, in dem die logische Natur durch eine Superfötation ebenso exzessiv entwickelt ist wie im Mystiker jene instinktive Weisheit.»[15]

Nietzsches antilogischer und antirationalistischer Affekt wird in seinem Kampf gegen den Sokratismus und den Geist der Kritik deutlich, der auf der Anwendung des Denkens auf die Wirklichkeit beruht. Er sieht in der Kraft des Denkens eine das Leben zersetzende Macht und stellt ihr die aufbauenden, aber zugleich auch die apollinische Form im Rausch und im Chaos auflösenden dionysischen Mächte entgegen. In den ersten Jahrhunderten des Christentums gab es Denker wie beispielsweise Justinus Martyr, die im Logos des Sokrates den Christus-Logos erkannten und die Sokrates aufgrund seiner Verbundenheit mit jenem von Nietzsche verfemten Logos eine Christus-Zeugenschaft vor dem Erscheinen des Christus auf Erden zuerkannten. Es ist keineswegs zwingend, die Natur des Sokrates so negativ zu interpretieren, wie Nietzsche dies tut. Seine Interpretation ist nur verständlich auf dem Hintergrund seiner spätromantischen, durch und durch irrationalistischen Lebenseinstellung. Die dem Geniekult verhaftete Auffassung des schöpferischen Menschen, dieser wirke allein aus seinem Instinkt, steht dem klassischen Formideal und dem reifen Verständnis des künstlerischen Wirkens, wie die Klassik es hervorbrachte, diametral entgegen. Nietzsches Hohes Lied auf den dionysischen Rausch fiel hingegen im Snobismus des *fin de siecle* auf fruchtbaren Boden. Mit seinem Kult des Irrationalen und seiner Feindschaft gegen den Logos bereitete Nietzsche den Boden für den völkischen und nationalistischen Irrationalismus, der seine Kulmination in den Kataklysmen der beiden Weltkriege fand.

Zwar charakterisiert Nietzsche in seiner *Geburt der Tragödie* im Sinne einer Ästhetik der künstlerischen Produktivität eine geistige Polarität, die sich in der Erscheinung der Künste manifestiert, aber seine Sympathien gehören nicht dem Geiste Apolls, der der Genius des Sokrates ist, sondern dem Geiste des Dionysos. So werden die Formkräfte des Lichtes von Beginn an abgewertet und die chaotisierenden Kräfte des dumpfen und dunklen Lebensinstinktes gegen die apollinische Formgewalt ausgespielt. Apollo ist die geistige Macht, die der Individuation zugrundeliegt. Da aber die Individuation die Wurzel alles Übels ist, gilt es, Apollo durch einen Kult des Dionysos auszumerzen. Wenn Nietzsche den Rückgang zum vorsokratischen Griechentum fordert, dann bedeutet dies das Zurück in eine mystisch-orgiastische Welt des Menschenopfers und der blutigen Selbstverstümmelung. In diesem korybantischen Wahnsinn drückt sich für Nietzsche der ursprünglichere griechische Geist aus, der durch die apollinische Macht bezähmt und zuungunsten des Lebens überwunden worden ist.

So heißt es von Apollo in der *Geburt der Tragödie*, im Anschluß an ein Schopenhauer-Zitat:

«Ja, es wäre von Apollo zu sagen, daß in ihm das unerschütterte Vertrauen auf jenes *principium* und das ruhige Dasitzen des in ihm Befangenen seinen erhabensten Ausdruck bekommen habe, und man möchte selbst Apollo als das herrliche Götterbild des *principii individuationis* bezeichnen, aus dessen Gebärden und Blicken die ganze Lust und Weisheit des ‹Scheines›, samt seiner Schönheit, zu uns spräche.»[16]

Demgegenüber winkt dem im *principium individuationis* Befangenen Erlösung aus der Welt des Dionysos:

«Tun wir einen Blick in das Wesen des Dionysischen, das uns am nächsten noch durch die Analogie des Rausches gebracht wird. Entweder durch den Einfluß des narkotischen Getränkes, von dem alle ursprünglichen Menschen und Völker in Hymnen sprechen, oder bei dem gewaltigen, die ganze Natur lustvoll durchdringenden Nahen des Frühlings erwachen jene dionysischen Regungen, in deren Steigerung das Subjektive zu völliger Selbstvergessenheit hinschwindet. Auch im deutschen Mittelalter wälzten sich unter der gleichen dionysischen Gewalt immer wachsende Scharen, singend und tanzend, von Ort zu Ort: in diesen Sankt-Johann- und Sankt-Veiztänzern erkennen wir die bacchischen Chöre der Griechen wieder, mit ihrer Vorgeschichte in Kleinasien, bis hin zu Babylon und den orgiastischen Sakäen. Es gibt Menschen, die, aus Mangel an Erfahrung oder Stumpfsinn, sich von solchen Erscheinungen wie von ‹Volkskrankheiten› spöttisch oder bedauernd im Gefühl der eigenen Gesundheit abwenden: die Armen ahnen freilich nicht, wie leichenfarbig und gespenstisch ebendiese ihre ‹Gesundheit› sich ausnimmt, wenn an ihnen das glühende Leben dionysischer Schwärmer vorüberbraust.

Unter dem Zauber des Dionysischen schließt sich nicht nur der Bund zwischen Mensch und Mensch wieder zusammen: auch die entfremdete, feindliche oder unterjochte Natur feiert wieder ihr Versöhnungsfest mit ihrem verlorenen Sohne, dem Menschen.»[17]

Nietzsche setzt an die Stelle der apollinischen Kunstreligion das barbarische Brunstgeheul, das aus den Tiefen des menschlichen Gattungswesens aufsteigt. In seinem Denken kommt jene Inspiration der «Geister der Finsternis»,[18] die sich seit der Mitte des 19. Jahrhunderts im europäischen Geistesleben geltend machen, voll zum Durchbruch. Während sich bei Stirner erst der gedankliche Horizont der Seele verdunkelte, bei Kierkegaard bereits das Gefühl ergriffen war, wird nun in Nietzsche der Denker selbst in seinen Willenstiefen ein Opfer des Geistes der Finsternis.

Betrachtet man im Rückblick den Weg, den das Denken im 19. Jahrhundert von Kant über die deutschen Idealisten und die Existenzialisten gegangen ist, kann man sagen, daß die Philosophie der zweiten Hälfte des 19. Jahrhunderts drei Fragen aufwirft. Der ethische Individualismus der *Philosophie der Freiheit*, die Ende 1893 erschien, mutet wie eine Antwort auf diese drei Fragen an.

Die Antworten des ethischen Individualismus

9. Drei Fragen an den ethischen Individualismus

Stirner wirft die Frage auf: Wie kann das Ich im Denken leben, ohne in dessen Knechtschaft zu geraten?

Kierkegaard frägt: Wie kann die Seele des Menschen mit dem Geist versöhnt werden? Wie kann das menschliche Fühlen aus seiner Zerrissenheit befreit werden?

Und Nietzsche frägt: Wie kann der Wille des Menschen vergeistigt werden?

Die Philosophie der Freiheit gibt implizit auf diese drei Fragen die entsprechenden Antworten. Die Antwort auf die Frage Stirners ist die moralische Intuition, die Antwort auf Kierkegaard ist die moralische Phantasie und die Antwort auf Nietzsches Problem ist die moralische Technik.

Um diese These etwas zu erläutern gehe ich von drei (aufeinanderfolgenden) Sätzen des Buches aus, die in konzentrierter Form zentrale Grundgedanken der *Philosophie der Freiheit* beinhalten. Diese Sätze lauten:

1. «Nur weil die menschlichen Individuen eines Geistes sind, können sie sich auch nebeneinander ausleben.»

2. «Der Freie lebt in dem Vertrauen darauf, daß der andere Freie mit ihm einer geistigen Welt angehört, und sich in seinen Intentionen mit ihm begegnen wird.»

3. «Der Freie verlangt von seinen Mitmenschen keine Übereinstimmung, aber er erwartet sie, weil sie in der menschlichen Natur liegt.»[19]

In diesen drei Sätzen spricht Steiner drei für seine gesamte Freiheitsphilosophie maßgebende Grundintuitionen aus, die für die Gestaltung des menschlichen Lebens im Sinne der Freiheitsidee konstitutive Bedeutung haben.

10. Die moralische Intuition

Der erste Satz enthält eine Intuition, die sich auf den menschlichen Geist und das Denken des Menschen bezieht. In ihm sind die menschlichen Individuen angesprochen, insofern sie eines Geistes sind. Der Satz spricht also vom Menschen als einem geistigen Wesen, das sich von anderen geistigen Wesen unterscheidet. Nur insofern sich ein Individuum vom anderen unterscheidet, ist es ein Individuum. Der Mensch als geistiges Individuum oder geistige Individualität unterscheidet sich von allen anderen Individuen oder Individualitäten. Er ist aber auch als geistiges Individuum eines Geistes mit allen anderen Individuen. Der Satz beinhaltet das Paradoxon von der geistigen Identität und Differenz. Vor dem Geiste oder im Geiste sind alle Individuen gleich, d.h. sie sind alle gleich individuell. Die Gleichheit geistiger Individualitäten ist eine Gleichheit, die Diversität, Differenz einschließt. Nur weil die Individuen verschieden sind, können sie gleich sein – gleich eben in ihrer Verschiedenheit. Sie sind gleich im Geiste, sie sind eines Geistes, weil sie alle am gleichen Geiste teilhaben. Ihre Identität in der Differenz gründet in der Tatsache, daß sie alle, als geistige Individualitäten, des großen Wesenstausches erwürdigt sind. Das einzelne denkende Ich lebt in der Welt der Intuitionen, wenn es diese Intuitionen in sich leben läßt. Da jedes denkende Ich prinzipiell über diese Möglichkeit verfügt, sich denkend in die Welt der Intuitionen zu begeben, kann durch den Eintritt in diese Welt offenbar werden, daß die in dieser Welt Lebenden aus einem Geiste leben und eines Geistes sind. Wer nicht in dieser Welt zu leben gewillt ist, schließt sich selbst aus, denn diese selbst schließt niemanden aus. Der Geist, der die denkenden Individualitäten zu einem Ganzen zusammenschließt, ist der Geist, der sie aus ihrer Abgeschlossenheit in der Subjektivität befreit. Es ist der Geist, der frei macht und, indem er frei macht, auch ganz macht. Es ist der Geist der Ganzheit, der die Einzelnen zu einem Geiste zusammenschließt. Die Ganzheit, die durch das Ausgeschlossensein der einzelnen Subjekte verletzt ist, wird durch den befreienden Geist, dem sie sich anschließen, geheilt. Der die denkende Individualität befreiende Geist ist zugleich der Heilende oder Heilige Geist. Der Allzusammenhang der Welt der Intuitionen lebt in der denkenden Individualität auf, wenn diese sich in den Allzusammenhang einlebt. Das Leben der denkenden Individualität in der Welt der Intuitionen ist das Leben im Heiligen Geist. Durch dieses Leben im Heiligen Geist empfängt die Individualität ihre Heilung und Heiligung. Das Los des Schmerzes ist das Los der Befangenheit in der Subjektivität. Durch den denkenden Eintritt in die Welt der Intuitionen heilt sich das denkende Ich vom Schmerz der Entzweiung und tauscht ihr Wesen mit dem Wesen des Weltzusammenhangs aus. Das Ich lebt im Denken und das Denken lebt zugleich im Ich.[20] Aber alle Ich-Wesen leben in ein und demselben Denken, in ein und demselben Geiste, sofern sie sich diesem Geiste zuwenden.

An die Stelle der abgeschlossenen Identität des Subjektes, durch die das einzelne Subjekt in seiner Zusammenhangslosigkeit befangen ist, tritt die für den Weltzusammenhang aufgeschlossene Identität des Ich mit dem Denken. Das Wesen des denkenden Ich ist eins mit dem Denken, in dem das denkende Ich lebt. Durch den geistigen Wesenstausch erfolgt eine geistige Selbsttaufe im Erkenntnis- oder Weisheitsstrom der Welt. Der durch den Kosmos flutende Weltzusammenhang ist das Wasser des Lebens, in das das denkende Ich eintaucht, um sich mit dem heilenden Geiste zu taufen. Im Wesenstausch empfängt das denkende Ich seine Erkenntniskommunion. Es vereinigt sich tatsächlich mit dem geistigen Weltengrund und nährt sich mit einer Speise, die allen Hunger stillt. Es vereinigt sich aber nicht nur mit dem Weltzusammenhang, sondern auch mit den anderen geistigen Individualitäten, die sich derselben Selbsttaufe unterzogen haben. Wenn zwei oder drei sich im Namen des Weltzusammenhangs vereinigen, dann ist der Weltzusammenhang mitten unter ihnen.

Der große Wesenstausch, also der denkende Wesenstausch mit dem geistigen Weltzusammenhang, liegt der in der *Philosophie der Freiheit* beschriebenen moralischen Intuition zugrunde. Die moralische Intuition setzt die Fähigkeit voraus, sich überhaupt denkend zum Ideengehalt der Welt zu erheben.[21] Diese Fähigkeit, sich zum Ideengehalt der Welt zu erheben, beruht auf der Kraft der Hingabe. Nichts anderes als Hingabe des denkenden Ich an die Ideenwelt ist erforderlich, um sich zum Ideengehalt der Welt erheben zu können. Diese Hingabe ist Kraft der Liebe in geistiger Art, deren Quell das geistige Wesen des Menschen ist.[22] Hindern kann uns an dieser Hingabe allein die Liebe zu den Wahrnehmungsinhalten der Welt. Abgelenkt von diesen, taucht die geistige Liebeskraft in die Welterscheinungen unter und verbindet sich im Aufbau der Gestalten der Wirklichkeit mit diesen. Von diesen abgewendet und der Ideenwelt zugewendet, kann sie sich aber mit den ideellen Bildekräften verbinden, aus denen die gebildete Welt hervorgeht.

Die Erhebung zum Ideengehalt der Welt setzt nichts als guten Willen voraus.[23] Es wäre nicht einmal erforderlich, diesem Willen das Prädikat «gut» zuzuordnen, denn der bloße Wille, sich der Ideenwelt zuzuwenden, reicht aus, um diese Zuwendung tatsächlich zu vollziehen. Die Ideenwelt achtet nicht darauf, ob wir reich oder arm sind. Ja, der Bettler um Geist wird diesen Geist empfangen. Seinen Denkwillen der Ideenwelt zuzuwenden, kommt aber einem Bitten um Geist gleich. Das unablässige Bitten um Geist ist das unaufhörliche Gebet, das die denkende Menschenseele betet. Wer aber bittet, dem wird gegeben. Wenn der Mensch seine Zuwendung zum Ideenkosmos täglich erneuert, dann wächst mit der täglichen Bemühung auch die Fähigkeit sich in dieser Welt zu bewegen. Je ärmer, je bittender wir sind, um so reicher werden wir von der Ideenwelt beschenkt. Je mehr wir uns der Ideenwelt zuwenden, um so größer wird unsere Liebe zu dieser Welt und um so reicher werden wir von ihr beschenkt. Der Reichtum, den wir von ihr erhalten, ist jedoch kein Reichtum an Besitz, es ist ein Reichtum an Sinn. Wer reich an Besitz ist, kann nicht ins Himmelreich eingehen. Das Beschenktwerden mit dem Reichtum des Sinnes, der in der Ideenwelt unerschöpflich vorrätig ist, kommt aber dem Eintritt des Himmelreiches in die Seele des Menschen gleich. Aus dieser himmlischen Welt des unerschöpflichen Sinnes schöpfen wir die moralischen Intuitionen, die unserem Leben seinen selbstgeschöpften Sinn geben. Es ist ein Sinn, der uns von keinem Dieb geraubt werden kann, ein Sinn, den wir nicht verlieren können, weil wir ihn nicht besitzen. Vielmehr leben wir in ihm, je mehr wir uns diesem Sinngehalt hingeben. Die dienende Selbstaufgabe in den Welt-Sinn erfüllt uns mit der Fülle eines unverlierbaren Lebens-Sinnes.

11. Die moralische Phantasie

Der zweite Satz enthält eine Intuition, die sich auf die Seele des Menschen und das menschliche Fühlen bezieht. «Der Freie lebt in dem Vertrauen darauf, daß der andere Freie mit ihm einer geistigen Welt angehört, und sich in seinen Intentionen mit ihm begegnen wird.» In diesem Satz ist nicht von der geistigen Existenz des Menschen und der menschlichen Individualität die Rede, sondern von dem Leben der freien Individualität und von dem Vertrauen der freien Individualitäten zueinander, das diese in der menschlichen Begegnung entfalten können. In ihm ist die Grundintuition für das Wesen der zwischenmenschlichen Beziehung enthalten, so wie im ersten Satz die Grundintuition für die Beziehung des Menschen zum Weltzusammenhang enthalten war. Hier geht es um die lebendige Begegnung der Menschen, die, jeder für sich, den großen Wesenstausch vollzogen haben und im Geiste leben, der sie eint. Wenn die einzelne Individualität sich durch die Zuwendung zum Ideengehalt der Welt befreit hat, dann lebt sie im Geiste der Freiheit.

Die Freiheit ist eine Selbstbefreiung des Menschen durch den individuellen Geist, der am Geist der Freiheit teilhat. Die Selbstbefreiung durch den befreienden Geist ist eine Heilung der Seele und eine Versöhnung ihres Entzweitseins zwischen Leib und Geist. Solange das versöhnende Licht des Geistes nicht liebedurchdrungen in die Seele des Menschen leuchtet, kann die Seele keinen Frieden finden. Die heilende Kraft des Geistes bezeugt sich aber gerade in ihrer Kraft, in der von ihm durchdrungenen Seele Frieden zu stiften. Die Seele wird nicht nur mit dem Geiste versöhnt, der in ihr tobende Kampf zwischen den Kräften der Sympathie und Antipathie, zwischen selbstsüchtiger Liebe und selbstverlorenem Haß, wird durch die alles überstrahlende Kraft des Geistes befriedet. Wird doch der Seele ein neuer Sinn erschlossen, der sie die Wesenlosigkeit des Begehrten und die Grundlosigkeit ihres Hasses erkennen läßt.

Die Einsicht macht nicht nur frei, sie stiftet auch Frieden. Durchdrungen von der Kraft des versöhnenden Geistes, weiht die Seele sich dem Dienste am Logos, der sie erleuchtet. Die Weihe, die sie empfängt, ist eine Selbstweihe. Denn ohne ihre Zuwendung zum Ideengehalt der Welt, könnte sie das Licht des befriedenden Geistes nicht empfangen. Je mehr sie aber von diesem Licht durchdrungen wird, um so mehr wird sie erleuchtet und von Liebe zu diesem befreienden Geiste erfüllt. So wie der Logos ihr dient, dient sie dem Logos und stellt sich in seinen Dienst. Der ethische Individualismus stiftet nicht nur ein Taufmysterium, das auf entschlossener individueller Hingabe an den allseits gegenwärtigen Geist beruht, er stiftet auch ein Priestertum, das nur durch Selbstweihe möglich ist. Dadurch hebt er jeglichen Traditionalismus und Sukzessionismus auf und befreit die menschliche Individualität zu einer wahrhaft freien und individuellen Begegnung mit dem Logos.

Das Reich der Freiheit, das auf dem gemeinsamen, selbstgewählten Dienst der einzelnen Individualitäten am Logos gründet, ist zugleich das Reich des Schicksals. Denn ihre Erfüllung findet die menschliche Freiheit im Handeln. Das Handeln stellt die einzelne Individualität in den Zusammenhang mit den übrigen Menschen, mit der Natur und dem gesamten Kosmos. Die Begegnung mit den anderen Menschen ist vor allen anderen Begegnungen ausgezeichnet. Denn während der Mensch in den Geschöpfen der Natur den Seelen begegnet, die der Erlösung harren, begegnet er in den anderen Menschen den Gottessöhnen, die das Licht des Logos in sich zum Leuchten bringen und durch diesen erlöst werden. Die Begegnung mit dem anderen Menschen ist das wahre Sakrament. In jeder Seele, die sich der Welt der Intuitionen zuwendet, lebt diese Welt auf individuelle Weise. Jede einzelne Menschenseele bringt in sich auf individuelle Weise den Gottesgrund der Welt zur Erscheinung. Und in der Begegnung kann dieser individualisierte Gottesgrund sich aussprechen. Die Welt der Intuitionen spiegelt sich in jeder Menschenseele auf individuelle Art. Erhellend und bereichernd ist die Art, wie sich der allgemeine Ideengrund der Welt in der anderen Menschenseele spiegelt.

Das Reich der freien Geister gründet im Dia-Logos, im Gespräch, im Logos, der zwischen den Individuen webt, die sich über ihre Art austauschen, wie sie am Ideengrund der Welt teilhaben. Diesem Gespräch ebnet das Vertrauen die Wege, das auf dem Wissen von der Logosdurchdrungenheit der fremden Seele beruht. Eben weil die einzelnen Individuen eines Geistes sind, können sie sich in ihrer Verschiedenheit verstehen und gelten lassen. Gehen doch diese Verschiedenheiten aus ihrem individuellen Anteil am sie alle umgreifenden Logos hervor. Ohne das Gespräch, ohne den Dia-Logos ist keine Gemeinschaftsbildung möglich. So wie aber der große Wesenstausch zwischen dem denkenden Ich und dem Ideengrund der Welt auf der Fähigkeit der Intuition beruht, beruht das Gespräch, die Begegnung der denkenden Ichwesen, auf der moralischen Phantasie. Ohne die moralische Phantasie ist weder ein Gespräch noch eine wirkliche Gemeinschaftsbildung möglich. Das Sprechen und das zuhörende Verstehen, deren Wechselspiel das Gespräch ermöglicht, setzt ein von Ideen geleitetes, das heißt, ein freies Individualisieren dieser Ideen voraus. Es setzt aber ebenso ein von geistdurchdrungenen Wahrnehmungen geleitetes Universalisieren voraus.

Der Sprechende bedarf der moralischen Phantasie, denn er muß seine Intuitionen in den Worten der Sprache von den Intuitionen geleitet so abwandeln und individualisieren, daß seine sprachlichen Äußerungen eine angemessene Manifestation des von ihm Gedachten sind. Dieses Zur-Erscheinung-Bringen des Gedachten setzt die Fähigkeit der Individualisierung voraus. Ein bestimmter ideeller Zusammenhang legt nicht abschließend fest, in welcher Form er sprachlich oder überhaupt sinnlich zum Ausdruck gebracht wird. Der möglichen Ausdrucksformen sind viele. Derselbe Sprecher wird denselben ideellen Zusammenhang nicht stets auf die gleiche Weise sprachlich ausdrücken. Die verschiedenen Abwandlungen gehen stets lebendig aus seinem Erleben des ideellen Zusammenhangs und seinem Eintauchen in die Möglichkeiten des sprachlichen Ausdrucks hervor. Er wird den ideellen Zusammenhang, den er denkt, an die Sprache anpassen, die diejenigen sprechen, von denen er verstanden werden will. Und er wird seine Sprachvorstellungen solange abwandeln, bis er jene Ausdrucksform gefunden hat, die den Zuhörenden das Verständnis des von ihm Gedachten ermöglicht.

Der Zuhörende bedarf genauso der moralischen Phantasie, um dem von Ideen geleiteten Individualisieren des Sprechenden folgen zu können und um die von ihm hervorgebrachten Individualisierungen in die Sprache des reinen Begriffszusammenhangs zurückverwandeln zu können. Der Zuhörer muß die sinnlich gewordenen, also individualisierten Ideen, die er in den sprachlichen Ausdrucksleistungen des Sprechenden entgegennimmt, zurückvergeistigen, um die jene Ausdrucksleistungen prägenden Ideen erfassen zu können. Der ideelle Zusammenhang, der den sprachlichen Ausdrucksleistungen immanent ist, bedarf des Mitdenkens des Zuhörenden. Nur wenn er das im sprachlichen Ausdruck Individualisierte wieder in den ursprünglichen ideellen Zusammenhang zurückuniversalisiert, kann er den Sprechenden verstehen.

Die moralische Phantasie ist die Fähigkeit, das Allgemeine zu individualisieren und das Individualisierte zu universalisieren. Jede moralische Phantasietätigkeit beruht auf dieser Doppelbewegung. Sie schließt zwei Fähigkeiten in sich: 1. die Fähigkeit, von Ideen geleitet Vorstellungen hervorzubringen und frei abzuwandeln, 2. die Fähigkeit, in diese Phantasietätigkeit den Begriffszusammenhang der Wahrnehmungswelt einzubinden. Kunstvolle Phantasievorstellungen, die aus der Tätigkeit der moralischen Phantasie hervorgehen, stellen eine Versöhnung des individuellen Freiheitsgestus und der Sprache des Schicksals dar. Denn nicht allein in der menschlichen Sprache drückt sich die individualisierende Kraft des Geistes aus. In den Gegebenheiten des Schicksals manifestiert sich ebenso eine individualisierende Kraft, deren Ausdrucksleistungen durch die universalisierende Fähigkeit der moralischen Phantasie in den universellen Zusammenhang, aus dem sie hervorgegangen sind, zurückübersetzt werden können. Ein Mensch, der seine universalisierende Fähigkeit zum Beispiel am Verstehen der menschlichen Sprache geübt hat, vermag auch, die Sprache des Schicksals zu verstehen, in dem sich der Weltzusammenhang als individualisierende Kraft betätigt. An diesem Weltzusammenhang hat der intuierende Mensch selbsttätigen Anteil. Das heißt, durch die Enträtselung der Schicksalssprache lernt derjenige, der seine moralische Phantasie gegenüber den Schicksalsereignissen betätigt, sich selbst verstehen. Durch die Enträtselung der Schicksalssprache versöhnt sich der Mensch mit seinem Schicksal. Der die Schicksalssprache Enträtselnde lernt aber nicht nur sich selbst verstehen. Er lernt auch den Anderen verstehen, dem er schicksalshaft begegnet. In jeder Begegnung liegt ein Anruf des Schicksals. Den Ruf des Schicksals kann der Mensch nur vernehmen, wenn er auf die Sprache des Schicksals lauscht.

12. Die moralische Technik

Der dritte der oben angeführten Sätze enthält eine Intuition, die sich auf die leibliche Existenz des Menschen und den menschlichen Willen bezieht. «Der Freie verlangt von seinen Mitmenschen keine Übereinstimmung, aber er erwartet sie, weil sie in der menschlichen Natur liegt.»

Er beschreibt zunächst zwei Willenshaltungen dem anderen Menschen gegenüber, dem wir im Handeln begegnen. Die eine Haltung ist die Haltung des Verlangens, die andere ist die Haltung des Erwartens. Wer vom anderen etwas verlangt, der greift mit seinem Begehren in den Freiheitsraum des anderen Menschen hinein und schränkt dessen Freiheit ein. Erwartung dagegen ist zurückgehaltene Begierde und bildet wie die Arbeit. Wer aber seine eigene Begierde dem Anderen gegenüber zurückhält, verzichtet auf deren Befriedigung. Verzicht auf die Befriedigung der eigenen Begierde durch den Anderen setzt diesen in die Selbstbestimmung frei. Verzicht ist freilassende Schenkung und ermöglicht zugleich das unverpflichtete Empfangen freier Schenkungen. Freies Schenken und Beschenktwerden ist das Wesen der Brüderlichkeit. Verzichten kann aber nur ein Wille, der vom Licht der moralischen Intuition durchdrungen ist.

Die Begierde bindet die geistige Individualität an den Leib. Die Begierde ist der an den Leib gebundene Geist des Menschen. Verzichtet der Mensch auf die Befriedigung der Begierde, befreit er den an den Leib gebundenen Geist und vergeistigt nicht nur seinen Willen, sondern auch seinen Leib. Denn der Leib, der nicht mehr zur Fesselung des Geistes gezwungen wird, wird ein Tempel der Gottheit. In ihm kann nicht nur das Göttliche wohnen, sondern das Göttliche, das ihm innewohnt, kann auch frei werden und im Bewußtsein der menschlichen Individualität zutage treten, die auf die Befriedigung der Begierde verzichtet.

Die Befreiung des an den Leib gebundenen Willens ist eine Erlösung dieses Willens aus seiner Fesselung. Solange der Wille des Menschen leibgebunden ist, versündigt sich der Mensch am Geiste. Denn er raubt dem geistigen Zusammenhang der Welt die Gestaltungskräfte, die er für sich selbst beansprucht, indem er sie an seinen Leib fesselt. Befreit er seinen Willen von der Fesselung an die Leiblichkeit, kann er seine schöpferische Kraft in den Weltzusammenhang zurückführen. Dadurch entsündigt sich die menschliche Individualität. In dem Maß, in dem das Licht der Intuition in den Willen des Menschen hineinleuchtet, in dem Maß findet die individuelle Entsündigung des Menschen statt. Nicht der Leib ist sündhaft, sondern die Fesselung der schöpferischen Kräfte der Intuition an den Leib stellt eine Versündigung gegenüber dem Weltzusammenhang dar. Durch die Vergeistigung des Willens wird zugleich der Leib des Menschen vergeistigt. Diese Vergeistigung des Leibes ist die Transsubstantiation von Blut in Wein und von Fleisch in Brot. Das Blut des Menschen verwandelt sich in den Wein der Brüderlichkeit und das Fleisch des Menschen wird zum Brot des Lebens. Die Verwirklichung des «sozialen Hauptgesetzes», dessen Inhalt die gelebte Brüderlichkeit ist, setzt bei der eigenen Leiblichkeit an.

Durch die Vergeistigung des leibgebundenen Willens entwickeln wir zugleich die Fähigkeit der moralischen Technik. Die moralische Technik ist die Fähigkeit, die Wahrnehmungswelt umzubilden, ohne ihren gesetzmäßigen Zusammenhang zu durchbrechen. Wer seine Begierde befriedigt, verletzt den gesetzmäßigen Zusammenhang der Welt, denn er greift in diesen Zusammenhang ein, ohne auf die Entwicklungstendenzen der Gegenstände Rücksicht zu nehmen, die er verzehrt. Die pflanzliche Nahrung wird aus dem Vegetationskreislauf herausgerissen, die tierische Nahrung kann der Mensch nur zu sich nehmen, wenn er die Lebewesen tötet, von denen er sich ernährt. Jeder Ernährungsvorgang ist ein Vorgang des Raubes, der widerrechtlichen Aneignung. Ernährt sich der Mensch durch andere Menschen (indem er ihre Arbeitskraft ausbeutet) oder von anderen Menschen (indem er sie als Objekte seiner Begierde mißbraucht), dann verletzt er ihre Würde und raubt ihnen ihre Lebenszeit. Die Fähigkeit der moralischen Technik lehrt uns, unser eigenes Wollen in den Eigenwillen der Dinge und Wesen einzubinden und sie für uns fruchtbar zu machen, indem wir ihre eigene Fruchtbarkeit fördern und nicht zerstören. Die moralische Technik ist also nicht nur eine pragmatische Sanktion gegenüber der Dingwelt, sie ist das Instrument, durch das wir uns dienend in den Weltzusammenhang einfügen, indem wir nicht unseren Eigen-Willen gegen die Dinge und Wesen durchsetzen, sondern den Willen des Vaters als den unseren erkennen. Die höchste Stufe des Freiheitsbewußtseins ist mit der Erkenntnis erreicht, daß diese Freiheit ihre Erfüllung im Dienst am Weltzusammenhang findet.

Damit ist aber auch eine Antwort auf die Frage Nietzsches gegeben. Denn die höchste Entfaltung des menschlichen Willen liegt nicht in titanischer Selbstüberhebung, in der sich der Mensch zur Züchtung eines neuen Menschentypus versteigt, sondern im Zusammenklang seines Wollens mit dem Wollen des göttlichen Weltengrundes, den er in seinem intuitiven Denken erlebt.

Durch diese Erläuterungen zu den zentralen Begriffen des zweiten Teils der *Philosophie der Freiheit* dürfte klar geworden sein, daß der Inspirationsquell, der im Verborgenen das europäische Denken seit dem Ende des 18. Jahrhundert beeinflußt, nichts anderes als die Intuition des Menschenwesens ist. Die Weisheit, die aus dem Bewußtwerden dieses Inspirationsquells entspringt, kann man zurecht Anhropos-Sophia nennen. Versteht man moralische Intuition, moralische Phantasie und moralische Technik in dem angedeuteten Sinn, kann man auch berechtigt finden, daß *Die Philosophie der Freiheit* nicht nur die Darstellung einer Anthroposophie enthält, sondern daß sie auch einen Schulungsweg zur Entwicklung des geistigen Wesens des Menschen darstellt. Deshalb wäre es unsinnig, *Die Philosophie der Freiheit* nicht als ein zentral und fundamental anthroposophisches Werk zu betrachten.[24]

Anmerkungen

1 Immanuel Kant, *Kritik der Urteilskraft*, Frankfurt 1957 f., S. 15.
2 A.a.O., S. 18 f.
3 Rudolf Steiner, *Die Philosophie der Freiheit*, Dornach 1973 f., S. 140.
4 A.a.O., S. 20.
5 A.a.O., S. 74 (A V, B V).
6 A.a.O., S. 61.
7 Max Stirner, *Der Einzige und sein Eigentum*, Stuttgart 1972 (Reclam), S. 33.
8 A.a.O., S. 389.
9 A.a.O., S. 400.

10 A.a.O., S. 384.
11 A.a.O., S. 412.
12 Sören Kierkegaard, *Der Begriff Angst*, Hamburg 1964, S. 130.
13 A.a.O., S. 40.
14 A.a.O., S. 42.
15 Friedrich Nietzsche, *Die Geburt der Tragödie aus dem Geiste der Musik*, München o.J., S. 89 f.
16 A.a.O., S. 26.
17 A.a.O., S. 26/7.
18 Vgl. Rudolf Steiner, *Spirituelle Hintergründe der äußeren Welt – Der Sturz der Geister der Finsternis*, GA 177, Dornach 1980 f.
19 Rudolf Steiner, *Die Philosophie der Freiheit*, Dornach 1973 f., S. 166.
20 «daß nur in der Betätigung des Denkens das ‹Ich› bis in alle Verzweigungen der Tätigkeit sich mit dem Tätigen als ein Wesen weiß [...] daß es das ‹Ich› selbst ist, das im Denken drinnen stehend seine Tätigkeit beobachtet. [...] Denken [...] das im ‹Ich› selbst als überschaubare Tätigkeit Hervorgebrachte...». Ebenda, S. 54-56 (Zusatz zur Neuauflage 1918). Das Ich lebt – nach dieser Passage – im Denken. Zugleich lebt aber auch das Denken im Ich.
21 «Das Ziel besteht in der Verwirklichung rein intuitiv erfaßter Sittlichkeitsziele. Der Mensch erreicht solche Ziele in dem Maße, in dem er die Fähigkeit besitzt, sich überhaupt zum intuitiven Ideengehalt der Welt zu erheben.» A.a.O., S. 163.
22 «Keine andere menschliche Seelenbetätigung wird so leicht zu verkennen sein wie das Denken. Das Wollen, das Fühlen, sie erwarmen die Menschenseele auch noch im Nacherleben ihres Ursprungszustandes. Das Denken läßt nur allzuleicht in diesem Nacherleben kalt; es scheint das Seelenleben auszutrocknen. Doch ist dies eben nur der stark sich geltend machende Schatten seiner lichtdurchwobenen, warm in die Welterscheinungen untertauchenden Wirklichkeit. Dieses Untertauchen geschieht mit einer in der Denkbetätigung selbst dahinfließenden Kraft, welche Kraft der Liebe in geistiger Art ist.» A.a.O., S. 143 (Zusatz zur Neuausgabe 1918).
23 «Für jeden aber, der die Fähigkeit hat, das Denken zu beobachten – und bei gutem Willen hat sie jeder normal organisierte Mensch –, ist diese Beobachtung die allerwichtigste, die er machen kann.» A.a.O., S. 46.
24 Diese Wandlung der menschlichen Seele durch den Schulungsweg der Philosophie der Freiheit wird in meinem Buch *Das Evangelium der Bewußtseins-Seele*, München 1995, ausführlicher beschrieben.

VI. Die Wissenschaft der Freiheit und das Weltgeschehen

Günter Röschert

Fünfundzwanzig Jahre nach dem Erscheinen der ersten Auflage der *Philosophie der Freiheit* hielt es Rudolf Steiner für erforderlich, der zweiten Auflage eine Vorrede voranzustellen, um darzutun, daß in dem Buche eine «Anschauung über die menschliche Wesenheit» vermittelt werden solle. Aus dieser Anschauung werde sich sowohl eine Stütze des Erkennens als auch das Recht ergeben, von der Freiheit des Willens zu reden. Die in dem Buche gegebene «Anschauung über die menschliche Wesenheit» sei nicht theoretischer Art, sondern ein «Erlebnisgebiet der Seele».

In einem Zusatz zum letzten Kapitel führt Steiner ergänzend aus: «der zweite Teil dieses Buches findet seine naturgemäße Stütze in dem ersten. Dieser stellt das intuitive Denken als erlebte innere Geistbetätigung des Menschen hin. *Diese* Wesenheit des Denkens erlebend verstehen, kommt aber der Erkenntnis von der *Freiheit* des intuitiven Denkens gleich.»[1]

Der Umgang von einem Vierteljahrhundert mit der Gedankenwelt seines Buches hatte den Autor also veranlaßt, sein Werk als philosophische Anthropologie auf intuitiv-empirischer Grundlage zu kennzeichnen.[2]

Die Wurzeln jeder philosophischen Ansicht über den Menschen sind in der griechischen Geisteswelt zu finden, schon bei den Vorsokratikern, dann bei Platon und Aristoteles und bei den Sophisten. Wegweisend für das europäische Denken über den Menschen wurde der Homo-mensura-Satz des Protagoras: «Der Mensch ist der Maßstab aller Dinge, der Seienden, daß sie sind, der nicht-seienden, daß sie nicht sind»,[3] ein Satz, dem von christlicher Seite stets entgegengehalten wurde, nicht der Mensch, Gott sei das Maß aller Dinge.

Die moderne philosophische Anthropologie rechnet als ihre Begründer Max Scheler (1874-1928) und Helmuth Plessner (1892-1985). Scheler versuchte seine Anthropologie als Fundamentalwissenschaft gegenüber allen Einzelwissenschaften zu entwickeln, Plessner sah in der Anthropologie eine Integrationswissenschaft für die Forschungsergebnisse der Einzelwissenschaften.[4]

Obwohl Jahrzehnte vor den Schriften Schelers und Plessners entstanden, ist die *Philosophie der Freiheit* durch diese nicht überholt. Das Werk Steiners vereinigt den erfahrungswissenschaftlichen Ansatz Plessners mit dem Idealismus Schelers durch den Begriff der Intuition.[5] Im Erkennen und Handeln erscheint der Mensch als selbständig wirkender Teil des Weltgeschehens. Die der tätigen Selbsterkenntnis zugänglichen Verbindungsfäden mit dem Weltgeschehen ermöglichen nicht nur eine sich ständig vertiefende Auffassung des Menschen von sich selbst, sondern auch erste Einsichten in die eigentliche Natur des Weltgeschehens. Der besonderen Art von Steiners Darstellungsweise folgend, sind solche Einsichten weniger konkreten, exzerpierbaren Sätzen zu entnehmen, als vielmehr dem in sich gegliederten Fortgang des Denkstroms der Freiheitsphilosophie.

Im folgenden wird der Versuch unternommen, den Begriff des Weltgeschehens in anthropologischer Hinsicht zunächst den sieben Kapiteln des ersten Teils der «Philosophie der Freiheit» zu entnehmen.[6]

1. Das bewußte menschliche Handeln

Das erste Kapitel der *Philosophie der Freiheit* setzt ein mit der Frage: «Ist der Mensch in seinem Denken und Handeln ein geistig freies Wesen?» Die abschließende Frage des Kapitels lautet: «Welches ist der Ursprung und die Bedeutung des Denkens?» Zwischen den beiden Fragen, d.h. zwischen dem Gefälle der Frageintentionen, erscheint in der Mitte des Kapitels das zentrale anthropologische Ideal «des aus Erkenntnis Handelnden». Der direkte Argumentationsfortgang des Kapitels verläuft über die Stationen Handlungsbewußtsein, Ursachenbewußtsein, Zwang der Vernunft, Motivbewußtsein. Die Denkbewegung wird gefördert durch sieben Gewährsleute mit sieben Einwänden: David Friedrich Strauß, Herbert Spencer, Benedictus de Spinoza, Eduard von Hartmann, ein Anonymus, Robert Hamerling, Paul Rée. Die beiden letzten Absätze des Kapitels enthalten einen Ausblick auf das Problem von Weisheit und Liebe: «Der Weg zum Herzen geht durch den Kopf.»

Aus der Gliederung des Kapitels und der Plazierung der Einwände ergibt sich, daß Steiner nicht linear, sondern pointierend und balancierend arbeitet und auf das Gleichgewicht der Themengruppen achtet.

Das erste Kapitel besitzt eine dreistellige Spannungsform zwischen den beiden Eckfragen mit dem erwähnten Menschenideal dazwischen. Dem Inhalt nach gehört das erste Kapitel zum zweiten Teil des Gesamtwerkes «Die Wirklichkeit der Freiheit», womit sich eine besondere Kunstfigur ergibt: Das der Form (Position) nach erste Kapitel des ersten Teiles ist zugleich Vorspiel des ganzen zweiten Teiles. Es enthält eine Fragebewegung, die auf den empirischen Ansatz des Buches, das intuitive Denken, und damit auf die Klammer zwischen den beiden Teilen abzielt.

Der «aus Erkenntnis Handelnde» wird ohne besondere Begründung eingeführt als derjenige, «auf den es vor allen anderen Dingen ankommt». Eine Idee des Menschen ist also vorgegeben, in welcher sich Erkennen und Handeln in einem untrennbaren wesenhaften Ganzen vereinen.

Der «aus Erkenntnis Handelnde», der geistige Schwerpunkt des Kapitels, ist ein Menschheitsideal, das sich keinesfalls aus einer haeckelschen Deszendenztheorie ableiten läßt. Dieses Ideal ist dem Denken entnommen und hat utopisch-finalen Charakter. Der aus Erkenntnis Handelnde ist der freie Geist, der sich bewußt dem Schöpfungswerk einordnet, um es fortzusetzen und zu verwandeln: von Weisheit zur Liebe. Ehe in der Weltentwicklung das intuitive Denken auftreten konnte, wirkte das Ideal des freien Geistes als Göttergedanke, um im Bereich der Wahrnehmungswelt die materiellen Denkgrundlagen zu schaffen. Deshalb ist das erste Kapitel die Vorausschau des ganzen zweiten Teils der Freiheitsphilosophie. Es trägt in sich eine vormenschliche Idee Gottes, die einen gegenläufigen, aus der Zukunft herein wirkenden, akausalen Werdestrom begründet, der zusammen mit dem natürlichen Abstammungsstrom erst das Ganze des Weltgeschehens ausmacht. Dies zeigt das Bildegesetz des ersten Kapitels trotz vermeintlich gegenteiliger Aussagen Steiners im elften Kapitel des zweiten Teils des Buches.

2. Der Grundtrieb zur Wissenschaft

Das zweite Kapitel ist nicht die Fortsetzung des ersten, sondern ein selbständiger Anfang. Dem dreistelligen Aufbau des ersten Kapitels entspricht hier ein dreistelliger Aufbau der Sache nach. Ich und Welt erscheinen als empirische Dualität; aus dieser entwickeln sich die denkerischen Bewältigungsstrategien des Monismus und des Dualismus. Der Dualismus findet keine Beziehung zwischen den getrennten Daseinsbereichen und resigniert, der Monismus behauptet die Einheit und setzt sich über die gegebene Zweiheit durch Leugnung hinweg.

Mit der Behandlung von Monismus und Dualismus führt Steiner wortlos das Wirken der Widersachermächte in die *Philosophie der Freiheit* ein. In der dritten Form des Monismus, der Behauptung der Einheit von Geist und Materie schon in den Elementarteilchen, gibt Steiner einen Vorausblick auf einen noch zu entwickelnden neuen Monismus.

In der zweiten Hälfte des Kapitels gibt Steiner Ich und Welt, die kontrastierenden Welterscheinungen, als die Wurzeln dieses hypothetischen neuen Monismus an. Er läßt das Kapitel einmünden in eine als «einfache Überlegung» bezeichnete kontemplative Betrachtung: «Die Erforschung unseres Wesens muß uns die Lösung des Rätsels bringen: Wir müssen an einen Punkt kommen, wo wir uns sagen können: Hier sind wir nicht mehr bloß ‹Ich›, hier liegt etwas, was mehr als ‹Ich› ist.» Zu diesem Wesen, das mehr als «Ich» ist, führt den Menschen das Begehren, die Sehnsucht nach Einheit angesichts einer dualistischen Erfahrungswelt.

Die Zweiheit Ich und Welt ist in der einheitlichen Weltentwicklung aufgetreten. Der Mensch als «Ich» bedarf des Gegenübers als Nicht-Ich, aber er begehrt sich auch selbst in diesem Nicht-Ich, er versucht, einen existentiellen Zugang zu den Weltdingen zu finden, um sie in sein Wesen eingliedern zu können. Der Mensch trägt in sich das Begehren nach Einheit, ohne daß er sich selbst aufgeben, im Nicht-Ich zerfließen wollte. Das Begehren reicht von dem primitiven Aneignungstrieb bis zu den höchsten Gebieten der *unio mystica.*

Das zweite Kapitel stellt den Menschen in die Doppelwertigkeit von Ich und Welt, Trennung und Verbindung, Schöpfung und Erlösung hinein. Die erfahrungsmäßige Zweiheit im Weltgeschehen soll Anlaß und

Antrieb sein, um innerhalb des bewußten Ich einen Weltprozeß zu finden, der sich dadurch erst seiner wahren Natur nach enthüllt und zugleich das Schein-Ich zu einem wirklichen Ich emporhebt. Die für die Lebenswelt nicht zu beseitigende Zweiheit ist also veranlagt zur Aufhebung in eine höhere dritte Kategorie hinein.

3. Das Denken im Dienste der Weltauffassung

Vom ersten bis zum dritten Kapitel ist eine Fortentwicklung des triadischen Strukturprinzips zu beobachten: Im ersten Kapitel ist die triadische Form äußerlich erkennbar in der Anordnung der Eckfragen und des Menschenideals dazwischen. Im zweiten Kapitel wird die Triade philosophiegeschichtlich durch die Auseinandersetzung zwischen Monismus und Dualismus. Im dritten Kapitel ist die Triade am intellektuellen Kern des Menschengeistes angelangt und wird zur trinitarischen Struktur der Intuition. Äußerlich erscheint das Kapitel als die Behandlung eines Themas mit Variationen.

Am Anfang steht die Zweiheit von Beobachtung und Denken, zuerst gemischt in der Lebenswelt, dann begrifflich gesondert, dann in teilweiser Überdeckung als Beobachtung des Denkens: Der Ausnahmezustand zeigt, daß das Denken gewöhnlich unbeobachtet ist. Möglich ist die Beobachtung von fremdem, fingiertem oder vergangenem eigenen Denken. In einem dialektischen Umschlag richtet sich nun aufgrund des Ausnahmezustandes die Aufmerksamkeit auf das aktuelle eigene Denken:

Die Intuition im Denken wird bewußt. Der wiederholte Ausnahmezustand hat bewußt gemacht, was auch sonst vorhanden, aber unbewußt ist. Es enthüllt sich die trinitarische Intuitionsform in zwei aufeinanderfolgenden mantrischen Satzteilen:

«Ich erfasse mich innerhalb des Weltinhaltes in meinem Denken als in meiner ureigensten Tätigkeit.»

«Ich gebe meinem Denken den bestimmten, in sich beruhenden Inhalt der denkenden Tätigkeit.»

Denktätigkeit ist Ich; Ich erfüllt sich intuitiv mit Denkinhalt bis hin zur Identität; Denkinhalt ist Weltinhalt; Weltinhalt wird Ich durch Denktätigkeit.

Die Beobachtung des Denkens ist mittels des Ausnahmezustandes selbst als vorbegriffliches Denken zu erkennen, weshalb eine Selbstanschauung des Ich vorliegt. Da das Denken auf reiner, innerer Tätigkeit beruht, ist es Teil des Weltgeschehens. Einwände verkennen, daß das Ich seine eigene Tätigkeit anschaut, was von anderen Verrichtungen der menschlichen Organisation nicht gesagt werden kann. Der Ausnahmezustand der Beobachtung des Denkens führt zu der unwiderlegbaren Einsicht, daß das gewollte Denken unmittelbar bekannt ist, rein durch innere Anschauung, ohne Beobachtung: «Wir kennen das Charakteristische seines Verlaufs, die Art, wie sich das in Betracht kommende Geschehen vollzieht. Was in den übrigen Beobachtungssphären nur auf mittelbare Weise gefunden werden kann: der sachlich-entsprechende Zusammenhang und das Verhältnis der einzelnen Gegenstände, das wissen wir beim Denken auf ganz unmittelbare Weise.» Dieses unmittelbare, beobachtungsfreie Wissen ist *Intuition des Denkens.* Intuitives Bewußtsein ist bezogen auf ein denkendes Ich, und es ist, wenn eine stets vorhandene subjektive Befangenheit überwunden wurde, als geistig tatsächlicher Vorgang innerhalb des Weltgeschehens anzuerkennen. Darauf ist Wert zu legen, daß für die entscheidende Einsicht nicht eine beweismäßige Ableitung, sondern ein Akt der Anerkennung eines geistig Anschaulichen erforderlich ist. Der intuitive Verlauf des Denkens ist im Fortgang des dritten Kapitels eindeutig grundgelegt, wenn auch der Sprachausdruck «Intuition» von Steiner erst im fünften Kapitel eingeführt wird.

Auf diese Art ist im dritten Kapitel der geistige Quellgrund der *Philosophie der Freiheit* gegeben. Nach den beiden Anfängen im ersten und zweiten Kapitel liegt also nun der dritte, innere Anfang der Freiheitsbewegung vor. Es heißt deshalb: «Ehe anderes begriffen werden kann, muß es das Denken werden [...] Dieses absolut letzte, zu dem es die Weltentwicklung gebracht hat, ist [...] das Denken. [...] es gibt keinen ursprünglicheren Ausgangspunkt für die Betrachtung alles Weltgeschehens als das

Denken.» Das letzte Ergebnis des Weltgeschehens ist das ursprünglichste und zeigt dessen eigentliches Wesen am besten. Die gegenläufigen Werdeströme überdecken sich im Erscheinen des intuitiven Denkens, denn dieses offenbart sich als Gipfelpunkt der materiellen Evolution und zugleich als erstes Bewußtsein der geistigen Zugkräfte der Idee aus der Zukunft.

Das intuitive Denken ist der Ansatz einer intuitiven Pragmatik, d.h. der konkreten seelischen Verrichtungen, die der Schüler der *Philosophie der Freiheit* benötigt, um die verborgene Anthropologie des Werkes ans Licht zu bringen. Um auf dem Wege nicht nur der Deutung, sondern der Verwirklichung der Freiheitsphilosophie voranzukommen, bedarf es keiner Übungsanwendungen außerhalb des Werkes; es genügt die Selbstschau des Denkvollzugs in der wiederholten Erarbeitung des dritten Kapitels und die Anerkennung dessen, was angeschaut wurde.

4. Die Welt als Wahrnehmung

Das vierte Kapitel bleibt als einziges Kapitel des Buches unabgeschlossen und gelangt auch nur zu einer rudimentären Gliederung in einen rückschauenden und einen vorausblickenden Teil. Der erste Teil des Kapitels greift die Darlegungen des dritten Kapitels auf mit einer Weiterführung der Untersuchung von Beobachtung und Denken. Deren Begegnung vollzieht sich im Bewußtsein, wodurch sich dieses zugleich charakterisiert. Der Begriff der Wahrnehmung wird erläutert. Im zweiten, längeren Teil des Kapitels werden die mathematischen und qualitativen Abhängigkeiten der Wahrnehmung untersucht, worauf der Vorstellungsbegriff erstmals aufscheint. Dann wird die Lehre von den spezifischen Sinnesenergien entwickelt und kritisiert. Das Resümee des Kapitels ist negativ: Der sogenannte kritische Idealismus ist widerlegt, aber das Problem der Wahrnehmung bleibt offen.

Das dritte Kapitel endete mit der Frage: «Das Denken können wir durch es selbst erfassen. Die Frage ist nur, ob wir durch dasselbe auch noch etwas anderes erfassen können.» Dieses andere ist die sinnlich zugängliche Erdenwelt. Diese erscheint wahrnehmbar, aber geistentleert. Wie kann sich das Denken seines Wahrnehmungsbezugs vergewissern?

Das Wahrnehmungsproblem wird im vierten Kapitel nicht gelöst, aber: «Darauf beruht die Doppelnatur des Menschen: Er denkt und umschließt damit sich selbst und die übrige Welt; aber er muß sich mittels des Denkens zugleich als ein den Dingen gegenüberstehendes Individuum bestimmen.» Die Doppelnatur des Menschen besteht dem Grunde nach aus einer Zweiheit von subjektiv-empirischer Ich-Empfindung, die alle Verrichtungen des wachen Alltagslebens begleitet, und einem zweiten Ich als Tätigkeitsquell des intuitiven Denkens, das Subjekt- und Objektwelt zugleich umfaßt. Dem empirischen Ich erscheint die Wahrnehmungswelt als Nicht-Ich. Dieses hat für das Bewußtsein konstituierende Bedeutung: An der Wahrnehmung entfaltet sich das Denken, weil die Wahrnehmung allein sich nicht erklärt; Wahrnehmung und Denken begegnen sich im Bewußtsein: «Insoferne der Mensch einen Gegenstand beobachtet, erscheint ihm dieser als gegeben, insoferne er denkt, erscheint er sich selbst als tätig.» Schließlich findet sich der Mensch gerade durch die denkerische Bestimmung der Wahrnehmung als Objektwelt selbst als Subjekt.

Daß es die Wahrnehmung als Nicht-Ich gibt, ist eine grundlegende anthropologische Feststellung. Zunächst steht der Eindruck im Vordergrund, daß das vierte Kapitel nur zu einer negativen Feststellung führt, daß nämlich das Wahrnehmungsproblem auf den dargestellten Wegen nicht gelöst werden kann. Bei genauerem Zusehen zeigt sich aber: «Durch Untersuchungen innerhalb des Wahrnehmungsgebietes kann [...] die Wahrnehmung ihres objektiven Charakters nicht entkleidet werden.» Untersuchungen innerhalb des Wahrnehmungsgebietes zeigen positiv, daß die Wahrnehmung nicht auf ein materielles Substrat rückgeführt werden kann (Reduktionstheorie). In das folgende fünfte Kapitel kann also ohne Belastung durch eine Ding-an-sich-Theorie eingetreten werden.

5. Das Erkennen der Welt

Das fünfte Kapitel steht in einem Kräftezusammenhang mit dem dritten Kapitel; es enthält die entscheidenden anthropologischen Aussagen. Seiner Struktur nach besitzt das Kapitel ein Rahmenthema, die Frage nach der Vorstellungswelt, die am Beginn und am Ende des Kapitels auftaucht.

Sodann wird im ersten Teil der Nachweis dafür entwickelt, daß das Denken dem Weltgeschehen angehört und nicht etwa außerhalb des fertigen Weltenbaues im Unbestimmten schwebt. Der Nachweis der Weltzugehörigkeit des Denkens hat eine Entsprechung im zweiten Teil des Kapitels, wo nämlich gezeigt wird, daß es keine andere Welteinheit geben kann als die ideelle. Nur die Begriffe und Ideen stiften Zusammenhang, niemals die ins Unendliche zerstäubenden Wahrnehmungen.

In einer weiteren Entsprechung wird im ersten Teil des Kapitels der «Schnitt» zwischen der wahren, aber nicht wahrnehmbaren Welteinheit und der bloßen Wahrnehmung behandelt, während im zweiten Teil des Kapitels der Erkenntnisakt als die «Synthese» zwischen Wahrnehmung und Denken dargestellt wird. Durch den Erkenntnisakt ordnet sich der Mensch in das allgemeine Weltgeschehen ein.

In der Mitte des Kapitels, durch die wiederholten Entsprechungen hervorgehoben, ist die anthropologische Grundaussage der *Philosophie der Freiheit* angeordnet. Was ist der Mensch im Weltgeschehen?

Die Reinigung des Erkenntnistableaus durch das vierte Kapitel ermöglicht nun folgende Sätze:

«Der Mensch ist ein eingeschränktes Wesen. Zunächst ist er ein Wesen unter anderen Wesen. Sein Dasein gehört dem Raum und der Zeit an. Dadurch kann ihm auch immer nur ein beschränkter Teil des gesamten Universums gegeben sein. Dieser beschränkte Teil schließt sich aber ringsherum sowohl zeitlich wie räumlich an anderes an. Wäre unser Dasein so mit den Dingen verknüpft, daß jedes Weltgeschehen zugleich unser Geschehen wäre, dann gäbe es den Unterschied zwischen uns und den Dingen nicht. Dann aber gäbe es für uns auch keine Einzeldinge. Da ginge alles Geschehen kontinuierlich ineinander über. Der Kosmos wäre eine Einheit und eine in sich geschlossene Ganzheit. Der Strom des Geschehens hätte nirgends eine Unterbrechung. Wegen unserer Beschränkung erscheint uns als Einzelheit, was in Wahrheit nicht Einzelheit ist. Nirgends ist zum Beispiel die Einzelqualität des Rot abgesondert für sich vorhanden. Sie ist allseitig von anderen Qualitäten umgeben, zu denen sie gehört und ohne die sie nicht bestehen könnte. Für uns aber ist es eine Notwendigkeit, gewisse Ausschnitte aus der Welt herauszuheben und sie für sich zu betrachten. Unser Auge kann nur einzelne Farben nacheinander aus einem vielgliedrigen Farbganzen, unser Verstand nur einzelne Begriffe aus einem zusammenhängenden Begriffssystem erfassen. Diese Absonderung ist ein subjektiver Akt, bedingt durch den Umstand, daß wir nicht identisch sind mit dem Weltprozeß, sondern ein Wesen unter anderen Wesen.»

Der Kosmos ist ein allseits stetiger Prozeß, der keine Einzeldinge enthält. Es gibt also keine «Gegenstände», der Mensch macht sich solche. Das kontinuierliche Weltgeschehen erfährt durch die menschliche Organisation einen Bruch. Die ideellen Zusammenhänge werden nicht wahrgenommen und sind daher nicht fertig gegeben, sie müssen durch intuitives Denken erst hervorgebracht werden, um gegeben zu sein. Nach einem Ausdruck von Herbert Witzenmann «dekomponiert» der Mensch die einheitliche Wirklichkeit. Indem er denkend den Weltzusammenhang wiederherstellt, ist er «das all-eine Wesen, das alles durchdringt».

Der Mensch vermag sich nicht durch bloße Denkanstrengung zum Glied der göttlichen Weltordnung zu machen, denn er ist Doppelnatur. Durch seine Organisation ist er notwendig eingeschränktes Wesen, aber die Universalität des Geistes ragt in ihn hinein. Im denkenden und wahrnehmenden Erkennen legitimiert der Mensch die Gegenstandswelt, indem er sie in den kosmischen Zusammenhang einordnet. Dadurch wird es möglich, daß sich im Augenblicke des Erkennens das geistige Wesen der Dinge ausspricht. Nach solchen lichtvollen Augenblicken der Koinzidenz bleibt die Repräsentativwelt der Vorstellungen zurück.

6. Die menschliche Individualität

Die rhythmisierende Struktur des fünften Kapitels mit dem Zentrum in der Darstellung des Menschen als Doppelwesen im Weltgeschehen – wodurch sich eine triadische Bewegungsfigur ergibt – wird im sechsten Kapitel abgelöst durch die bildhafte (metaphorische) Vorstellung des «Hin- und Herpendelns» zwischen Universalität und Individualität.

Noch einmal wird das Problem des Ich aufgeworfen. In dem subjektiv zugänglichen Wahrnehmungsbereich ist das Subjekt selbst Wahrnehmung unter anderen Wahrnehmungen. Dieser eingeschränkte Wahrnehmungsbereich wird aber überall «durchzogen» von dem «Strome des allgemeinen Weltgeschehens». Eine realistische Idee dieses von Ewigkeit zu Ewigkeit verlaufenden Stromes ist nur durch intuitives Denken erreichbar. Hieraus ergibt sich: «Ich bin also wirklich die Dinge; allerdings nicht ich, insoferne ich Wahrnehmungssubjekt bin, aber ich, insoferne ich ein Teil innerhalb des allgemeinen Weltgeschehens bin.»

Ausdruck des Subjekts ist die Vorstellungswelt und das Gefühlsleben. Das intuitive Ich gewinnt innerhalb des Weltgeschehens Substanz durch die im Laufe des Lebens immer reicher werdende Vorstellungswelt und durch die Verbindung der Ideen mit individuellen Gefühlen und Empfindungen. Die Universalität der Idee wird durch diese subjektiven Bezüge nicht geschmälert. Das intime Verhältnis zwischen der intuitiven Erfahrung der inneren Unendlichkeit der Idee und dem höchstpersönlichen Selbstgefühl beschreibt Steiner gegen Ende des sechsten Kapitels: «Unser Leben ist ein fortwährendes Hin- und Herpendeln zwischen dem Miterleben des allgemeinen Weltgeschehens und unserem individuellen Sein.» Diese zweistellige Bewegungsmetaphorik bestimmt auch die Mitte des Kapitels. Wurde nämlich im vorangegangenen fünften Kapitel die Vorstellung als Wahrnehmung am Subjekt, d.h. als Erinnerungsvorstellung, beschrieben, so enthüllt sich nun die zweite Seite der Vorstellung, die begriffliche. Die Vorstellung ist auch «individualisierter Begriff», d.h. der Begriffsabglanz, der nach einem Erkenntnisakt an dem Erinnerungsbild der Wahrnehmung haften blieb und mit diesem verschmolz. Die Vorstellungswelt ist der gewaltige Repräsentativbau, durch welchen das Weltgeschehen für den Menschen im Erdenleben verfügbar wird, der die Elemente der Erkenntnis, Wahrnehmung und Begriff, in sich vereint, wenn auch in entfremdeter Form, der sich aber zugleich wie eine Mauer vor die Wirklichkeit des Weltgeschehens hinstellt.

Das «Hin- und Herpendeln» ist Chiffre des Weges der Individuation. Einerseits baut der Mensch lebenslang an der Welt seiner Vorstellungen, sich dabei immer mehr bereichernd. Andererseits erwirbt er sich im Falle des Durchblicks auf den hinter den Vorstellungen fließenden Strom des Weltgeschehens die Ahnung von einem weiteren Ich, das als Teil dieses Weltgeschehens dennoch seine Individualität bewahrt.

7. Gibt es Grenzen des Erkennens?

Das siebente und letzte Kapitel des ersten Teils der *Philosophie der Freiheit* begründen den dynamischen Monismus: «Die Welt ist uns als Zweiheit (dualistisch) gegeben, und das Erkennen verarbeitet sie zur Einheit (monistisch).» Der Begriff des Monismus ist an sich schillernd, denn es kommt darauf an, in welchem Elemente die Welteinheit gesehen wird. Steiners Monismus ist materiell-geistig, aber nicht spekulativ erschlossen, sondern auf den Wegen der Freiheitsphilosophie erfahrungsmäßig zugänglich. Es ist ein Monismus im Werden, der die dualistische Erscheinungswelt durch das intuitive Erkennen überwindet, mir dem Ergebnis, daß der geistige Weltzusammenhang als solcher in einem irdischen Bewußtsein aufleuchtet.

Unter diesen Umständen kann es keine absoluten Erkenntnisgrenzen geben. Die durch die dekomponierte Wirklichkeit aufgegebenen Fragen lassen sich innerhalb der Wirklichkeit auch beantworten.

8. Bezüge

Die *Philosophie der Freiheit* hat ihre endgültige Form erst in der Zweitauflage erhalten. Die Forschungen von Herbert Witzenmann haben gezeigt, daß die sieben Kapitel des ersten Teils in einer gegenläufigen Beziehung zu den sieben Kapiteln des zweiten Teils stehen.

Es zeigt sich aber, daß auch die sieben Kapitel des ersten Teils in einer bestimmten, qualifizierten Spannungsbeziehung stehen. An anderer Stelle wurde dargetan, daß Steiner die Mitarbeit des Lesers in die Konzeption seines Werkes einbezog. Man hat es also nicht mit einer Folge von in sich geschlossenen Aussagekomplexen zu tun, sondern mit einer bewegten Dialogstruktur. Das erste Kapitel des ersten Teils ist nicht nur dessen Eröffnung und Torhalle, sondern zugleich Brücke und Präludium für den gesamten zweiten Teil des Werkes vom achten bis zum vierzehnten Kapitel.

Das siebente Kapitel erntet Ergebnisse der Kapitel zwei bis sechs und bietet auf dieser Grundlage eine Auseinandersetzung mit einigen Zweigen der zeitgenössischen Philosophie; es steht insofern in einem losen Zusammenhang mit dem Zentrum des ersten Teils.

Das zweite und das sechste Kapitel entsprechen sich durch ihren Bezug auf das Problem des Ich und der Individualität. Das zweite Kapitel steht im Zeichen des Begehrens; es sucht im weltfremden Ich den erlebten Weltprozeß, befindet sich also auf dem Weg zu einer gesuchten Einheit. Das sechste Kapitel sucht das Problem der Individualität durch eine Pendelbewegung zwischen dem Miterleben des allgemeinen Weltgeschehens und den Eigenelementen des menschlichen Daseins zu lösen.

Das dritte und fünfte Kapitel bilden den Kern des ersten Teils, einen zweigeteilten Kern, der die Einkerbung des vierten Kapitels einschließt, das nur für sich steht. Das vierte Kapitel spricht von der Sinneswelt, die der Mensch in seinem Erdenleben antrifft und in der er das Leben verbringt.

Das dritte Kapitel beschreibt den dramatischen Augenblick in der Weltentwicklung, als sich der Strom des Weltgeschehens auf sich selbst rückbezog und das intuitive Denken bewußt wurde. Deshalb steht das dritte Kapitel nach Witzenmanns Darstellung in einer Entsprechung zu den Evolutionsüberlegungen des zwölften Kapitels. Durch die Zugkraft der Beobachtung des Denkens wird der intuitive Denkvorgang in seiner sich selbst frei tragenden Wesenheit bewußt. Die Ebene des Weltgeschehens ist erreicht.

Das fünfte Kapitel weist dem Menschen seinen Ort zu an der Peripherie dieses Weltgeschehens. Das intuitive Denken faßt in sich zwar nicht dem Umfang nach, aber der Qualität nach den Strom des Weltgeschehens. Dieser ist der unausschöpfbare Untergrund und Hintergrund jeder partiellen Erkenntnisbemühung und das eigentliche Lebenselement des Menschen.

9. Zusammenfassung

Eduard von Hartmann sah in der *Philosophie der Freiheit* eine nicht miteinander verbundene (disparate) Zweiheit von erkenntnistheoretischem Phänomenalismus und ethischem Individualismus. Er meinte, Steiner habe bei den Sinneswahrnehmungen (Phänomenen) stehen bleiben wollen und – davon ganz unabhängig – eine Ethik des «Tue, was du willst» einzuführen beabsichtigt.

Steiner hatte jedoch den ersten Teil des Werkes als Fundament des zweiten konzipiert. Er wollte den Nachweis führen, daß sich die universelle Wesenheit des Denkens durch *Intuition* enthüllt, daß aber im Bewußtsein der Intuition die elementare Freiheitserfahrung gegeben ist. Intuitive Begriffe werden weder dem Vorstellungsleben, so wie es ist, entnommen, noch ergeben sie sich automatisch dem abstrakten Denken. Intuitive Begriffe werden frei gebildet nach den Eigengesetzlichkeiten der Begriffswelt. Ein Begriff ist intuitiv, wenn die Form seines Auftretens in der Seele des Denkenden bewußt geworden ist.

Die entscheidende intuitive Freiheitserfahrung liegt in der entschlossenen, rein innerlichen Konstruktion eines rein geistigen, eigengesetzlichen Gebildes, des Begriffes. Ein Begriff ist als Repräsentant der Begriffswelt unausschöpfbar. Die Differenziertheit der Konstruktion ist daher individuell und situationsbedingt. Es ist dem Menschen überlassen, wie weit er sich von einem bestimmten Begriffskern her konzentrisch in die Begriffswelt hineinarbeiten will und wie lange er das Bewußtseinslicht der Intuition aufrechtzuerhalten vermag.

Zur Konstruktion von Begriffen kommt es aus Anlaß von Wahrnehmungen oder im Hinblick auf andere Begriffe, also innerhalb des reinen Denkens.

Die Wahrnehmung erweist sich im Erkenntnisakt als Außenseite des Begriffes. Der Begriff findet sich in seinem Anderssein wieder in der Wahrnehmung. Diesen Vorgang bezeichnete Steiner 1897 in seinen Goethe-Einleitungen als wahre Kommunion des Menschen. Der Mensch kommuniziert im Erkennen mit dem all-einen Wesen der Welt.

Ein sinnentsprechender Vorgang ereignet sich im reinen begrifflichen Denken. Ein neu hervorgebrachter Begriff bringt eine unerwartete Verbindung angrenzender Begriffe, wodurch diese in völlig neuem Licht erscheinen können. Der Mensch erfährt den Zusammenhang der Begriffswelt im eigenen Bewußtsein, das all-eine Wesen strahlt in dieses ein. Auch die bedeutendsten Erkenntnisaugenblicke vermitteln allerdings nur bescheidene Teile der erhabenen Weite und Tiefe des all-einen Wesens. Gott, dessen Gedanken-Offenbarungsseite wir als das all-eine Wesen anerkennen dürfen, ist stets größer als seine Schöpfung. Die Transzendenz als aktuale Unendlichkeit Gottes ist der Horizont jeder intuitiven Berührung mit dem einheitlichen Weltgeschehen.

Das Ich als Teil des Weltgeschehens und Quelle der Ideenproduktion ist im Gegensatz zum wahrgenommenen Ich integrativ. Die Ich-Empfindung des Alltags, das Subjekt, lebt vom Gegensatz zum Nicht-Ich, das intuitive Ich faßt sich dagegen in seiner eigenen Tätigkeit, die Teile des Weltgeschehens, in die es eintaucht, sind Teile seiner selbst.

Das Weltgeschehen ist nach der Freiheitsseite hin offen. Je freier und intensiver der Mensch sich seines Intuitionsvermögens bedient, desto tiefer dringt er in das Weltgeschehen ein. Die Wissenschaft der Freiheit ist denkerische Einweihung in den Weltprozeß. Die philosophische Anthropologie der *Philosophie der Freiheit* verfährt also weder nomothetisch noch idiographisch, weder generalisierend-erklärend noch individualisierend-hermeneutisch, sondern emanzipierend-initiatorisch, sie bewirkt, wovon sie spricht; sie bringt durch die Wege ihrer Mitteilung den Menschen auf die Bahn der Individuation durch das intuitive Eintauchen in den Weltprozeß.

Das Universum wird dem denkenden Menschen bewußt als unbegrenzter, kontinuierlicher Prozeß, der alles in alles überführt, als die überall von Gott erfüllte Totalität. Gott begegnet dem Menschen im Erkennen: Was den Menschen trägt in seiner physischen und in seiner geistigen Existenz, ist nicht ein materielles Weltall, sondern Gott-Natur, der sinnlich-geistige Weltprozeß. Es ist das Wunder aller Wunder, daß der Mensch den Weltprozeß durch Intuition als *sinnerfüllt* anzuerkennen vermag, wenn er dazu bereit ist, und sich dadurch in seiner eigenen idealen Existenz verwirklicht; der Mensch ist durch die Tathandlung des intuitiven Denkens innerhalb des Weltgeschehens im Begriffe, «der aus Erkenntnis Handelnde» zu werden, eine im Weltgeschehen veranlagte Gottesidee zu realisieren in seinem eigenen Wesen. So ist denn der Mensch nicht Treibgut eines ihm ewig fremden Weltverlaufs; er ist mit dem intuitiven Kosmos durch Freiheit verbunden. Eine auch nur anfängliche denkerische Empfindung von diesem Sachverhalt öffnet das Auge für den Geist. Diese seelisch-geistige Erfahrung ist unverzichtbar für Bewertung und Aneignung der anthroposophischen Geisteswissenschaft. Sowohl der resignative anthroposophische Dualismus als auch der verdeckte spiritualistisch-materialistische Monismus müssen weichen vor dem im Studium der Geisteswissenschaft immer wieder von neuem entzündeten Bewußtseinslicht der intuitiven Einheit des denkenden Menschen mit der Gott-Natur des Weltgeschehens. In diesem Sinne ist die philosophische Anthropologie der *Philosophie der Freiheit* Vorspiel und Tempel-Vorhof der anthroposophischen Mysterien. Niemand trete ein, der nicht der Intuition der Freiheit kundig geworden ist.

Anmerkungen

1 GA 4, *Die Philosophie der Freiheit*, Hervorhebungen vom Autor.

2 Ich befinde mich damit in Übereinstimmung mit Christoph Lindenberg in seinem Beitrag «Wissen, worum es geht oder: Die Philosophie der Freiheit als philosophische Anthropologie», in K.M. Dietz (Hrsg.), *Rudolf Steiners «Philosophie der Freiheit»*, Stuttgart 1994.

3 Platon, *Theaitetos* 151 E.

4 Literatur: Gerd Haeffner, *Philosophische Anthropologie*, Stuttgart 1982 (Urban Tb 345); Wilhelm Keller, *Einführung in die philosophische Anthropologie*, München 1971 (Urban 87); Kuno Lorenz, *Einführung in die philosophische Anthropologie*, Darmstadt 1990 (wb).

5 In seiner Spätschrift *Die Stellung des Menschen im Kosmos* (München 1967, 7. Auflage) ist Scheler der intuitiven Methode Steiners sehr nahe gekommen. Der frühe Tod Schelers verhinderte eine Ausgestaltung seiner Anthropologie.

6 Es wird sich dabei zeigen, ob das Buch ein unselbständiges «Vorspiel einer Anthroposophie» ist, wie ein Kritiker meint, oder ob es selbständige Erkenntnisse vermittelt, die auch für die spätere Anthroposophie Steiners unverzichtbar bleiben.

Friedrich Nietzsche, ein Kämpfer gegen seine Zeit

VII. Steiner und Nietzsche. Anmerkungen zum Kapitel Erkenntnisdramatik

Lorenzo Ravagli

Das vorliegende Kapitel[1] befaßt sich mit der *Erkenntnis-dramatik* im geistigen Werdegang Rudolf Steiners, die besonders an seinem Verhältnis zu Friedrich Nietzsche sichtbar wird. Warum dies so ist, dürfte aus dem Kapitel selbst hervorgehen. In seiner antithetischen Zuspitzung und dem Einbezug von Kontroversen trägt es der Dramatik der Erkenntnis Rechnung.

1. «Die Schwachen und Mißratnen sollen zugrunde gehen ...»

Ende 1894 erschien Nietzsches *Antichrist*, ein Werk aus seiner späten Schaffenszeit, vom Schatten der Umnachtung gezeichnet, grandios im Stil, abgründig in der Aussage, vieldeutig im Gehalt. Von seinen Anhängern wurde es bejubelt. Steiner gehörte auch zu denen, die jubelten.[2]

Schon im zweiten Aphorismus findet sich der Satz: «Die Schwachen und Missratnen sollen zugrunde gehn; erster Satz unsrer Menschenliebe: Und man soll ihnen noch dazu helfen.» Nietzsche bleibt nicht bei der Artikulation seiner Menschenverachtung stehen, er fordert geradezu offen zur Ausrottung der «Tschandalas», der minderwertigen Exemplare einer Rasse, ja ganzer Rassen auf. Wer Augen hat zu lesen und Ohren zu hören, der kann nicht übersehen oder überhören, wozu Nietzsche seine

Leser auffordert: er fordert sie zur aktiven Selektion auf. Auch wenn die «Endlösung», erst einige Jahrzehnte später in Angriff genommen wurde: Rassenhass, Antisemitismus und Nationalismus reden in Nietzsches *Antichrist* eine deutliche Sprache. Daneben klingt sein Loblied auf den freien Geist mit kläglichen Tönen zwischendurch und letztlich unglaubwürdig. Unglaubwürdig deshalb, weil nicht nachzuvollziehen ist, wie ein Geist, der vom Mechanismus oder Automatismus seiner Instinkte bestimmt wird, frei sein soll. Unglaubwürdig deshalb, weil sich in Nietzsches Bekenntnis zum freien Geist letztlich das genaue Gegenteil dessen ausdrückt, was Steiner unter Freiheit versteht. Unglaubwürdig auch deshalb, weil für Nietzsche die Voraussetzung der Freiheit im Horizont der *Philosophie der Freiheit*: der reine Geist – nichts als eine Lüge ist.

Nietzsches Nationalismus: «In der Tat, es gibt keine andre Alternative für Götter: entweder sind sie der Wille zur Macht – und so lange werden sie Volksgötter sein –, oder aber die Ohnmacht zur Macht – und dann werden sie notwendig gut [...]» (Aphorismus 16). Nietzsche will sagen, daß ein Volk, solange es stark und machtwillig ist, seinen Trieb zur Herrschaft über die anderen, über die Minderwertigen in seine Gottesvorstellungen hineinprojiziert, so daß alle kraftvollen Götter Volksgötter, Nationalgötter sind. Ein «kosmopolitischer Gott» wie der christliche ist ein kraftloser Gott, ein Gott bloß des «Guten». «Ehemals stellte er ein Volk, die Stärke eines Volkes, alles Aggressive und Machtdurstige aus der Seele eines Volkes dar: jetzt ist er bloß noch der gute Gott [...]» (ebenda). Dieses Gute, das der christliche Gott verkörpern soll, ist aber für Nietzsche der Inbegriff aller Schlechtigkeiten, in ihm hat sich die «Tschandala-Rasse», der Auswurf aller Völker und Nationen, die physiologische und geistige Minderwertigkeit verherrlicht. In ihm hat sich das Judentum verherrlicht.

Nietzsches Antisemitismus![3] Wenn man heute seinen *Antichrist* liest, dann kann man an manchen Stellen ein Gefühl der Übelkeit kaum unterdrücken. Im Aphorismus 17 heißt es: «Aber der Gott der ‹großen Zahl›, der Demokrat unter den Göttern, wurde trotzdem kein stolzer Heldengott: er blieb Jude, er blieb der Gott der Winkel, der Gott aller dunklen Ecken und Stellen, aller ungesunden Quartiere der Welt! [...] Sein Weltreich [...] ein Ghetto-Reich [...].» Doch damit nicht genug, die Sätze sind noch harmlos. Nietzsche steigert sich: «Die Juden [...] sind das verhängnisvollste Volk der Weltgeschichte», lesen wir im 24. Aphorismus, «in ihrer Nachwirkung haben sie die Menschheit dermaßen falsch gemacht, daß heute noch der Christ antijüdisch fühlen kann, ohne sich als die letzte jüdische Konsequenz zu verstehen.»

Auf den folgenden Seiten wird geradezu das Judentum mit dem Priestertum gleichgesetzt. Aus dem Judentum entspringen folglich alle Erzübel, an denen die Zeit krankt: die Schwäche, die Verlogenheit, die Hintertriebenheit, alles Widernatürliche in den Moral- und Sittenvorstellungen, in der Ideologie, im Glauben, ja sogar in den Wissenschaften. «Eine parasitische Art Mensch» – gemeint ist «der Jude» – «die nur auf Kosten aller gesunden Bildungen des Lebens gedeiht, der Priester, mißbraucht den Namen Gottes...» (Aphorismus 26). Nietzsches Haßtiraden steigern sich, wenn er auf Paulus zu sprechen kommt. Paulus ist für ihn der Inbegriff alles Verabscheuungswürdigen. In seiner Polemik gegen Paulus steigert sich sein Abscheu gegen den Logos, der ihn schon in der Frühzeit gegen Sokrates und den sokratisch-apollinischen Geist polemisieren ließ. «Hierzu gehört Rasse. Im Christentum, als der Kunst, heilig zu lügen, kommt das ganze Judentum, eine mehrhundertjährige jüdische allerernsthafteste Vorübung und Technik zur letzten Meisterschaft. Der Christ, die ultima ratio der Lüge, ist der Jude noch einmal – dreimal selbst [...] Das war die verhängnisvollste Art Größenwahn, die bisher auf Erden dagewesen ist: kleine Mißgeburten von Muckern und Lügnern fingen an, die Begriffe ‹Gott›, ‹Wahrheit›, ‹Licht›, ‹Weisheit›, ‹Leben› für sich in Anspruch zu nehmen, gleichsam als Synonyma von sich, um damit die ‹Welt› gegen sich abzugrenzen, kleine Superlativ-Juden, reif für jede Art Irrenhaus, drehten die Werte nach sich um [...] Das ganze Verhängnis wurde dadurch allein ermöglicht, daß schon eine verwandte, rassenverwandte Art von Größenwahn in der Welt war, der jüdische [...]» (Aphorismus 44).

Die Ergüsse von abstoßender Gehässigkeit wollen kein Ende nehmen. Eine letzte Stelle: «Daß man gut tut, Handschuhe anzuziehn, wenn man das neue Testament liest. Die Nähe von so viel Unreinlichkeit zwingt beinahe dazu. Wir würden uns ‹erste Christen› so wenig wie polnische Juden zum Umgang wählen: nicht daß man gegen sie auch nur einen Einwand nötig hätte [...] Sie riechen beide nicht gut.» Das ist reinste Stürmer-Propaganda, literarisch aufgeblasen, das ist gestelzte Kleinbürger-Idiosynkrasie. *Wer heute Nietzsche philosophisch für salonfähig erklärt, wer ihn zum «Kämpfer gegen seine Zeit» verklärt*[4] *und ihn nicht lediglich als pathologisches Problem begreift, als Fall für den Irrenarzt, reiht sich in die wieder marschierenden braunen Horden ein.* Dafür gibt es keine Entschuldigung. Gegen diese Diagnose hilft auch nicht der Hinweis, daß es 1895 noch keine Nazis gegeben habe. Wie die Texte Nietzsches zeigen, war die übelriechende Ideologie des Nazismus schon virulent und sie brauchte nur eine Generation, um ein ganzes Volk zu infizieren. Gegen diese Diagnose hilft auch nicht, den frühen vom späten Nietzsche zu trennen. Denn was hier offenkundig als braune Soße daherkommt, ist beim frühen Nietzsche Kritik an der Rationalität, ist Verneinung des Geistes, Polemik gegen den angeblich lebenverneinenden Logos.

Ich finde im gesamten *Antichristen* von Nietzsche keinen einzigen Satz, den ich gutheißen könnte. Ich finde auch keinen einzigen Gesichtspunkt, von dem aus ich irgendwelche Aussagen Nietzsches rechtfertigen könnte. Sie sind schlichtweg pathologisch, sie sind Ausfluß eines zutiefst kranken Gehirns, sie sind unwürdig, diskutiert zu werden. Selbst die gesamte Analyse der Rolle von Christentum und Priestertum: sie bietet nichts Neues, nichts Originelles, das war alles in der Aufklärungszeit auch schon vorhanden, das kann bei Diderot, bei Helvetius und Voltaire nachgelesen werden.

Steiner 1894 – Faszination durch den Antichristen

Nietzsches *Antichrist* erschien Ende 1894. Steiner wurde schon im Sommer oder Herbst 1894 anläßlich eines Besuchs in Naumburg aus dem Manuskript vorgelesen. Am 23. Dezember 1894, am Vorabend von Weihnachten, schrieb er an Pauline Specht aus Weimar einen Brief, in dem es heißt: «Ist Ihnen Nietzsches *Antichrist* vor Augen gekommen? Eines der bedeutsamsten Bücher, die seit Jahrhunderten geschrieben worden sind! Ich habe meine eigenen Empfindungen in jedem Satze wiedergefunden. Ich kann vorläufig kein Wort für den Grad der Befriedigung finden, die dieses Werk in mir hervorgerufen hat. Ich kenne es schon seit dem Sommer, wo es mir mit anderen in Naumburg aus dem Manuskript vorgelesen worden ist …»

Was bewog Steiner am 23. 12. 1894 zu diesen Sätzen?

Wie konnte er den tiefen Abgrund, der seine Freiheitsphilosophie von Nietzsches *Antichrist* trennt, übersehen? Wie konnte er sich dazu versteigen, zu behaupten, Nietzsches moralische Instinkte könnten, gehörig sublimiert, als «moralische Phantasie» auferstehen? Nietzsches moralische Instinkte sind Herrschaftsinstinkte, sie sind Instinkte einer übersteigerten Egoität, sie sind Vernichtungsinstinkte, genährt aus Rassenhaß und Ressentiment, sie sind die Allmachtsträume eines vom Leben enttäuschten Pastorensohnes, apokalyptische Projektionen, in denen sich ein Vernichtungswille und eine Misanthropie ausspricht, die in ihren unmenschlichen Auswirkungen in gerader Konsequenz während der Schreckensherrschaft des Nationalsozialismus zu Tage traten. Hier gibt es nichts zu beschönigen und jeder Versuch, den Instinktbegriff Nietzsches umzudeuten, läuft auf eine Verschleierung der Tatsache hinaus, daß er zu den geistigen Vätern derer von Rosenberg, Goebbels und Himmler gehört.

Die wohlmeinendste Erklärung, die man für die angeführte Briefstelle noch finden kann, ist vielleicht die, daß Steiner sich in einem außergewöhnlichen Seelenzustand befand, als er sie schrieb. («Ich bin auch sonst gerade nicht in Weihnachtsstimmung ...») Denkbar ist auch, daß er den *Antichristen* gar nicht richtig gelesen hat oder nur einzelne Teile davon. Das wäre bei der Überlast an Arbeit, unter der Steiner damals ächzte durchaus denkbar, relativierte aber auch so manche Absolutsetzungen. Kann man wirklich glauben, daß der Verfasser der 1894 erschienenen *Philosophie der Freiheit*, in der die Freiheit des Menschen auf die Überwindung jeglicher Instinkte, Triebe und Leidenschaften gegründet wird, seine eigenen Empfindungen in Sätzen wie den oben zitierten wiedergefunden hat? Sollte dies der Fall sein, dann müßte man möglicherweise die *Philosophie der Freiheit* völlig neu zu lesen beginnen. Dann wären alle Hymnen, die anläßlich ihres hundertsten Geburtstags auf sie geschrieben wurden, möglicherweise gutgemeinte, aber bedeutende Fehlgriffe.

Doch die Passagen des Briefes von 1894 sind nicht das letzte, was Steiner zu Nietzsche gesagt hat.

Steiner 1924 – «Ahriman» als Schriftsteller

Das letzte findet sich im Jahr vor seinem Tod, 1924, zum Beispiel im letzten Vortrag der Darstellungen über die «karmischen Zusammenhänge der anthroposophischen Bewegung» vom 8. August 1924.[5]

Steiner spricht in diesem Vortrag über die Engel. Im Reich der Angeloi gibt es Unterschiede, wie bei den Menschen. Es sind nicht alle Engel gleich, genauso wenig wie die Menschen alle gleich sind. Es gibt Engel, die haben im Laufe des letzten Jahrtausends einen zu starken Hang zur irdischen Welt entwickelt. Dieser Hang wirkt sich so aus, daß sie gerne etwas zu sehr durch die Menschen wirken. Durch die Menschen, von denen sie Besitz ergreifen, wirkt dann eine Engelintelligenz, die den von ihr besessenen Menschen nicht freiläßt, sondern sich durch ihn, wie Steiner sich ausdrückt, «automatisch» äußert.

Diese Engel verbinden sich aufgrund ihrer Weltverhaftung mit Ahriman, einer geistigen Macht, die innerhalb des späteren Steinerwerkes ein Synonym für Satan ist. Steiner führt aus, daß sich Satan, also die eine Ausformung der teuflischen, widergöttlichen Versuchermächte, solcher Engel bedient, um in Menschen als Schriftsteller zu wirken. Es ist der von Ahriman inspirierte Engel eines Menschen, der wiederum einen Menschen zu seinen schriftstellerischen Produktionen antreibt. Nach dieser Einführung, die charakterisiert, wie es dem Teufel gelingt, unter Menschen als Schriftsteller zu wirken, kommt Steiner auf Nietzsche zu sprechen.

«Sehen Sie», führt er jetzt im August 1924 vor seinen Zuhörern aus, «es war eine andere Stellung möglich zu einem der glänzendsten Schriftsteller der letzten Zeit, einem der größten Schriftsteller, bevor dessen letzte Werke erschienen sind. Als ich mein Buch schrieb: *Nietzsche, ein Kämpfer gegen seine Zeit*, hatte man es in der Öffentlichkeit zu tun mit dem blendenden Schriftsteller, der menschliche Fähigkeiten bis zum Höchsten hinauf gesteigert hatte. Dann erst wurde man bekannt mit dem, was Nietzsche in der Zeit seines Verfalles geschrieben hatte. Da sind vor allen Dingen zwei Werke, *Antichrist* und *Ecce homo*: das sind zwei Werke, die Ahriman geschrieben hat – nicht Nietzsche, sondern ein ahrimanischer Geist, in Nietzsche inkorporiert. Da trat zuerst Ahriman als Schriftsteller auf Erden auf. Er wird das fortsetzen [...] Wer geblutet hat – ich meine es seelisch –, wie ich geblutet habe, als ich zum ersten Mal Nietzsches Schrift *Der Wille zur Macht* las [...]».

Im Dezember 1894 fand Steiner in jedem Satze so «seine eigenen Empfindungen wieder», daß er für den Grad der Befriedigung, die der *Antichrist* ihm bereitete, keine Worte finden konnte.

Es wäre nun für die Interpretation dieser höchst unterschiedlichen Positionen Steiners zu Nietzsche interessant, zu wissen, ob Steiner 1924 sich selber mitmeinte, als er sagte: «Als ich mein Buch [...] schrieb, hatte man es in der Öffentlichkeit zu tun mit dem blendenden Schriftsteller [...].» Wenn er sich selber mitmeinte, dann müßte man diese Aussage mit der Tatsache in Einklang bringen, daß Steiner, als er sein Buch *Nietzsche, ein Kämpfer gegen seine Zeit* schrieb, mit dem *Antichristen* bereits so bekannt war, daß er seine eigenen Empfindungen in jedem Satz des Buches wiederfinden konnte. Die oben zitierte Vortragspassage könnte den Eindruck erwecken, als wollte Steiner behaupten, er selber habe den *Antichristen* nicht gekannt, sonst hätte er kaum ein so enthusiastisches Nietzsche-Buch verfassen können. Hätte er ihn gekannt, dann hätte er schon damals erkennen müssen, daß durch dieses Werk Ahriman sprach. Tatsache aber ist, daß Steiner den *Antichristen* bereits kannte, als er sein Nietzsche-Buch schrieb. Warum hat er also damals nicht erkannt, wo die Inspirationsquellen der Schriftstellerei von Nietzsche lagen? Warum war er damals so fasziniert vom *Antichristen*, daß er in jenen oben zitierten Jubelruf auf ihn ausbrach? Wenn er aber 1894 selber der Faszination Ahrimans erlag, weil er von seinem eigenen Antiklerikalismus verblendet war und den *Antichristen* nicht als das lesen konnte, was er wirklich war: nämlich eine antisemitische, rassistische Hetzschrift – warum konnte er das 1924 nicht zugestehen? Hatte er seine eigene Faszination durch den *Antichristen* von 1894 vergessen?

Wer den *Antichristen* gelesen hat, wird keinen Augenblick daran zweifeln, daß sich in ihm eine abgründige Energie der Menschenverachtung, des Zynismus und der bestialischen Dämonie im Medium einer brillierenden Intelligenz manifestiert. Ob man diese geistige Qualität nun ganz allein dem Menschen Nietzsche zuschreibt, der Zersetzung seines Gehirns durch die progressive Paralyse oder einer dämonischen Inspiration, ist eine Frage, über die man gegebenenfalls diskutieren könnte. Diskutieren kann man aber nicht darüber, daß Steiner seine Ausführungen über Nietzsche 1924 nicht zum Anlaß nimmt, sich von seinem eigenen früheren Irrtum zu distanzieren. Warum hätte er dies auch tun sollen, könnte man sagen? Den Brief, den er Ende 1894 an Pauline Specht schrieb, kannte keiner seiner Zuhörer, die im Jahr 1924 seine Mitteilungen über ihr eigenes Karma vernahmen. Sein Nietzsche-Buch, in dem er ausdrücklich auch den *Antichristen* als Werk anführt, auf das er seine Nietzsche-Interpretation stützt, ist zwar auch überwiegend euphorisch, wird aber von der Briefstelle bei weitem übertroffen. Steiner hätte aber 1924 die Ausführungen über Nietzsche benutzen können, seinen Zuhörern ein intimes Zugeständnis über seine eigene geistige Entwicklung zu machen, etwa der Art, daß er selber einmal, als er noch jünger war, der Faszination der ahrimanischen Intelligenz vorübergehend erlegen sei, sich aber später wieder von dieser Faszination befreit habe. Ein solches Geständnis, ein solches deutliches Eingeständnis seiner eigenen Fehlbarkeit hätte sich seiner Ikonisierung als wirksames Antidot entgegengestellt. Statt dessen schwieg er über seinen eigenen früheren Irrtum. Mit Irrtum meine ich übrigens keinen Erkenntnisirrtum, denn er stellte 1894 ja keine spezifischen Erkenntnisbehauptungen auf, die er 1924 berichtigte, sondern ich meine einen Irrtum der moralischen Empfindung, einen Irrtum des sittlichen Urteils.

Doch dadurch stellt sich den Nachgeborenen wenigstens eine Aufgabe. Wir können versuchen, unsere Interpretationskünste, unsere hermeneutischen Fähigkeiten an den Widersprüchen des wirklichen geistigen Heroen zur Anwendung zu bringen, der Steiner ohne Zweifel ist. Wir sollten aber damit aufhören, die Ikone Steiner weiter in unserer Andachtsecke kritiklos anzubeten. Denn wir tun uns und ihm damit keinen Dienst. Wir sollten uns zugestehen, daß zur geistigen Entwicklung auch die Abgründe gehören, die überwunden werden müssen. Daß die Entdeckung der eigenen Individualität kein Kinderspiel ist, sondern ein dramatischer Vorgang sondergleichen. Dies gilt aber nicht nur von Steiner: dies gilt von jedem Menschen.

Zusammenfassung: Wo steckt der Antichrist?

Ich glaube nicht, daß man sich auf das Niveau eines anthroposophischen «Bildzeitungs-Journalismus» begibt, wenn man versucht, die Biographie

Steiners als zusammenhängende spirituelle Entwicklung zu lesen. Es entspricht eher dem Niveau eines Bildzeitungs-Journalismus, wenn man Steiner blindlings glorifiziert und ihn in jenen infantilen Anhimmelungshimmel erhebt, in den pubertierende Mädchen ihre Schlager-Idole erheben.

Die Vexierfrage nach dem Antichristen läßt sich nach meiner Ansicht relativ leicht beantworten, wenn man mit wachem Sinn und klarem Verstand die beschriebenen Tatbestände überschaut. Wenn man allerdings von Vorurteilen welcher Art auch immer verblendet ist, dann wird es einem nicht gelingen, das Weisheitsgold zu heben, das sich in dieser historisch-biographischen Vexierfrage verbirgt.

Sicher ist es nicht richtig, wenn man den Steinerschen Antiklerikalismus, der ihn in den 80er und 90er Jahren des vorigen Jahrhunderts dem Gebell des *Antichristen* zustimmen ließ, als generelle Feindschaft gegen das betrachtet, was der letzte Quell auch des historischen Christentums ist. Denn Steiner hat ja gleichzeitig in seinen damals verfaßten philosophischen Werken einen Gottesbegriff entwickelt, der deutlich macht, daß ihm eine innere Erfahrung des Logos in den stillen Räumen des zu sich selbst gekommenen Denkens keineswegs fremd war. Die Übereinstimmung in der Tendenz legitimiert aber meines Erachtens noch nicht, daß man sich mit jeder noch so unqualifizierten Äußerung einig erklärt.

Damit soll aber nicht behauptet werden, Steiner habe sich zu Unrecht gegen die Macht der Kirchen, gegen den Transzendentalismus und Dogmatismus, gegen den Lenkungsanspruch von Autoritäten und die Bevormundung von freien Individuen gewendet. Wenn ich also behaupte, Steiner sei selbst bei seinem Lob für den *Antichristen* dem inneren Quell verbunden gewesen, aus dem auch die historisch gewordenen Institutionen und Bekenntnisse letztlich hervorgegangen seien, dann schließt dies nicht aus, daß er sich gerade aus dieser Verbundenheit heraus mit dem *Antichristen* solidarisch erklärte. All das nimmt aber seinem Loblied auf den *Antichristen* von Nietzsche nichts von seinem änigmatischen Charakter.

2. Das Mißverständnis

> «Was ich fürchte, ist nicht die schreckliche Gestalt hinter meinem Stuhle, sondern ihre Stimme: auch nicht die Worte, sondern der schauderhaft unartikulierte und unmenschliche Ton jener Gestalt. Ja, wenn sie noch redete, wie Menschen reden!»
>
> *Friedrich Nietzsche, ca. 1869 (BAW V, S. 205)*

Soweit der im Jahr 1995 in der Zeitschrift *Novalis* veröffentlichte Aufsatz. Dieser Aufsatz hat viel Aufregung, teilweise heftige Reaktionen und jede Menge persönlicher Stellungnahmen, wenn nicht Verunglimpfungen hervorgerufen. Nicht nur in der Zeitschrift *Novalis,* sondern auch in anderen anthroposophischen Zeitschriften wurde in Form von Leserbriefen, Pamphleten und Aufsatzreihen der Versuch unternommen, auf die von mir aufgeworfenen Fragen einzugehen.

In meinem damaligen Aufsatz, der die Spannweite der Nietzsche-Interpretationen Rudolf Steiners umriß und auf den Forschungsbedarf hinsichtlich seiner geistigen Biographie hinzuweisen versuchte, fand sich unter anderem folgende Passage. *«Wer heute Nietzsche philosophisch für salonfähig erklärt, wer ihn zum Kämpfer gegen seine Zeit verklärt und ihn nicht lediglich als pathologisches Problem begreift, als Fall für den Irrenarzt, reiht sich intellektuell in die wieder marschierenden braunen Horden ein. Dafür gibt es keine Entschuldigung. Gegen diese Diagnose hilft auch nicht der Hinweis, daß es 1894 noch keine Nazis gegeben hätte. Wie die Texte Nietzsches zeigen, war die Ideologie des Nationalsozialismus schon virulent und benötigte nur eine Generation, um ein ganzes Volk zu infizieren.»*

Gerade diese Passage hat nicht wenige Mißverständnisse hervorgerufen. Das mag, das will ich gerne zugeben, auch an der zugespitzten und leicht mißzuverstehenden Formulierung liegen. Könnte man doch meinen, ich hätte beabsichtigt, Rudolf Steiner zu einem Vorläufer des Nationalsozialismus zu erklären.[6] Diese Auslegung meines Textes ist aber vollkommen abwegig. Natürlich war dies nie meine Absicht. Das geht auch aus dem Text selbst hervor, wenn man ihn nur genau genug liest. Es heißt nämlich: «Wer *heute* Nietzsche philosophisch für salonfähig erklärt, wer ihn zum Kämpfer gegen seine Zeit verklärt». Dieser Satz greift den Titel des Nietzschebuches von Rudolf Steiner *Friedrich Nietzsche, ein Kämpfer gegen seine Zeit* auf. Doch wurde dieses Buch 1895 veröffentlicht. Die meisten Leser, die mir vorwarfen, ich hätte Steiner in die Nähe des Nationalsozialismus gerückt, sind ihrer ungenauen Lektüre zum Opfer gefallen. Sie haben wohl den «Kämpfer gegen seine Zeit» wahrgenommen, nicht aber das Wort «heute». Die Sätze könnten nur dann auf Steiner selbst bezogen werden, wenn Steiner heute leben und Nietzsche zu einem Kämpfer gegen seine Zeit «verklären» würde. Da dies aber nicht der Fall ist, müssen sich diese Sätze auf jemand anderen beziehen.

Genauer gesagt beziehen sie sich auf all diejenigen Rezipienten Rudolf Steiners, die sich heute die Position von Steiners Nietzschebuch unreflektiert aneignen, ohne die Wirkungsgeschichte Nietzsches in ihre Betrachtungen und Stellungnahmen einzubeziehen. Diese Haltung: Urteile über Gegenstände der Geistesgeschichte ausschließlich aus der Lektüre der Schriften Steiners zu beziehen, ist aber in anthroposophischen Kreisen nicht wenig verbreitet. Man kann erleben, daß Personen in dieser Debatte mitsprechen wollen, die nicht einmal Nietzsches Bücher gelesen haben, wohl aber Steiners Nietzschebuch. Diese Haltung ist Ausdruck einer noch näher zu charakterisierenden Bewußtseinsform.

Neben dieser allgemeinen Abgrenzung zielte die zitierte Passage aber auch noch auf einen bestimmten Autor: auf Karen Swassjan. Der Leser meines Aufsatzes hätte sich fragen können: wenn Steiner selbst offenbar nicht gemeint sein kann, wer könnte denn heute in der anthroposophischen Publizistik Nietzsche zum Kämpfer gegen seine Zeit verklären? Eine nicht zu umfangreiche Recherche hätte zu Swassjans Buch *Nietzsche – Versuch einer Gottwerdung*, das 1994 in Dornach erschienen ist, geführt. Und tatsächlich begegnet uns in Swassjans aufgeregtem Monolog über den Versuch einer Gottwerdung jene unreflektierte Verklärung Nietzsches, die ich für zumindest anachronistisch halte.

In Swassjans *Versuch einer Gottwerdung* kann man unter anderem lesen: «In Nietzsche spricht sich nicht einfach eine geniale und einmalige Subjektivität aus, sondern ein Weltproblem, oder genauer gesagt, diese einmalige Subjektivität wird hier zum Weltproblem ...»[7] «Erinnern wir uns [...] daran, daß die Philosophie Friedrich Nietzsches ein unikales und durch sein ganzes Leben vollzogenes Experiment der Selbstzerstörung des ‹Geschöpfes› im Menschen ist – zur Selbsterschaffung des ‹Schöpfers› in ihm, sonst ‹Übermensch› genannt.»[8] «... von diesem Standpunkt aus geben die Texte von *Antichrist* und *Ecce homo* die *Geburt der Tragödie* in doppelter Reinigung des Themas von den inhaltlichen und historisch unausweichlichen Vermittlungen wieder. Eines jedenfalls ist klar: Die Wiederherstellung des christlichen Themas nicht im kirchlich-kanonischen Sinne, sondern durch die Vertiefung in die vorchristlichen Quellen des Christentums [...] so konnte der in Nietzsche auferstandene Dionysos schon nichts anderes mehr sein als die heidnische Potenz Christi ...»[9] «Das geistige Schicksal Nietzsches ist dasjenige eines unbedachten Schöpfers, dem sein Geschöpf zum Alptraum geworden ist [...] ; im Nationalsozialismus geriet der labyrinthische Mensch ins Orwellsche ‹Zimmer 101› und verriet seine Ariadne. – Wennschon!»[10] Nicht «wennschon» müßte es da heißen, sondern «konsequenterweise». Denn der Nationalsozialismus stellt nichts anderes als die praktische Nutzanwendung der späten Texte Friedrich Nietzsches dar. In dieser Beziehung – aber auch nur in dieser Beziehung – stimme ich der Auffassung des ansonsten vollkommen geistlosen Georg Lukács, die er in seinem Buch *Die Zerstörung der Vernunft* vorträgt, zu: «Hitler, als praktischer Erfüller des Irrationalismus, ist der Testamentsvollstrecker Nietzsches und der nach ihm, aus ihm folgenden philosophischen Entwicklung. [...] Mag der geistige und bildungsmäßige Niveauunterschied zwischen dem Philosophen Nietzsche und dem Demagogen Hitler noch so groß gewesen sein [...] gerade in dieser entscheidenden Frage sind die Niveauunterschiede in der Kenntnis und im Verstehen des Gegners verschwindend gering; man kann ruhig sagen: gleich Null, und in Hitlers Politik das Umsetzen der irrationalistischen Philosophie in die Praxis erblicken.»[11]

Die geistige Entwicklungslinie führt nicht von Nietzsche zur Anthroposophie, sondern von Nietzsche zum Nationalsozialismus. Nietzsches Philosophie stellt den denkbar größten Gegensatz zur Anthroposophie dar, auch in der Gestalt, die die Anthroposophie in der *Philosophie der Freiheit* angenommen hat. Um so mehr erhebt sich die Frage nach der Einschätzung Nietzsches durch Rudolf Steiner, besonders vor der Jahrhundertwende, in der Zeit, als Steiner seine *Philosophie der Freiheit* schrieb. Wenden wir uns also dieser Frage zu.

3. Das Paradoxon

> «Davon haben heute wenige Menschen eine Ahnung, daß etwas wahr sein kann, auch wenn das Gegenteil davon mit nicht geringerem Rechte behauptet werden kann. Unbedingte Wahrheiten gibt es nicht.»
>
> *Rudolf Steiner, 1892*

In Rudolf Steiners geistiger Biographie kann man fortwährend dem Paradoxon begegnen. Man könnte sagen, diese Biographie sei eine Ansammlung von Paradoxa. Ein Paradoxon im ursprünglichen Wortsinn ist ein Gedanke, eine Tatsache oder ein Vorgang, der zum alltäglichen Meinen und Vermeinen im Widerspruch steht. *Doxa* ist der Glaube oder die Meinung des Alltagsbewußtseins, diesem steht entgegen, was sich nicht in die Vorstellungs- oder Denkgewohnheiten dieses Alltagsbewußtseins einfügen läßt. Das spricht nicht gegen das Paradoxon, sondern gegen das Alltagsbewußtsein. Denn sein Horizont ist begrenzt. Das Paradoxon könnte Anlaß sein, ihn zu erweitern. In diesem Sinne stellen die Paradoxa im Lebensgang Rudolf Steiners uns vor die Aufgabe, unsere Denk- und Vorstellungsgewohnheiten zu überwinden und unseren Horizont zu erweitern.

Ein Beispiel für ein solches Paradoxon ist die Haltung Rudolf Steiners zu Eduard von Hartmann. Steiner blieb sich in seiner Selbsteinschätzung gegenüber Eduard von Hartmann lange Zeit treu. Er sah seine Position im Einklang mit derjenigen Hartmanns, was nicht nur angesichts der Kritik, die er in der *Philosophie der Freiheit* an Hartmann übt, überrascht. In Wahrheit fällt es nicht schwer, zu erkennen, daß zwischen den philosophischen Grundüberzeugungen Steiners und Hartmanns eine unüberbrückbare Kluft besteht. Steiner ist Monist, Hartmann Dualist. Steiner ist Immanentist, Hartmann Transzendentalist. Steiner ist Vertreter eines objektiven Idealismus, der das Denken als die Urkraft des Seins betrachtet, Hartmann hingegen ist als Thelist zugleich Anti-Idealist. Doch Steiner bringt sechs Jahre lang Hartmann gegenüber in Briefen zum Ausdruck, daß er keine wesentliche Differenz zwischen seiner Philosophie und der Hartmannschen erkennen könne.

So im Jahr der Veröffentlichung der *Grundlinien einer Erkenntnistheorie der Goetheschen Weltanschauung:* «Immer mehr befestigt sich in mir die Überzeugung, daß ich mit meiner Gedankenrichtung ganz im Sinne Ihrer Philosophie wirke.»[12]

Auch sechs Jahre später, kurz nach Abfassung von *Wahrheit und Wissenschaft*, als sich seine erkenntnistheoretischen Auffassungen in Auseinandersetzung mit Kant und Fichte vertieft hatten, brachte er diese Überzeugung in einem Brief zum Ausdruck: «Von welcher Seite ich die Sache auch ansehe: immer mehr befestigt sich in mir der Glaube an meinen erkenntnistheoretischen objektiven Idealismus und immer mehr glaube ich einzusehen, daß dieser erkenntnistheoretische Standpunkt in widerspruchsloser Weise zu Ihrer Art, die gegebene Wirklichkeit anzusehen, führt. Jeder Schritt, den ich in erkenntnistheoretischer Beziehung weiter mache, zeigt mir deutlicher, wie durchaus berechtigt Ihre Naturphilosophie, dann Ihre Betrachtung der ethischen, religiösen und überhaupt der Kulturentwicklung ist.»[13]

Aber bereits ein Jahr später scheint sich Steiners Sicht geändert zu haben. Die *Philosophie der Freiheit* ist vollendet. In ihr übt er offen an Hartmanns erkenntnistheoretischen und ethischen Positionen Kritik. Hat er die nunmehr artikulierte Differenz früher nicht gesehen? An den Wiener Privatdozenten Vinzenz Knauer, der im Jahr darauf verstarb, schrieb er 1893: «Ich stehe in denkbar schärfstem Gegensatz zu Eduard von Hartmann und suche diesen Gegensatz schon auf dem Titelblatte durch die Worte: *Beobachtungsresultate nach naturwissenschaftlicher Methode* auszudrücken, während die *Philosophie des Unbewußten* an derselben Stelle die Worte trägt: *Spekulative Resultate nach induktiv-naturwissenschaftlicher Methode*.»[14]

Diese Folge von Äußerungen liest sich wie ein Zen-Koan: «Höre das Klatschen der einen Hand, dann erlangst du *satori*.» Zumindest dann, wenn man die Beteuerung der Übereinstimmung mit der tatsächlichen philosophischen Position Steiners in Zusammenhang bringt. Die Beispiele für solche Paradoxa ließen sich vermehren. Daß es sie gibt, daran kann eigentlich nicht gezweifelt werden. Die Frage ist vielmehr, wie man damit umgeht.

4. Bewußtseinsformen

1. Naives Bewußtsein

Obwohl das Vorkommen solcher Paradoxa im Lebensgang Rudolf Steiners nicht zu übersehen ist, gibt es doch Menschen, die deren Vorhandensein schlichtweg ableugnen. Mir scheint, der Grund für diese Leugnung ist in einer bestimmten Bewußtseinsform zu suchen. Diese Bewußtseinsform kann man in Anlehnung an Steiner (*Wahrheit und Wissenschaft*) als «naives Bewußtsein» bezeichnen. Ich möchte seine Definition etwas erweitern. Für ihn ist das Bewußtsein naiv, das frei von Selbstreflexion (Selbstbeobachtung) ist. *Selbstbeobachtung und Selbstreflexion unterscheiden das naive vom kritischen Bewußtsein.* Genauer gesagt, ist das naive Bewußtsein frei von drei Formen der Kritik: von historisch-philologischer Kritik, von immanenter Kritik und von Selbstkritik. Da das naive Bewußtsein keine Selbstkritik übt, kennt es nicht die Bedingungen seiner eigenen Urteilsbildung. Es ist deswegen im Zustand der *doxa*, des bloßen Meinens und Fürwahrhaltens befangen. Die Unklarheit über die Voraussetzungen der Urteilsbildung führt zum Dogmatismus. Denn was nicht aus seinen Urteilsgründen abgeleitet werden kann, muß dogmatisch behauptet werden. *Selbstkritik im Sinne von Selbstbeobachtung und Selbstreflexion schließt Methodenkritik ein und ist eine Form der moralischen Intuition*: denn das selbstkritische Bewußtsein muß die Gesetzmäßigkeit seines eigenen Tuns intuieren.

Der Dogmatismus führt aber auch zum Unverständnis des Anderen. Denn verstanden werden kann der Andere nur aus sich selbst heraus, das heißt immanent. Nur wenn sich das Verstehen auf die Urteilsgründe des fremden Bewußtseins einläßt, kann dessen Urteilsbildung aus ihr selbst heraus, das heißt wirklich verstanden werden. Zum wirklichen Verstehen gehört deswegen immer der Austausch von Argumenten. Nur ein Bewußtsein, das sich selbst gegenüber kritisch ist, kann diese Selbstkritik, die ja immer immanent ist, auch anderen gegenüber walten lassen. Die immanente Kritik sucht das fremde Denken aus ihm selbst zu verstehen und dessen immanente Widersprüche, sofern vorhanden, aus sich selbst zur Auflösung zu bringen. *Diese immanente Kritik am anderen ist eine*

Form der moralischen Phantasie, denn sie beruht auf der Verschmelzung mit den Intuitionen, die der andere durch seine individuellen Ausdrucksformen darlebt.

Das naive Bewußtsein ist schließlich auch frei von historisch-philologischer Kritik, die insbesondere in der Auseinandersetzung mit Texten ein unabdingbares Rüstzeug darstellt, das vor der Verabsolutierung dieser Texte und damit ihrer Dogmatisierung bewahrt. Allein die Einordnung eines Textes in den historischen und biographischen Zusammenhang, aus dem er hervorgegangen ist, läßt eine adäquate Interpretation zu. Die philologisch-historische Kritik gehört zum Rüstzeug jeder hermeneutischen Bemühung. *Sie ist eine Form der moralischen Technik, geht es in ihr doch darum, sich eine möglichst durchdringende Kenntnis der Gesetzmäßigkeiten eines Wahrnehmungsgebiets anzueignen und die dort anfallenden Beobachtungen in ein anderes Gebiet zu übertragen.* Insofern geht es bei allem hermeneutischen Bemühen auch um Fragen der moralischen Technik.

Da das naive Bewußtsein frei von Einsicht in die Gründe seiner Urteilsbildung ist, ermangelt es auch der Urteilsmündigkeit. Dieser Mangel an Urteilsmündigkeit schließt eine heterokritische Erscheinungsform dieses Bewußtseins keineswegs aus. Das naive Bewußtsein kann also scharfe Kritik an anderen üben, ohne sich der Gesetzmäßigkeit seines Tuns bewußt zu sein und ohne diese Kritik zugleich an sich selbst zu üben. Diese Form der Kritik ist aber in Wahrheit eine Pseudokritik, denn sie ist nicht fähig zur Unterscheidung. Unterscheidung setzt Einsicht in die Urteilsgründe voraus und gerade diese fehlt dem naiven Bewußtsein. Seine Kritik ist deswegen stets dogmatisch und neigt dazu, in emotionale Ergüsse oder Gewalthandlungen auszuarten. Das naive Bewußtsein ist trunken von seinen Meinungen und berauscht von der Emotion, die es bewegt. Es ist weit entfernt von der heiligen Nüchternheit, mit der das kritische Bewußtsein das Für und Wider von begrifflichen Zusammenhängen erwägt.

Eine Folge der Urteilsunmündigkeit des naiven Bewußtseins ist sein Bedürfnis nach absoluter Autorität. *Da es die Autorität, also die Fähigkeit zur selbständigen Urteilsbildung, nicht in sich trägt, muß es diese Instanz außerhalb seiner selbst suchen.* Die Autorität kann nur absolut sein, denn eine relative Autorität ist keine Autorität. Das naive Bewußtsein könnte es nicht ertragen, wenn die von ihm auserkorene Autorität zweifelhaft und fehlbar wäre. Eine Autorität, von der man nie weiß, ob man ihr glauben kann oder nicht, ist keine Autorität. Die Sehnsucht nach absoluter, unfehlbarer Autorität erscheint als eine Projektion der Urteilsunmündigkeit des naiven Bewußtseins nach außen. Eine Autorität, die sich selbst widerspräche, wäre keine Autorität. Deshalb kann das naive Bewußtsein das Vorkommen von Selbstwidersprüchen und Paradoxa im Bilde seiner Autorität nicht dulden. Nicht nur die kirchliche, sondern jede Infallibilität deutet auf das Vorhandensein eines naiven Bewußtseins, das der Selbstbeschwichtigung bedarf. Durch seine Unfähigkeit, den Selbstwiderspruch zu dulden, setzt sich das naive Bewußtsein aber auch außerstande, geistige Entwicklung zu denken. Das naive Bewußtsein ist in einer Vorstellung der Autorität (des Eingeweihten) befangen, die eine Projektion der eigenen Unsicherheit und Unmündigkeit ist.

Je umfassender der geistige Horizont eines Menschen, umso mehr wird sein Bewußtsein dem Alltagsverstand als eine Ansammlung von Widersprüchen erscheinen. Hegel verdichtete diesen Tatbestand im unübertrefflichen Satz *«veritas index sui et falsi»*. Die Wahrheit beinhaltet sowohl sich selbst als auch ihr Gegenteil, ihre Negation. Die Wahrheit ist der Maßstab des Irrtums und nicht umgekehrt. Wer die Wahrheit kennt, kennt auch den Irrtum. Wer aber den Irrtum kennt, kennt noch lange nicht die Wahrheit, weil er den Irrtum *nicht als Irrtum* erkennen kann. Der Weltzusammenhang schließt auch den Irrtum, den Widerspruch in sich. Wer ein Bewußtsein des Weltzusammenhangs besäße, wüßte nicht nur die Summe aller Wahrheit, sondern auch die Summe allen Irrtums. Je größer ein Geist, umso größer ist auch seine Kraft, Widersprüchliches in sich zu vereinigen. Der Begriff des Geistes ist die Totalität des Weltzusammenhangs.

Alles Lebendige entwickelt sich im Sinne Hegels und Goethes nur durch den Widerspruch, die Polarität. Alles Lebendige bezeugt durch den Widerspruch und seine fortwährende Aufhebung sein Leben. Mit dem Erlöschen des Widerspruchs erlischt auch das Leben. Das ist ein Grundmotiv der Wirklichkeitsschau der Anthroposophie. Da das Lebendige sich in der Zeit entwickelt, ist die Zeit das Medium, in dem sich der Widerspruch entfaltet. Dies gilt erst recht für das seelische und geistige Leben. In der Seele werden die Widersprüche des Lebens bewußt (zum Beispiel zwischen Lebens- und Todeskräften), im Geist werden sie aufgehoben und versöhnt. Aber der Geist entfaltet sein eigenes Leben ebenso in der Zeit und kommt zur Aufhebung der Widersprüche nur im Verlauf der Zeit.

Diese Überzeugung klingt auch in einer Passage des Buches *Mein Lebensgang* an, in der sich Steiner über seine biographische Situation in der Zeit zwischen 1897 und 1901 ausgelassen hat. Diese Passage ist aber ohne Zweifel auch auf die Zeit zwischen 1893 und 1897 übertragbar.

«Die Zeit von meinem Abschiede von der Weimarer Arbeit bis zu der Ausarbeitung meines Buches *Das Christentum als mystische Tatsache* (1897-1901) ist von einer Prüfung ausgefüllt. Solche Prüfungen sind die vom Schicksal (Karma) gegebenen Widerstände, die die geistige Entwicklung zu überwinden hat.

Ich sah in dem Denken, das aus der Naturerkenntnis folgen kann – aber damals nicht folgte – die Grundlage, auf der die Menschen die Einsicht in die Geistwelt erlangen konnten. Ich betonte deshalb scharf die Erkenntnis der Naturgrundlage, die zur Geist-Erkenntnis führt. Für denjenigen, der nicht wie ich erlebend in der Geistwelt steht, bedeutet ein solches Sich-Versenken in eine Denkrichtung eine bloße Gedankenbetätigung. Für den, der die Geist-Welt erlebt, bedeutet sie etwas wesentlich anderes. Er wird in die Nähe von Wesen in der Geist-Welt gebracht, die eine solche Denkrichtung zur allein herrschenden machen wollen. Da ist Einseitigkeit in der Erkenntnis nicht bloß der Anlaß zu abstrakter Verirrung; da ist geist-lebendiger Verkehr mit Wesen, was in der Menschenwelt Irrtum ist. Von ahrimanischen Wesenheiten habe ich später gesprochen, wenn ich in diese Richtung weisen wollte. [...]

Mit meinen eigenen Ideen bin ich keinen Augenblick dieser Welt verfallen. Auch nicht im Unbewußten. Denn ich wachte sorgfältig darüber, daß sich all mein Erkennen im besonnenen Bewußtsein vollzog. Um so bewußter war auch mein innerer Kampf gegen die dämonischen Mächte, die nicht aus der Naturerkenntnis Geist-Anschauung, sondern mechanistisch-materialistische Denkart werden lassen wollten.

Der nach geistiger Erkenntnis Suchende muß diese Welten erleben; bei ihm genügt nicht ein bloßes theoretisches Denken darüber. Ich mußte mir damals meine Geistanschauung in inneren Stürmen retten. Diese Stürme standen hinter meinem äußeren Erleben.»[15]

Wenn man von der Entwicklung des menschlichen Geistes spricht, dann kann sich dieser Begriff nur auf den *menschlichen Ideenorganismus* beziehen, in dem der sich entwickelnde Menschengeist erscheint. Auch dieser Ideenorganismus entwickelt sich in der Zeit, denn die Zeit ist das Medium aller Entwicklung. Der menschliche Ideenorganismus entwickelt sich so, daß er Widersprüche und Polaritäten durchläuft, denn nur so ist seine Totalität erreichbar. Je inhaltsvoller die Totalität, zu der ein Ideenorganismus veranlagt ist, um so schärfer müssen auch die Widersprüche zutage treten, die er durchlaufen muß. Nur im Durchleben von Einseitigkeiten können diese Einseitigkeiten ausgeglichen werden. Nur im Durchleben des Widerspruchs kann der Widerspruch versöhnt werden. Ebendies drückt auch die zitierte Passage aus der Selbstbiographie Rudolf Steiners aus. Die einzelne Individualität kann ihr geistiges Gleichgewicht nur erhalten, wenn sie in der Zeit aufeinanderfolgend widersprüchliche Auffassungen und Überzeugungen durchlebt. Dieses Durchleben des Widerspruchs kann man metaphorisch auch als ein Durchleben innerer Stürme bezeichnen, in denen das Schiff der Seele hin- und hergeworfen wird.

2. Scheinkritisches Bewußtsein

Von diesem naiven Bewußtsein ist das scheinkritische Bewußtsein zu unterscheiden. Aus diesem ergibt sich ein anderes Verhalten angesichts der Paradoxa, die die Totalität eines Geistes in sich faßt. Das scheinkritische Bewußtsein neigt dazu, diese Paradoxa vordergründig zu akzeptieren, um sie durch oberflächliche Scheinerklärungen zu bagatellisieren. Das scheinkritische Bewußtsein zeichnet sich durch eine Mimikry der Liberalität aus. Worin liegt diese Haltung begründet? Im Gegensatz zum naiven Bewußtsein ist das scheinkritische Bewußtsein zumindest oberflächlich von Selbstkritik berührt. Diese Berührung beschränkt sich aber auf seine Beziehungen zur Außenwelt. In seinen Tiefen hat sich das scheinkritische Bewußtsein die Überzeugungen und Erlebensformen des naiven Bewußtseins bewahrt. Es sieht sich aber aufgrund politischer und sozialer Rücksichten gezwungen, wider seine eigentliche Überzeugung in die Mimikry der Liberalität zu schlüpfen. Man könnte auch sagen, es ist ein naives Bewußtsein, das sich mit dem mainstream des Zeitgeistes identifiziert hat. In diesem herrschen aber Überzeugungen vor, die den natürlichen Erlebnissen des naiven Bewußtseins entgegengesetzt sind. Die politischen und sozialen Rücksichten, die das scheinkritische Bewußtsein nimmt, können ihm von seinem Vortrags- oder Lesepublikum aufgedrungen sein oder von der aufgeklärten Öffentlichkeit, in der die Überzeugungen von der Fehlbarkeit und Revidierbarkeit jeder wissenschaftlichen Überzeugung vorherrschen. Da das naive Bewußtsein dazu neigt, sich mit der herrschenden Meinung zu identifizieren, sieht es sich gezwungen, seine Beziehungen zur Außenwelt auf eine Identifikation mit den herrschenden Überzeugungen des Zeitgeistes zu gründen, währenddessen es in seinem Inneren an seinen ursprünglichen Überzeugungen festhält. Daraus ergibt sich der gespaltene, doppelzüngige Charakter des scheinkritischen Bewußtseins. Seine Kenntnis der neuzeitlichen Wissenschaftsparadigmen der Offenheit, Revidierbarkeit und Falsifizierbarkeit jeder Theorie machen es ihm unmöglich, zumindest in der Öffentlichkeit, sich frei zu seiner Autorität und seinem Bedürfnis nach Unfehlbarkeit zu bekennen. Im Inneren lebt aber dieses Bedürfnis fort.

Wer kennt nicht den Vortragsredner, der in der auf seine Ausführungen folgenden Diskussion seine Liberalität und Offenheit bekundet, nachdem er vorher zwei Stunden lang Positionen entwickelt und eine Geisteshaltung vorgelebt hat, die von Unduldsamkeit und Dogmatismus geprägt waren? Auf dieser Gespaltenheit des scheinkritischen Bewußtseins beruht letztlich auch die Unterscheidung zwischen einer «Innen-» und einer «Außenwelt» innerhalb von Bekenntnisgemeinschaften. Im Innenraum kann sich der zurückgedrängte naive Dogmatismus um so heftiger ausleben, der, veranlaßt durch die irrelevanten Meinungen der Zeitgenossen, vorübergehend den Rückzug antreten mußte. Deswegen leiden Begegnungen innerhalb von Bekenntnisgemeinschaften so häufig am Phänomen der gegenseitigen Zerfleischung, weil sich hier die individuellen Dogmatismen und Unfehlbarkeitsansprüche ungehemmt äußern können.

Das scheinkritische Bewußtsein entwickelt verschiedene Methoden, um seine Position an der Grenze zwischen «Innenwelt» und «Außenwelt» zu schützen. Eine dieser Methoden ist die Erfindung von *ad-hoc*-Hypothesen zur Beschwichtigung kritischer Fragesteller. *Ad-hoc*-

Hypothesen werden gebildet, wenn man mit Tatsachen konfrontiert ist, die zu den eigenen Überzeugungen im Widerspruch stehen und auch nicht ohne weiteres in diese Überzeugungen integrierbar sind. Im Grunde würden diese Tatsachen eine Umgestaltung oder Erweiterung der gesamten Weltsicht erforderlich machen. Um diese Unbequemlichkeit zu umgehen, ersinnt man sophistische Scheinerklärungen, die die Tatsachen in einen scheinbar plausiblen Zusammenhang mit den eigenen Überzeugungen bringen, die aber in Wahrheit nur den grundlegenden Widerspruch verschleiern. Die scheinbar erklärenden Hypothesen werden über den jeweiligen Anlaß ihrer Entstehung hinaus nicht weiterverfolgt, sondern sofort wieder fallengelassen, wenn sie ihren Zweck erfüllt haben. Es gibt jede Menge von solchen *ad-hoc*-Hypothesen, die den Charakter von sophistischen Argumenten haben. Sie gehören zum beweglichen Arsenal eines guten Vortragsredners, aus dem er sich bei Bedarf munitionieren kann. Eine beliebte Hypothese, die vorgebracht wird, wenn kritische Zuhörer auf die Widersprüchlichkeit der vorgebrachten Meinungen hinweisen, ist die Anschauung, daß bei ausreichender Prüfung des Sachverhalts der Widerspruch schon gelöst werden könnte. Eine solche ausreichende Prüfung erfolgt aber in der Regel nicht. Denn das Argument dient nur dazu, den Fragesteller zum Schweigen zu bringen.

Andere beliebte Verfahren bestehen darin, weitläufige Erörterungen über Formen der «Urteilsbildung», «lebendiges Denken», «dreifache Umschmelzung des geisteswissenschaftlichen Urteils», «Schichtenurteile» usw. anzustellen, ohne auf den Sachgehalt der in Rede stehenden Widersprüche einzugehen oder einen realen Erklärungsversuch auf dem Hintergrund des Gesamtwerkes Rudolf Steiners anzubieten. Für diese Behauptung spricht die Tatsache, daß noch nie jemand öffentlich den Versuch unternommen zu haben scheint, ein Beispiel für eine solche Schichtenurteilsbildung an einem konkreten Fragegegenstand aufzuzeigen. Der Sinn dieses Verfahrens besteht darin, die Kontrahenten von der möglicherweise fruchtbaren Auseinandersetzung mit den Sachfragen auf das unerquickliche Gebiet methodischer Erörterungen abzulenken. Dadurch verliert aber die Diskussion ihren eigentlichen Gegenstand aus dem Auge und man ist bei einem unverfänglichen Thema gelandet, zu dem jeder seine Vorstellungen zum Besten geben kann.

3. Kritisches Bewußtsein

Das kritische Bewußtsein sieht im Vorhandensein von Paradoxa in der geistigen Entwicklung eines Menschen die Lebensform des sich entwickelnden Geistes. Es betrachtet Paradoxa als notwendige Durchgangsstufen der geistigen Entwicklung, als Ausdruck unterschiedlicher, sich wandelnder Einsicht. Ein kritisches Bewußtsein beruht auf dem Durchbruch zur Urteilsmündigkeit. Das Bewußtsein, das den Zustand der Selbstbeobachtung und Selbstkritik gegenüber seiner eigenen Urteilsbildung realisiert hat, ist imstande, die Gesetzmäßigkeit seines erkennenden Tuns zu intuieren. Es hat den in der *Philosophie die Freiheit* beschriebenen Ausnahmezustand verwirklicht. Dadurch erlangt es Einsicht in die Art, wie Urteile entstehen. Es hat sich von der dogmatischen Naivität befreit und vermag die sachfremden Einflüsse, die sich aus der leiblich-seelischen Organisation auf die Urteilsbildung und den Erkenntnisvorgang ergeben, weitgehend auszuschließen. Dies zumindest insoweit, als es ihm gelingt, den kritischen Zustand bei der Urteilsbildung konsequent aufrechtzuerhalten. Natürlich ist auch das kritische Bewußtsein nicht vor Irrtum gefeit. Aber es besitzt in seiner Fähigkeit zur Selbstkritik das Instrument, entstehende und entstandene Irrtümer durch eigene Erkenntnisanstrengung zu korrigieren. Durch die Selbstanschauung erkennt es die Fehlbarkeit jedes Erkenntnisprozesses. Es duchschaut den Experimentalcharakter des Erkennens und sieht sich vor die Notwendigkeit gestellt, seine eigene und fremde Urteilsbildung stets von neuem zu überprüfen. Die Prüfungen, die das kritische Bewußtsein durchführt sind Realitäts-, Plausibilitäts- und Evidenzprüfungen. Wenn es die Fähigkeit der Kritik in ihrem ganzen Umfang realisiert, dann übt es nicht nur Selbstbeobachtung und Selbstkritik, sondern bedient sich auch der historisch-philologischen Methoden und praktiziert immanente Kritik.

Naturgemäß wird das kritische Bewußtsein auch kein Bedürfnis nach absoluter Autorität empfinden, da es den absoluten Urteilsboden im eigenen Ich gefunden hat. Es kann auf seine Fähigkeit der Beobachtung und Begriffsbildung zurückgreifen und sie einer fortwährenden Schulung unterziehen. Dadurch steigert es mit jedem Erkenntnisexperiment sein Vermögen der Urteilsbildung. Das Hervorbringen von und Leben in selbstvollbrachten Evidenzen wird zum täglichen Brot des kritischen

Bewußtseins. Dadurch lebt es sich in individueller Form in den geistigen Weltzusammenhang ein. Dem kritischen Bewußtsein ergibt sich die Einsicht in den dramatischen Charakter jedes Erkenntnisvorgangs und *es entwickelt die Bereitschaft, das Drama der Erkenntnis als Lebensvorgang des menschlichen Geistes ernstzunehmen.* Das Erkennen ist für das kritische Bewußtsein ein Weltprozeß. In ihm begegnet das menschliche Ich den gestaltenden Kräften des Weltgeschehens. In die geistigen Gestaltungsvorgänge der Welt ist das erkennende Bewußtsein als Mitvollbringer einbezogen. Die menschlichen Erkenntnistaten sind ein Teil des Weltgeschehens. Das Drama des Erkennens ist ein Geschehen, das Peripetien und Katastrophen durchläuft. An diesen Peripetien und Katastrophen wirkt das erkennende Ich als handelnde Person mit.

Das kritische Bewußtsein entwickelt seine eigenen Methoden, um seine Erkenntnisziele zu erreichen. Es läßt sich auf eine thematische Auseinandersetzung mit unterschiedlichen Aussagen und Argumenten ein. Denn Einsicht in Wahrheit und Irrtum ergibt sich nur aus dem Durchleben von begrifflichen Zusammenhängen und Beobachtungsvollzügen. Um zu einem Verständnis der Entwicklung des geistigen Organismus eines Menschen zu gelangen, wird das kritische Bewußtsein die einzelnen Standpunkte, denen es begegnet, *gedanklich durcharbeiten, nachschaffen* und *durchleben* (*Grundlinien*).[16] Nur so ist wirkliches Verständnis gewährleistet. Dabei ergibt sich auch eine Einsicht in die ideellen Voraussetzungen und Implikationen der betreffenden Standpunkte. Diese werden im intuitiven Denken einer ideellen Rekonstruktion unterzogen. Das gedankliche Nachschaffen eines philosophischen Standpunktes führt erst zu einem Verständnis der geistigen Entwicklung eines Menschen. Das kritische Bewußtsein sieht sich auch genötigt, zu den Quellen zurückzugehen, aus denen bestimmte Überzeugungen erflossen sind. Es bleibt nicht dabei stehen, bloß Erkenntnisergebnisse zur Kenntnis zu nehmen, oder Urteile aus zweiter oder dritter Hand zu übernehmen. Es wird also nicht genügen, sich lediglich ein Bild über einen Autor durch einen zweiten Autor zu verschaffen. Es muß auch an den Quellen selbst ein ursprüngliches, eigenständiges Urteil gebildet werden

Dieses kann dann mit der Interpretation des zweiten Autors verglichen werden. Im vorliegenden Fall bedeutet dies, die Philosophie Nietzsches nicht nur durch Steiner zur Kenntnis zu nehmen, sondern aus den Quellen selbst. (Das ist eigentlich eine Selbstverständlichkeit, die aber häufig genug übersehen wird.)

Durch diese gründliche, thematische Auseinandersetzung mit den einzelnen Bestandteilen eines Ideengefüges wird es möglich, die einzelnen Positionen, die ein Denker zu einem bestimmten Gegenstand eingenommen hat, in den geistigen Entwicklungszusammenhang seiner Individualität einzufügen. So ergibt sich nach und nach ein Gesamtbild dieser Entwicklung und damit ein ideelles, intuitives Erleben der sich entwickelnden geistigen Individualität des betreffenden Menschen.

Schließlich wird ein kritisches Bewußtsein auch darum bemüht sein, aus der Zusammenschau seiner verschiedenen Einsichten zu einem eigenen Standpunkt gegenüber den offenen Erkenntnisfragen durchzudringen. Dieses Bemühen um den eigenen Standpunkt, sofern es frei von naiven Profilierungsbedürfnissen ist, stellt einen Ausweis der Urteilsmündigkeit dar.

5. Das Thema

Wenden wir uns der eigentlichen Fragestellung zu. Steiner arbeitete eine Reihe von Jahren (1884-1890) bei Familie Specht als Hauslehrer und Erzieher der Kinder. Familie Specht war eine jüdische Familie und Steiner hatte mit dem Familienvater, dem Kaufmann Ladislaus Specht, Differenzen über den Antisemitismus auszutragen. Seine diesbezüglichen Ausführungen in *Mein Lebensgang* sind aufschlußreich.

«Die Familie war eine jüdische. Sie war in den Anschauungen völlig frei von jeder konfessionellen und Rassenbeschränktheit. Aber es war bei dem Hausherrn, dem ich sehr zugetan war, eine gewisse Empfindlichkeit vorhanden gegen alle Äußerungen, die von einem Nicht-Juden über Juden getan wurden. Der damals aufflammende Antisemitismus hatte das bewirkt.

Nun nahm ich damals an den Kämpfen lebhaften Anteil, welche die

Deutschen in Österreich um ihre nationale Existenz führten. Ich wurde dazu geführt, mich auch mit der geschichtlichen und sozialen Stellung des Judentums zu beschäftigen. Besonders intensiv wurde diese Beschäftigung als Hamerlings *Homunculus* erschienen war. Dieser eminent deutsche Dichter wurde wegen dieses Werkes von einem großen Teil der Journalistik als Antisemit hingestellt, ja auch von den deutschnationalen Antisemiten als einer der ihrigen in Anspruch genommen. Mich berührte das alles wenig; aber ich schrieb einen Aufsatz über den *Homunculus*, in dem ich mich, wie ich glaubte, ganz objektiv über die Stellung des Judentums aussprach. Der Mann, in dessen Haus ich lebte, mit dem ich befreundet war, nahm dies als eine besondere Art des Antisemitismus auf. Nicht im geringsten haben seine freundschaftlichen Gefühle für mich darunter gelitten, wohl aber wurde er von einem tiefen Schmerze befallen. Als er den Aufsatz gelesen hatte, stand er mir gegenüber, ganz von innerstem Leid durchwühlt, und sagte mir: ‹Was Sie da über Juden schreiben, kann gar nicht in einem freundlichen Sinne gedeutet werden; aber das ist es nicht, was mich erfüllt, sondern daß Sie bei dem nahen Verhältnis zu uns und unseren Freunden die Erfahrungen, die Sie veranlassen, so zu schreiben, nur an uns gemacht haben können.› Der Mann irrte; denn ich hatte ganz aus der geistig-historischen Überschau heraus geurteilt; nichts Persönliches war in mein Urteil eingeflossen. Er konnte das nicht so sehen. Er machte, auf meine Erklärungen hin, die Bemerkung: ‹Nein, der Mann, der meine Kinder erzieht, ist, nach diesem Aufsatze, kein ‚Judenfreund'.› Davon war er nicht abzubringen. Er dachte keinen Augenblick daran, daß sich an meinem Verhältnis zu der Familie etwas ändern solle. Das sah er als eine Notwendigkeit an. Ich konnte noch weniger die Sache zum Anlaß einer Änderung nehmen [...] Aber wir konnten beide nicht anders als denken, daß sich in dieses Verhältnis ein tragischer Einschlag gemischt hatte.»[17]

Die Rezension des *Homunculus* erschien am 20. April 1888 in der *Deutschen Wochenschrift*. Steiner arbeitete zwei weitere Jahre im Haus der Familie Specht. Das Verhältnis zwischen Steiner und Ladislaus Specht scheint durch diesen Vorfall nicht nachhaltig getrübt worden zu sein, soweit dies ihrem Briefwechsel zu entnehmen ist.[18] Hamerlings *Homunculus* ist eine dramatische Satire auf den Zeitgeist des ausgehenden 19. Jahrhunderts. Unter anderem porträtiert er auch mit beißender

Ironie den erwachenden Zionismus, der elf Jahre später auf dem Basler Kongreß die Forderung nach einem jüdischen Nationalstaat in Palästina verabschiedete. Der Zionismus im ausgehenden 19. Jahrhundert ist aber nur auf dem Hintergrund des in dieser Zeit wachsenden Antisemitismus und Rassismus zu verstehen. Der Antisemitismus ist zwar ein Erbe des christlichen Mittelalters, boten doch der «Gottesmörder» Judas und die antisemitischen Tendenzen mancher Evangelien die Rechtfertigung für zahlreiche Judenpogrome. Dennoch bemühte sich das Diasporajudentum auch um Assimilation, insbesondere, seit es nicht mehr durch seine Ghettoisierung dazu gezwungen wurde, sich von den nichtjüdischen Volksteilen abzusondern. Teile des europäischen Judentums, die den historischen Versuch der Assimilation als gescheitert betrachteten, sahen das Judentum zunehmenden Pressionen ausgesetzt. Diese hingen mit dem erstarkenden Nationalismus und der Besinnung auf das Volkstum zusammen, die wiederum die Identifikation des Volkes mit dem Staat und den politischen Rassismus nach sich zog. Seit 1881 führten Judenpogrome in Rußland zu Auswanderungsbewegungen von Flüchtlingen in europäische Länder und nach Palästina. Der in ganz Europa zunehmende Antisemitismus nahm eine für manche Angehörigen der Diaspora beunruhigende und bedrohende Gestalt an. Mit der Rückbesinnung auf die rabbinischen Traditionen verbreitete sich auch der religiöse Messianismus, der von der Errichtung eines jüdischen Staates in Palästina das in den spirituellen Überlieferungen verheißene Heil erwartete. In Hamerlings Stück predigt Homunculus, der in der Retorte gezeugte Maschinenmensch, den Juden die Auswanderung nach Palästina und wird von den Auswanderern zum König von Jerusalem gekrönt. Allerdings endet das Unternehmen in einem Fiasko und Homunculus wird von seinen Untertanen gekreuzigt. Die literarische Satire Hamerlings bot, auch wenn sie nicht auf der politischen Linie des militanten Antisemitismus lag, diesem durchaus Material für seine Propaganda. Steiners Rezension ist auch eine Auseinandersetzung mit diesem politischen Mißbrauch des Hamerlingschen Werkes. Es ist sinnvoll, Steiners Äußerungen in diesem Zusammenhang zur Kenntnis zu nehmen, die wie Steiner in seinem *Lebensgang* sagt, «ganz aus der geistig-historischen Überschau heraus» geschrieben waren.

In seiner Rezension heißt es: «Was aber hat die Kritik aus diesem *Ho-*

munculus gemacht? Sie hat ihn herabgezerrt in den Streit der Parteien, und zwar in die widerlichste Form desselben, in den Rassenkampf. Es ist gewiß nicht zu leugnen, daß heute das Judentum noch immer als geschlossenes Ganzes auftritt und als solches in die Entwicklung unserer gegenwärtigen Zustände vielfach eingegriffen hat, und das in einer Weise, die den abendländischen Kulturideen nichts weniger als günstig war. Das Judentum als solches hat sich aber längst ausgelebt, hat keine Berechtigung innerhalb des modernen Völkerlebens, und daß es sich dennoch erhalten hat, ist ein Fehler der Weltgeschichte, dessen Folgen nicht ausbleiben konnten. Wir meinen hier nicht die Formen der jüdischen Religion allein, wir meinen vorzüglich den Geist des Judentums, die *jüdische Denkweise*. (Hervorh. L.R.) Der Unbefangene hätte nun glauben sollen, daß die besten Beurteiler jener dichterischen Gestalt, die Hamerling der eben berührten Tatsache gegeben hat, Juden seien. Juden, die sich in den abendländischen Kulturprozeß eingelebt haben, sollten doch am ehesten die Fehler einsehen, die ein aus dem grauen Altertum in die Neuzeit hineinverpflanztes und hier ganz unbrauchbares sittliches Ideal hat. Den Juden selbst muß ja zuallererst die Erkenntnis aufleuchten, daß alle ihre Sonderbestrebungen aufgesogen werden müssen durch den Geist der modernen Zeit. Statt dessen hat man Hamerlings Werk einfach so hingestellt, als wenn es das Glaubensbekenntnis eines Parteigängers des Antisemitismus wäre [...] Für die Form des Antisemitismus, die, wenn man das entbehrliche Wort schon gebrauchen will, Hamerling eignet, gibt es eine ganz bestimmte Formel: Er nimmt – wie jeder unbefangene, von Parteifanatismus freie Mensch – dem Judentum gegenüber den Standpunkt ein, den jeder von den Vorurteilen seines Stammes und einer Konfession unabhängige Jude teilen kann.»[19]

Diese Passagen lesen sich natürlich am Ende des 20. Jahrhunderts wesentlich anders, als am Ende des 19. Jahrhunderts. Aber Steiner hätte auch am Ende des 19. Jahrhunderts um eine Erklärung gebeten werden können und offenbar hat Ladislaus Specht dies getan. So wäre zu klären, was Steiner mit den Eingriffen des Judentums in die Entwicklung des Abendlandes gemeint hat, die dem Abendland «nichts weniger als günstig waren.» Indem er davon spricht, daß sich das Judentum schon längst ausgelebt, daß es keine Berechtigung im modernen Völkerleben mehr habe, daß seine Erhaltung ein Fehler der Weltgeschichte sei, stellt er nicht nur einen eben erst keimenden politischen Nationalismus jüdischer Art in Frage, sondern auch heilige religiöse Überlieferungen. Denn das religiöse Selbstbewußtsein des orthodoxen Judentums ist vom Bewußtsein seiner Zeugenschaft für den Gottesbund nicht zu trennen. (Allerdings sollte man beachten, daß Steiner vom Standpunkt seines ethischen Individualismus aus auch mit anderen religiösen Bekenntnissen so verfährt). Besonders fragwürdig könnte erscheinen, daß Steiner selbst, obwohl er die Konservierung einer historischen Gestalt des Judentums als weltgeschichtlichen Irrtum bezeichnet, Gattungseigenschaften eben dieses Judentums in ein Gebiet überträgt, in dem es am wenigsten zu suchen hat: das Gebiet des Denkens nämlich.

6. Jüdisches Denken?

Von einer jüdischen Denkweise zu sprechen, wäre, würde man die Spezifität dieser Denkweise aus Gattungseigentümlichkeiten ableiten, genauso abwegig, wie von einer weiblichen oder männlichen Denkweise zu sprechen. Daß das geistige Wesen des Menschen, das sich im Denken äußert, gerade der Teil des Menschen ist, der nicht an die Eigentümlichkeiten der leiblich-seelischen Organisation gebunden ist, wird Steiner nie müde, zu betonen. Gerade diese Beobachtung, auf die allein sich der ethische Individualismus der *Philosophie der Freiheit* gründet, ist es ja auch, die Steiner jede Identifikation des Menschen mit seinen Rasse- oder Geschlechtseigentümlichkeiten zurückweisen läßt.

Der von Steiner begründete ethische Individualismus birgt die Möglichkeit in sich, jeden irgendwie gearteten Rassismus zu überwinden, weil er das Wesen des Menschen in der sich selbst aus der Welt der Intuitionen bestimmenden Individualität sieht.

Für dieses Wesen des Menschen ist jegliches Reden von einer Determination durch die Gattungseigentümlichkeiten eine unzulässige Verallgemeinerung. Zwar könnte man von einer Prägung des Denkens durch die

Gattungseigentümlichkeiten sprechen, insofern sich die Individualität nicht über diese Eigentümlichkeiten erhebt, das begründet aber noch nicht die Möglichkeit, Gattungseigentümlichkeiten auf das Denken selbst zu übertragen. Deswegen ist es zumindest fraglich, ob man von einem französischen, deutschen oder eben jüdischen Denken sprechen kann. Will man den Widerspruch vermeiden, dem seinem Wesen nach von Gattungseigentümlichkeiten freien Denken Gattungseigentümlichkeiten zuzuschreiben, kann die spezifische Differenz zwischen Denkarten nur in der inhaltlichen und methodischen Ausgestaltung dieser Denkarten gesucht werden. Möglicherweise verstand Steiner unter «jüdischer Denkweise» ebensolche inhaltliche und methodische Besonderheiten.

Betrachten wir – um dieses Problem zu lösen – den Steinertext etwas genauer. Offenbar versteht hier Steiner unter «jüdischer Denkweise» einerseits die jüdische Religion, aber nicht diese allein, sondern auch die sittlichen Ideale, die jene Denkweise «aus dem grauen Altertum» in die Neuzeit hereinverpflanzt habe. Auf eine Formel gebracht, liefe dieses Konzept des «jüdischen Denkens» auf eine Kritik am (abstrakten) Monotheismus und am Sittengesetz hinaus. Steiner meint an dieser Stelle also nicht etwa ein jüdisches Denken, das jüdisch wäre wegen einer etwaigen Determination durch die Rassenzugehörigkeit, sondern er bestimmt inhaltlich das jüdische Denken im Sinne der von Moses Mendelssohn vertretenen Haskala (jüdischen Aufklärung) und des Reformjudentums des 19. Jahrhunderts. Genauso gut hätte Steiner an dieser Stelle schreiben können: das «kantsche» Denken oder das «katholische» Denken, denn von seiner kritischen Position her betrachtet, konvergierten diese geistigen Positionen – so verschieden sie äußerlich betrachtet auch sein mochten – in ihrer Frontstellung gegen die Emanzipation der geistigen Individualität.

Michael A. Meyer schreibt im Hinblick auf die vier Hauptvertreter des deutschen Reformjudentums in der ersten Hälfte des 19. Jahrhunderts: «Alle vier Männer waren eindeutige Verfechter der Emanzipation und Akkulturation. Sie glaubten, daß sie als Juden ebenso deutsch sein könnten wie die Nichtjuden [...] Keiner glaubte, daß die Juden eine Nation im modernen Sinne des Wortes seien; was die Juden miteinander verband, war vielmehr ihre Religion. Das ‹Einigungsband› Israels, betonte Hirsch, sei niemals Land und Boden gewesen, sondern der gemeinsame Gehorsam gegen die geoffenbarten Gesetze der Tora.»[20]

Meyer fährt über das Selbstverständnis des deutschen Reformjudentums fort: «Alle Strömungen im deutschen Judentum bekannten sich zu einem fundamentalen Dogma: der ‹Mission Israels›. So wie nichtjüdische deutsche Autoren, ursprünglich als Reaktion auf die französische Dominanz, den Standpunkt vertraten, daß Deutschland eine kulturelle Mission unter den Völkern habe, so postulierten die jüdischen Ideologen eine eigene spirituelle und moralische Mission der Juden in Deutschland. Moses Mendelssohn hatte schon im 18. Jahrhundert den Standpunkt vertreten, die Juden seien von der Vorsehung auserwählt zu einem Priestervolk, dessen Aufgabe unter den Völkern es sei, die Aufmerksamkeit auf seine unverfälschten Ideen von Gott und hoher Moral zu lenken [...] die Idee von der Mission Israels [...] behauptete, Europa habe noch nicht alles in sich aufgenommen, was die Juden ihm zu bieten hatten. [...] Die Mission Israels war die extremste Antwort auf die angebliche Verderbtheit der jüdischen Religion, welche die Gegner der Emanzipation ins Feld führten [...] Für die Juden selbst war die Mission Israels das machtvollste Dogma der Selbstrechtfertigung. Der jüdische Partikularismus hörte damit auf, Selbstzweck zu sein, und wurde statt dessen Mittel zu einem größeren Ziel: der universalen Anerkennung des Gottes Israels und der moralischen Gebote Gottes für die Menschheit.»[21]

Steiners Kritik am jüdischen Denken erscheint als eine Replikation seiner Kantkritik, dessen Normethik und durch den moralischen Gottesbeweis verschleierten Agnostizismus er in Anknüpfung an den Fichteschen Begriff der Tathandlung und Hegels objektiven Idealismus mit seinem «ethischen Individualismus» überwinden wollte. So ist es nicht verwunderlich, daß Steiner seinem Aufsatz über Hamerlings *Homunkulus*, in dem er einen «Repräsentanten des modernen Menschen» sah, der sich vor allem durch einen gänzlichen Mangel an Individualität auszeichne, kontrastierend ein Hohelied auf die freie Individualität voranstellte. In der gegenwärtigen Gesellschaft sah er eine gefährliche Mechanisierungstendenz, die allen Lebensfeldern aufgedrungen werde, die er als individualitätsfeindlich und seelenlos kennzeichnete. Man kann diese Diagnose als Kritik am oberflächlichen Rationalismus und am (materialistischen) Fortschrittsoptimismus lesen.

Steiner sah in dieser Zunahme geistiger und sozialer Kälte offenbar das Gegenstück zu jenen «dumpfen Gefühlen» und «Instinkten», die er im

Antisemitismus nach Herrschaft streben sah. Steiner schreibt 1888 im Aufsatz über den *Homunkulus*: «Jener Quell immer frischen Lebens, der uns stets Neues aus unserem Inneren schöpfen läßt, so daß unser Gemüt und unser Geist mit einer gewissen in sich selbst gegründeten Tiefe ausgestattet erscheint, die sich nie ganz ausgibt, der kommt dem modernen Menschen ganz abhanden. Eine ausgesprochene Individualität ist nichts Überschaubares, denn wenn wir noch so viele Lebensäußerungen derselben kennengelernt haben, so ist es uns nicht möglich, daraus ein solches Bild von ihr zusammenzufügen, daß wir die Summe ihrer weiteren Betätigungen voraussehen könnten. Jedes folgende Tun erhält eben immer einen neuen Impuls aus der Tiefe unseres Wesens, der uns neue Seiten desselben zeigt. Das unterscheidet die Individualität vom Mechanismus, der nur das Ergebnis des Zusammenwirkens seiner Bestandstücke darstellt. Kennen wir diese, so sind uns auch die Grenzen klar, innerhalb welcher sein Wirken eingeschlossen ist. Das Leben des modernen Menschen wird nun immer maschinenhafter. Die Erziehung, die Gesellschaftsformen, das Berufsleben, alles wirkt dahin, das aus dem Menschen zu treiben, was man individuelles Leben nennen möchte. Er wird immer mehr ein Produkt der Verhältnisse, die auf ihn einwirken. Dieser seelenlose, unindividuelle Mensch bis zur Karikatur gesteigert, ist Hamerlings Homunkulus.»

Hamerlings Homunkulus ist somit auch der Prototyp des Rassisten oder völkischen Nationalisten, der sich durch sein gänzliches Unverständnis jenes individuellen Wesenskerns auszeichnet, der in jedem Menschen – wenn auch in unterschiedlicher Bewußtheit – vorhanden ist. Das Festhalten an geistig unzeitgemäßen ethischen Idealen ist aber für Steiner Ausdruck von «Dekadenz» und «Retardation»: was einmal sinnvoll und berechtigt war, «fällt von seiner Höhe herab» und beginnt den fortschreitenden Kräften der Emanzipation entgegenzuwirken, es wird konservativ und reaktionär. Dadurch wirkt es auf die soziale Ordnung «zersetzend». Es zersetzt diese Ordnung, die neu entstehen will, weil es an der alten festhält. Insofern ist in allen reaktionären Geistesströmungen ein «Zersetzungsferment» der sozialen Ordnung zu sehen. In Wirklichkeit wirken nicht die revolutionären Geistesströmungen zersetzend, denn diese bringen die neuen sittlichen Ideale und neue Gesellschaftsformen herauf, sondern die konservativen und reaktionären.

Für Steiner konvergierte das zeitgenössische jüdische Denken, insofern es die Idee der Mission Israels vertrat, mit dem Denken Kants. Beide vertraten Ideale «aus grauer Vorzeit», die zur sittlichen Autonomie, wie er sie verstand, im Widerspruch standen: das Ideal des Gehorsams gegen das geoffenbarte Gesetz und der Bescheidung im Glauben. Dieses Ideal sah er auch im zeitgenössischen Judentum repräsentiert. Dagegen ist die Rassewerdung der jüdischen Nation im 19. Jahrhundert für Steiner der Reflex der Rassewerdung aller europäischen und außereuropäischen Völker im 19. Jahrhundert. Steiner wollte mit seinem ethischen Individualismus und seinem Hinweis auf das Entstehen und Vergehen der Rassen, auf die rasseüberwindende oder -durchdringende Individualität und mit dem Hinweis auf das höchste ethische Ziel, das zur gänzlichen Überwindung des Rassedenkens durch die geistige Individualität führte, die Menschheit über dieses seiner Ansicht nach atavistische Rassedenken hinausführen.

Dabei wußte er sich im Bunde mit dem wahren Zeitgeist, dem er die Mission zuschrieb, ein gemeinsames solidarisches Bewußtsein in der gesamten Menschheit hervorzurufen, das sie im Namen des Urbildes der Menschheit, des befreiten Ich, vereinigen sollte. In der Rassewerdung der gesamten Menschheit im 19. Jahrhundert sah Steiner einen Ausdruck der geistigen Dekadenz, weil das Predigen von Rassedifferenzen und die Behauptung ihres Einflusses auf die menschliche Moralität gerade die Emanzipation des Individuellen am Menschen verhindern wollte. Deswegen konnte er den Rassismus in Gestalt Dührings als «reaktionär», als «barbarisch» und «kulturfeindlich» bezeichnen.

Was den Monotheismus anbetrifft, den das Reformjudentum zum zentralen Inhalt der jüdischen Religion erklärte, so hätte Steiner ebensogut den Katholizismus oder das zeitgenössische Christentum kritisieren können, was er in anderem Zusammenhang – z.B. in der *Philosophie der Freiheit* – auch getan hat. Denn er stand vor der Jahrhundertwende auf dem radikalen Standpunkt der Aufklärung, daß die geistige und kulturelle Entwicklung des Abendlandes jede Form traditioneller Religion überwunden habe. Er lehnte die Herrschaft einer jeden geistigen Tradition ab, die ihre Legitimation nicht aus Erfahrungserkenntnis bezog, sondern sich auf ihre historische Existenz oder die Offenbarung berief.

Nach 1900 sprach Steiner vielfach über die «historische Mission» des

Judentums, z.B. im Jahr 1910 in einem öffentlichen Vortrag über Moses,[22] den er in Berlin hielt. Hier wies er auf die zentrale Bedeutung des geschichtlichen Judentums für die Konstitution der neuzeitlichen Epoche des Abendlandes hin, und erkannte Moses und seinem Volk eine Aufgabe zu, die bis in die Gegenwart fortwirke und noch nicht abgeschlossen sei. Steiner führte 1910 aus: «Was wir heute als das wichtigste Element für das Kulturleben betrachten, hat seinen ersten Impuls durch Moses erhalten ...»[23] «Was die spätere Menschheit dem Moses verdankt, ist die Kraft, Vernunft und Intellekt zu entfalten, aus dem Ich-Bewußtsein heraus im vollen Wachzustande intellektuell über die Welt zu denken, über die Welt sich intellektuell aufzuklären.»[24] «Moses steht da als der Begründer der neuen, intellektualisierten Weltanschauung, die durchaus noch nicht abgelaufen erscheint, die den Menschen erst wieder lehren wird, die Lebenspraxis in Einklang mit den Naturerscheinungen zu bringen, wie Moses es getan hat.»[25]

1910 verwies er auf die positiven Folgen jener Emanzipation des Intellekts, die er dem jüdischen Volk und Moses, seinem Propheten, zuschrieb. Durch die Entwicklung des Monotheismus und die Errichtung einer Gesetzesherrschaft hatte das jüdische Volk die Menschheit von den geistigen Mächten emanzipiert, die das menschliche Ich bis dahin führten. Indem das Göttliche im Judentum zur Einheit und Einzigkeit zusammengezogen wurde, bildete sich auf dessen Gegenseite das menschliche Ich heraus, das sich im Gegenüber zur unsichtbaren Gottheit zum ebenso unsichtbaren, weil geistigen Einzelwesen entwickeln konnte. Daß dieses Einzel-Ich nicht aus der moralischen Ordnung des Kosmos herausfiel, hatte der Genius, der in Moses waltete, die Herrschaft eines unbedingte Unterwerfung fordernden Gesetzes errichtet. Wer sich diesem göttlichen Gesetz widersetzte, hatte unerbittliche Vergeltung durch den Tod zu gewärtigen. Sein Tod vergegenwärtigte jedem anderen Ich, was der Abfall vom Gesetz zur Folge haben mußte. (Vgl. 3 Mos 26, 1-39)

In Paulus sah Steiner den Überwinder des Gesetzesdenkens und den Befreier der menschlichen Einzelindividualität, der diese zugleich für den menschheitsverbindenden Logos, das geistige Ur-Ich der Menschheit, aufschloß. In der Befreiung der Einzelindividualität sah Steiner den unermesslichen Fortschritt, der sich im liberalen Prinzip artikulierte, er sah darin die Bewußtwerdung des Göttlichen in jedem Einzelmenschen, die erneuerte Geburt des Sohnesgottes in der Menschheit in «ätherischer», d.h. vergeistigter Form.

So mußte sich Steiner gegenüber den Theosophen um Annie Besant auch gegen die Idee der Wiederkunft des Ur-Ichs der Menschheit in physischer Form wenden, in der er nur eine äußerste reaktionäre Tendenz sehen konnte, die Tendenz nämlich, das sich emanzipierende Menschen-Ich an die Vererbungsströmung und das Vaterprinzip zurückzubinden. Diese Tendenz sah er in allem Rassedenken und auch im Nationalismus walten. Auch das zeitgenössische Judentum vertrat aus seiner Sicht dieses Sittlichkeitsideal. In der Zustimmung, die Kants Philosophie von seiten Moses Mendelssohns und seiner Nachfolger im 19. Jahrhundert zuteil wurde, sah Steiner das Festhalten am heteronomen Sittengesetz das die Menschheit zwar zum Selbstbewußtsein geführt hatte, über das diese im Namen der völligen Emanzipation jedoch hinausschreiten sollte.

Da das «liberale Prinzip der Kernpunkt der modernen Kultur überhaupt» war, wie Steiner 1888 schrieb, war dieses Festhalten am Gesetz fortschrittsfeindlich, denn die menschliche Individualität sollte sich von der Herrschaft des Gesetzes endgültig befreien, sie sollte zur Selbstbestimmung voranschreiten, was für Steiner hieß, sie sollte sich aus Liebe dem selbstgeschaffenen Gesetz hingeben, sie sollte selbst zum Gesetzgeber werden. Die liberalen und demokratischen Bewegungen sah Steiner als Träger des Fortschritts, weil sie eben jenes Bedürfnis der Individualität nach Selbstgesetzgebung artikulierten.[26]

7. Steiners Brief an Pauline Specht und Nietzsches *Antichrist*

Doch kehren wir ins Jahr 1894 zurück und greifen unsere Fragestellung noch einmal etwas tiefer auf. Am Ende dieses Jahres schrieb Steiner an Pauline Specht den bereits zitierten Brief. Darin heißt es: «Ist Ihnen Nietzsches *Antichrist* vor Augen gekommen? Eines der bedeutsamsten Bücher, die seit Jahrhunderten geschrieben worden sind! Ich habe meine eigenen Empfindungen in jedem Satze wiedergefunden. Ich kann vorläufig kein Wort für den Grad der Befriedigung finden, die dieses Werk in mir hervorgerufen hat. [...]

Ich empfinde Nietzsches Erkrankung besonders schmerzlich. Denn ich habe die feste Überzeugung, daß meine ‹Freiheitsphilosophie› an Nietzsche nicht spurlos vorübergegangen wäre. Er hätte [...] mir gewiß in der Ansicht Recht gegeben, daß seine Moralansicht, sein Immoralismus, seine Krönung erst in meiner ‹Freiheitsphilosophie› findet, daß seine ‹moralischen Instinkte› gehörig sublimiert und auf ihren Ursprung verfolgt das geben, was bei mir als ‹moralische Phantasie› figuriert. Dieses Kapitel *Moralische Phantasie* meiner ‹Freiheitsphilosophie› fehlt geradezu in Nietzsches *Genealogie der Moral*, trotzdem alles, was in derselben steht, darauf hinweist. Und der *Antichrist* ist nur eine besondere Bestätigung dieser meiner Ansicht.»[27]

Wer die extrem antisemitischen Passagen im *Antichrist* gelesen hat, wird über diese Äußerungen vermutlich verwundert sein.

Man könnte sagen, Steiner spreche ja in diesem Brief nur von seinen «Empfindungen», das heißt, er stimme keineswegs den Gedanken oder Standpunkten Nietzsches zu, sondern nur dessen Empfindungen. Dieses Argument trägt allerdings sophistische Züge. Denn schließlich werden diese Empfindungen ja mittels Gedanken zum Ausdruck gebracht und von Gedanken ausgelöst. Wenn Steiner «in jedem Satz dieses Buches seine eigenen Empfindungen wiederfindet», dann doch wohl, weil die Gedanken, die Ausdruck dieser Empfindungen sind, auf seine Zustimmung stoßen. Wären sie auf seine Ablehnung gestoßen, dann hätte er formulieren müssen: «Obwohl jeder Satz dieses Buches meinen innersten Empfindungen widerspricht...» Hätte er nur Nietzsches Empfindungen zugestimmt, dessen Gedanken aber abgelehnt, wäre dies eine zumindest recht merkwürdige Art von Rezeption eines philosophischen Werkes. Außerdem pflegt Nietzsche immer nur gedankliche Affekte auszudrücken, keine gedankenlosen. (So ruft eine bestimmte Menschenart und Seelenhaltung – die «priesterliche», «jüdische» – in ihm «Ekel» hervor, weil sie «übelriechend» ist).

Man kann auch nicht behaupten, Steiner habe Nietzsches *Antichrist* bloß als Symptom so bedeutsam gefunden und sich ansonsten davon distanziert. Denn das allein scheint nicht zu legitimieren, daß er einen Grad der Befriedigung an diesem Buch empfand, der sich mit Worten nicht mehr ausdrücken ließ. Wäre eine solche Auffassung gerechtfertigt, dann wäre eher eine kühl distanzierte Beurteilung zu erwarten gewesen, etwa der Art: «Ich halte Nietzsches Buch für eines der bedeutendsten Bücher, die seit Jahrhunderten geschrieben wurden. Ich teile zwar nicht seine Ansichten, aber es bringt dies und jenes – wie kein anderes Buch bisher – vollendet zum Ausdruck ...»

In einer seiner spätesten Betrachtungen über Friedrich Nietzsche, in den sog. Karmavorträgen aus dem Jahr 1924, findet sich wie bereits erwähnt eine ganz andersartige Charakterisierung des *Antichristen.*

«Sehen Sie, es war eine andere Stellung möglich zu einem glänzendsten Schriftsteller der letzten Zeit, einem der größten Schriftsteller, bevor dessen letzte Werke erschienen sind. Als ich mein Buch schrieb: *Friedrich Nietzsche, ein Kämpfer gegen seine Zeit,* hatte man es in der Öffentlichkeit zu tun mit dem blendenden Schriftsteller, der menschliche Fähigkeiten bis zum Höchsten hinauf gesteigert hatte.

Dann erst wurde man bekannt mit dem, was Nietzsche in der Zeit seines Verfalles geschrieben hat. Da sind vor allen Dingen zwei Werke, *Antichrist* und *Ecce homo*: das sind zwei Werke, die Ahriman geschrieben hat – nicht Nietzsche, sondern ein ahrimanischer Geist, in Nietzsche inkorporiert. Da trat zuerst Ahriman als Schriftsteller auf Erden auf. Er wird das fortsetzen. Nietzsche ist daran zerschellt. [...]

Wer geblutet hat – ich meine es seelisch –, wie ich geblutet habe, als ich zum ersten Mal Nietzsches Schrift *Der Wille zur Macht* las [...]

Man braucht nur daran zu denken, was für ahrimanische Bemerkungen im *Antichrist* stehen. [...] Daß Jesus als »Idiot« bezeichnet wird, ist die Hand Ahrimans. Und manches andere von dieser Art steht da [...]

Der *Antichrist* – mit welchen Worten schließt er? Mit den Worten – ich kann es nicht wörtlich zitieren –: Ich möchte es an alle Wände schreiben, und ich habe Schreibmaterial mit weithin leuchtenden Lettern, ich möchte es an alle Wände schreiben, was das Christentum ist: Das Christentum ist der größte Fluch der Menschheit! – So schließt das Buch. Da liegt doch ein Problem vor.»[28]

Allerdings liegt da ein Problem vor, möchte man Steiners Worte aufgreifen. Aber in einem doch etwas anderen Sinn. Da Steiner den *Antichristen* nach dem ihm bekannten Konzept als Bestandteil des *Willens zur Macht* betrachtete, können die Worte «Wer geblutet hat [...] wie ich geblutet habe, als ich zum ersten Mal Nietzsches Schrift *Der Wille zur Macht* las», auch auf seine Lektüre des *Antichristen* bezogen werden.[29] Der Brief an Pauline Specht scheint etwas anderes zu bezeugen.

Es erscheint aufgrund dieser paradoxen Situation angebracht, Steiners Nietzschebild einer genaueren Analyse zu unterziehen. Diese Analyse hat sich vor allem an seinem Nietzschebuch und späteren Zeugnissen seiner Nietzsche-Interpretation zu orientieren. Die erste Frage, die verfolgt werden muß, ist: Was für ein Nietzschebild hatte Steiner 1894, bei der Abfassung seines Nietzschebuches? Daraus ergibt sich eine zweite Frage: War Steiners Nietzschebild 1894 zutreffend? Und eine dritte schließt sich daran an: Welche Intention verfolgte Steiner mit seinem Nietzschebuch 1894?

Diese drei Fragen sollen anhand des Buches *Friedrich Nietzsche, ein Kämpfer gegen seine Zeit* untersucht werden. Und zwar in der Art, daß Steiners Darstellung laufend mit Passagen aus den Werken Nietzsches kontrastiert wird, auf die er sich in seiner Interpretation bezieht. Die Bücher Nietzsches, die ich hauptsächlich heranziehe, sind jene, auf die Steiner sich in dem Vorwort zu seinem Nietzebuch selbst beruft: *Jenseits von Gut und Böse*, *Genealogie der Moral* und *Götzen-Dämmerung*.[30]

8. *Friedrich Nietzsche, ein Kämpfer gegen seine Zeit* – die Zielsetzung des Buches

In seinem Vorwort äußert sich Steiner wie folgt über die Zielsetzung seines Nietzschebuches. «Als ich vor sechs Jahren die Werke Friedrich Nietzsches kennenlernte, waren in mir bereits Ideen ausgebildet, die den seinigen ähnlich sind. Unabhängig von ihm und auf andren Wegen als er, bin ich zu Anschauungen gelangt, die im Einklang stehen mit dem, was Nietzsche in seinen Schriften: *Zarathustra*, *Jenseits von Gut und Böse*, *Genealogie der Moral* und *Götzen-Dämmerung* ausgesprochen hat. Schon in meinem 1886 erschienenen kleinen Buche *Erkenntnistheorie der Goetheschen Weltanschauung* kommt dieselbe Gesinnung zum Ausdruck wie in den genannten Werken Nietzsches.[31] [...]

Das Endziel von Nietzsches Wirken ist die Zeichnung des Typus ‹Übermensch›. Diesen Typus zu charakterisieren, habe ich als eine Hauptaufgabe meiner Schrift betrachtet.»[32]

Steiners Nietzschebuch verfolgt offenbar eine zweifache Zielsetzung: eine unausgesprochene und eine ausgesprochene. Die ausgesprochene besteht darin, Nietzsches Bild des Übermenschen zu kennzeichnen, weil dies «das Endziel» von Nietzsches Schriften sei. Ob man tatsächlich das Bild des Übermenschen als Endziel der Schriften Nietzsches bezeichnen kann, ist eine Frage, die hier nicht diskutiert werden soll. Ich halte diese Aussage zumindest für fragwürdig, zumal, wenn man das Gesamtwerk Nietzsches berücksichtigt, in dem die Idee des Übermenschen erst relativ spät in Erscheinung tritt. Da aber Steiner in der Charakterisierung des Übermenschen das Hauptziel des Philosophierens von Nietzsche sieht, werden wir uns mit der Interpretation des Übermenschen befassen müssen, die er in seinem Nietzschebuch darlegt. Die unausgesprochene Zielsetzung findet sich auch angedeutet. Sie klingt zu Beginn des Vorworts in den Sätzen an, in denen Steiner zum Ausdruck bringt, daß er, bereits bevor er Nietzsches Schriften kannte, ähnliche Ideen, im Einklang stehende Anschauungen und dieselbe Gesinnung in sich ausgebildet habe. Er verfolgt also durch sein Buch auch das Ziel, die Übereinstimmung seines Denkens mit der Philosophie Nietzsches zum Ausdruck zu bringen. Dieses deutlich erkennbare Anliegen widerlegt die etwa von Prokofieff vertretene Ansicht, Steiner habe nur eine Art von philosophischer Mimikry betrieben. Man könnte sich fragen, was Steiner dazu bewog, diese Übereinstimmung zu diesem Zeitpunkt öffentlich zu bekunden. Eine Antwort auf diese Frage könnte sich aus seiner damaligen biographischen Situation, insbesondere seiner Beziehung zu Naumburg ergeben.[33]

Methodisches

Von zentraler Bedeutung für das Verständnis des Nietzschebuches Steiners sind auch die wenigen methodischen Bemerkungen, die sich darin finden. In ihnen gesteht sich Steiner seinem Interpretandum gegenüber eine denkbar große Freiheit zu. Er will sich keineswegs sklavisch an den Wortlaut der Nietzscheschen Werke halten, sondern fühlt sich dem «Geist» Nietzsches verpflichtet. Die Frage ist allerdings, ob dieser Ansatzpunkt einer Interpretation nicht die Gefahr in sich birgt, daß aus dem Interpretandum etwas ganz anderes wird, als es in der Realität ist. Wer kann so ohne weiteres sagen, was die wirklichen Intentionen eines Denkers waren, wenn er diese Intentionen selbst nicht zum Ausdruck gebracht hat? Jede Interpretation, die entgegen dem oder quer zum tatsächlichen Wortlaut herausarbeiten möchte, was ein Denker oder Schriftsteller eigentlich gemeint haben könnte, setzt sich in Widerspruch zu der Aussage, die sie uminterpretiert. Es ist bei Interpretationen, die verborgene Aussageabsichten, die möglicherweise dem Autor selbst gar nicht bewußt waren, herausarbeiten wollen, stets die Frage, was dem Interpreten das Recht zu seiner Deutung gibt. Wenn schon das Verstehen des Gesagten oft schwer genug ist, muß an das Verstehen des Nicht-Gesagten ein noch viel höherer Anspruch auf Legitimation und Plausibilität gestellt werden. Auf jeden Fall scheint eine klare Instanz gegen solche Uminterpretationen oder Interpretationen verborgener Aussageabsichten der Wortlaut eines Denkers selbst zu sein. Setzt sich eine hinter den Wortlaut greifende Interpretation in offenkundigen Widerspruch zum tatsächlichen Wortlaut eines Denkers, dann ist sie falsifiziert.

Zu seiner Methode äußert sich Steiner an zwei Stellen seines Nietzschebuches: «Ich denke, wahrhafte Bildung nimmt das Große einer Persönlichkeit auf und verbessert kleine Irrtümer oder denkt halbfertige Gedanken zu Ende.»[34]

Die andere Stelle findet sich im ersten Kapitel, gleich zu Beginn. Hier macht sich Steiner die Sätze Nietzsches über sein Verhältnis zu Schopenhauer und die des Zarathustra über seine Gläubigen zu eigen, um sein eigenes Verhältnis zu Nietzsche zu charakterisieren.

«Ihr sagt, ihr glaubt an Zarathustra? Aber was liegt an Zarathustra! Ihr seid meine Gläubigen: aber was liegt an allen Gläubigen!

Ihr hattet euch noch nicht gesucht: da fandet ihr mich. So tun alle Gläubigen, darum ist es so wenig mit allem Glauben.

Nun heiße ich euch, mich zu verlieren und euch zu finden; und erst, wenn ihr mich alle verleugnet habt, will ich euch wiederkehren.»[35]

Steiner will also nicht ein Gläubiger Nietzsches sein, der Nietzsche fand, bevor er sich selbst gefunden hatte, er will nicht «Bekenner», sondern «Freund» sein.

Eine andere methodische Frage ergibt sich aus der identifikatorischen Aneignungsgeste gegenüber Nietzsche allerdings, die Frage nämlich, inwieweit Steiner sich die Auffassungen Nietzsches tatsächlich zu eigen gemacht hat und ob die Gedanken Nietzsches, die er in seinem Buch vorträgt, nur von ihm referiert werden oder ob er sie zugleich als seine eigenen betrachtet. Die Form des Buches macht es nicht leicht, diese Frage zu entscheiden. Es wird sich aber im Verlauf meiner Ausführungen – so hoffe ich – zur Genüge zeigen, in welcher Weise Steiner sich Nietzsche aneignete und in welcher Weise nicht.

Der Charakter

Ein gutes Viertel seines Buches widmet Steiner der Beschreibung von Nietzsches Persönlichkeit und Charakter. Das erste Kapitel seines Buches trägt auch die Überschrift *Der Charakter.* Welche Züge in Nietzsches Persönlichkeit hält Steiner 1894 für besonders hervorhebenswert?

«In Nietzsches Persönlichkeit sind diejenigen Instinkte vorherrschend, die den Menschen zu einem gebietenden, herrischen Wesen machen [...] Jede Art von Unterordnung unter eine fremde Macht empfindet Nietzsche als Schwäche.»[36]

Bei Nietzsche findet sich dieser Machtinstinkt in folgender Formel: «Die Schwachen und Mißratnen sollen zugrunde gehn: erster Satz unsrer Menschenliebe. Und man soll ihnen noch dazu helfen.»[37]

Neben seinem Machtinstinkt sieht Steiner in Nietzsche aber auch einen «lebens- und wirklichkeitsfreundlichen Sinn» walten.

«(Der) lebens- und wirklichkeitsfreundliche Sinn Nietzsches zeigt sich auch in seinen Anschauungen über die Menschen und ihre gegenseitigen Beziehungen. Auf diesem Gebiete ist Nietzsche vollkommener Individualist.»[38]

Welcher Art dieser «lebens- und wirklichkeitsfreundliche Sinn» Nietzsches ist, zeigen zum Beispiel folgende Passagen aus dem Antichrist.

«Es gibt Tage, wo mich ein Gefühl heimsucht, schwärzer als die schwärzeste Melancholie – die Menschen-Verachtung. Und damit ich keinen Zweifel darüber lasse, was ich verachte, wen ich verachte: der Mensch von heute ist es, der Mensch, mit dem ich verhängnisvoll gleichzeitig bin.»[39]

«Wir würden uns ‹erste Christen› so wenig wie polnische Juden zum Umgang wählen: nicht daß man gegen sie auch nur einen Einwand nötig hätte [...] Sie riechen beide nicht gut.»[40]

Ein anderer vorherrschender Charakterzug in Nietzsche ist für Steiner sein Kampf gegen den Idealismus.

«Nietzsche ist Anti-Idealist [...]» (in moralischer Hinsicht lehnt er sittliche Zwecke und Normen ab).[41]

Bei Nietzsche selbst klingt dieser Anti-Idealismus wie folgt: «Wir haben umgelernt. [...] Wir leiten den Menschen nicht mehr vom ‹Geist›, von der ‹Gottheit› ab, wir haben ihn unter die Tiere zurückgestellt. Er gilt uns als das stärkste Tier [...] der Mensch [...] ist durchaus keine Krone der Schöpfung: jedes Wesen ist, neben ihm, auf einer gleichen Stufe der Vollkommenheit [...] der Mensch ist, relativ genommen, das mißratenste Tier, das krankhafteste, das von seinen Instinkten am gefährlichsten abgeirrte [...] was heute überhaupt vom Menschen begriffen ist, geht genau so weit, als er machinal begriffen ist [...] das Bewußtwerden, der ‹Geist›, gilt uns gerade als Symptom einer relativen Unvollkommenheit des Organismus, als ein Versuchen, Tasten, Fehlgreifen [...] der ‹reine Geist› ist eine reine Dummheit: rechnen wir das Nervensystem und die Sinne ab, die ‹sterbliche Hülle›, so verrechnen wir uns – weiter nichts!»[42]

Schon hier stellt sich die Frage, wie der Verfasser der *Philosophie der*

Freiheit angesichts solcher Auffassungen zur Ansicht gelangen konnte, daß er, bereits bevor er Nietzsches Schriften kannte, «ähnliche Ideen», «im Einklang» stehende «Anschauungen» und «dieselbe Gesinnung» in sich ausgebildet habe. Aber diese Frage erhält noch viel größere Brisanz, wie wir sehen werden.

In seiner *Genealogie der Moral* läßt sich Nietzsche über die Idealisten wie folgt aus: «Diese Art Mensch hat den Glauben an das indifferente, wahlfreie Subjekt nötig aus einem Instinkte der Selbsterhaltung, Selbstbejahung heraus, in dem jede Lüge sich zu heiligen pflegt. Das Subjekt [...] ist vielleicht deshalb bis jetzt auf Erden der beste Glaubenssatz gewesen, weil er der Überzahl der Sterblichen, den Schwachen und Niedergedrückten jeder Art, jene sublime Selbstbetrügerei ermöglichte, die Schwäche selbst als Freiheit, ihr So- und So-Sein als Verdienst auszulegen. [...] Will jemand ein wenig in das Geheimnis hinab- und hinuntersehen, wie man auf Erden Ideale fabriziert? [...] Die Schwäche soll zum Verdienste umgelogen werden [...] und die Ohnmacht, die nicht vergilt, zur Güte; die ängstliche Niedrigkeit zur Demut; die Unterwerfung vor denen, die man haßt, zum Gehorsam [...] die Feigheit [...] als Geduld [...] das Sich-nicht-Rächen-Können heißt Sich-nicht-Rächen-Wollen, vielleicht selbst Verzeihung [...] Diese Werkstätte, wo man Ideale fabriziert – mich dünkt, sie stinkt vor lauter Lügen.»[43]

Aber Nietzsche ist für Steiner nicht nur ein Anti-Idealist, sondern auch ein Gegner jeglichen Rationalismus. Die archetypische Verkörperung des Rationalismus ist für Nietzsche bekanntlich Sokrates. Den sokratischen, «lebensfeindlichen» Rationalismus bekämpft Nietzsche bereits in seiner ersten großen Publikation, dem Buch *Die Geburt der Tragödie.* Steiner zu Nietzsches Antirationalismus: «Noch ein anderer Grundinstinkt Nietzsches ist in diesem Werke (*Die Geburt der Tragödie*) schon zu beobachten. Es ist die Abneigung gegen die bloß logischen Geister, deren Persönlichkeit vollständig unter der Herrschaft ihres Verstandes steht.»[44]

Nietzsche selbst bringt seinen Antirationalismus und Antilogismus in prägnanten Aphorismen zum Ausdruck.

«Die Falschheit eines Urteils ist uns noch kein Einwand gegen ein Urteil; darin klingt unsre neue Sprache vielleicht am fremdesten. Die Frage ist, wieweit es lebenfördernd, lebenerhaltend, arterhaltend, vielleicht gar artzüchtend ist; und wir sind grundsätzlich geneigt zu behaupten, daß die falschesten Urteile [...] uns die unentbehrlichsten sind, daß ohne ein Geltenlassen der logischen Fiktionen, ohne ein Messen der Wirklichkeit an der rein erfundenen Welt des Unbedingten, Sich-selbst-Gleichen, ohne eine beständige Fälschung der Welt durch die Zahl der Mensch nicht leben könnte, – daß Verzichtleisten auf falsche Urteile ein Verzichtleisten auf Leben, eine Verneinung des Lebens wäre. Die Unwahrheit als Lebensbedingung zugestehn: das heißt freilich auf eine gefährliche Weise den gewohnten Wertgefühlen Widerstand leisten; und eine Philosophie, die das wagt, stellt sich damit allein schon jenseits von Gut und Böse.»[45]

Steiner scheint auch Nietzsches Rücksichtslosigkeit im Kampf gegen andere Überzeugungen zu bewundern. Er läßt sich durch diese Bewunderung zu der – meiner Ansicht nach – problematischsten Äußerung seines ganzen Buches hinreißen.

«Nietzsche nennt rücksichtslos die Instinkte des Gegners, die ihm zuwider sind, und er nennt auch die Instinkte, die er ihnen entgegensetzt. Wer dies Zynismus nennen will, der mag es tun. Er soll aber nur nicht übersehen, daß es in aller menschlichen Tätigkeit niemals etwas anderes als solchen Zynismus gegeben hat, und daß alle idealistischen Wahngewebe von diesem Zynismus gewebt sind.»[46]

Nietzsches Zynismus zeigt sich in seinem ganzen Werk. Besonders pikant kommt er in seinen Bemerkungen über das andere Geschlecht zum Ausdruck. Hier bringt Nietzsche rücksichtslos seine Instinkte zum Ausdruck. Darin ein anstrebenswertes Verhaltensideal zu sehen, fällt allerdings schwer.

«Das Weib hat so viel Grund zur Scham: im Weibe ist so viel Pedantisches, Oberflächliches, Schulmeisterliches, Kleinlich-Anmaßliches, Kleinlich-Zügelloses und Unbescheidenes versteckt – man studiere nur seinen Verkehr mit Kindern! –, das im Grunde bisher durch die Furcht vor dem Manne am besten zurückgedrängt und gebändigt wurde. Wehe, wenn erst das ‹Ewig-Langweilige am Weibe› – es ist reich daran! – sich hervorwagen darf! [...] Was liegt dem Weibe an Wahrheit! Nichts ist von Anbeginn an dem Weibe fremder, widriger, feindlicher als Wahrheit, – seine große Kunst ist die Lüge, seine höchste Angelegenheit ist der Schein und die Schönheit. [...] Die Dummheit in der Küche; das Weib als Köchin; die schauerliche Gedankenlosigkeit, mit der die Ernährung der

Familie und des Hausherrn besorgt wird! [...] Wenn das Weib ein denkendes Geschöpf wäre, so hätte es ja, als Köchin seit Jahrtausenden, die größten physiologischen Tatsachen finden, insgleichen die Heilkunst in seinen Besitz bringen müssen!»[47]

Steiner geht in seiner Aneignung der Nietzscheschen Weltsicht so weit, daß er selbst das Christentum zu einem Ausfluß natürlicher Instinkte erklärt und jeglichen übernatürlichen Ursprung von Idealen für Illusion erklärt.

«Nun stammen ursprünglich alle Ideale aus natürlichen Instinkten. Auch was der Christ als Tugend anspricht, die ihm Gott geoffenbart hat, ist ursprünglich von Menschen erfunden, um irgendwelche Instinkte zu befriedigen. Der natürliche Ursprung ist vergessen und der göttliche hinzugedichtet worden. Ähnlich verhält es sich mit den Tugenden, die die Philosophen und Moralprediger aufstellen.»[48]

Besonders problematisch erscheint mir aber die Umdeutung von Nietzsche im Hinblick auf die Freiheitsfrage. Nietzsche ist ein vehementer Leugner der menschlichen Freiheit. Die Idee der Freiheit läßt sich weder mit seinem mechanistischen Weltbild, das vom physikalistischen Determinismus erfüllt ist, noch mit seiner Philosophie des Instinktes vereinbaren, der jegliche Freiheit nur als Illusion erscheinen muß. Wenn Steiner daher behauptet: «Das souveräne Individuum [...] ist für Nietzsche der Übermensch.»[49], dann setzt er einen Begriff der Souveränität voraus, der zwar auf dem Boden seiner *Philosophie der Freiheit* verständlich, im Zusammenhang des Nietzscheschen Denkens aber inhaltslos ist. Denn der Übermensch gehorcht nur seinen mächtigeren Instinkten. Doch dazu weiter unten. Daß Nietzsche die Freiheit in jeglicher Form ablehnt, zeigen folgende Textpassagen.

«Es scheint, daß die hundertfach widerlegte Theorie vom ‹freien Willen› ihre Fortdauer nur noch diesem Reiz verdankt –: immer wieder kommt jemand und fühlt sich stark genug, sie zu widerlegen.»[50]

Nietzsche gründet seine Ablehnung der Freiheit nicht nur auf seine Metaphysik des Instinktes, sondern auch auf eine Analyse des Bewußtseins, die zu Steiners in der *Philosophie der Freiheit* durchgeführten Untersuchungen in diametralem Gegensatz steht.

Nietzsche in seinem Buch *Jenseits von Gut und Böse*: «Wenn ich den Vorgang zerlege, der in dem Satz ‹ich denke› ausgedrückt ist, so bekomme ich eine Reihe von verwegnen Behauptungen [...] – zum Beispiel, daß ich es bin, der denkt, daß überhaupt ein Etwas es sein muß, das denkt, daß Denken eine Tätigkeit und Wirkung seitens eines Wesens ist, welches als Ursache gedacht wird, daß es ein ‹Ich› gibt, endlich, daß es bereits feststeht, was mit Denken zu bezeichnen ist, – daß ich weiß, was Denken ist. [...] Was den Aberglauben der Logiker betrifft: so will ich nicht müde werden, eine kleine Tatsache immer wieder zu unterstreichen [...] nämlich, daß ein Gedanke kommt, wenn ‹er› will, und nicht wenn ‹ich› will, so daß es eine Fälschung des Tatbestandes ist zu sagen: das Subjekt ‹ich› ist die Bedingung des Prädikats ‹denke›. Es denkt [...]»[51] Es bedarf keines gesonderten Kommentares, um die Unhaltbarkeit dieser Analyse angesichts der Beobachtungen, die Steiner insbesondere im dritten Kapitel seiner *Philosophie der Freiheit* beschreibt, einzusehen. Für Steiner gründet die menschliche Freiheit auf der Souveränität des Denkens. Ohne ein sich selbst und sein Denken beherrschendes Ich wäre die Freiheit, so wie sie Steiner konzipiert, undenkbar.

Nicht wenig betroffen mag der Leser auch von Steiners Aneignung der Nietzscheschen Christentumskritik sein, die im Satz gipfelt: «Menschen mit kranken Instinkten haben die Scheidung von Geist und Körper vorgenommen. Ein kranker Instinkt nur kann sagen: mein Reich ist nicht von dieser Welt. [...] Eines gesunden Instinktes Reich ist nur diese Welt.»[52] Das ist allerdings der Standpunkt des *Antichristen.*

Kampf gegen asketische Ideale

Eine konsequente Folge seiner Instinktphilosophie und seines Anti-Idealismus ist in Nietzsches Kampf gegen die sog. asketischen Ideale zu sehen. Für Nietzsche sind die asketischen Ideale aus einer Schwächung oder Kränkung der natürlichen Instinkte hervorgegangen. In ihnen manifestiert sich der Überlebensinstinkt eines rassisch degenerierten Menschentypus. Dieser Typus scheint Nietzsche in der Gestalt des Priesters am vollendetsten verkörpert. Über den Priester sagt Steiner: «dieser Charakter ist das Gegenteil desjenigen, den Nietzsche als den höherwertigen, den lebenswürdigen bezeichnet.»[53]

Aber Nietzsche geht noch einen Schritt weiter. Es gibt nämlich für ihn ein Volk, genauer gesagt, den Teil einer Rasse, das in der Geschichte das Priestertum mit all seinen schädlichen Folgen für die Kultur der Menschheit verkörpert hat. Dieses Volk ist das jüdische. «Alles, was auf Erden gegen die ‹Vornehmen›, die ‹Gewaltigen›, die ‹Herren›, die ‹Machthaber› getan worden ist, ist nicht der Rede wert im Vergleich mit dem, was die Juden gegen sie getan haben; die Juden, jenes priesterliche Volk, das sich an seinen Feinden und Überwältigern zuletzt nur durch eine radikale Umwertung von deren Werten, also durch einen Akt der geistigsten Rache Genugtuung zu schaffen wußte. [...] Die Juden sind es gewesen, die gegen die aristokratische Wertgleichung [...] mit einer furchteinflößenden Folgerichtigkeit die Umkehrung gewagt und mit den Zähnen des abgründlichsten Hasses [...] festgehalten haben, nämlich ‹die Elenden sind allein die Guten.› [...] Man weiß, wer die Erbschaft dieser jüdischen Umwertung gemacht hat [...] daß mit den Juden der Sklavenaufstand in der Moral beginnt [...]

Dieser Jesus von Nazareth, als das leibhafte Evangelium der Liebe, dieser den Armen, den Kranken, den Sündern die Seligkeit und den Sieg bringende ‹Erlöser› – war er nicht gerade die Verführung in ihrer unheimlichsten und unwiderstehlichsten Form, die Verführung und der Umweg zu eben jenen jüdischen Werten und Neuerungen des Ideals? Hat Israel nicht gerade auf dem Umwege dieses ‹Erlösers›, dieses scheinbaren Widersachers und Auflösers Israels, das letzte Ziel seiner sublimen Rachsucht erreicht [...]?

Wüßte man sich [...] überhaupt noch einen gefährlicheren Köder auszudenken? Etwas, das [...] jenem Symbol des ‹heiligen Kreuzes› gleichkäme, jener schauerlichen Paradoxie eines ‹Gottes am Kreuze›[...]?

Man mag diesen Sieg zugleich eine Blutvergiftung nennen (er hat die Rassen durcheinandergemengt) – ich widerspreche nicht; unzweifelhaft ist aber diese Intoxikation gelungen. Die ‹Erlösung› des Menschengeschlechts [...] ist auf dem besten Wege; alles verjüdelt oder verchristlicht oder verpöbelt sich zusehends [...] Der Gang dieser Vergiftung [...] scheint unaufhaltsam [...]»[54]

Der Wille zur Macht – Der Übermensch

Steiner versucht im Hauptteil seines Buches, Nietzsches Übermenschen umzudeuten. Diese Umdeutung läuft, wie bereits angedeutet, darauf hinaus, den Übermenschen mit dem «freien Geist» zu identifizieren. Diese Identifikation ist aber nur möglich, wenn der Nietzschesche Übermensch erst zum Gegenteil seiner selbst gemacht wird. Im Rahmen der Philosophie Nietzsches ließe sich nie ein Weg zum «freien Geist» finden. Das gelingt nur, wenn die Idee des Übermenschen radikal umgedeutet wird. Steiner versucht diese Umdeutung so, daß er dem Übermenschen Komponenten hinzufügt, die ihm bei Nietzsche, was durchaus konsequent ist, fehlen. «Wenn der starke Geist nach der Ursache eines menschlichen Handelns und Vollbringens sucht, so findet er diese immer in dem Willen zur Macht der einzelnen Persönlichkeit. Der Mensch mit schwachem, mutlosem Intellekt will dies aber nicht zugeben.»[55]

Nietzsche sieht in jeglichem menschlichen Wollen stets nur den Willen zur Macht wirksam. Für ihn ist das Denken nur ein Epiphänomen blinder Triebe. Ideen oder Ideale spielen im menschlichen Streben keine selbständige Rolle. Der Mensch ist kein Subjekt der Ethik, sondern ein Objekt des übermächtigen Lebens, das mit ihm spielt, wie der aufgewühlte Ozean mit einem kleinen Boot. «Gesetzt, daß nichts anderes als real ‹gegeben› ist als unsere Welt der Begierden und Leidenschaften, daß wir zu keiner andern ‹Realität› hinab oder hinauf können als gerade zur Realität unserer Triebe – denn Denken ist nur ein Verhalten dieser Triebe zueinander [...] Gesetzt, es gelänge, unser gesamtes Triebleben als die Ausgestaltung und Verzweigung einer Grundform des Willens zu erklären – nämlich des Willens zur Macht, wie es mein Satz ist –: gesetzt, daß man alle organischen Funktionen auf diesen Willen zur Macht zurückführen könnte und in ihm auch die Lösung des Problems der Zeugung und Ernährung [...] fände, so hätte man sich damit das Recht verschafft, alle wirkende Kraft eindeutig zu bestimmen als: Wille zur Macht.»[56]

Eine Folge der ethikfreien Weltsicht Nietzsches, die in der Bezwingung des Instinktes durch den Geist nur eine Form von Instinktschwäche, letztlich von organischer Krankheit sieht, ist der Kampf aller gegen Alle. Denn wenn es im sozialen Zusammenhang nur darum geht, daß die stärksten Instinkte sich durchsetzen, ist nicht einzusehen, warum diese Instinkte durch irgendwelche moralischen Rücksichten gehemmt werden sollten.

Steiner sieht dies offenbar auch so: «Die starke Persönlichkeit, die Ziele schafft, ist rücksichtslos in der Ausführung derselben. [...] Der Starke [...] ist der Ansicht, daß alle menschliche Entwicklung aus den Willensimpulsen der Einzelpersönlichkeiten sich ergibt, und daß ein ewiger Krieg besteht zwischen den einzelnen Willensäußerungen, in dem immer der stärkere Wille über den schwächeren siegt.»[57] «Der Starke liebt den Krieg, denn er braucht den Krieg, um seine Schöpfungen gegen die widerstrebenden Mächte durchzusetzen.»[58]

Nietzsche drückt diese Verherrlichung der Stärke und der Macht des sich selbst Gesetz seienden Instinktes noch drastischer aus. Von den vornehmen und starken Menschen, die dank ihrer gesunden Instinkte edel und vornehm sind, sagt er: «dieselben Menschen, die so streng [...] inter pares in Schranken gehalten sind [...] sind nach außen hin [...] nicht viel besser als losgelassene Raubtiere [...] sie treten in die Unschuld des Raubtier-Gewissens zurück, als frohlockende Ungeheuer, welche vielleicht von einer scheußlichen Abfolge von Mord, Niederbrennung, Schändung, Folterung mit einem Übermute und seelischen Gleichgewichte davongehen, wie als ob ein Studentenstreich vollbracht sei [...] Auf dem Grunde aller dieser vornehmen Rassen ist das Raubtier, die prachtvolle, nach Beute und Sieg lüstern schweifende blonde Bestie nicht zu verkennen [...] Diese ‹Kühnheit› vornehmer Rassen, toll, absurd, plötzlich, wie sie sich äußert [...] ihre entsetzliche Heiterkeit und Tiefe der Lust in allem Zerstören, in allen Wollüsten des Sieges und der Grausamkeit [...] Das tiefe, eisige Mißtrauen, das der Deutsche erregt, sobald er zur Macht kommt, auch jetzt wieder – ist immer noch ein Nachschlag jenes unauslöschlichen Entsetzens, mit dem jahrhundertelang Europa dem Wüten der blonden germanischen Bestie zugesehn hat. [...] Gesetzt, daß es wahr wäre [...] daß es der Sinn aller Kultur sei, aus dem Raubtiere ‹Mensch› ein zahmes und zivilisiertes Tier [...] herauszuzüchten, so müßte man [...] alle jene Reaktions- und Ressentiment-Instinkte, mit deren Hilfe die vornehmen Geschlechter [...] zuschanden gemacht [...] worden sind, als die eigentlichen Werkzeuge der Kultur betrachten; womit allerdings noch nicht gesagt wäre, daß deren Träger zugleich auch selber die Kultur darstellten [...] Diese Träger der niederdrückenden und vergeltungslüsternen Instinkte, die Nachkommen alles europäischen und nichteuropäischen Sklaventums, aller vorarischen Bevölkerung insonderheit – sie stellen den Rückgang der Menschheit dar! Diese ‹Werkzeuge« der Kultur sind eine Schande des Menschen [...]»[59]

Demgegenüber erscheint auf der Seite der Schwachen und Kranken ein ganz anderes Ideal: nicht das rücksichtslose Durchsetzen des eigenen Willens, sondern das Mitleiden. So sehr Nietzsche das Mitleid als das Vergiftungsübel der abendländischen Menschheit haßt, so sehr lehnt es auch Steiner, der sich in dessen Spur bewegt, ab. «Das Mitleid sucht gerade das zu erhalten, was der starke Charakter überwinden will: die Schwäche, das Leiden. Der Sieg des Starken über das Schwache ist der Sinn aller menschlichen wie aller natürlichen Entwicklung.»[60] Auch diese Überzeugung drückt Nietzsche noch schärfer und zynischer aus.

«Die Kranken sind die größte Gefahr für die Gesunden; nicht von den Stärksten kommt das Unheil für die Starken, sondern von den Schwächsten [...] Die Krankhaften sind des Menschen größte Gefahr: nicht die Bösen, nicht die ‹Raubtiere›. [...] Daß die Kranken nicht die Gesunden krank machen [...] das sollte doch der oberste Gesichtspunkt auf Erden sein – dazu aber gehört vor allen Dingen, daß die Gesunden von den Kranken abgetrennt bleiben, behütet selbst vor dem Anblick der Kranken, daß sie sich nicht mit den Kranken verwechseln. [...] das Höhere soll sich nicht zum Werkzeug des Niedrigeren herabwürdigen, das Pathos der Distanz soll in alle Ewigkeit auch die Aufgaben auseinanderhalten!»[61]

Steiner versucht, das ist inzwischen genügend deutlich geworden, die Abgründe und Schärfen des Denkers, den er interpretiert, abzumildern und zuzudecken. So ist auch seine Kennzeichnung der «blonden Bestie» – gelinde gesagt – ein Euphemismus. «Der Starke [...] ist Immoralist» (mißt eigene und fremde Handlungen nicht an überindividuellen Normen)[62] Bei Nietzsche handelt es sich – wohlgemerkt – nicht um den Immoralismus des «freien Geistes», so wie ihn die *Philosophie der Freiheit* versteht, sondern um den Immoralismus einer Instinktmetaphysik, die nur das Recht des Stärkeren kennt und dem Schwächeren kein Mitleid zubilligt, sondern bestenfalls das Recht des schnellen Untergangs.

Während der Starke Immoralist ist, bildet der Schwache seine eigene Moral aus. Diese Moral, überhaupt alle Moral, entspringt aber für Nietzsche nur einem Racheaffekt der Schwachen gegenüber ihren Überwindern. «Das moralische Urteilen und Verurteilen ist die Lieblings-Rache der Geistig-Beschränkten an denen, die es weniger sind, auch eine Art Schadenersatz dafür, daß sie von der Natur schlecht bedacht wurden, endlich eine Gelegenheit, Geist zu bekommen und fein zu werden: – Bosheit vergeistigt. Es tut ihnen im Grunde ihres Herzens wohl, daß es einen Maßstab gibt, vor dem auch die mit Gütern und Vorrechten des Geistes Überhäuften ihnen gleich stehn: – sie kämpfen für die ‹Gleichheit aller vor Gott› und brauchen beinahe dazu schon den Glauben an Gott.»[63] Naturgemäß werden die Schwachen und Unterworfenen in der Gemeinschaft, die von den Instinkten der Stärke bestimmt ist, nur zu einem dienen können: zur Sklaverei. Selbst diese absonderliche Konsequenz des Nietzscheschen Denkens, die alle Menschenwürde mit Füßen tritt, provoziert Steiner nicht zu einem Aufschrei der Empörung. Er schreibt lapidar: «Die Starken werden immer dazu berufen sein, den Schwachen die Ziele zu bestimmen. Ja noch mehr: die Starken werden sich der Schwachen als Mittel zum Zwecke, d.h. als Sklaven bedienen.»[64]

Schließlich eröffnet sich auch die Perspektive der Menschenzüchtung. Denn der Übermensch soll nicht bloß ein Produkt des Zufalls sein. Er soll durch absichtsvolle Bemühung (durch Eugenetik) herbeigeführt werden. Nietzsche: «das Problem, das ich hiermit stelle [...] welchen Typus Mensch man züchten soll [...]»[65] Auch diesen Gedanken mildert Steiner soweit es geht ab. Wenn Nietzsche von Züchtung spricht, dann spricht Steiner von Lehren. «Übermenschen konnten bisher nur durch das Zusammentreffen zufälliger Umstände entstehen. Ihre Entwicklung zum bewußten Ziele der Menschheit zu machen, ist die Absicht, die Zarathustra hat. [...] Zarathustras Weisheit soll diesen Übermenschen, zu dem jener andere Typus nur ein Übergang ist, lehren.»[66]

Kritik an Nietzsche

Steiner übt in seinem Buch auch Kritik an Nietzsche. Diese nimmt aber nur vier Seiten von insgesamt 123 ein. Die Kritik ist allerdings fundamental. Sie stellt aber auch die gesamte vorgetragene Interpretation Steiners in Frage.

«Nun ist allerdings in Nietzsches Werken nur die Rede von Instinkten als Antrieben des freien Geistes. Ich glaube, daß hier Nietzsche mit einem Namen eine Reihe von Antrieben zusammengefaßt hat, die eine mehr ins Einzelne gehende Betrachtung erfordern. [...] Die moralischen Antriebe zum Beispiel sind eine besondere Stufe der Instinkte. Wenn auch zugegeben werden kann, daß sie nur höhere Formen sinnlicher Instinkte sind, so treten sie doch im Menschen auf eine besondere Art ins Dasein. Dies zeigt sich darin, daß es dem Menschen möglich ist, Handlungen zu vollführen, die nicht unmittelbar auf sinnliche Instinkte zurückzuführen sind, sondern nur auf jene Antriebe, die eben als höhere Formen des Instinktes zu bezeichnen sind. Der Mensch schafft sich Antriebe seines Handelns, die nicht aus seinen sinnlichen Trieben abzuleiten sind, sondern nur aus dem bewußten Denken[...].»

«Zur wirklich freien Persönlichkeit gehört also nicht nur ein gesund entwickeltes individuelles sinnliches Triebleben, sondern auch die Fähigkeit, sich die gedanklichen Antriebe für das Leben zu schaffen. Erst derjenige Mensch ist vollkommen frei, der auch Gedanken produzieren kann, die zum Handeln führen. Ich habe das Vermögen, rein gedankliche Triebfedern des Handelns zu schaffen, in meiner Schrift *Die Philosophie der Freiheit* die moralische Phantasie genannt. Nur wer diese moralische Phantasie hat, ist wirklich frei, denn der Mensch muß nach bewußten Triebfedern handeln. [...]»

«Die moralische Phantasie fehlt in Nietzsches Ausführungen. Wer dessen Gedanken zu Ende denkt, muß notwendig auf diesen Begriff kommen. Aber andererseits ist es auch eine unbedingte Notwendigkeit, daß dieser Begriff der Nietzscheschen Weltanschauung eingefügt wird. Sonst könnte gegen dieselbe immerfort eingewendet werden: Zwar ist der dionysische Mensch kein Knecht des Herkommens oder des ‹jenseitigen Willens›, aber er ist ein Knecht seiner eigenen Instinkte. [...]»

«[Nietzsche] ist nicht dazu gekommen, die Stufen des Lebens innerhalb der Persönlichkeit selbst zu unterscheiden. Er hat deshalb die Bedeutung des Bewußtseins für die menschliche Persönlichkeit unterschätzt.»[67]

Ich denke, es ist durch die vorgenommene Gegenüberstellung deutlich geworden, daß Nietzsches Gedankenwelt in Steiners Denken zu etwas anderem wird, als sie bei Nietzsche selbst ist. Nietzsche kann nicht, wie Steiner dies nahelegt, zugleich radikaler Anti-Idealist und Verfechter von «asketischen Idealen» sein, die sich aus der moralischen Phantasie mit

Notwendigkeit ergeben werden. Ebensowenig ist Nietzsches Lehre vom Übermenschen von seinem rassistischen Denken zu trennen. Steiners Behauptung, Nietzsches Übermensch sei der freie Geist, stellt Nietzsche auf den Kopf. Zwar könnte man sagen, Steiner habe Nietzsche «ins Rechte gedacht», aber der ins Rechte gedachte Nietzsche ist nicht mehr der historische Nietzsche, wie er selbst gedacht und geschrieben hat. Steiners Interpretation macht etwas ganz anderes aus Nietzsches Philosophie: eine Variation seiner eigenen Freiheitsphilosophie.

Vielleicht darf man angesichts dieses Tatbestandes ein Fazit ziehen. Das von Steiner 1895 dargestellte Nietzschebild ist als Porträt des Philosophen unzureichend und stark einseitig. Alle Abgründe seines Denkens werden – so weit möglich – ausgeklammert, sie werden gar nicht als solche thematisiert. Steiner scheint 1895 von der Intention geleitet, die Übereinstimmung der eigenen Philosophie mit derjenigen Nietzsches hervorzuheben und dabei nicht in den Abgrund der Negativität, der Diabolität und Menschenfeindlichkeit zu stürzen, der sich in Nietzsches Denken eröffnet. Die einzige Kritik, die Steiner gegen Nietzsche vorbringt, besteht darin, daß dieser keinen Begriff der moralischen Phantasie besessen habe. Da der Begriff der moralischen Phantasie aber eine Folge des Intuitionsbegriffs ist, den Steiner im ersten Teil seiner *Philosophie der Freiheit* entwickelt, ist es gar nicht möglich, auf unmittelbare Weise zum Begriff der moralischen Phantasie zu gelangen. Das heißt, in Nietzsches Denken fehlt nicht nur der Begriff der moralischen Phantasie, sondern auch jegliches Verständnis für die Geistigkeit des menschlichen Denkens und des Menschen-Ich. Sein Unverständnis des Erkenntnisvorgangs führt zu seinem Irrationalismus und Alogismus, zu seiner Instinktverherrlichung und all den anderen Konsequenzen seines Denkens. Wer im menschlichen Denken selbst nur ein Zusammenwirken von Trieben sieht, kann wohl ein Wegbereiter der Psychoanalyse sein, aber kein «freier Geist».

Es ist nun keineswegs zwingend, diesen Befund als Ausdruck einer Unfähigkeit auf Seiten Steiners zu interpretieren. Man kann seine freie Variation über Nietzsches Philosophie auch als ein Ergebnis seines Bemühens sehen, nicht der Versuchung des Geistes zu erliegen, von dem Nietzsche inspiriert war. Indem er Nietzsche fortlaufend umdachte und in den Horizont seiner eigenen Freiheitsphilosophie zu transponieren versuchte, entwand er zugleich, soweit als möglich, diesem Ungeist seine versucherischen Zaubermittel. Man kann daher das Buch *Friedrich Nietzsche, ein Kämpfer gegen seine Zeit* auch als Ergebnis des Kampfes sehen, den Rudolf Steiner gegen Nietzsche und seinen Inspirator ausfocht. Man kann natürlich auch fragen, ob die Art seines Kampfes die bestmögliche war und ob das Ergebnis zufriedenstellend ist. Doch das ist nicht Thema dieser Untersuchung.

Steiner blieb nicht lange bei seiner positiven Deutung Nietzsches stehen. Bereits fünf Jahre später (1900) verfaßte er für die *Wiener Klinische Rundschau* zwei Aufsätze, in denen einiges von dem aufzuscheinen begann, was man schon von seinem Nietzschebuch erwartet hätte: nämlich Hinweise auf die Abgründe nicht nur der Persönlichkeit Nietzsches, sondern auch der Gefährlichkeit seines Gedankengutes.[68]

9. Die Philosophie Friedrich Nietzsches als psycho-pathologisches Problem

Steiner eröffnet seinen ersten Aufsatz *Die Philosophie Friedrich Nietzsches als psycho-pathologisches Problem* mit einer entwaffnenden Feststellung: «Wer sich in die Weltanschauung Friedrich Nietzsches vertieft, wird auf zahlreiche Probleme stoßen, die nur vom Standpunkte der Psycho-Pathologie einer Aufhellung fähig sind.»[69]

Er hebt im folgenden eine ganze Reihe von Charaktereigenschaften Nietzsches hervor, die dieser natürlich auch schon 1894 besessen hatte und die sich in seinem Werk manifestieren. So erkennt Steiner in Nietzsche jetzt einen fundamentalen *Mangel an Wahrheitssinn.* «Eine Eigenschaft, die sich durch Nietzsches ganzes Wirken hindurchzieht, ist der Mangel des Sinnes für objektive Wahrheit. [...] In der Zeit, die kurz vor dem Ausbruche des völligen Wahnsinns liegt, steigerte sich dieser Mangel zu einem förmlichen Haß auf alles, was man logische Begründung nennt.»[70] «Nietzsche, dem selbst der Sinn für objektive Wahrheit mangelte, vergötterte ihn geradezu, als er ihm bei jemand anderem entgegentrat [nämlich bei P. Rée, L.R.].»[71] Nietzsches Kritik am Ideal der Wahrheit («gesetzt wir wollen Wahrheit, warum nicht lieber Unwahrheit») verwandelt sich aus einer philosophischen Position in eine Eigenschaft seines pathologischen Charakters. «In Nietzsche ist die Neigung vorhanden, einen Gegensatz von Lebensnützlichkeit, Gesundheit, Macht und so weiter und Wahrheit zu empfinden. [...] Es erscheint bei Nietzsche die Frage nach dem Werte der Wahrheit nicht als ein erkenntnistheroretisches Bedürfnis, sondern als ein Ausfluß seines Mangels an objektivem Wahrheitssinn überhaupt.»[72] Schließlich erfährt auch Sokrates eine indirekte Ehrenrettung. Denn Nietzsches Haß gegen Sokrates, der sich in seiner ersten Publikation zeigte, war nichts anderes aus ein Ausfluß seiner pathologischen Abneigung gegen die Wahrheit. «Aus dieser seiner Abneigung gegen die Wahrheit entsprang Nietzsches Haß gegen Sokrates.»[73]

Aber nicht nur einen Mangel an Wahrheitssinn erkennt Steiner jetzt in Nietzsche, sondern auch einen Charakterdefekt, der sich mehr auf das Willensleben Nietzsches bezieht: den *Zerstörungstrieb*. «In Nietzsches Gedankenwelt offenbart sich ein Zerstörungstrieb [...] Es ist bezeichnend, daß sich der weitaus größte Teil alles dessen, was Nietzsche geschrieben hat, als Ergebnis dieses zerstörenden Triebes darstellt.»[74] Nietzsche war nicht nur von einem Haß auf die Welt erfüllt, der sich in seinem Zerstörungstrieb äußerte, sondern auch von einem Menschenhaß, wie er pathologischen Querulanten eignet. «Die Art, wie er gegnerische Meinungen verfolgt, ist nicht dem Grade, sondern nur der Art nach verschieden von derjenigen, wie typische Querulanten ihre Gegner verfolgen.»[75]

Mangel an Wahrheitssinn, Zerstörungstrieb und Querulanz könnte man noch als halbwegs normale Eigenschaften eines Menschen betrachten, sind sie doch im Alltagsbewußtsein weit verbreitet. Aber Nietzsche besaß noch andere Eigentümlichkeiten, die seine Persönlichkeit als durch und durch pathologisch erkennen lassen.

Sein Denken war von einer *Inkohärenz der Vorstellungen* geprägt. «In unverkennbarer Weise kann man bei Nietzsche eine gewisse Inkohärenz der Vorstellungen beobachten.»[76] Ein Vorstellungsleben ist dann inkohärent, wenn sich der Zusammenhang nicht aus den begrifflichen Inhalten der Vorstellungen ergibt, sondern aufgrund von Assoziationen. Nietzsches Denken war in einem hohen Grade assoziativ und entbehrte der logischen Folgerichtigkeit. Aber noch mehr: Nietzsche war geradezu von gewissen Lieblingsvorstellungen *besessen* «[daß] seine[n] Lieblingsvorstellungen durchaus der Charakter von Zwangsvorstellungen [eignet].» «Solche [...] Begriffe wirken auf Nietzsche als Zwangsvorstellungen, und er spricht von ihnen nicht mit der Ruhe des Erkennenden, der die Tragweite seiner Ideen zu bemessen in der Lage ist, sondern mit der Leidenschaft des Fanatikers und Schwärmers.»[77] Die *Besessenheit* durch Vorstellungen ist also ein weiteres Merkmal seiner Pathologie. Schließlich weist Steiner auch auf den inflationären Charakter oder den *Automatismus* von Nietzsches Vorstellungsleben hin. «Die Ideen stürmen bei ihm darauf los, ohne durch Selbstkritik in Schranken gewiesen zu werden [...] Der Intuition steht nicht ein entsprechendes Maß von kritischer Besonnenheit zur Seite.»[78] Relativ euphemistisch klingt noch seine Bemerkung, Nietzsche habe zu einer «ans Engherzige grenzende[n] Beurteilung der sozialen Frage»[79] geneigt.

Bis hierher trägt Nietzsche die Züge eines Manikers und Neurotikers, doch steigert sich seine Krankheit gegen Ende seines Lebens und er wird schließlich auch noch *größenwahnsinnig*. «In der letzten Phase seines Schaffens stellte er dann vollends die eigene Person in den Mittelpunkt des Weltgeschehens.»[80]

In seinem zweiten Aufsatz für die *Wiener Klinische Rundschau*, der unter dem Titel *Friedrich Nietzsches Persönlichkeit und die Psycho-Pathologie* erschien, fügt Steiner noch zwei wesentliche Facetten dazu: Nietzsches *Schizoidität*, ja seine, wie wir heute sagen würden, tendenziell *multiple Persönlichkeit*.

«Eine im Geistesleben Nietzsches höchst auffallende Erscheinung ist die stets bei ihm latent vorhandene, zuweilen aber deutlich hervortretende Verdoppelung des Selbstbewußtseins. [...] Er legt sich das, was er angreifen will, erst in der merkwürdigsten Art zurecht und kämpft dann gegen ein Wahnbild, das der Wirklichkeit recht ferne steht. Man begreift dies erst, wenn man erwägt, daß er im Grunde nie gegen einen äußeren Feind, sondern nur gegen sich selbst kämpft.»[81] «Dieses Selbst ist kein in sich harmonisches, sondern ein in sich zersplittertes [...]»[82]

Diese Aufsätze enthalten, wenn man sie mit dem fünf Jahre zuvor publizierten Buch zusammenschaut eine implizite Selbstkorrektur Rudolf Steiners. Sie zeigen seine Fähigkeit, geistige Einseitigkeiten als solche zu erkennen und zu überwinden. Seine Einschätzung Nietzsches in den beiden Aufsätzen zur Psycho-Pathologie erscheint wesentlich nüchterner und abgeklärter, als die Haltung, die in seinem Nietzschebuch zum Ausdruck kommt.

Endgültig geklärt erscheint sein Verhältnis zu Nietzsche in den weiter oben zitierten Karmavorträgen aus dem Jahr 1924. Hier legt Steiner den geistigen Inspirationsquell der Philosophie Nietzsches vollends offen. Er revidiert damit aber auch seine grundsätzlich positive und zustimmende Darstellung von 1895, die den Eindruck erwecken könnte, er hätte Nietzsches Philosophie zugestimmt. In Wahrheit hat er doch nur seiner Umdeutung von Nietzsches Philosophie zugestimmt.

Wenn man jedoch die beiden Aufsätze zur Psycho-Pathologie unter Einbezug der späteren Darstellungen Steiners über das Wesen des Ahrimanischen und seine Auswirkung auf den Menschen liest, dann wird einem deutlich, daß diese beiden Aufsätze bereits eine klare Beschreibung des Wirkens des Ahrimanischen am Menschen enthalten. Steiner beschreibt in den von ihm hervorgehobenen pathologischen Charakterzügen Nietzsches, in dessen Mangel an Wahrheitssinn, dem Zerstörungstrieb und der Querulanz, der Inkohärenz der Vorstellungen, der Besessenheit durch Vorstellungen, im inflationären und automatischen Charakter des Vorstellungslebens, im Größenwahnsinn, in der Schizoidität und der multiplen Persönlichkeit nichts anderes als die Symptome einer sich allmählich steigernden ahrimanischen Besessenheit.

Diese Interpretation des späteren Nietzsche findet sich übrigens auch nach Steiner bei am konfessionellen Christentum orientierten Autoren, die sich – angesichts der Folgen Nietzsches – nach dem 2. Weltkrieg mit dessen Philosophie kritisch auseinandersetzten. Ernst Barthel schrieb in seinem Buch *Nietzsche als Verführer* 1947: Nietzsche war in Wahrheit «der Antichrist, den Gott in die Welt gesandt hat, damit er durch seine völlig rückhaltlose und schamlose Lehre die Menschheit in das Experiment ihres Tiefstandes hineinführe [...] damit die Menschheit in aller weiteren Zukunft der Jahrtausende vor solcher Lehre und solchem Experiment auf immer bewahrt bleibe. Er mußte kommen, der Antichrist, damit die Lehre des Gottessohnes in Zukunft fruchtbaren Grund finde.»[83]

Zusammenfassend darf man wohl sagen, daß das Buch *Friedrich Nietzsche, ein Kämpfer gegen seine Zeit* vor allem ein Dokument der biographischen Entwicklung, ein Dokument für das Ringen Steiners um sein geistiges Gleichgewicht angesichts der ahrimanischen Versuchung darstellt. Daß es aber nicht die maßgebliche, erschöpfende Nietzsche-Interpretation ist, die für Steiners Nachfolger kanonischen Charakter besäße. Denn im Grunde ist nicht Nietzsche der Kämpfer gegen seine Zeit, sondern Rudolf Steiner.

Jedem aber, der meint, es genüge, ausschließlich Bücher Rudolf Steiners zu lesen, um sich ein Urteil über was auch immer zu bilden, möchte man entgegenrufen: «Ihr sagt, ihr glaubt an Rudolf Steiner? Aber was liegt an Rudolf Steiner! Ihr seid meine Gläubigen: aber was liegt an allen Gläubigen! Ihr hattet euch noch nicht gesucht: da fandet ihr mich. So tun alle Gläubigen, darum ist es so wenig mit allem Glauben. Nun heiße ich euch, mich zu verlieren und euch zu finden; und erst, wenn ihr mich alle verleugnet habt, will ich euch wiederkehren!»

10. Nachgeschichte. Wie «Anthroposophen» mit Steiner umgehen

Das Problem der Interpretation der Gründergestalt

Jede idealistische Gesinnungsgemeinschaft besitzt und hütet als ihren kostbarsten Schatz einen Stiftungsmythos. In der Gemeinschaft werden Berichte und Erzählungen tradiert, die die legitimen Interpretationen dieses Stiftungsmythos enthalten. Der Verlauf der Zeit nagt aber auch an der Selbstverständlichkeit dieser Erzählungen und an der Rolle der Erzähler. Neue Generationen beginnen die Überlieferung und die Überlieferer in Frage zu stellen. Es wäre unnatürlich, wenn nicht die Befreiung der Individuen und die Emanzipation des kritischen Bewußtseins sich auf die tradierten Legitimationserzählungen auswirken würden.

Die an der Anthroposophie Rudolf Steiners orientierte Gemeinschaft beginnt heute aus dem Traum ihres «mythischen Zeitalters» zu erwachen, in dem sie bis gegen Ende des 20. Jahrhunderts lebte. Das überragende Charisma der Gründergestalt, dessen Glanz und Größe lange Zeit die Geister in Bann hielt, beginnt zu verblassen. Fragen tauchen auf wie: Was ist ein Eingeweihter? War Rudolf Steiner von Geburt an ein Eingeweihter oder wurde er es erst im Laufe seines Lebens? Wenn ja oder nein oder sowohl als auch: was bedeutet dies für das Verständnis der Anthroposophie und das Verständnis ihrer Aufgabe?

Das Auftauchen dieser Fragen setzt kritische Distanz gegenüber den Gründungserzählungen voraus. Diese kritische Distanz wiederum setzt bei denen, die von ihren naiven Identifikationen mit dem Gründungsmythos leben, emotive Kräfte frei. Die naiven Identifikationen verweigern das Gespräch, ja sie hindern ihre Besitzer daran, undurchdachte Vorstellungen in Frage zu stellen. Der Rückfall in überkommene Formen des Konfliktaustrags, die sich jenseits der individuellen Freiheit und des individuellen Verstehens bewegen, droht. Der Dämon der Macht und der Gaukelgeist der Lüge erheben ihre Häupter. Innerhalb des «mainstream» der anthroposophischen Bewegung beginnt sich eine Differenzierung abzuzeichnen: Aufklärung in der Anthroposophie oder Rückfall in das präneuzeitliche Bewußtsein. Die Anthroposophie, die angetreten ist, den individuellen Menschengeist zu seiner völligen Emanzipation zu führen («an Gottes Stelle den freien Menschen»)[84], gerät in Gefahr zu verwehen.

Der Streit geht seit Mitte der 90er Jahre um die Gestalt des Gründers. Die verschiedenen Positionen sind markiert, die Auseinandersetzung hat begonnen, ist aber noch lange nicht zu ihrem Ende gekommen, solange die einzelnen Parteien glauben, sie könnten in die Zeit des Religionszwangs zurückkehren und den anderen vorschreiben, was sie zu glauben haben. Das Problem besteht darin, daß die individuell erlebten Evidenzen für andere nicht verbindlich sein können, so wahr sie auch sein mögen. Nicht umsonst weben die Angeloi den Freiheitsgedanken in die Tiefen der neuzeitlichen Seele.[85]

Ich referiere kurz einige Hauptpositionen im Streit der 90er Jahre. Zuerst die Position der konstruktiven Aufklärung. Christoph Lindenberg schreibt in *Individualismus und offenbare Religion*[86] dem Buch, dessen Neuerscheinen die Polemik Amnon Reuvenis im *Goetheanum*

(10/1995) veranlaßte: Rudolf Steiner beginne mit dem, was er im menschlichen Bewußtsein, im menschlichen Erleben und Denken vorfinde. Er schiele nicht auf anderes hin, das er von außen aufgenommen habe. Er gehe seinen Weg, indem er die «tiefsten Menschenkräfte aus dem Inneren heraus» entfalte. Er weise alles Vorwissen, alle Offenbarung und Spekulation zurück. Er gehe als Zeitgenosse seinen Weg. Dieser führe ihn auch durch die Prüfung des Anti-Christentums eines Nietzsche. Er schreite aber durch diese Prüfung hindurch, überwinde den Nietzscheanismus, lasse den Keim des Christlichen reifen, der erst im Jahr 1903 aufgehe. Steiner sei im Vertrauen auf die gottgegebenen Kräfte, die sich im Menschen offenbarten, durch den Abgrund und aus ihm hervorgegangen. «Derselbe oder ein Verwandelter? Wer will das entscheiden? Aber jedenfalls einer, der seinen Weg von da an mit Riesenschritten fortsetzte.» Lindenberg vertritt die Auffassung, daß Steiner nicht wie ein präformiertes Vollkommenheitswesen aus dem Mutterschoß entsprungen und daraufhin unberührt und unbetroffen von allem Menschlichen seinen Weg gewandelt sei, ein Geistesheld und «Quasi-Gott».

Lindenberg vertritt, unbelastet von Spekulationen über okkulte Genealogie, die Auffassung, daß ein Eingeweihter des 19. und der folgenden Jahrhunderte durch das Nichts des Menschlichen hindurchgehen müsse, wenn er sich wahrhaft als Eingeweihter bezeugen wolle. In seinem Buch versucht Lindenberg akribisch, die innere (seelische) Entwicklung Steiners nachzuzeichnen, die zu jenem Durchbruch an Einsicht und Erfahrung führte, der es zuläßt, Steiner als Eingeweihten zu bezeichnen.

Eine verwandte und doch weniger konstruktive Position entwickelte 1991 David Hoffmann in seinem Buch *Zur Geschichte des Nietzsche-Archivs*. Er faßt seine detaillierten Faktenrecherchen wie folgt zusammen: «Obwohl Steiner bis zu seinem Lebensende an einer bruchlosen Kontinuität seiner Anschauungen festgehalten hat, ist der Wechsel von der ausdrücklichen Übereinstimmung und innigen Verbundenheit mit Nietzsche zur weltanschaulichen Distanzierung und moralisch-metaphysischen Kritik unübersehbar, so daß man hier, wo nicht von einem Bruch, so doch mindestens von einer tiefgreifenden Wandlung Steiners sprechen muß.»[87] Hoffmann zeigt in seinem Buch nicht nur Steiners Wandlungen, wenn nicht gar «Brüche», er weist auch seine Irrtümer und Erinnerungstäuschungen nach.[88] Von Hoffmann wird detailliert chronologisch und dokumentarisch rekonstruiert, daß die Behauptung in Steiners *Mein Lebensgang*, er sei durch den Besuch beim kranken Nietzsche in Naumburg zu seinem Buch *Friedrich Nietzsche – ein Kämpfer gegen seine Zeit* inspiriert worden, nicht stimmen kann, weil Steiners einzige Nietzschebegegnung am 22. Januar 1896 stattfand, sein Nietzschebuch aber im Frühjahr 1895 erschienen ist. Hoffmann: «Merkwürdig ist auch der Pleonasmus der wahren Tatsache. Vielleicht erfolgte angesichts der starken Erinnerungen an den kranken Nietzsche und an das engagierte Nietzsche-Buch eine unbewußte Zusammenziehung dieser zwei Eindrücke in einen kausalen Zusammenhang.»[89] Auf S. 185 wird die z.T. wörtliche Übereinstimmung der Passage aus *Mein Lebensgang*[90], die vom Besuch beim kranken Nietzsche handelt, mit der Notizbucheintragung vom 22. Januar 1896 hervorgehoben. Hoffmanns Ausführungen legen die Vermutung nahe, Steiner habe auf diese Notizbucheintragung zurückgegriffen, als er die entsprechende Passage in *Mein Lebensgang* schrieb. Wieso hat Steiner dann aber die zeitliche Divergenz nicht bemerkt?

Das Bedenkenswerte an der entsprechenden Passage in *Mein Lebensgang* besteht darin, daß Steiner sich auf eine übersinnliche Beobachtung beruft, aus der sein Nietzschebuch hervorgegangen sein soll, was aber nachweislich falsch ist. Nach seiner ausführlichen Schilderung des Besuches beim kranken Nietzsche und der übersinnlichen Schau seines Geistes schreibt Steiner: «Ich konnte in meinen Gedanken nur stammeln, von dem, was ich damals geschaut; und das Stammeln ist der Inhalt meines Buches *Nietzsche, ein Kämpfer gegen seine Zeit.* Daß das Buch nur ein solches Stammeln geblieben ist, verbirgt die aber doch wahre Tatsache, daß das Bild Nietzsches es mir inspiriert hat.»[91]

Steiner konnte damals nicht aus der Schau des Geistes des Umnachteten schreiben, weil er diesen noch gar nicht in der von ihm beschriebenen Form geschaut hatte. Damit ist Steiners Glaubwürdigkeit in Frage gestellt, um eine Formulierung Heisterkamps in *Info3* aufzugreifen. Sie ist aber dadurch keineswegs generell in Frage gestellt. Vielmehr zeigt der referierte Nachweis nur, daß auch Steiner, der Eingeweihte, des Irrtums fähig war – auch noch im Jahr 1924. Dabei braucht der Irrtum nicht mehr als eine Erinnerungstäuschung zu sein. Steiner glaubte, nachdem er sich an seine Schau erinnerte, er hätte sein Buch aus diesem Erlebnis heraus verfaßt. Daß er die Schau tatsächlich hatte, braucht nicht bezweifelt zu werden. Nur ist für jemanden, der «den Eingeweihten» für unfehlbar hält, der Nachweis eines einzigen Irrtums eine Infragestellung der gesamten Glaubwürdigkeit. Ich würde im Gegenteil sagen, daß ein solcher Nachweis die Glaubwürdigkeit des Eingeweihten erhöht. Denn ein vollkommen unfehlbarer und irrtumsfreier Mensch ist weniger glaubwürdig, als ein sich irrender «Eingeweihter».

Hoffmann legte seine Untersuchungen 1991 vor. Damals ertönte merkwürdigerweise kein erregter Aufschrei.[92] Auch nicht als Albert Vinzens in einer Rezension des Buches von Hoffmann in *Die Drei* auf Dunkelstellen im Leben Steiners hinwies[93] und schrieb: «Steiner darf ein ernsthaftes Bemühen um Aufrichtigkeit nicht abgesprochen werden, er wollte Gesichtverluste möglichst verhindern. Nur die Quellenlage ist so, daß er nicht in allen Punkten rehabilitiert werden kann [...] In diesem Schmierenstück wird Steiner an einer Stelle durch Wortbrüche der Elisabeth Förster-Nietzsche in eine Lage gedrängt, wo er sich nur noch mittels undurchsichtigen, um nicht zu sagen, lügenhaften Äußerungen rehabilitieren konnte [...] Mit Hoffmann sollten wir Steiner ernst nehmen und damit die Möglichkeit des Irrtums weder Steiner noch der Anthroposophie von vornherein absprechen».

Eine ganz andere Position entwickelte Sergej O. Prokofieff in seiner Apotheose *Rudolf Steiner und die Grundlegung der neuen Mysterien.*[94] Steiner opferte nach Prokofieff sukzessive eine Reihe seiner Wesensglieder, um am Ende dem Opfertod Christi nachzufolgen. An diese Opfertaten kann die anthroposophisch orientierte Gemeinschaft anknüpfen und sich auf die Apokalypse Prokofieffs stützen, wenn sie sich zur Rettung der Menschheit berufen fühlt. *Sanguis martyrorum semen ecclesiae*, hieß es vor sechzehn Jahrhunderten. Für Prokofieff und die übrigen Vertreter dieser Auffassung konnte es bei Steiner keine wirklichen Anfechtungen oder Bewußtseinslücken geben. Allwissend schritt er durch die Welt und nahm alle Arbeiten auf sich, wie ein moderner Herkules. Nach Prokofieff mußte der präformierte Eingeweihte in den 90er Jahren des letzten Jahrhunderts in die Haut des Drachen schlüpfen, um den Drachen zu überwinden. Er mußte sich in das Denken Haeckels und Nietzsches so einleben, daß Außenstehende ihn für einen materialistischen Haeckelianer und einen antichristlichen Nietzscheaner hielten. «Er war weder das eine noch das andere. Er mußte nur diesen schweren Erkenntnisweg bis zum Schluß gehen, um bei der Begegnung mit Ahriman ihn schließlich mit seiner eigenen Waffe zu besiegen.»[95]

Amnon Reuveni warf Lindenberg im *Goetheanum*[96] den Willen vor, die Biographie Steiners «bis zur Unkenntlichkeit zu entstellen.» Er konstruierte gegen Ende seines in Stil und Inhalt tendenziösen und diffamierenden Pamphlets den Gegensatz zwischen einer «vorigen Generation», die ihre «Berührungsangst vor der geistigen Gestalt Rudolf Steiners» mit dem Dogmatismusvorwurf gegen andere kaschierte. Reuveni sah sich offenbar als Vertreter einer jüngeren Generation, die endlich Ernst mit dem Geist macht. Er warf Lindenberg Unwissenschaftlichkeit und einen Dogmatismus der Äußerlichkeit vor, weil er nachzuweisen suchte, daß Steiner sich auf seinem Lebensweg und in seiner Erkenntnisentwicklung gewandelt habe. Reuveni ging von einer Vorstellung des «Eingeweihten» aus, die die Möglichkeit von Wandlungen in der geistigen Entwicklung dieses Eingeweihten offenbar ausschließt. Reuveni glaubte, Lindenberg zweifle daran, daß Steiner ein Eingeweihter gewesen sei, ja, er wolle dieses Initiatentum schlechthin *ad absurdum* führen. Statt dessen ging es Lindenberg darum, sich zu fragen, wie man sich das Eingeweihtentum zu denken habe. Lindenberg warf die Frage nach dem Wesen und der Verstehbarkeit des Eingeweihten auf, Reuveni hielt schon das Aufwerfen dieser Frage für eine Infragestellung der Sache an sich.

Ganz ähnlich sah den Sachverhalt offenbar Heisterkamp im *Info3*:[97] In der «Lindenberg-Kontroverse» gehe es um eine für die Zukunft des Werkes Steiners entscheidende Frage, weil mit dessen Glaubwürdigkeit die Gründungssubstanz der Anthroposophie selbst auf dem Spiel stehe. Die Alternative «altmodische Autoritätsgläubigkeit» oder «moderne Kritik am Menschen Steiner» sei eine falsche Polarisierung. Lindenberg stelle die Glaubwürdigkeit Steiners und auch wesentliche Resultate geisteswissenschaftlicher Forschung in Frage, weil er zu zeigen versuche, daß Steiner seine Auffassungen im Laufe der Jahre bis hin zum völligen Gegenteil geändert habe (Christus, Reinkarnation, Nietzsche).

Allerdings ließ Heisterkamp offen, was er unter der «Gründungssubstanz der Anthroposophie» verstand. Der Begriff erinnert an den Begriff des Gnadenschatzes *(thesaurus gratiae)*, den die katholische Kirche zu verwalten beanspruchte. So wie diese aus der «Substanz des Heiligen

Geistes» schöpfen wollte, könnte auch die Anthroposophische Gesellschaft aus einem *thesaurus* der spirituellen Substanz zu schöpfen beanspruchen, um aus dem Sukzessionsstrom ihren Geltungsanspruch gegenüber der untergehenden Welt abzuleiten. Dieses Gedankenmotiv hat in der Geschichte der Anthroposophischen Gesellschaft seit dem Tode Rudolf Steiners immer wieder für Unfrieden gesorgt. Heisterkamp wäre zu fragen, wieso die Glaubwürdigkeit Steiners oder wesentliche Resultate der geisteswissenschaftlichen Forschung in Frage gestellt werden, wenn sich herausstellen sollte, daß Steiner genauso des Irrtums oder der Wandlung fähig war, wie andere Menschen auch. Selbst wenn Steiner tatsächlich vor der Jahrhundertwende die Reinkarnation abgelehnt haben sollte, könnte er ja zu neuen Einsichten gelangt sein. Die Passage aus *Mein Lebensgang* (3. Kapitel), die Reuveni im *Goetheanum* gegen diese Interpretation Lindenbergs anführte, ist dafür kein Gegenbeweis. Denn, daß Steiner bereits vor 1900 eine geistige Welt als Wirklichkeit schaute, daß sich ihm mit aller Anschaulichkeit an jedem Menschen seine geistige Individualität offenbarte, daß er den gestorbenen Menschen auf seinem Weg in die geistige Welt weiter verfolgte, braucht nicht zu bedeuten, daß Steiner bereits eine wissenschaftliche Erkenntnis der Tatsachen und Gesetze von Reinkarnation und Karma gefunden hatte. Selbst wenn er von der Ewigkeit des Menschengeistes aufgrund der spirituellen Erfahrung überzeugt gewesen ist, könnte es sein, daß er zu diesem Zeitpunkt noch keine Erfahrung der Reinkarnation dieses ewigen Menschengeistes hatte. Es wäre ja denkbar, daß Steiner imaginative und sogar inspirative Erfahrungen der menschlichen Individualität besessen hat, daß er aber noch nicht das intuitive Bewußtsein im engeren Sinne ausgebildet hatte, das allein eine sachgemäße Erforschung der Tatsachen von Reinkarnation und Karma ermöglicht.[98] Da Steiner aber, wie beim Christentum auch, ablehnen mußte, was er nicht selbst erfahrungswissenschaftlich zu begründen vermochte, könnte er die herrschenden Vorstellungen über Reinkarnation und Unsterblichkeit genauso verworfen haben wie das «konfessionelle Christentum».

Das vorliegende Kapitel dürfte erwiesen haben, daß die Wandlung des Verhältnisses, das Steiner zu Nietzsche hatte, eine dokumentierbare tatsächliche Wandlung darstellt, weil man sonst nämlich annehmen müßte, Steiner habe durch sein Nietzschebuch Propaganda für Ahriman machen wollen. Oder wie läßt es sich erklären, daß ein Eingeweihter, der das Wesen des Geistes erkannt hat, der in Nietzsche wirkte, ein Buch schreibt, in dem er diesem Geist einen euphorischen Hymnus singt? Wenn er denn tatsächlich in die Haut des Drachen schlüpfen mußte und vollkommen durchschaute, daß es der Drache war, in dessen Haut er schlüpfte, warum mußte er dann diese Drachenbezwingung in einem Buch dokumentieren, das nicht unbedingt Zeugnis von einer solchen Drachenbezwingung ablegt, sondern eher davon, daß er sich zum Fürsprecher der übersteigerten Weltsicht eines geistig verwirrten Romantikers machte?

Wenn man die verschiedenen Interpretations- und Handlungsmöglichkeiten einander gegenüberstellt, wird die Beschränktheit solcher Interpretation erst bewußt. Nur indem man auch das Gegenteil von dem denkt, was man zu denken geneigt ist, prüft man die eigene Wahrheitsevidenz und befreit die eigene Einsicht vom Zwang der Emotionen oder Vorurteile. Wenn für mich unvorstellbar ist, daß ein Eingeweihter sich irren oder wandeln kann, dann sollte ich gerade das für mich Unvorstellbare denken. Ich werde dadurch dem Wesen des Eingeweihten sowie meiner eigenen Einweihung näher kommen, als wenn ich an meiner Vorstellung von seiner Unwandelbarkeit festhalte. Und *vice versa.*

Oder ganz anders gewendet: Was, wenn das Problem darin bestünde, daß Steiner tatsächlich nicht zugeben konnte oder wollte, daß er die Dinge früher anders gesehen hat? Wenn er zum Beispiel hervorhebt, daß er vor der Jahrhundertwende bei seiner Polemik gegen das Christentum stets das konfessionelle Christentum vor Augen hatte, was implizite voraussetzt, daß er von diesem konfessionellen ein unkonfessionelles unterschied – warum machte er dann in seiner Polemik diese Unterscheidung nicht? Warum sagte er zum Beispiel nicht: Wenn ich gegen das Christentum und seine Jenseitsvorstellungen polemisiere, dann bin ich mir bewußt, daß es daneben ein anderes Christentum gibt, ein lebendiges, unmittelbares, das nicht auf dem Dogma der Offenbarung, sondern auf der Erkenntniskommunion beruht? Könnte man angesichts dieser Polemik und Steiners Enthaltsamkeit im Hinblick auf theologische Fragestellungen vom *argumentum e silentio* Gebrauch machen, das besagt, wenn jemand über etwas so offensichtlich schweige, dann deshalb, weil er etwas verschweige? Andererseits: Wenn Steiner von dem «Gewahrwerden der Idee in der Wirklichkeit» als der «wahren Kommunion des Menschen» (1887) spricht, was ist denn diese Kommunion? Eine Metapher, ein schönes Bild, eine Wortfloskel? Wenn sich das menschliche «Denken der Idee bemächtigt», um mit dem «Urgrunde des Weltendaseins» zu verschmelzen, wenn Steiner 1887 schreibt: «Was die Philosophen das Absolute, das ewige Sein, den Weltengrund, was die Religionen Gott nennen, das nennen wir, aufgrund unserer erkenntnistheoretischen Erörterungen: die Idee»,[99] dann ist dies die philosophische Rede von jenem Göttlichen, das jenseits des Offenbarungsdogmas liegt.

Wenn Steiner 1887 formuliert: «Die erhabenste Gottesidee bleibt doch immer die, welche annimmt, daß Gott sich nach Schöpfung des Menschen von der Welt zurückgezogen und den letzteren ganz sich selbst überlassen habe»,[100] dann ist dies eine philosophische Aussage, in der Steiner ein zentrales Gedankenmotiv des englischen Deismus aufgreift. (Lindenberg zitiert übrigens diese Passage in seiner Studie nicht.) Diese deistische Aussage steht in einem spannungsreichen Kontrast zu anderen, an Gedankenformen der Hegelschen oder Schellingschen Philosophie erinnernde, pantheistische oder panentheistische Formulierungen, die Steiner im selben Jahr (1887) veröffentlicht hat: «Der Weltenlenker hat sich seiner Macht begeben, hat alles an den Menschen abgegeben mit Vernichtung seines Sonderdaseins, und dem Menschen die Aufgabe zuerteilt: wirke weiter».[101] Und schließlich die auch von Lindenberg zitierte aus den bereits 1886 erschienenen *Grundlinien einer Erkenntnistheorie*: «Der Weltengrund hat sich in die Welt vollständig ausgegossen; er hat sich nicht von der Welt zurückgezogen, um sie von außen zu lenken, er treibt sie von innen; er hat sich ihr nicht vorenthalten. Die höchste Form, in der er innerhalb der Wirklichkeit des gewöhnlichen Lebens auftritt, ist das Denken und mit demselben die menschliche Persönlichkeit.» In der Folge findet sich übrigens der Satz: «Hat somit der Weltengrund Ziele, so sind sie identisch mit den Zielen, die sich der Mensch setzt.»[102]

In diesen philosophisch-theologischen Aussagen sind natürlich auch implizit Theorien über das Christentum – sei es nun konfessionell oder nicht – enthalten. Man könnte angesichts der widersprüchlichen Formulierungen fragen: Ist der Weltengrund nun in die Welt eingegangen oder nicht? Vertritt Steiner einen Transzendentalismus oder einen Immanentismus? Offensichtlich rang Steiner in diesen Jahren um eine adäquate

Ausdrucksform für seine Ideen. Steiners Denken kreist in dieser Zeit um die beiden Hauptprobleme: Wesen des Erkennens und Charakter des menschlichen Handelns. Dort geht es um die Wirklichkeit, hier um die Sittlichkeit und Freiheit. Der Begriff der Wirklichkeit ist im Grunde eine Metamorphose des Gottesbegriffs. Was Steiner die Wirklichkeit nennt, nannte Hegel das Absolute. Der Bezug auf den deutschen Idealismus, insbesondere auf Schelling, wird unübersehbar, wenn Steiner schreibt, daß der Mensch in seinem Denken mit der Wirklichkeit «in ihrer höchsten Potenz» eins werde. Der Mensch wird für Steiner zum «Vollender des Weltprozesses», zum Fortschöpfer dessen, was der Weltengrund an Gestaltung seiner selbst offen gelassen hat. Wenn Steiners ganzes Denken um das Erkennen und die Konstitution der Wirklichkeit kreist, dann kreist sein Denken im Grunde um eine urtheologische Fragestellung: Wie kann sich der erkennende Mensch zum Absoluten in Beziehung setzen? Da er seinen individualistischen Erfahrungsstandpunkt konsequent durchführt, kann weder das Absolute noch die Wirklichkeit dem erkennenden Individuum gegeben sein. Vielmehr ist dem Menschen die Wirklichkeit aufgegeben. Das Absolut-Wirkliche hat für den Menschen aufgehört, als ein vorgegebenes zu existieren und ihm die Aufgabe gestellt: Wirke du weiter. Deswegen wendet sich Steiner gegen das Dogma der Offenbarung, – das ist der systematische Ursprung seiner Polemik gegen die Offenbarungsreligionen. In der Ethik weist er den Lenkungsanspruch von sittlichen Autoritäten aus eben diesem Grund zurück. Die Freiheitsidee aber ist eine Metamorphose des Heilsmotives. Heil und Heiligung entspringen aus der menschlichen Individualität, wenn sie sich denkend dazu aufschwingt, ihre empirische Natur mit der Kraft und dem Licht der Idee zu durchdringen. In der Idee lebt das präexistente, transzendente Gottesreich fort, von dem die Theologie der Verstandes-Seele gesprochen hat. Aber dieses Gottesreich ist hier bei uns, in uns und unter uns, wenn wir einander begegnen. Es ist das Reich der freien Geister, in dem wir leben, weben und sind.

Man sieht: die philosophischen Werke Steiners bergen viele Fragen und werfen viele Fragen auf. Lauter Fragen, die einer gründlichen Diskussion bedürften, jenseits aller persönlichen Verunglimpfungen, die aus undurchschaubaren Intentionen entspringen, jenseits aller obrigkeitlichen Bevormundung, die Argumente durch existenzgefährdende Tathandlungen ersetzt. Daß keine sektiererische Gemeinschaft den Anspruch darauf erheben kann, allein zu dieser Diskussion legitimiert zu sein, ist klar. Es kann in diesem Sinne keine wahre Lehre geben. Nicht nur das literarische Frühwerk Steiners, sein gesamtes Lebenswerk ist ein unablässig Werdendes, sich Veränderndes, in Wandlung Begriffenes. Durch die unablässige Wandlung der Ausdrucksformen und des fokussierten Ideengehaltes legt dieses Lebenswerk Zeugnis von seiner Verbundenheit mit dem lebendigen Geist ab. An diesen Geist gälte es in der wissenschaftlichen Diskussion anzuknüpfen, denn: «nur wer sich wandelt, bleibt mit mir verwandt.»

Anmerkungen

1 Abschnitt I dieser Arbeit erschien zuerst 1995 in der Zeitschrift *Novalis* unter dem Titel «Läuterungsfähige moralische Instinkte oder satanische Inspiration? Fragen zum Verhältnis von Steiner und Nietzsche».

2 Siehe weiter unten: S. 189 f.

3 Es ist nicht zu leugnen, daß es in Nietzsches Schriften auch eine ganze Reihe von Texten gibt, die sich über das Judentum positiv auslassen. Diese sind allerdings in der Wirkungsgeschichte Nietzsches nicht in gleicher Weise geschichtsmächtig geworden, wie sein Antisemitismus. Vgl. dazu die Untersuchung von Steven E. Aschheim, *Nietzsche und die Deutschen*, Stuttgart 1996.

4 Dieser Satz stellt eine Anspielung auf Karen Swassjan dar und nicht auf Steiner. Swassjan tat eben dies 1994 unter vollständiger Ausblendung der Wirkungsgeschichte Nietzsches im 20. Jahrhundert: Karen Swassjan: *Nietzsche – Versuch einer Gottwerdung*, Dornach 1994.

5 GA 237, *Esoterische Betrachtungen karmischer Zusammenhänge*, Dritter Band, S. 174 f.

6 Diesem Irrtum ist auch S. O. Prokofieff verfallen. In der zweiten Auflage seines zusammen mit Lazaridès verfaßten Buches gegen Tomberg und die «Tombergianer», *Der Fall Tomberg – Anthroposophie oder Jesuitismus*, 1996, heißt es auf S. 198/9: «[...] in einer etwas früheren Nummer der Zeitschrift [*Novalis*], in der L. Ravagli Rudolf Steiner öffentlich beschuldigt, sich ‹intellektuell in die wieder marschierenden braunen Horden› einzureihen und unterstellt daraufhin Rudolf Steiner ‹einen Irrtum der moralischen Empfindung, des sittlichen Urteils, das natürlich letztlich auch in Erkenntnisprozessen gründet› [...] Es gibt sogar unter

den vielen Gegnern Rudolf Steiners und der Anthroposophie sehr wenige, die sich solche verleumderischen Äußerungen in öffentlichen Publikationen erlaubt haben.» Abgesehen davon, daß ich das, was Prokofieff hier behauptet, gerade nicht tue: daß ich – wie im folgenden erläutert – Steiner *nicht* in «die wieder marschierenden braunen Horden einreihe», sind diese zwei Sätze Prokofieffs eine Miniatur des Unsinns und der Sprachverhunzung. Ich «unterstelle» in der Folge Steiner auch keinen Irrtum der moralischen Empfindung, sondern ich stelle diesen Irrtum der moralischen Empfindung fest. Aufgrund der Lesebrille Prokofieffs wird eine sachliche Feststellung zu einer Unterstellung, wird eine nicht ausgesprochene Behauptung zu einer «verleumderischen Äußerung». Während man über eine sachliche Feststellung eine wissenschaftliche Auseinandersetzung führen kann (hat sich Rudolf Steiner in der Beurteilung des Buches *Der Antichrist*, wie sie in seinem Brief an Pauline Specht zum Ausdruck kommt, geirrt oder nicht?), enthält der Vorwurf der Unterstellung seinerseits eine moralische Diffamierung ihres Urhebers. Die Argumentation *ad hominem* und nicht *ad rem* ist selbst in anthroposophischen Kreisen sehr verbreitet, wenn es darum geht, kritische Denker mundtot zu machen. Statt sich mit ihren Sachargumenten auseinanderzusetzen, versucht man sie moralisch zu diffamieren. Dieser Technik bedient sich auch Stephan Eisenhut mir gegenüber in seinen Aufsätzen. (Siehe dazu weiter unten.) Wenn ich Steiner in bezug auf das zur Diskussion stehende Problem einen Irrtum des sittlichen Urteils vorwerfe, dann ist er dadurch keineswegs als Person diffamiert, sondern man hat lediglich festgestellt, daß er sich in einem einzelnen Fall eben geirrt hat, falls sich meine Einschätzung als richtig herausstellt. Eine eingehendere Prüfung könnte aber auch ergeben, daß ich mich geirrt habe. Doch müßte diese Prüfung anhand von Sachargumenten vollzogen werden, die öffentlich vorgebracht und von jedem gutwilligen Menschen überprüft werden können. Was wäre daran Schlimmes, wenn sich meine Auffassung bewahrheiten würde? Steiners Lebensleistung wird dadurch nicht verkleinert. Allerdings wird die Ikone befleckt, die manche aus ihm gemacht haben. Und Ikonen dulden keine Befleckung. Man könnte mich höchstens des Ikonoklasmus zeihen, aber diesen Vorwurf nehme ich im Interesse der Befreiung Steiners von seinen dogmatischen Anhängern gerne auf mich.

7 S. 139.
8 S. 41.
9 S. 134.
10 S. 147.

11 Georg Lukács, *Die Zerstörung der Vernunft*, Darmstadt 1974, S. 300.
12 Brief an E. v. Hartmann, 21.12.1886, *Briefe*, Bd. II, Nr. 8, Dornach 1953.
13 Brief an E. v. Hartmann, 22.07.1892, *Briefe*, Bd. II, Nr. 39, Dornach 1953.
14 Brief an Vinzenz Knauer, 15.11.1893, *Briefe*, Bd. II, Nr. 362, GA 39, S. 187 f.
15 *Mein Lebensgang*, S. 270/71, [tb].
16 Rudolf Steiner: *Grundlinien einer Erkenntnistheorie*, Dornach 1979, S. 47.
17 *Mein Lebensgang*, S. 144–145.
18 Vgl. dazu: *Beiträge zur Rudolf Steiner Gesamtausgabe*, H. 112/113, Dornach 1994.
19 Rudolf Steiner, *Gesammelte Aufsätze zur Literatur*, Dornach 1971, S.152/3, GA 32.
20 Michael A. Meyer, «Jüdisches Selbstverständnis», in: Michael Brenner, Stefi Jersch-Wenzel, Michael A. Meyer, *Deutsch-jüdische Geschichte in der Neuzeit*, München 2000, Band 2. S.152.
21 A.a.O., S. 133–134.
22 GA 60, *Antworten der Geisteswissenschaft auf die großen Fragen des Daseins*, Dornach 1959, Vortrag vom 9. März 1911, S. 410 f.
23 A.a.O., S. 426.
24 A.a.O., S. 426.
25 A.a.O., S. 434.
26 Eine ausführlichere Auseinandersetzung mit Steiners Verhältnis zu Antisemitismus und Zionismus findet sich in: Bader / Leist / Ravagli, *Rassenideale sind der Niedergang der Menschheit. Anthroposophie und der Antisemitismusvorwurf*, Stuttgart 2000, [3]2002.
27 Brief an Pauline Specht, 23.12.1894, *Briefe*, Band II, Nr. 72.
28 *Esoterische Betrachtungen karmischer Zusammenhänge*, Bd. III, Dornach, 8.8.1924.
29 Vgl. *Friedrich Nietzsche, ein Kämpfer gegen seine Zeit*, [künftig = FN], S. 95, Kap. III, § 30.
30 Vgl. FN, S. 9, Vorwort zur ersten Auflage.
31 FN, 9.
32 FN, 10.
33 Vgl. Lindenberg, *Rudolf Steiner – Eine Chronik*, Stuttgart 1988, S. 126.
34 FN, S. 94, II, § 29.
35 FN, 15/6, I, § 1.
36 FN, 24/5, I, § 3.
37 *Der Antichrist* = ANT, S. 8, § 2.

38 FN, 29, I, § 5.
39 ANT, S. 39, § 38.
40 ANT, S. 50, § 46.
41 FN, 35, I, § 8.
42 ANT, S. 16/7, § 14.
43 *Genealogie der Moral* = GEN, S. 36-38, Erste Abhandlung, §§ 13 u. 14.
44 FN, 105, III, § 105.
45 *Jenseits von Gut und Böse* = JEN, S. 9, Erstes Hauptstück, § 9.
46 FN, 37, I, § 9.
47 JEN, S. 123-125, Siebentes Hauptstück, §§ 232-234.
48 FN, 39, II. § 10.
49 FN, 41, II, § 1.
50 JEN, S. 20, Erstes Hauptstück, § 18.
51 JEN, S. 20, Erstes Hauptstück, §§ 16 u. 17.
52 FN, 49, I, § 15.
53 FN, 57, II, § 17.
54 GEN, S. 24–27, Erste Abhandlung, §§ 7–9.
55 FN, 69, II, 20.
56 JEN, S. 38/9, Zweites Hauptstück, § 36.
57 FN, 74, II, § 21.
58 FN, 76, II, § 22.
59 GEN, S. 31-33, Erste Abhandlung, § 11.
60 FN, 77, II, § 22.
61 GEN, 109-112.
62 FN, 81, II, § 24.
63 JEN, 110, Siebentes Hauptstück, § 219.
64 FN, 81, II, § 24.
65 ANT, S. 9, § 3.
66 FN, 87, II, § 27.
67 FN, 89-92, III, § 29.
68 Die beiden Aufsätze sind im Buch FN mit abgedruckt.
69 FN, 127, I.
70 FN, 128, I.
71 FN, 134, I.
72 FN, 136.
73 FN, 137.
74 FN, 138, II.
75 FN, 140, II; möglicherweise liegt hier ein Druckfehler vor; sollte es nicht heißen: «nicht der Art, sondern nur dem Grade nach»?
76 FN, 143, III.

77 FN, 148, III.
78 FN, 151, III.
79 FN, 146, III.
80 FN, 147, III.
81 FN, 161/2, II.
82 FN, 169, II.
83 Ernst Barthel, *Nietzsche als Verführer*, Baden-Baden 1947, S. 7 f., 173 f.
84 Zitat aus einem von Rudolf Steiner zu seiner Person am 8. Februar 1892 ausgefüllten Fragebogen. Als Faksimile veröffentlicht bei: Christoph Lindenberg, *Rudolf Steiner* (rowohlts monographien, Band 500), Hamburg 1992, S. 51.
85 Rudolf Steiner sprach im letzten Kriegsjahr 1918 von Imaginationen, die von den Engeln in die verborgenen Seelentiefen der Menschen gewoben würden (*Der Tod als Lebenswandlung*, GA 182, S. 138-160; sämtliche Zitate daraus). Für das seelische Leben weben die Angeloi das Ideal der freien Religiosität. Im alltäglichen Leben – so die Absicht der Engel – soll der eine im anderen das Ebenbild eines Göttlichen erkennen. Der Umgang der Menschen untereinander im Aufblick zum höheren Ich setzt Kräfte der Liebe und Toleranz frei, die den Kern der Freiheitsidee ausmachen. An die Stelle normativer Institutionen, die für sich beanspruchen, die Offenbarungswahrheiten zu hüten und die einzig richtige Lehre vom Göttlichen zu besitzen, anstelle dogmatischer Überlieferungen, anstelle eines neuen Mythos der Paradosis setzt Steiner den unmittelbaren Sakramentalismus der Menschenbegegnung im Alltagsleben. Wenn man die Begegnung mit einem anderen Menschen als unaufhörliches Gebet betrachtet, als Opfer der eigenen Egoität und als Kommunion mit dem höheren Selbst des Anderen, dann verwirklicht man das Sakrament der lebendigen Religion, die seit dem Anbruch der Neuzeit aus den Reichen der Engel auf die Erde herabsteigt. – Die anthroposophisch orientierte Gesinnungsgemeinschaft steht mit ihren spezifischen Problemen mitten in dieser Gesamtthematik der Bewußtseinsseele. Insofern dokumentiert auch die «anthroposophische» Gemeinschaft, daß ihr sozialer Phänotypus sich im Rahmen der neuzeitlichen Streitkultur der emanzipierten Individuen bewegt.
86 Stuttgart 1995, vgl. S. 130.
87 David Hoffmann, *Zur Geschichte des Nietzsche Archivs*, 1991, S. 523.
88 Ebd., S. 181–187.
89 Ebd., S. 187.
90 GA 28, S. 252–254.
91 *Mein Lebensgang*, S. 190, Tb.

92 Vermutlich weil das Buch in einem «nicht-anthroposophischen» Verlag erschien und gar nicht zur Kenntnis genommen wurde.
93 1992, S. 243 f.
94 Stuttgart 1982, [2]1986; zitiert nach der zweiten Auflage.
95 S. 49.
96 10/1995, S. 125 f.
97 7/8, 1995, S. 4.
98 *Geheimwissenschaft im Umriß*, S. 359, Tb.
99 *Einleitungen zu Goethes Naturwissenschaftlichen Schriften*, Ausgabe 1962, S. 162.
100 *Einleitungen* ..., S. 125. Vgl. Kapitel 2 im vorliegenden Buch.
101 *Einleitungen* ..., S. 200.
102 *Grundlinien*, S. 125.

Goethes Weltanschauung

VIII. Rudolf Steiner und der Platonismus

Lorenzo Ravagli

Die Geistesgeschichte des Abendlandes läßt sich als Stufengang beschreiben, der vom Mythos über die Apokalypse zur Empirie führt. Aus dem Mythos geht die Philosophie als dessen Kind hervor, aus der Apokalypse die Gnosis als Kind der Offenbarung und aus der Zuwendung zur sinnlichen Wahrnehmungswelt in der Empirie entspringen die Naturwissenschaften.

Der alte Mythos repräsentiert ein Weltbild, das auf den personalen Geist bezogen ist, der die Natur und den Menschen durchdringt. Thales soll gesagt haben, überall seien Götter: also nicht nur in einem außerweltlichen Jenseits, sondern an jedem Ort, in jeder Seele sind sie anwesend und walten sie. Griechische Erfahrungsreligion ist stets die Feier der Gegenwart des Göttlichen, nicht die Beschwörung des Abwesenden.

Während vom mythischen Bewußtsein die Natur einschließlich der menschlichen geistdurchdrungen erlebt wird, erscheint noch in der griechischen Philosophie der Geist naturdurchdrungen. Das Denken der Philosophie mit all seinen Inhalten ist eine Manifestation des kosmischen Geistes, der als Logos oder Nus alles Seiende hervorbringt oder beherrscht. Das ist für Plato, ebenso wie für Aristoteles, aber auch die Stoa der Fall. Die platonische Ideenwelt ist das ideenförmige, aber wesenhafte Göttliche, das den gesamten Kosmos einschließt, von dem wiederum der denkende Mensch umschlossen ist. Die platonische Weltseele vermittelt die Wirksamkeit der Ideenwesenheiten an die Welt des Stoffes, die als dem zyklischen Zeitenlauf unterworfene Metamorphose der Ideenwelt erscheint und wie ein Mutterschoß die Prägung des Geistes empfängt. Für Aristoteles umschließt und durchdringt der göttliche Nus, der die Begriffe alles Seienden und die *teloi* alles Werdenden in sich enthält, die gesamte Natur und gibt dem Geschehen in der Welt seinen Richtungssinn auf das Göttliche und die Vollendung hin. Aus dem ganzheitlichen Erleben des Kosmos schält sich jedoch für die griechische Philosophie zunehmend das begriffliche Denken ab. Gleichzeitig verblassen die Götter des Mythos auch zu Begriffen und verlieren ihre Personalität und Individualität.

Erst durch das Eindringen der Offenbarungsreligion in den Mittelmeerraum nimmt der Geist eine transmundane Form an. Für die Apokalyptiker hat sich das Göttliche aus dem Raum der den Menschen einschließenden Natur zurückgezogen. Es thront in einer transzendenten Sphäre, und die Überbrückung des Abgrundes zwischen dem Kreator und seiner Schöpfung ist nur wenigen Auserwählten möglich oder vollzieht sich durch die göttliche Gnade in den Propheten bzw. im Sohne Gottes selbst, der Menschengestalt annimmt, um die Distanz zwischen Mensch und Gott wieder aufzuheben, die für die alten Griechen nicht bestand.

Auch aus dem Psychischen des Menschen hat sich der göttliche Geist zurückgezogen, deswegen sind nicht mehr überall Götter, vielmehr wird die Natur und der Mensch als gottentlassen, ja gottverlassen erlebt. Dieses Erlebnis dokumentiert sich in der zentralen Bedeutung der Lehre vom Sündenfall, in der gesamten christlichen Soteriologie, die keinen Sinn hätte, wenn der Mensch nicht aus der umschließenden Sphäre des Göttlichen herausgefallen wäre. Ohne Kluft oder Distanz keine Notwendigkeit eines Brückenbaus.

Die wahrnehmungsartige Erfahrung der Wirksamkeit des Geistes verblaßt und wird durch eine schattenhafte Erinnerung an diesen Geist abgelöst: nach dem einmaligen Ereignis der Gotteserscheinung auf der Erde blickt das Christentum, je mehr es sich von diesem historischen Augenblick entfernt, immer mehr auf einen Moment der Vergangenheit zurück, in dem sich die Anwesenheit des Göttlichen ereignet hat, der jedoch immer weiter in der Erinnerung zurückweicht. Zwar versucht die Kirche durch das Ritual die Anwesenheit und Gegenwart des Mysteriums der Wandlung von Gott in Mensch und Mensch in Gott gegenwärtig zu halten: die durch sie behauptete Anwesenheit ist aber zugleich eine Abwesenheit, muß doch das Ritual etwas vergegenwärtigen, was in Wahrheit nicht mehr als gegenwärtig erlebt wird, sonst bedürfte es ja keines Rituals. Nur die Offenbarung (Apokalypse) kann diese Kluft noch überbrücken oder ein schwer gangbarer, mit vielen Zweifeln und Unsicherheiten behafteter mystischer Weg, der stets auch eine Gefährdung der

Existenz dessen darstellt, der sich dazu entschlossen hat, ihn zu gehen, weil die Gotteserfahrung der Mystik das Monopol der Mittlerinstanz Kirche in Frage stellt.

Die Theologie entwickelt sich als eine Logie von den göttlichen Dingen und von der göttlichen Wesenheit. Sie versteht sich anfangs als Gnosis (Clemens von Alexandria, Origenes), als Erkenntnis Gottes, muß sich aber von der Gnosis abgrenzen, und bemüht sich schließlich darum, die Unmöglichkeit der Gotteserkenntnis für den Menschen (in den spätscholastischen Abgrenzungsbemühungen ebenso wie in der Reformation) darzulegen. Dennoch kann Theologie als Gnosis bezeichnet werden, wenn man sich auf die eigentliche Bedeutung dieses griechischen Ausdrucks besinnt.

Vor dem mit dem Beginn der Neuzeit anhebenden neuen Verständnis der Erkenntnis erscheint die gesamte theologische Debatte als inhaltsleere Spekulation, denn es scheint die empirische Basis zu fehlen. Das Denken des Menschen erhält – nach dem Selbstverständnis der Empiriker – erst durch die Sinne seinen Inhalt. Die Sinne sind aber auf eine geistentleerte Natur gerichtet. Den aus der Natur entschwundenen Geist findet der neuzeitliche Empiriker ebensowenig in seiner Seele, denn in dieser metamorphosierte sich der frühere kosmische Intellekt zu einem seiner selbst nicht bewußten Verstand. So wendet der Empiriker die Kategorien des Denkens auf die Wahrnehmungswelt an und hält diese für geistlos, weil er die geistige Natur seines Denkens und der Kategorien, die er verwendet, nicht durchschaut. Der Kosmos wird zur *res extensa* und der Geist zur *res cogitans.* Die Natur, deren Anschauung keine geistige Wirksamkeit mehr erkennen läßt, wird zum Mechanismus, zum Uhrwerk, das vom göttlichen Uhrmacher aufgezogen, nach mechanischen Gesetzen seinen Gang geht.

Aus der Fesselung durch dieses geistentleerte, mechanistische Weltbild versucht sich die europäische Romantik zu befreien. Wenn Goethe sich als Antipoden Newtons versteht, dann deswegen, weil ihm die Natur nicht als Mechanismus, sondern als Organismus erscheint. Aber nicht seinen Sinnen, sondern seinem «Geistesauge». Diese Tendenz, mit dem Auge des Geistes in die Welt zu blicken und in ihr den Inhalt des eigenen Geistes wiederzuerkennen, wird von Herder gegenüber der Natur- und Menschheitsgeschichte ausgelebt, von Goethe gegenüber der Natur, von

Hegel – zumindest der Absicht nach – gegenüber dem gesamten Inhalt der geistigen Überlieferung der Menschheit.

Für Steiner erscheint in Herder, Goethe, Hegel, Schelling, Oken und anderen die Morgenröte einer neuen Bewußtseinsform, die sich auf der Höhe des von der Neuzeit errungenen, aufgeklärten denkenden Selbstbewußtseins ankündigt. Für Steiner, der die kantschen Grenzbestimmungen nicht akzeptiert und den Anspruch erhebt, die Aufklärung zu vollenden, indem sich das denkende Bewußtsein über das Gesetz des Erkennens aufklärt, wodurch es zur Einsicht in die Autopoiese des Geistes gelangt, stellt die Bewegung, die an Herder und vor allem Goethe anknüpft, eine weitere Stufe der Noogenese in Aussicht, in der die Empirie einen Weg zum personalen Geist eröffnet, der sich vor dem abendländischen Bewußtsein im Verlauf der Jahrtausende verborgen hat.

Da für Steiner, wie er in einem Aufsatz im Jahr 1888 zum Ausdruck brachte, «das Barometer des Fortschritts in der Entwicklung der Menschheit [...] die Auffassung, die man von der Freiheit hat, und die praktische Realisierung dieser Auffassung» war,[1] konnte diese neue Stufe nicht erreicht werden, indem die Errungenschaften der neuzeitlichen Kritik ignoriert wurden, sondern nur unter deren Einbezug oder auf deren Grundlage. Einen Weg zu dieser *res occulta* sieht Steiner in Goethes Weltanschauung angebahnt und für bestimmte Bereiche des menschlichen Erkennens bereits ansatzweise verwirklicht. Diesen Weg will er weiter gehen und auch für andere zugänglich machen.

Goethe sieht nach Steiners Auffassung das Geistige in der Natur wirken. Er erscheint ihm als der geborene Antimechanist, der «Galilei» und «Newton der Organik», weil sein eigener Geist so inhaltsvoll sei, daß er nicht nur mechanische Gesetze in der Natur walten sehe, sondern Ideen. Dies zeige sich in Goethes Morphologie, in seiner Lehre von der Urpflanze und deren Metamorphose, dies zeige sich aber auch in dessen Farbenlehre, in der Goethe versuche, das Sinnliche aus dem Übersinnlichen zu erklären, das dem Sinnlichen auf verborgene Weise innewohne bzw. ihm zugrundeliege.

Steiner fällt bekanntlich 1882 von Karl Julius Schröer die Aufgabe zu, Goethes Naturweisheit vor der philosophisch-naturwissenschaftlichen Bildung seiner Zeit zu rechtfertigen, was aufgrund des Anachronismus dieser Erkenntnisart als problematisches, aber darum nicht weniger notwendiges Unterfangen erscheint. Die *Grundlinien einer Erkenntnistheorie der Goetheschen Weltanschauung* sind das Buch[2], das Schröer hätte schreiben sollen, das er aber nicht schreiben konnte oder wollte, weil er meinte, der an der Technischen Hochschule in Wien studierende 21jährige sei dazu befähigter als der Professor für Literatur. Die *Grundlinien* sind von der platonischen Gedankenstimmung Schröers erfüllt, sie erscheinen wie der Versuch, eine platonische Naturweisheit und Weltsicht erkenntnistheoretisch zu rechtfertigen.

Seine Verbundenheit mit dem Griechentum brachte Steiner schon vor der Übernahme der Herausgabe von *Goethes Naturwissenschaftlichen Schriften* zum Ausdruck. In einem Brief an seinen Studienfreund Rudolf Ronsperger schrieb der damals Zwanzigjährige (1881): «Sie werden sehen, daß alle jene Ideen, welche im alten Griechenvolke lebten, im deutschen Volke neue Blüten getrieben haben und einem jeden, der sich zu diesen Ideen emporzuheben imstande ist, die höchst befriedigenden Worte in den Mund legen: *das Deutschtum ist eine Wiederholung des Griechentums.*»[3]

Steiner sah in der Geisteshöhe, die die abendländische Kulturentwicklung mit Herder, Goethe, Fichte und Hegel erreicht hatte, nicht nur eine Wiederkunft der griechischen Klassik, sondern auch eine Weiterentwicklung, ruhte doch diese Renaissance des Griechentums auf dem Fundament der Aufklärung und des neuzeitlichen Individualismus. In der griechischen, insbesondere platonischen Gedankenstimmung, die in den *Grundlinien* zum Ausdruck kommt, lebt Steiner mit Sicherheit bis etwa zum Jahr 1891. Seine Dissertation *Wahrheit und Wissenschaft* atmet bereits aristotelischen Geist.

Welche Schicksalsaspekte mögen sich in der merkwürdigen biographischen und geistesgeschichtlichen Konstellation verbergen, die Steiner mit Schröer und durch diesen mit Goethe verbindet?

Goethe war erfüllt von der platonischen Ideenanschauung. Er zweifelte nicht daran, wie er Schiller gegenüber zum Ausdruck brachte, daß er die Ideen «mit Augen sehe». Diese Ideenanschauung hat sich Goethe nicht durch historische Studien erworben, sie arbeitete sich aus den Tiefen seiner Seele an die Oberfläche und durchdrang, je mehr Goethe selbst sich zu klassischer Form wandte und zum «Olympier» wurde, all sein Denken und Tun. Diese platonische Lebensstimmung Goethes verweist auf Wurzeln seiner Existenz, die im alten Griechentum zu suchen sind. Ähnliches ließe sich über Zeitgenossen Goethes (etwa die Brüder Humboldt, Hölderlin, Schelling, Hegel usw.) sagen. Deswegen bezeichnet Steiner diese Epoche der deutschen Kultur als *Wiederholung* des Griechentums: später sprach er auch von einer *Reinkarnation* des Griechentums.

Goethe lebte seine platonische Ideenanschauung gegenüber der Natur aus, ohne sie philosophisch zu rechtfertigen. Diese reflexive Enthaltsamkeit war Ergebnis einer von ihm verfolgten Strategie: «Mein Kind ich hab' es klug gemacht, ich habe nie über das Denken gedacht.», bemerkte er schnippisch in seinen *Maximen und Reflexionen*.

Doch schien die Zeit, in der die Ideologie Büchners, Vogts und Moleschotts herrschte, einer fundierten Rechtfertigung der Goetheschen Erkenntnisart zu bedürfen, nicht zuletzt deshalb, um Goethe vor jenen zu schützen, die sich, wie etwa Du Bois-Reymond oder Max Planck – nach Steiners Auffassung zu Unrecht – auf ihn beriefen. Schröer wäre – wie Steiner später bemerkte – die Aufgabe zugefallen, diese platonische Naturanschauung *aristotelisch* zu beschreiben und zu begründen. Doch Schröer war zu wenig Aristoteliker, um diese Aufgabe bewältigen zu können. So übernahm Steiner diese Herausforderung, obgleich er selbst mehr mit der aristotelischen Geistesrichtung verbunden war, als mit der platonischen.

Daß die philosophische Rechtfertigung eines unter Einbezug des Empirismus und Individualismus neuzeitlich weiterentwickelten Platonismus von einem geborenen Aristoteliker übernommen wurde, erscheint wie eine späte Wiedergutmachung für die Kritik des Aristoteles an seinem Lehrer. In Steiners Einsatz für Goethes platonische Naturerkenntnis kehrt der Aristoteliker Steiner zu seinen platonischen Ursprüngen zurück und verbeugt sich vor jenem Lehrer, ohne den auch der historische Aristoteles nicht denkbar gewesen wäre.

Steiners Aristotelismus kam aufgrund dieser besonderen biographischen Konstellation erst mit *Wahrheit und Wissenschaft* und vollends mit der *Philosophie der Freiheit* zum Durchbruch.[4] Die beiden Texte Steiners von 1891 bzw. 1893/94 stellen die philosophische Begründung des modernen Individualismus dar, dessen Wurzeln Steiner in einer Bewußtseinsverfassung erkennt, die den Menschen dazu zwingt, im Erkennen sich selbst als erkennendes Ich zu verwirklichen. Diese *Nötigung zur Freiheit*, als deren Realisation Steiner das menschliche Erkennen erscheint, begründet wiederum die Möglichkeit der ethischen Freiheit. Denn hat sich das Hervorbringen von Intuitionen erst als freie Tat des Menschen erwiesen, spricht auch nichts gegen die Freiheit seiner Handlungen, sofern diese Abbilder selbstgeschöpfter moralischer Intuitionen sind.

In Steiners Freiheitsphilosophie setzt sich die aristotelische Betonung der Individualität gegen die platonische Verehrung des Allgemeinen durch. Die Quintessenz dieser Freiheitsphilosophie kommt in der Maxime des freien Menschen zum Ausdruck, die Steiner 1894 in die Worte faßte: «Leben in der Liebe zum Handeln und Lebenlassen im Verständnisse des fremden Wollens, das ist die Grundmaxime der freien Menschen.»[5]

1886, in den *Grundlinien* läßt Steiner keinen Zweifel an seiner Verbundenheit mit Platos Geist, der sich in Goethe gegenüber der Natur bekundet. Er schreibt im Rückblick 1923: «Immer klarer im einzelnen wurde mir die Tatsache, daß mich meine eigene Anschauung in eine Erkenntnistheorie der Goetheschen Weltanschauung hineinstellte. Und so schrieb ich denn diese Erkenntnistheorie [...] Indem ich sie heute wieder vor mich hinstelle, erscheint sie mir auch als die erkenntnistheoretische Grundlegung und Rechtfertigung von alle dem, was ich später gesagt und veröffentlicht habe. Sie spricht von einem Wesen des Erkennens, das den Weg freilegt von der sinnenfälligen Welt in eine geistige hinein.»[6]

Auch 1887 klingt die Sprache Platos uns aus jeder Zeile entgegen, die Steiner schreibt, so zum Beispiel in den *Einleitungen zu Goethes Naturwissenschaftlichen Schriften*: «Wenn wir von dem Wesen eines Dinges oder der Welt überhaupt sprechen, so können wir also gar nichts anderes meinen, als das Begreifen der Wirklichkeit als *Gedanke*, als *Idee*. In der Idee erkennen wir dasjenige, woraus wir alles andere herleiten müssen: das Prinzip der Dinge. Was die Philosophen das Absolute, das ewige Sein, den Weltengrund, was die Religionen Gott nennen, das nennen wir, auf Grund unserer erkenntnistheoretischen Erörterungen: die *Idee*. Alles, was in der Welt nicht *unmittelbar* als Idee erscheint, wird zuletzt doch als aus ihr hervorgehend erkannt. [...] Sie aber fordert kein Hinausgehen über sich selbst. Sie ist die auf sich gebaute, in sich selbst fest begründete Wesenheit [...] Wenn man nur überhaupt imstande ist, bis zur Ideenwelt vorzudringen, so kann man sicher sein, daß man zuletzt eine mit allen Menschen gemeinsame Ideenwelt hat [...] *Unser Geist hat die Aufgabe, sich so auszubilden, daß er imstande ist, alle ihm gegebene Wirklichkeit in der Art zu durchschauen, wie sie von der Idee ausgehend erscheint.*»[7]

In jenem Wesen des Erkennens, das den Weg freilegt, klingt aber auch die eigentliche Aufgabenstellung Steiners an: dem menschlichen Erkennen einen empirischen Weg zur Geisterkenntnis zu weisen und insofern den verengten Horizont der abendländischen Zivilisation wieder zu erweitern. Nichts anderes versteht Steiner nach der Jahrhundertwende unter Anthroposophie als einen Weg (eine Methode), um «das Geistige im Menschenwesen mit dem Geistigen im Weltall» zu verbinden. In der Anthroposophie Steiners wird die Empirie zur Apokalypse, indem es ihr gelingt, die Grenze, die Kant dem menschlichen Erkennen gezogen hat, der Wirklichkeit nach zu durchbrechen, die Naturwissenschaft wird zur Gnosis, weil die Naturerkenntnis der Anthroposophie aus dem Einbezug des in der Natur wirkenden Geistes hervorgeht. So zumindest sieht Steiner selbst sein Lebenswerk.

Aber alle Bemühungen Steiners, in Anknüpfung an Goethe eine Erkenntnis der Natur zu rechtfertigen, die imstande ist, «alle gegebene Wirklichkeit» als «von der Idee ausgehend» erscheinen zu lassen, beruht doch auf einer realen Voraussetzung, der Voraussetzung des Ideenrealismus, einer angeborenen Fähigkeit zur Ideenschau. Es ist eben jene angeborene Schau, von der Steiner schon 1881 an Josef Köck schreibt: «Mein Bestreben war voriges Jahr, zu erforschen, ob es denn wahr wäre, was Schelling sagt: ‹Uns allen wohnt ein geheimes, wunderbares Vermögen bei, uns aus dem Wechsel der Zeit in unser innerstes, von allem, was von außen hinzukam, entkleidetes Selbst zurückzuziehen und da unter der Form der Unwandelbarkeit das Ewige in uns anzuschauen.› Ich glaubte und glaube nun noch, jenes innerste Vermögen ganz klar an mir entdeckt zu haben – geahnt habe ich es ja schon längst –; die ganze idealistische Philosophie steht nun in einer wesentlich modifizierten Gestalt vor mir; was ist eine schlaflose Nacht gegen einen solchen Fund!»[8]

Das materialistische Zeitalter akzeptiert aber eine solche Voraussetzung nicht. Es leitet aus Fichtes Diktum, was für eine Philosophie man wähle, hänge davon ab, was für ein Mensch man sei, das Recht darauf ab, die Welt materialistisch zu interpretieren, denn schließlich sei der Mensch ja doch nichts anderes als eine komplizierte Anhäufung von Materie. Daraus ergibt sich die Notwendigkeit, die Anschauung des Geistes vor dem materialistisch gewordenen Immanentismus zu rechtfertigen, der eine Spätfolge der aristotelischen Kritik an Platos Ideenlehre ist. Steiner bemüht sich daher seit dem Beginn der 90er Jahre in aufklärerischer Tradition darum, das materialistische Denken aus seinen eigenen Voraussetzungen zu einer Verständigung mit sich selbst und damit über sich hinaus zu führen.

So setzt bereits 1891 mit *Wahrheit und Wissenschaft* eine Selbstbesinnung des Aristotelikers Steiner ein, was unter anderem auch an der von Steiner in diesem Werk wie auch in der *Philosophie der Freiheit* praktizierten Methode der immanenten Kritik erkennbar ist, die man als eine originär aristotelische Methode bezeichnen kann. Die *Philosophie der Freiheit* ist, wie Steiner später schreiben wird, auf den Menschen als Naturwesen konzentriert, in dessen Intuitionsfähigkeit die Natur über sich selbst hinauswächst. Auch darin zeigt sich Steiners aristotelische Wende: blickt doch Aristoteles *durch den Menschen* als höchstes Naturwesen, das durch sein Denken an die kosmisch-göttliche Weisheit angeschlossen ist, *zum Nus auf*, während Plato aus der Höhe der kosmischen Ideenwelt *auf den Menschen und die Natur herunterblickt.*

Steiner wendet sowohl in *Wahrheit und Wissenschaft* als auch in der *Philosophie der Freiheit* das Augenmerk des materialistischen Zeitalters – der naturwissenschaftlichen Methode gemäß – auf Erfahrungstatsachen. Er versucht, durch eine empirische Beschreibung der Bewußtseinsvorgänge die Autonomie des menschlichen Denkens aufzuweisen. In der nicht zu leugnenden Tatsache der Denktätigkeit und deren unbefangener Interpretation, in der Fähigkeit des Menschen zur Hervorbringung individueller moralischer Intuitionen, die die materielle Welt gestalten und nicht von ihr gestaltet werden, sieht er eine Möglichkeit, den «Schuldscheinmaterialismus» (Popper) zu überwinden, der auf der unbewiesenen und unbeweisbaren Voraussetzung beruhe, das menschliche Denken sei ein Produkt des Gehirns.

Im Jahr 1897 blickt der Aristoteliker Steiner in seinem Buch *Goethes Weltanschauung* auf seine frühere Beschäftigung mit Platos fortwirkendem Erbe zurück. So betrachtet, enthält das Werk eine massive Selbstkritik. Findet sich doch darin auch eine der dezidiertesten Stellungnahmen gegen den Aristoteles *platonisans*.

Indem Steiner sich 1897 erneut Goethe zuwendet und eine Gesamtschau des Goetheschen Geistes versucht, steht er vor keiner leichten Aufgabe. Dies bekennt er selbst freimütig im Vorwort zur ersten Auflage: «Allen Widerspruch, der in mir gegen Goethes Anschauungsweise schlummerte, habe ich aufgerufen, um gegenüber der Macht dieser einzigen Persönlichkeit die eigene Individualität zu wahren [...] So interessant es ist, einem großen Geiste auf seinen Wegen zu folgen, ich möchte jedem nur so weit folgen, als er mich selbst fördert.»[9]

Die Darstellung des Buches geht vom Ende des 19. Jahrhunderts viel diskutierten Gegensatz des Monismus und Dualismus aus, den Steiner im Gegensatz von Schiller und Goethe verkörpert sieht. Für den Monismus ist die Idee ein Teil der einheitlichen Erfahrungswelt, eine Auffassung die man auch als aristotelisch bezeichnen könnte, während der Dualismus von der ontologischen Differenz von Ideenwelt und Erfahrungswelt ausgeht. «Goethe sieht in der Idee eines Dinges ein Element, das in demselben unmittelbar gegenwärtig ist, in ihm wirkt und schafft. Ein einzelnes Ding nimmt, nach seiner Ansicht, bestimmte Formen aus dem Grunde an, weil die Idee sich in dem gegebenen Falle in einer besonderen Weise ausleben muß. [...] Anders denkt Schiller. Ihm sind Ideenwelt und Erfahrungswelt zwei getrennte Reiche. Der Erfahrung gehören die mannigfaltigen Dinge und Ereignisse an, die den Raum und die Zeit erfüllen. Ihr steht das Reich der Ideen gegenüber, als eine anders geartete Wirklichkeit, dessen sich die Vernunft bemächtigt. Weil von zwei Seiten dem Menschen seine Erkenntnisse zufließen, von außen durch Beobachtung und von innen durch das Denken, unterscheidet Schiller zwei Quellen der Erkenntnis. Für Goethe gibt es nur eine Quelle der Erkenntnis, die Erfahrungswelt, in welcher die Ideenwelt eingeschlossen ist. Für ihn ist es unmöglich, zu sagen: Erfahrung und Idee, weil ihm die Idee durch die geistige Erfahrung so vor geistigen Auge liegt, wie die sinnliche Welt vor dem physischen.»[10]

Der aus Kant entlehnte ontologische Dualismus Schillers wird von Steiner als Folge einer «Entwicklungskrankheit» interpretiert, die der Philosophie des Abendlandes bereits in der Antike eingeimpft worden sei. Diese Entwicklungskrankheit bestehe in einem tiefgehenden Mißtrauen der Philosophen gegen die Erfahrungswelt, dessen Urheber er in Parmenides von Elea ortet, der die Auffassung vertreten habe, die Sinne des Menschen vermittelten nur Trug und Täuschung, während die Erkenntnis der Wahrheit allein dem reinen Denken möglich sei. Auch Plato sei von diesem Mißtrauen gegen die Erfahrungswelt erfüllt.

Um dies zu verdeutlichen, referiert Steiner das Höhlengleichnis: Sofern wir nur wahrnehmen, sind wir festgebunden und sehen nur Schattenwürfe von vorübergetragenen Gegenständen an der gegenüberliegenden Wand unseres Gefängnisses, unsere Weisheit besteht darin, die Reihenfolge des Auftretens jener Schatten vorherzusagen. Der Grund für die Unfähigkeit der Sinne, wahre Erkenntnis zu vermitteln, liegt gemäß Steiners Platointerpretation in einem ontologischen Tatbestand, nämlich der Beschaffenheit der körperlichen Welt. Die dieser Welt angehörenden Dinge werden immer, sind aber nie: nichts bleibt, wie es ist. Das wahrhaft Seiende hingegen muß mit sich selbst identisch sein, kann nicht sowohl sein als auch nicht sein, darf nicht entstehen und nicht vergehen.

Plato, so Steiner, reiße die Vorstellung des Weltganzen in zwei Teile auseinander: in die Wahrnehmungswelt, die lediglich eine Scheinwelt darstelle und die Ideenwelt, die die wahre Wirklichkeit verkörpere. Steiner kommentiert diesen «platonischen» Dualismus, indem er ihn in seine Schranken weist: die Unterscheidung zwischen Idee und Wahrnehmung sei nur noetisch, erkenntnistheoretisch berechtigt, nicht aber ontologisch. Die ganze Wirklichkeit werde allein behufs Ermöglichung des menschlichen Erkennens in die zwei Bereiche gespalten, auf daß der Mensch durch sein individuelles Erkenntnisbemühen Idee und Wahrnehmung wieder zu einer Ganzheit zusammenfüge. Die Ontologisierung dieser durch das menschliche Bewußtsein bedingten Dualität erwecke den Eindruck, die ursprünglich einheitliche Welt sei durch eine unüberbrückbare ontologische Kluft zerrissen. Statt dessen liege es allein an der Natur des Menschen, daß sich ihm die Dinge auf eine zweifache Art mitteilten: der ideenfreie Teil der Wirklichkeit durch die Sinne, die Ideen der Dinge aber durch sein Denken.

Steiner geht in der ersten Auflage des Buches *Goethes Weltanschauung* im Jahr 1897 von dieser Kritik direkt zu einer Schilderung des historischen Schicksals der Platonismus über, indem er beschreibt, wie dieser ein verhängnisvolles Bündnis mit der Offenbarungsreligion geschlossen habe: «Um die Sehkraft für dieses Verhältnis [von Ideenwelt und Erfahrungswelt] ganz zu lähmen, verband sich mit dem Platonismus das Christentum. Dieses religiöse Bekenntnis mit seinem Jenseitsglauben und seiner Verachtung der Sinnenwelt ist nur eine volkstümliche Form des Platonismus. Es macht eine nach menschlichem Bilde gedachte persönliche Wesenheit zum Urheber der Welt.»[11] Diese nach Feuerbach klingende Schelte des Transzendentalismus erfuhr in der zweiten Ausgabe des Buches, die Steiner im Jahr 1918 herausbrachte, eine nicht unbedeutende Korrektur.

Für die zweite Auflage wurde der gesamte Text überarbeitet und die betreffende, eben referierte Passage umformuliert. An der zitierten Stelle findet sich nun eine Ehrenrettung des Platonismus. Insgesamt wurde aus dem Platonismus, der in der ersten Auflage für die Entwicklungskrankheit der abendländischen Philosophie verantwortlich zeichnete, ein «einseitig verstandener», «falsch aufgefaßter Platonismus». Solche Relativierungen der radikalen Position aus dem Jahr 1897 finden sich in der zweiten Auflage des Buches fortlaufend. An die zitierte Passage aber wurde eine positive Würdigung Platos angefügt. Steiner hebt nunmehr lobend hervor, Plato habe erkannt, daß der Mensch seine Erkenntnis aus zwei Quellen schöpfe (was auf einen erkenntnistheoretischen Dualismus hinausläuft), daß die Sinneswelt allein nicht die volle Wirklichkeit verbürge:

«Erst wenn aus dem Seelenleben heraus die Ideenwelt aufleuchtet und im Anschauen der Welt der Mensch Idee und Sinnesbeobachtung als einheitliches Erkenntniserlebnis vor seinen Geist stellen kann, hat er wahre Wirklichkeit vor sich. Was die Sinnesbeobachtung vor sich hat, ohne daß es von dem Lichte der Ideen durchstrahlt wird, ist eine Scheinwelt. So betrachtet fällt von Platos Einsicht aus auch Licht auf die Ansicht des Parmenides von dem Trugcharakter der Sinnendinge.»[12]

In Platos Philosophie wird nun von Steiner 1918 «eines der erhabensten Gedankengebäude der gesamten Geistesgeschichte» gesehen, deren Wesen für ihn in der Überzeugung bestehe, das Ziel alles Erkenntnisbemühens müsse die «Aneignung der die Welt tragenden und deren Grund bildenden Ideen» sein. Folgen wir Steiners später Korrektur, dann hat Plato die Bedeutung der Idee für das menschliche Erkennen nicht nur richtig eingeschätzt, sondern auch eine Erkenntnislehre vorgelegt –

soweit sie bei Plato überhaupt ausgebildet ist –, die den Sachverhalt zutreffend schildert.

Aber, und nun kommt in der Ausgabe 1918 die Einschränkung: Plato habe durch seine Darstellung dieser Einsicht dem Eindruck Vorschub geleistet, die Sinnenwelt sei nicht nur für das menschliche ideenlose Anschauen (das bloße Wahrnehmen des Positivismus) ein Schein, sondern auch unabhängig von der Art des menschlichen Wahrnehmens, d.h. ontologisch. Dagegen sei aber Goethes Standpunkt, daß es – unabhängig vom menschlichen Bewußtsein – keine ideenentblößte Sinneswelt gebe. Die Wahrnehmungswelt sei vielmehr immer schon von Ideen durchdrungen, der Mensch aber sei so organisiert, daß er die Welt ideenentblößt wahrnehmen müsse, um die Erkenntnis ermöglichenden Ideen durch sein Denken zur Erscheinung zu bringen. In dieser Auffassung, die Steiner hier als diejenige Goethes vorträgt, läßt sich unschwer der ontologische Monismus und erkenntnistheoretische Dualismus der *Philosophie der Freiheit* von 1894 erkennen.

Doch kehren wir noch einmal zum Text der ersten Auflage von *Goethes Weltanschauung* zurück. In seinem weiteren Gedankengang untersucht Steiner die Auswirkungen des «einseitigen Platonismus» in der Geschichte des abendländischen Denkens und beschreibt, wie dieser sich im Mittelalter mit dem Christentum verbündet und den mittelalterlichen Dualismus und Transzendentalismus gezeugt habe. Der mittelalterliche Transzendentalismus habe die Ideen, die abgesondert von der Wahrnehmung doch nur im menschlichen Geist existierten, in den Geist Gottes versetzt und die Schöpfung (die sinnliche, körperliche Welt einschließlich des Menschen) anschließend zu einem Abglanz dieser Ideen erklärt. Gleichzeitig habe der Transzendentalismus der Menschenseele den Zugang zur göttlichen Ideenwelt entzogen und sie in eine Abhängigkeit von Offenbarung und Gnade gebracht. Ein Erleben der Ideen an der Sinneswelt werde vom mittelalterlichen Dualismus als unchristlich diffamiert. Das Abendland, so Steiner, hätte sich vor vielen Irr- und Schleichwegen bewahren können, die Folge der «Erbsünde des Denkens», des Mißtrauens in die Erfahrungswelt gewesen seien, wenn es sich dem richtig verstandenen Aristoteles angeschlossen hätte:

«Vergeblich hat sich Aristoteles gegen die platonische Spaltung der Weltvorstellung aufgelehnt. Er sah in der Natur ein einheitliches Wesen, das die Ideen ebenso enthält, wie die durch die Sinne wahrnehmbaren Dinge und Erscheinungen. Nur im menschlichen Geiste können die Ideen ein selbständiges Dasein haben. Aber in dieser Selbständigkeit kommt ihnen keine Wirklichkeit zu. Bloß die Seele kann sie abtrennen von den wahrnehmbaren Dingen, mit denen zusammen sie die Wirklichkeit ausmachen. Hätte die abendländische Philosophie an die richtig verstandene Anschauung des Aristoteles angeknüpft, so wäre sie bewahrt geblieben vor den Irr- und Schleichwegen, die sie gewandelt ist.»[13]

1897 erklärt Steiner viele «Irrwege» in der Gedankengeschichte zu einer Folge des Platonismus: der Realismus-Nominalismus-Streit des Mittelalters sei ebenso auf die platonische Weichenstellung zurückzuführen, wie der einseitige Empirismus Bacons oder der von Descartes begründete Rationalismus. Schließlich sei auch das kantsche Problem, das zur Abschiebung der Fragen nach Gott, Freiheit und Unsterblichkeit in den Bereich eines ethisch begründeten Glaubens führte, eine Spätfolge der Schieflage, die seit Plato die abendländische philosophische Diskussion beherrscht habe. Im Kantianismus sieht Steiner 1897 eine «böse Frucht des Platonismus», während er diesen 1918 abgemildert als eine «die Erkenntnis lähmende Frucht eines einseitigen Platonismus» bezeichnet.

Aus der Sicht der zweiten Auflage mußte Goethe das Christentum deswegen ablehnen, weil es von den Nachwirkungen dieses einseitigen Platonismus durchtränkt gewesen sei. Daneben habe sich Goethe aber einen «freien Sinn für die platonische Erhebung der Seele zur Ideenwelt» bewahrt. Er habe in sich die «Wirksamkeit der Ideenwirklichkeit» gefühlt und deshalb auch die wirkenden Ideen in der Natur geschaut. Ja, Goethe wird für Steiner 1918 geradezu zum Überwinder des abendländischen Irrweges: «So stellte sich in Goethes Weltanschauung die auf die Ideenwelt gehende Richtung des Platonismus in ihrer Reinheit her, und es wird in ihr die von der Wirklichkeit ablenkende Strömung überwunden.»[14]

Nun konnte aber Steiner schon 1897 nicht gänzlich über den von Goethe praktizierten Platonismus hinwegsehen. Er zog jedoch als platonisierender Aristoteliker Konsequenzen, die über Goethe hinausführten. Diese werden vor allem im Gebiet der Ethik sichtbar, wenngleich auch schon die 1886 veröffentlichten methodologischen Untersuchungen Steiners zu den Geisteswissenschaften in seiner Schrift *Grundlinien einer*

Erkenntnistheorie der Goetheschen Weltanschauung über die von Goethe gelebten Dimensionen des Ideenrealismus hinausgegangen waren.

Steiner führt 1897 die Ansätze des Goetheschen Denkens, nachdem er bereits in seiner *Philosophie der Freiheit* unabhängig von Goethe seine Theorie des individualistischen Anarchismus entwickelt hatte, im Gebiet der Ethik fort. Im Sinne Goethes erfaßt der Mensch, meint Steiner 1897, in den Ideen, wenn er durch sie die Natur erkennt, das in den Dingen wirkende Ideelle. Er wird im Erkennen mit den wirkenden Kräften des Naturgeschehen geradezu eins und überwindet so durch einen realen geistigen Vorgang, dessen Urheber er selbst ist, jene Kluft, die ihn von der bloß wahrgenommenen Natur trennte. «Solange der Mensch das Wirken und Schaffen der Idee nicht fühlt, bleibt sein Denken von der lebendigen Natur abgesondert. Er muß das Denken als eine bloß subjektive Tätigkeit ansehen, die ein abstraktes Bild von der Natur entwerfen kann. Sobald er aber fühlt, wie die Idee in seinem Innern lebt und tätig ist, betrachtet er sich und die Natur als ein Ganzes, und was als Subjektives in seinem Innern erscheint, das gilt ihm zugleich als objektiv; er weiß, daß er der Natur nicht mehr als Fremder gegenübersteht, sondern er fühlt sich verwachsen mit dem Ganzen derselben. Das Subjektive ist objektiv geworden; das Objektive von dem Geiste ganz durchdrungen [...] Subjektiv und objektiv treffen zusammen, wenn die objektive Ideenwelt im Subjekte auflebt, und in dem Geiste des Menschen dasjenige lebt, was in der Natur selbst tätig ist. Wenn das der Fall ist, dann hört aller Gegensatz von subjektiv und objektiv auf.»[15]

Was Steiner hier beschreibt, ist nichts als die Anschauung der Denktätigkeit, in der die Konstitution der Wirklichkeit unter Mitwirkung des menschlichen Geistes sichtbar wird. Goethe habe nun aber, meint Steiner 1897, gerade dieses «innerste menschliche Erlebnis» nicht gekannt, er sei nicht zur Anschauung dieser Denktätigkeit vorgedrungen, deswegen habe er es auch nicht zur «unmittelbaren Anschauung des Befreiungsaktes gebracht».[16]

Gemäß der Steinerschen Auffassung ist dieses innerste Erlebnis, die Selbstbewußtwerdung des erkennenden Ich und die Anschauung seiner wirklichkeitskonstitutiven Tätigkeit, das Erlebnis der Freiheit. In der Anschauung seiner eigenen ideirenden Tätigkeit schaut der denkende bzw. erkennende Mensch aber nicht nur seine Tätigkeit an, sondern auch die «eigene Natur der Ideenwelt». Während im Erkennen der Natur die wirkende Idee in das Reale der Wahrnehmung hineingearbeitet wird, erlebt der Mensch im Ideiren seiner eigenen Denktätigkeit das Ideelle unmittelbar als Reales: ist es doch die tätige Idee des Ich selbst, das sich in der Denktätigkeit entfaltet. «Diese Anschauung des sich selbst Hervorbringenden ist aber die Anschauung der Freiheit. Bei der Beobachtung des Denkens durchschaut der Mensch das Weltgeschehen. Er hat hier nicht nach einer Idee dieses Geschehens zu forschen, denn dieses Geschehen ist die Idee selbst. Die sonst erlebte Einheit von Anschauung und Idee ist hier Erleben der anschaulich gewordenen Geistigkeit der Ideenwelt. Der Mensch, der diese in sich selbst ruhende Tätigkeit anschaut, fühlt die Freiheit.»[17]

Dieses Ideen-Erleben kann, so Steiner, zu mystischer Vertiefung gesteigert werden, berührt doch der Erkennende die die Natur und den Kosmos konstituierenden geistigen Mächte, deren Ausläufer ihm in den denkend erfaßten Ideen ein Verstehen des Aufbaus der Welt ermöglichen. Allerdings ist die von Steiner gemeinte Form der Mystik nicht mit Gefühlsmystik zu verwechseln, sondern beruht auf der Nüchternheit einer exakten intellektuellen Anschauung. So grenzt er sich auch von jener Mystik ab, die die «Klarheit der Ideen» verachtet, und zu frieren beginnt, wenn sie sich der Ideenwelt hingeben soll. «Es friert den Mystiker, wenn er sich der Ideenwelt hingibt. Er sucht einen Weltinhalt, der Wärme ausströmt. Aber der, welchen er findet, klärt über die Welt nicht auf. Er besteht nur in subjektiven Erregungen, in verworrenen Vorstellungen. Wer von der Kälte der Ideenwelt spricht, der kann Ideen nur *denken*, nicht *erleben*. Wer das wahrhafte Leben in der Ideenwelt lebt, der fühlt in sich das Wesen der Welt in einer Wärme wirken, die mit nichts zu vergleichen ist. Er fühlt das Feuer des Weltgeheimnisses in sich auflodern.»[18] Diese Vertiefung des Ideen-Erlebens führt in das Reich der Ideen, die Steiner nicht als hypostasierte Abstraktionen der Wahrnehmungswelt versteht, sondern als Repräsentationen des geistigen Wesens der Welt, das sich im vollbewußten, in Freiheit vollzogenen mystischen Erleben in eine geistige Wesenswelt auffächert, deren Gestalt und Wirken Steiner nach der Jahrhundertwende in den verschiedensten Formen darzustellen versuchte.

Betrachtet man Steiners Bemühungen, «wahren» und «falschen» Platonismus voneinander zu unterscheiden, wird deutlich, worin sein Anliegen bestand. Er lehnte die Ideologie des Idealismus ab, weil in ihr lediglich eine dogmatisierte Form der Spiritualität tradiert wurde, die der realen spirituellen Erfahrung im Wege stand. Sollte ein empirischer Zugang zu jenen verdrängten Horizonten der Wirklichkeit erschlossen werden, die im Abendland nur noch in sentimentalen Erinnerungen in idealistischen oder spiritualistischen Kulturströmungen fortexistierten, die keinerlei Bezug mehr zur Lebenswirklichkeit der Moderne besaßen, mußte vom Boden der Moderne aus erst eine radikale Kritik an diesen ideologisierten Formen der Spiritualität geübt werden. So bemühte sich Steiner auch darum, in der von ihm konzipierten Anthroposophie den aufklärerischen Geist der Kritik mit dem erleuchtenden Geist der Mystik zu verschmelzen.[19]

Sein Lebenswerk legt Zeugnis von diesem Versuch ab. An diesem Werk läßt sich auch erkennen, was es bedeuten könnte, wenn der aristotelische Realismus und Individualismus sich zu seinen platonischen Ursprüngen zurückwendet, um seine eigene Einseitigkeit zu überwinden.

Anmerkungen

1 GA 31 (Rudolf-Steiner-Gesamtausgabe, Band Nr.), *Gesammelte Aufsätze zur Kultur- und Zeitgeschichte*, S. 134–139, «Papsttum und Liberalismus», ursprünglich erschienen in *Deutsche Wochenschrift*, VI. Jg., 13. Juli 1888.

2 GA 2, *Grundlinien einer Erkenntnistheorie der Goetheschen Weltanschauung mit besonderer Rücksicht auf Schiller*, 7. Auflage, Dornach 1979.

3 *Briefe*, Bd. 1, GA 38, 3. Auflage, Dornach 1985, S. 23.

4 GA 3, *Die Grundfrage der Erkenntnistheorie mit besonderer Rücksicht auf Fichtes Wissenschaftslehre. Prolegomena zur Verständigung des philosophierenden Bewußtseins mit sich selbst*; erst die Buchausgabe 1891 trägt den Gadamers Hauptwerk vorausnehmenden Titel *Wahrheit und Wissenschaft*; GA 4, *Die Philosophie der Freiheit*, 1. Auflage 1894, zitiert nach der Ausgabe Dornach 1978.

5 GA 4, *Die Philosophie der Freiheit*, a.a.O., S. 166.

6 *Grundlinien einer Erkenntnistheorie*, a.a.O., Vorrede zur Neuauflage 1923, GA 2, 7. Auflage, Dornach 1979, S. 11.

7 *Einleitungen zu Goethes Naturwissenschaftlichen Schriften*, Ausgabe 1962, S. 115–117.

8 *Briefe*, Bd. 1, GA 38, 3. Auflage, Dornach 1985, S. 13.

9 *Goethes Weltanschauung*, GA 6, Dornach 1979, S. 11.

10 A.a.O., S. 22–23.

11 A.a.O., 1. Auflage, 1891, S. 13.

12 A.a.O., 2. Auflage, Ausgabe 1979, S. 28.

13 A.a.O., 2. Auflage, Ausgabe 1979, S. 34.

14 A.a.O., 2. Auflage, Ausgabe 1979, S. 38.

15 A.a.O., 2. Auflage, Ausgabe 1979, S. 55.

16 A.a.O., 2. Auflage, Ausgabe 1979, S. 85.

17 A.a.O., 2. Auflage, Ausgabe 1979, S. 86.

18 A.a.O., 2. Auflage, Ausgabe 1979, S. 77.

19 Vgl. Günter Röschert, *Anthroposophie als Aufklärung*, München 1997.

IX. Bewegender Umgang mit der Idee. Von der *Philosophie der Freiheit* zu *Goethes Weltanschauung*

Günter Röschert

Im Vorwort zur ersten Auflage des Buches *Die Mystik im Aufgange des neuzeitlichen Geisteslebens*[1] berichtet Rudolf Steiner über die Vorgeschichte des Werkes. Er sei aufgefordert worden, eine Reihe von Vorträgen über die Mystik zu halten. Diesem Wunsche sei er nachgekommen. Der Inhalt der im Winter 1900 auf 1901 gehaltenen Vorträge sei in dem Buche wiedergegeben. Steiner schreibt: «Vor zehn Jahren hätte ich es noch nicht wagen dürfen, einen solchen Wunsch zu erfüllen. Nicht als ob damals die Ideenwelt, die ich heute zum Ausdruck bringe, noch nicht in mir gelebt hätte. Diese Ideenwelt ist schon ganz in meiner *Philosophie der Freiheit* enthalten. Um aber diese Ideenwelt so auszusprechen, wie ich es heute tue, und sie so zur Grundlage einer Betrachtung zu machen, wie es in dieser Schrift geschieht, dazu gehört noch etwas ganz anderes, als von ihrer gedanklichen Wahrheit felsenfest überzeugt sein. Dazu gehört ein intimer Umgang mit dieser Ideenwelt, wie ihn nur viele Jahre des Lebens bringen können. Erst jetzt, nachdem ich diesen Umgang genossen habe, wage ich, so zu sprechen, wie man es in dieser Schrift wahrnehmen wird.»

Das Vorwort ist auf September 1901 datiert. Zehn Jahre zurück, 1891, war Rudolf Steiner dreißig Jahre alt und die *Philosophie der Freiheit* befand sich als Buch noch in Vorbereitung. Die Ideenwelt der Freiheitsphilosophie lebte aber bereits in Steiner und hatte schon in den *Einleitungen zu Goethes naturwissenschaftlichen Schriften* Band 1 bis 3, in den *Grundlinien einer Erkenntnistheorie der Goetheschen Weltanschauung* und in Steiners Dissertationsschrift *Wahrheit und Wissenschaft* Ausdruck gefunden.[2]

Steiner empfand damals, daß mit dem Erscheinen der *Philosophie der Freiheit* ein bestimmter Abschluß erreicht war: «Ich schrieb, so fühlte ich, die Gedanken nieder, die mir die geistige Welt bis zu der Zeit meines dreißigsten Lebensjahres gegeben hatte.»[3] «Für mich war mit der *Philosophie der Freiheit* gewissermaßen das von mir abgesondert und in die Außenwelt hineingestellt, was der erste Lebensabschnitt durch das schicksalsgemäße Erleben der naturwissenschaftlichen Daseinsrätsel an Ideengestaltungen von mir verlangt hatte.»[4]

Die Ideenwelt der *Philosophie der Freiheit* hatte also durch die schriftliche Ausarbeitung schon ab etwa 1891, also innerhalb von drei Jahren, eine gewisse Objektivität erlangt. Dies schloß aber die Fortentwicklung dieser Ideenwelt keineswegs aus. Nicht erst 1901 kam es zu einer neuen Darstellung dieser Ideenwelt im Gewande des Buches über die Mystik. Bereits drei Jahre nach dem Erscheinen der *Philosophie der Freiheit* fand sich Steiner veranlaßt, die Erfahrungen seiner Weimarer Jahre bis 1897 in dem Buche *Goethes Weltanschauung* zusammenzufassen und damit seine Goethearbeit in bisheriger Form zu Ende zu führen.[5] Man wird sich also zu fragen haben, zu welcher Gestaltung der «intime Umgang» mit der Ideenwelt der *Philosophie der Freiheit* in dem Buche *Goethes Weltanschauung* geführt hat.[6]

1. Eine neue Ästhetik

Am 9. November 1888 hielt Rudolf Steiner auf Einladung des Wiener Goethe-Vereins einen Vortrag über «Goethe als Vater einer neuen Ästhetik».[7] Das Schöne, so führt Steiner in dem Vortrag aus, sei nicht die Idee in Form der sinnlichen Erscheinung, sondern vielmehr die sinnliche Erscheinung in der Form der Idee. Der Ansatz künstlerischen Schaffens ist also die jeweilige Materie, nicht die Idee. Die Materie wird vom Künstler über sich selbst hinausgeführt, auf Grundlage dessen, was in ihr schon verborgen vorhanden ist. Die hohe Aufgabe des Künstlers sei es also, so führt Steiner sinngemäß aus, die Bedingungen zu schaffen, um das Reich Gottes auf die Erde zu bringen.

Den zugrundeliegenden Gedanken hat Steiner bereits 1886 in dem Buche *Grundlinien einer Erkenntnistheorie der Goetheschen Weltanschauung* in Worte gefaßt.

Die Ästhetik Goethes ist in der Darstellung Rudolf Steiners Arbeitsprogramm und Lebensentwurf. Sie charakterisiert in der allgemeinsten Form eine Welterfassung, die über das Wahrnehmbare – dessen Möglichkeiten ergreifend – schöpferisch hinausstrebt, um zu neuen und geistgemäßen Gestaltungen zu gelangen. Im Vorwort von 1909 zu dem Autoreferat von 1888 bezeichnet Steiner deshalb die Ideen seines Vortrages als «gesunden Unterbau der Anthroposophie».[8] Steiner hat damit dem Geisstreben der Menschheit den Richtungssinn von unten nach oben vorgegeben und gleichzeitig den ersten und elementarsten Schritt zu einer Versöhnung von Erkennen und künstlerischem Schaffen getan.

Im Rückblick von 1925 sieht Steiner den Vortrag von 1888 in einem trinitarischen Kontext:[9] «Es gliederten sich mir dazumal die wahre Erkenntnis, die Erscheinung des Geistigen in der Kunst und das sittliche Wollen im Menschen zu einem Ganzen zusammen.» Der Geist erscheine, so führt Steiner aus, in dreierlei Form: Als Individualität, im Kunstwerk und als solcher in der Geistwelt. Unter diesen Umständen ist nicht verwunderlich, daß sich im ersten Kapitel der *Philosophie der Freiheit*[10] folgende Sätze finden: «Alle wirklichen Philosophen waren Begriffskünstler. Für sie wurden die menschlichen Ideen zum Kunstmateriale und die wissenschaftliche Methode zur künstlerischen Technik.» «Wie sich die Philosophie als Kunst zur Freiheit des Menschen verhält, was die letztere ist, und ob wir ihrer teilhaftig sind oder es werden können: das ist die Hauptfrage meiner Schrift.»

Das ästhetische Problem der Philosophie ist mit der Ausformung des Textes der *Philosophie der Freiheit* durch den Autor selbstverständlich nicht erledigt. Es handelt sich um die Suche nach dem ideellen Kunstwerk in Bewegung und in dieser Suche sind Autor und Leser zeitübergreifend vereint. Die ästhetische Gemeinschaft von Autor und Leserschaft nimmt insoferne an dem «intimen Umgang» mit der Ideenwelt der *Philosophie der Freiheit* teil.

2. Das Problem des Gefühls

Im 6. Kapitel[11] der *Philosophie der Freiheit* ist der Erkenntnisakt definiert. Steiner schreibt: «Unsere totale Wesenheit funktioniert in der Weise, daß ihr bei jedem Dinge der Wirklichkeit von zwei Seiten her die Elemente zufließen, die für die Sache in Betracht kommen: von Seiten des Wahrnehmens und des Denkens.» «Der Erkenntnisakt ist die Synthese von Wahrnehmung und Begriff.» Gibt es nicht weitere innere Elemente, die etwas über das Wesen der Wirklichkeit aussagen können? Bleibt die rein begriffliche Erfassung der wahrnehmbaren Wirklichkeit möglicherweise unvollständig? Das universelle Denken erhält ein individuelles Gepräge dadurch, daß es auf das individuelle Fühlen und Empfinden bezogen ist. Die Selbstbeobachtung zeigt aber, daß das Fühlen und Empfinden einen eigenen Erkenntniswert haben kann, an welchen die begriffliche Einordnung zunächst nicht heranreicht.

Im 7. Kapitel[12] behandelt Steiner die Vorstellung. Diese ist «die subjektive Repräsentation der Wirklichkeit.» In der Vorstellung stecken die vergangenen, abgelebten Synthesen von Wahrnehmung und Begriff. Dann heißt es: «Wir beziehen die Wahrnehmung auch auf unser individuelles Ich. Der Ausdruck dieses individuellen Bezugs ist das Gefühl, das sich als Lust und Unlust auslebt.» «Für das Weltganze kann mein Gefühlsleben nur einen Wert haben, wenn das Gefühl als Wahrnehmung an unserem Selbst, mit einem Begriff in Verbindung tritt und sich auf diesem Umwege dem Kosmos eingliedert.» «Eine wahrhafte Individualität wird derjenige sein, der am weitesten hinaufreicht mit seinem Gefühl in die Region des Ideellen.» Mit Lust und Unlust ist der Umkreis des Fühlens sicher nicht vollständig erfaßt. Ein Eigenwert des Fühlens oder eine fühlenseigene Verbindung mit dem Kosmos wird von Steiner hier nicht angenommen. Das Fühlen erscheint als Hilfsmittel menschlicher Individuation, um eine Erlebensanreicherung der Idee. Die Selbstbeobachtung bestätigt jedoch, daß im künstlerischen Fühlen der Begriff, d.h. die geistige Balance der künstlerischen Mittel, im Verbund auftritt mit der Wahrnehmung, daß also die nur begriffliche (theoretische) Behandlung zwar einen größeren Zusammenhang aufscheinen läßt, zu dem «Was» des künstlerischen Empfindens aber nichts Neues hinzuzufügen vermag.

Das Problem des Fühlens wird von Steiner erneut aufgegriffen im 9. Kapitel:[13] «Das Fühlen ist ein rein individueller Akt, die Beziehung der Außenwelt auf unser Subjekt, insoferne diese Beziehung ihren Ausdruck findet in einem rein subjektiven Erleben.» Steiner besteht also darauf, daß das Gefühl derselben begrifflichen Ergänzung bedarf wie jede andere Wahrnehmung. Eine Gefühlsphilosophie (Mystik) lehnt Steiner entschieden ab.

Man fragt sich, ob das an Wahrnehmungen der Natur oder der Kunst entfaltete und die den jeweiligen Gegenstandsbereich eingeordnete und damit bewußt gemachte Gefühl zu einem neuen Erkenntnisorgan heranzureifen vermag. Paradigmatisch wäre dies an so unterschiedlichen Erfahrungen wie der Empfindung des Naturschönen, dem Rechtsgefühl oder dem Gefühl für die Eleganz einer mathematischen Gleichung zu untersuchen.

Im 10. Kapitel[14] bringt Steiner die kritischen Anmerkungen über das Gefühlsleben zu einem Abschluß: «Das Individuelle in mir ist nicht mein Organismus mit seinen Trieben und Gefühlen, sondern das ist die einige Ideenwelt, die in diesem Organismus aufleuchtet.» «[...] der Umstand, daß sich ein Ideelles in diesen Trieben, Leidenschaften und Gefühlen auf eine besondere Art auslebt, begründet meine Individualität.» Steiner spricht hier dem Gefühl an sich nichts Individuelles zu; erst in Verbindung mit dem Begriff ermöglicht das Fühlen Individualität. Die Ausführungen Steiners über das Fühlen in diesem Kapitel stehen in einem gewissen Spannungsverhältnis zu den zitierten Ausführungen im 7. Kapitel. Die allgemeine Ideenwelt individualisiert sich an den Trieben und Gefühlen; demnach trüge das Ideelle allein für sich das Prinzip der Individualisierung nur potentiell, nicht aktuell in sich.[15] Kann auf diesem Wege das ästhetische Programm von 1888 erfüllt werden? Welche innere Instanz wäre in der Lage und gegebenenfalls auf welchem Wege, das Material der Ideenwelt der *Philosophie der Freiheit* in tätigem Umgange künstlerisch weiter zu gestalten?

3. Von der Idee zum ganzen Menschen

In seiner Autobiographie *Mein Lebensgang* hat Steiner das Werden der *Philosophie der Freiheit* ausführlich geschildert für die Zeit ab 1886.[16] Die erste Urzelle des Buches lag in dem Sendschreiben *Die Natur und unsere Ideale* an die Dichterin Marie Eugenie delle Grazie.[17] Steiner arbeitete also über sieben Jahre lang gedanklich und schriftlich an dem Buche. Die Entstehung des Buches *Goethes Weltanschauung* ist nur im XXI. Kapitel des *Lebensganges* erwähnt für das Jahr 1897, mit folgenden Sätzen: «Ich wollte den Weg kennzeichnen, den das Weltanschauungsleben der Menschheit bis zu Goethe genommen hat, um dann Goethes Anschauungsart in ihrem Hervorgehen aus diesem Leben darzustellen. Ich habe das versucht in dem Buche *Goethes Weltanschauung*, das 1897 erschienen ist.»

Aus der von Christoph Lindenberg herausgegebenen Chronik zu Rudolf Steiners Leben[18] ist zu entnehmen, daß das Buch in der kurzen Zeit zwischen Sommer 1896 und April 1897 entstanden ist.

Im XXII. Kapitel des *Lebensganges* schildert Steiner den bei ihm ab dem 35.Lebensjahr, also ab Frühjahr 1896, einsetzenden Lebensumschwung. Steiner schreibt u.a.: «Wie die gewöhnliche begriffliche Erkenntnis, die an der Sinnenbeobachtung gewonnen wird, sich zu der Anschauung des Geistigen verhält, das wurde mir in diesem Lebensabschnitt aus einem mehr ideellen Erleben zu einem solchen, an dem der ganze Mensch beteiligt ist. Das ideelle Erleben, das aber das wirkliche Geistige doch in sich aufnimmt, ist das Element, aus dem meine *Philosophie der Freiheit* geboren ist. Das Erleben durch den ganzen Menschen enthält die Geisteswelt in einer viel wesenhafteren Art als das ideelle Erleben.» Die Schilderung des Seelenumschwunges wird von Steiner fortgesetzt im folgenden XXIII. Kapitel des *Lebensganges*. Darin heißt es u.a.: «All diese Einsichten schlossen sich mir gerade in der hier geschilderten Lebensepoche zu der erklommenen umfassenden Wahrheit zusammen, daß die Wesen und Vorgänge der Welt nicht in Wahrheit erklärt werden, wenn man das Denken zum ‹Erklären› gebraucht, sondern wenn man durch das Denken die Vorgänge in dem Zusammenhang zu schauen vermag, in dem das eine das andere erklärt, in dem eines Rätsel, das andere Lösung wird, und der Mensch selbst das Wort wird für die von ihm wahrgenommene Außenwelt.»

Der von Steiner geschilderte Seelenumschwung erscheint wie eine Entthronung des Denkens von seiner beherrschenden Stellung im Erkenntnisleben und eine Ausdehnung des letzteren in die verschiedenen Vorgänge des Seelenlebens hinein. Diese Wirkungen des Seelenumschwunges entfalten sich nahezu gleichzeitig mit der Ausarbeitung des Buches *Goethes Weltanschauung*.

4. *Goethes Weltanschauung*

Das Buch *Goethes Weltanschauung* zeigt eine ungleichgewichtige Struktur. Der erste und bei weitem längste Teil behandelt «Goethes Stellung innerhalb der abendländischen Gedankenentwicklung». Es folgen unterschiedlich lange Kapitel über die verschiedenen, von Goethe bearbeiteten naturwissenschaftlichen Gebiete, schließlich ein Zusatz von kaum fünf Seiten über «Goethe und Hegel».

Der erste Teil, der hier vorwiegend behandelt werden soll, zeigt im Text der ersten Auflage von 1897 eine Reihe von bemerkenswerten Überzeichnungen einzelner Problembereiche der Philosophiegeschichte,[19] aber auch ebenso bemerkenswerte Erweiterungen der Ideenwelt der *Philosophie der Freiheit* von 1894.

Im ersten Abschnitt «Goethe und Schiller» wird Goethe für eine monistische Erkenntnisauffassung in Anspruch genommen: «Für Goethe gibt es nur eine Quelle der Erkenntnis, die Erfahrungswelt, in welcher die Ideenwelt eingeschlossen ist.» Dem stellt Steiner den Dualismus einer Lehre von zwei Quellen menschlicher Erkenntnis gegenüber; dieser Lehre begegne man zuerst bei Parmenides von Elea. Die Bewertung des Parmenides als Dualist durch Steiner läßt sich allerdings durch das auf die Gegenwart überkommene Fragment des Lehrgedichtes des eleatischen Denkers nicht voll bestätigen.[20]

Im zweiten Abschnitt «Die platonische Weltanschauung» kennzeichnet Steiner Platon als Dualisten. Eine Schilderung des sogenannten Höhlengleichnisses aus dem Dialog *Politeia* führt Steiner zu der Behauptung, Platon habe Idee und Wahrnehmung in einem absoluten Sinn getrennt und damit das Weltganze in zwei Teile zerrissen. Dann befaßt sich Steiner mit der Verbindung von Platonismus und Christentum und schreibt: Das Christentum «mit seinem Jenseitsglauben und seiner Verachtung der Sinnenwelt ist nur eine volkstümliche Form des Platonismus. Es macht eine nach menschlichem Bilde gedachte persönliche Wesenheit zum Urheber der Welt. Die christlichen Kirchenväter versetzen einfach die platonische Ideenwelt in den Geist dieses persönlichen Gottes.» Die Sprache des menschlichen Innern komme nach Ansicht der Kirchenväter «nicht aus den Dingen, sondern aus dem Geiste des jenseitigen Gottes.»

Der dritte Abschnitt «Die Folgen der platonischen Weltanschauung» soll das Weiterwirken des platonischen Dualismus in der europäischen Philosophiegeschichte bis auf Kant in einer Art Kurzfassung schildern. Der von Steiner angenommene Monismus des Aristoteles sei christlicherseits verlassen oder umgedeutet worden: «Mit einer Naturauffassung, welche das höchste wirksame Prinzip in die Erfahrungswelt verlegt, weiß das Christentum nichts anzufangen.»[21] Eine neue christlich-platonische Dualität, diejenige von Vernunft und Offenbarung, habe die europäischen Denkgewohnheiten nachhaltig verdorben. Das Mißtrauen gegen eine unbefangene Beobachtung der Natur sei die Erbsünde des abendländischen Denkens. Kant schließlich sei ebenso platonischen wie auch christlichen Vorurteilen erlegen. Kant habe die Unmöglichkeit schlüssiger Gottesbeweise dargetan: «Das Natürliche wäre nun gewesen, auf den Gottesbegriff bei Erklärung der Welt ganz zu verzichten und zu untersuchen, was sich aus Wahrnehmung und Denken allein ergibt. Dies war Kant wegen seiner christlichen Gesinnung nicht möglich.»[22]

Steiner betrachtete die abendländische Gedankenentwicklung bis zu Goethe unter dem Gesichtspunkt eines dualistisch aufgefaßten und daher abzulehnenden Platonismus.

In dem langen vierten Abschnitt «Goethe und die platonische Weltansicht» versucht Steiner, die über den Platonismus hinausführenden Elemente Goetheschen Denkens und Anschauens aufzuzeigen. Goethe sei überzeugt gewesen, was als Idee in seinem Geist entstehe, das habe die

Natur in ihm entstehen lassen: «Zu solcher Denkweise führte Goethe seine Künstlernatur.» In der Kunst habe sich für Goethe anschaulich offenbart, was auch als Grundlage der Erkenntnis anzusehen sei. «Es gibt nur ein einheitliches Reich der Wahrheit, und dieses umfaßt Kunst und Natur. Daher kann auch die Fähigkeit des künstlerischen Schaffens von der des Naturerkennens nicht wesentlich verschieden sein.» Steiner schildert Goethe als monistischen Denker, soweit auf die Ergebnisse seines Forschens und Schaffens zu blicken sei: «Subjekt und Objekt treffen zusammen, wenn die objektive Ideenwelt im Subjekt auflebt, und in dem Geiste des Menschen dasjenige lebt, was in der Natur selbst tätig ist. Wenn das der Fall ist, dann hört aller Gegensatz von subjektiv und objektiv auf.» Andeutend macht sich in Steiners Darstellung eine Erweiterung des Erkenntnisvorganges geltend: «Die Vernunft, die Phantasie müssen sich betätigen, müssen in das Innere der Wesen dringen, um sich der ideellen Elemente des Daseins zu bemächtigen.» In dem Inneren der Wesen wohnt allerdings ihr geistiger Daseinsgrund, doch um diesen zu fassen, bedarf es außer der Vernunft auch der Phantasie. Dies kann nicht überraschen, nachdem vorher schon von der Fähigkeit des künstlerischen Schaffens im Zusammenhang des Naturerkennens die Rede war. In den Ausführungen dieses Abschnitts kündet sich nun eine wachsende Nähe zu den methodischen Ideen des Vortrages von 1888 an.

Den entscheidenden Schritt enthält der fünfte Abschnitt «Persönlichkeit und Weltanschauung». Steiner schreibt: «Die Außenseite der Natur lernt der Mensch durch die Anschauung kennen; ihre tiefer liegenden Triebkräfte enthüllen sich in seinem eigenen Innern als subjektive Erlebnisse. In der philosophischen Weltbetrachtung und im künstlerischen Empfinden und Hervorbringen durchdringen die subjektiven Erlebnisse die objektiven Anschauungen.» Den Ausdruck «subjektive Erlebnisse» führt Steiner in diesem Abschnitt neu ein und er variiert ihn zu «menschliches Seelenerlebnis», «inneres Erlebnis», «Innenerlebnis» und «geistigstes, intimstes Erlebnis». Eine Erklärung dieser Wortprägungen liefert Steiner explizit nicht, ihre semantische Breite muß aus dem Kontext entnommen werden.

Steiner zeigt, daß im Erkennen und Urteilen innere menschliche Erlebnisse die Sinnesanschauungen durchdringen. Wenn zwei äußere, feste Körper aufeinandertreffen, so überträgt der Betrachter ein ihm verfügbares Innenerlebnis – den Zusammenstoß seines eigenen Körpers mit einem anderen – auf den äußeren Vorgang. Die begriffliche Einordnung des letzteren findet also eine Ergänzung oder Fortsetzung in der Identifikation des Vorganges mit einer aus der Erinnerung abrufbaren subjektiven Erfahrung. Die Summe solcher Erfahrungen ist Eigenschaft der menschlichen Persönlichkeit. Die Einheit der Wahrheit wird durch die individuellen, erfahrungsmäßigen Ausgestaltungen nicht beeinträchtigt. Der Erkenntnistrieb entsteht nach Steiners Darstellung dadurch, daß ein inneres Erlebnis, nicht nur der Begriff, sich in der Seele angeregt fühlt, mit der Wahrnehmung eine Verbindung einzugehen. «Es ist das Wesen der Dinge selbst, das sich aus dem Innern des Menschen herausarbeitet und dahin strebt, wohin es gehört: zur Wahrnehmung.[23]

Auf die anthropologische Relevanz dieser erkenntnistheoretischen Erweiterung wird von Steiner in teilweise metaphorischer Sprache aufmerksam gemacht: «Die der bloßen Anschauung zugängliche Wirklichkeit ist nur die eine Hälfte der ganzen Wirklichkeit; der Inhalt des menschlichen Geistes ist die andere Hälfte. Träte nie ein Mensch der Welt gegenüber, so käme diese zweite Hälfte nicht zur lebendigen Erscheinung, zum vollen Dasein. Sie wirkte zwar als verborgene Kräftewelt; aber es wäre ihr die Möglichkeit entzogen, sich in einer eigenen Gestalt zu zeigen. Man möchte sagen, ohne den Menschen würde die Welt ein unwahres Antlitz zeigen. Sie wäre so, wie sie ist, durch ihre tieferen Kräfte, aber diese tieferen Kräfte blieben selbst verhüllt durch das, was sie wirken. Im Menschengeiste werden sie aus ihrer *Verzauberung* erlöst.[24] «Der Mensch ist nicht bloß dazu da, um sich von der fertigen Welt ein Bild zu machen; nein, er wirkt selbst mit an dem Zustandekommen dieser Welt.» – «In der Wahrheit leben ist nichts anderes, als bei der Betrachtung jedes einzelnen Dinges hinzusehen, welches innere Erlebnis sich einstellt, wenn man diesem Dinge gegenübersteht.» Die von Steiner herangezogenen inneren Erlebnisse erscheinen in erster Linie als solche des Konzipierens von Begriffen und Ideen, dann aber als solche des Fühlens und Empfindens.

Steiner rechnet schließlich auch Körpererlebnisse und Willensimpulse zu diesen, den Erkenntnistrieb verursachenden Innenerfahrungen: «Ein wirkliches Hineinleben in das Schaffen und Walten der Natur ist für Goethe die Erkenntnis des Menschen.»

Mit dem sechsten Abschnitt «Die Metamorphose der Welterscheinungen» schließt Steiner seine Charakteristik der Goetheschen Weltanschauung und Denkweise ab, nicht ohne Kritik an Goethe zu üben durch Hinweis auf nicht bedachte Konsequenzen. Die Metamorphose der Weltvorgänge ist eine Folge der Steigerung des Geistes durch die Naturreiche und deren Arten hindurch: Die Formen der Natur «sind dadurch verschieden, daß der Geist in ihnen mehr oder weniger auch äußerlich sichtbar wird». Zu der Anschauung der Denktätigkeit als der höchsten Metamorphose, der Selbstanschauung des Geistes, hat es Goethe nicht gebracht. Es blieb ihm daher auch die wahre Idee der Freiheit verborgen. Steiner verweist auf seine eigene *Philosophie der Freiheit* und betont: «Die Idee der Freiheit gewinnt man nur durch die Anschauung des Denkens.» Steiner verbindet diesen Hinweis mit einer erneuten Absage an die Vorstellung eines persönlichen Gottes. Wer der Selbstbetrachtung der eigenen Wesenheit fähig sei, werde nicht mehr «nach göttlichen Ursachen der Dinge forschen». Er werde die Prinzipien seines Handelns auch nicht in einem «göttlichen» Willen suchen. Der Glaube an einen persönlichen Gott stehe mit Goethes Naturstudien in klarem Widerspruch.

«Wer den Augenblick der Selbstanschauung erlebt hat, denkt nicht mehr daran, hinter den Erscheinungen einen verborgenen Gott zu suchen; er ergreift das Göttliche in seinen verschiedenen Metamorphosen in der Natur.» Da Goethe die intuitive Selbstanschauung nicht erreichen konnte, geriet er außerhalb seiner Naturstudien in Unsicherheiten. Wer sich auf solche Unsicherheiten berufen will, möge nach Steiner annehmen, «daß Goethe an einen persönlichen Gott und an die individuelle Fortdauer des Individuums geglaubt habe». Es verdient Beachtung, daß mit dem letzten Halbsatz nicht nur eine Absage an christliche Unsterblichkeitsvorstellungen verbunden ist, sondern auch eine für die westlichen Reinkarnationslehren relevante Einschränkung.

5. Entfaltung des Gedankenlebens

Zwanzig Jahre nach dem Erscheinen der ersten Auflage von *Goethes Weltanschauung* hielt Rudolf Steiner eine zweite Auflage für erforderlich. Er überarbeitete den gesamten Text,[25] beseitigte allzu einseitige Passagen über den Platonismus und glättete oder entfernte kritische Äußerungen über das Christentum. Das Buch erhielt Vorrede und Nachwort sowie eine Anmerkung über vermeintliche Widersprüche im Werke des Verfassers. Die zweite Auflage erschien 1918. Am 1. November 1918 hielt Steiner in Dornach einen Vortrag: «Episodische Betrachtungen anläßlich der neuen Auflage von *Goethes Weltanschauung*.[26] Der Vortrag enthält zeitgeschichtliche Betrachtungen, aber auch eine wichtige Charakteristik des Goetheanismus, weshalb er hier erwähnt wird.

Steiner bezeichnet Goethe als «den modernsten Geist des fünften nachatlantischen Zeitraums». Die Eigentümlichkeiten des Goetheschen Geistes sind folgende:

- Goethes Weltanschauung ruht auf solidem naturwissenschaftlichem Boden,
- Goethes Geistesweg geht von der intuitiven Naturanschauung zur Kunst,
- Goethe sieht im Menschen Blüte und Frucht des Weltalls, den Seelenschauplatz, auf dem sich der Geist der Natur selber anschaut,
- die Universalität der Persönlichkeit Goethes.

Als methodisches Prinzip wird also von Steiner auch 1918 der Aufstieg von der Intuition (im Erkenntnisleben) zur Kunst hervorgehoben. Der Anschluß an den Impuls von 1888 ist damit gegeben.

Bevor diese Überlegung weiterverfolgt wird, soll noch ein übergreifender Gesichtspunkt besprochen werden. Es konnte auffallen, daß der philosophiegeschichtliche Teil von *Goethes Weltanschauung* den Titel trägt: «Goethes Stellung innerhalb der abendländischen Gedankenentwicklung». Also nicht von Geistesentwicklung oder Geistesleben usw. ist die Rede, vielmehr von «Gedankenentwicklung». Der dritte Abschnitt dieses Teils enthält repräsentative Stufen dieser Gedankenentwicklung, geschildert als eine innerhalb von zwei Jahrtausenden (von Parmenides bis

Kant) verlaufende Dialektik von Wahrnehmung und Begriff. Die Gedankengeschichte gewordenen alternierenden Neigungen zum Wahrnehmen oder zum Denken sind Ausprägungen auch bestimmter völkergeschichtlicher Gegensätze.[27] Steiners Wortprägung «Gedankenentwicklung» muß also, obwohl schon 1897, Jahre vor Beginn der in Einzelheiten gehenden Geistesforschung entstanden, konkret genommen werden, nicht als die Summe individueller Denksysteme, sondern als ein Verlaufsgeschehen transpersonaler Art (realistisch statt nominalistisch). Wird dies für möglich gehalten, so ginge Steiners eigentliches Anliegen wohl schon in der ersten Auflage von *Goethes Weltanschauung* auf die besondere Art der Einordnung Goetheschen Denkens und Anschauens in dieses Verlaufsgeschehen.[28]

Diese Vermutung bestätigt sich durch einen Vortrag, den Steiner am 10. Januar 1915 in Dornach gehalten hat.[29] Als Ergebnis seiner Geistesforschung teilte Steiner mit, daß es sich bei der Entfaltung des Gedankenlebens seit der frühen griechischen Zeit um die Lebensrhythmen einer wirklichen geistigen Wesenheit handle. Die Biographie dieses dem Sonnenbereich angehörenden Wesens ergebe die Geschichte der Philosophie.[30] In der vierten nachatlantischen Kulturepoche reiche die Gedankenentfaltung bis an den Rand der Bewußtseinsseele. Nun aber müsse erfaßt werden, was vom Geistselbst kommt, weil sonst die Philosophie in Dekadenz verfallen müsse.[31]

Schon ein Jahr vorher, 1914, hatte Steiner sein Buch *Die Rätsel der Philosophie* herausgebracht.[32] Das Werk erschien als eine verbesserte und erweiterte Ausgabe des bereits 1900 erschienenen Buches *Welt- und Lebensanschauungen im 19. Jahrhundert.* 1918 kam es zu einer zweiten Auflage der *Rätsel der Philosophie,* und bei dieser Auflage stellte Steiner der philosophiegeschichtlichen Darstellung eine einleitende «Orientierung über die Leitlinien der Darstellung» voran. Darin heißt es: «Es zeigt sich, daß der Entwicklungslauf des philosophischen Menschheitsstrebens Epochen unterscheiden läßt, deren jede eine Länge von sieben bis acht Jahrhunderten hat. In jeder dieser Epochen waltet unter der Oberfläche der äußeren Geschichte ein anderer geistiger Impuls, der gewissermaßen in die menschlichen Persönlichkeiten einstrahlt und der mit seiner eigenen Fortentwicklung diejenige des menschlichen Philosophierens bewirkt.» Vier Epochen erkennt Steiner bis in die Gegenwart:

1. Epoche von ca. 800 v. Chr. bis zur Zeitenwende
   Das erwachende Gedankenleben, Gedanken als Wahrnehmungen
2. Epoche von der Zeitenwende bis ca. 800 n. Chr.
   Überdeckung des Gedankenlebens durch religiöse Empfindungen
3. Epoche von ca. 800 bis 1600 n. Chr.
   Selbstprüfung des Gedankens und Bewußtsein der Gedankenproduktion
4. Epoche ab ca. 1600 n. Chr.
   Selbstbewußtsein des Denkens und des denkenden Ich

Steiner spricht von «objektiven geistigen Impulsen», die sich im Zeitenlauf fortentwickeln.

Im Buche *Goethes Weltanschauung* wurde Goethe in einer Weise charakterisiert, daß von einer Durchdringung von Anschauung und Denken im Naturerkennen gesprochen werden kann. Goethe war sich des auf Vereinigung zustrebenden, sich zur Anschauung des Denkens erhebenden Impulses allerdings nicht ausreichend bewußt. Dennoch besteht kein Zweifel, daß Goethes Art der Weltbetrachtung, jedenfalls in Steiners Sichtweise, in den objektiven geistigen Impuls der 4. Epoche an wichtigster Stelle einzuordnen ist.

6. Erweiterung der Ideenwelt

In welcher Art hat sich die Ideenwelt der *Philosophie der Freiheit* bis zu dem Buche *Goethes Weltanschauung* fortentwickelt, diese Frage unter Berücksichtigung der bisher geschilderten Überlegungen gestellt?

Ohne weiteres lassen sich folgende Gesichtspunkte festhalten, die 1894 noch keine oder eine eher geringe Bedeutung hatten, 1897 – also nur drei Jahre später – aber Leitideen der Darstellung geworden sind:

- Einbezug der Geschichte in der Form der Philosophiegeschichte in die Betrachtung des intuitiven Denkens im Erkennen und Handeln. Das intuitive Denken der *Philosophie der Freiheit* offenbart eine Tiefendimension, es ist – fast ohne Erinnerung an ein altes, inzwischen untergegangenes Einheitserleben – unter neuen Bedingungen in neuer Form erst möglich geworden.

- Einbezug der Kunst in die Darstellung: Perspektive einer Vereinigung von wissenschaftlichem Erkennen und künstlerischem Schaffen.
- Charakteristik des Erkenntnisvorganges selbst als Durchdringung der Wahrnehmung mit «*inneren Erlebnissen*» des Menschen. Im menschlichen Innern erlebt sich das Weltgeschehen in einer subjektiv bewußten Form. Die «inneren Erlebnisse» reichen von Körperempfindungen bis zu höheren Gefühlserfahrungen und bewußten Willensresonanzen auf einzelne Anschauungen, ohne daß damit ein Automatismus des Handelns verbunden wäre.

Im Rahmen der Geschichtsbetrachtung des Buches *Goethes Weltanschauung* übt Steiner scharfe Kritik am Platonismus, den er als Weltanschauungsdualismus interpretiert. Die Geschlossenheit von Platons Philosophie bleibt außer Betracht. Hier hat sich die Ideenwelt der *Philosophie der Freiheit* in eine Einseitigkeit hinein entwickelt. Diese Einseitigkeit wird noch deutlicher durch Einbezug des Christentums in die Dualismuskritik. Steiner behandelt das Christentum als Transzendenzreligion, die gegenteiligen christlichen Impulse der Immanenz unterdrückt er. Die aus der Möglichkeit (und Fähigkeit) des intuitiven Denkens als Erkenntnis- und Handelnsimpuls erwachsende Autonomieidee des Menschen verträgt in Steiners Ideenwelt von 1897 auch nicht die Vorstellung eines persönlichen Gottes. Steiner lehnt diese Vorstellung ab und knüpft damit an das abschließende Kapitel der *Philosophie der Freiheit* – «Die Konsequenzen des Monismus» – an, in welchem die Personalität Gottes bereits 1894 zurückgewiesen worden war.

Dem stehen die oben aufgeführten Erweiterungen gegenüber. Das intuitive Denken entdeckt sich selbst in seinem Gewordensein, es erkennt sich als (punktuelle) Koinzidenz zweier weltgeschichtlicher Entwicklungslinien, für welche die Polarität des Sinnes- und des Denkmenschen ursächlich ist. 1897 enthält die fortentwickelte Ideenwelt der *Philosophie der Freiheit* aber noch nicht eine Aussage, welche höheren, in der Geschichte wirksamen Antriebe diese Polarität zu einer gegenseitigen Durchdringung führen könnten.

Die Ideenwelt der *Philosophie der Freiheit*, in einem radikalen Immanentismus des Erkennens und Handelns begriffen, sieht den Menschen als Teil, aber auch als Gipfel des Weltgeschehens, denn dieses wird sich in seinen inneren Triebkräften im Menschen bewußt. Dem sinnlich-geistigen Weltgeschehen gliedern sich durch intuitionsgetragenes Handeln sowohl sinnlich wahrnehmbare Veränderungen ein als auch bisher unbekannte, auf Verwirklichung drängende Moralideen, die später zum Gegenstand systematischer Betrachtungen in der Ethik werden können. Man kann empfinden, daß dieses Weltbild noch keine volle Tragfähigkeit erreicht hat, denn der Geist erscheint noch als Produkt der natürlichen Entwicklung.[33] In diesem Punkt ist eine Fortentwicklung bis 1897 nicht feststellbar.

Umso gewichtiger erscheinen die Erweiterungen in der Darstellung des Erkenntnisvorganges. 1894 erschien allein das begriffliche Denken geeignet, die ideellen Zusammenhänge und Triebkräfte der Dinge in sich zu fassen. Ohne irgendeine Erklärung erweitert Steiner 1897 diesen Ansatz und spricht nun von «subjektiven Erlebnissen». Es kann nicht davon ausgegangen werden, daß den ungeläuterten Gefühlen und Trieben, ebenso wie ungesteuerten Begierden und Aggressionen, die ohne weiteres unter den Begriff «subjektiver Erlebnisse» subsumiert werden könnten, von Steiner plötzlich eine höhere Erkenntnisbedeutung beigemessen werden sollte. Die menschenkundliche Betrachtung führt aber zu dem Ergebnis, daß der leiblich-seelische, in der Organisation des Menschen begründete Schnitt zwischen Wahrnehmen und Denken[34] nicht in allen Bereichen des Seelenlebens gleich stark ausgebildet ist.[35] Unschwer kann man sich davon überzeugen, daß einzelne Gefühlsqualitäten, aber auch bestimmte moralische Eindrücke über ihre Wahrnehmungseigenschaft hinaus unmittelbar Geistiges organhaft aufnehmen. Dies ist besonders – aber nicht nur – bei künstlerischen Empfindungen der Fall.

In solchen Empfindungen werden Wirklichkeitsinhalte subjektiv bewußt, die vom Begriff niemals erfaßt werden können. Die Empfindung enthält mehr als den Sinneseindruck. In allererster Annäherung wird Inspirationsstimmung bemerkbar.[36] Wie oben bereits erwähnt, sind andererseits schon einfachste Körpererfahrungen notwendig, um Erkenntnissen, die aus der Synthese von Gesichts- bzw. Gleichgewichtswahrnehmungen und physikalischen Begriffen entstehen, volle Bedeutung zu verschaffen. Steiner hat also 1897 einen Weg der Erweiterung beschritten, der im weiteren Verlauf tief in die geisteswissenschaftliche Erkenntnis- und Sinneslehre und in noch fernere Gebiete der Menschenkunde hineinführt. Es ist von besonderer Signifikanz, daß offenbar die Kunst es war, die Steiner in diese neue Welt geleitete. Es war dies allerdings wohl nur möglich, weil Steiner ab Jahresbeginn 1896 unter dem Eindruck des «Seelenumschwunges» stand, der ihm ja gerade die volle Breite und Tiefe des Wahrnehmbaren zur innersten Erfahrung brachte.

Die Ideenwelt der *Philosophie der Freiheit* geriet zwischen 1894 und 1897 in eine gewisse Bedrängnis durch Steiners Aversion gegen Inhalte des ihm bekannten Christentums, ausgedehnt auf einen dualistisch verzeichneten Platonismus. Gegenläufig dazu erweiterte sich Steiners Erkenntnisbegriff. Die Ideenwelt der Freiheitsphilosophie, als Kunstmaterial verstanden, beginnt sich, wie dies bei der Entwicklung eines gewaltigen Lebenswerks nicht anders denkbar ist, durch die Triebkräfte von Negation und Inspiration langsam zu verändern. Es werden neue Töne angeschlagen, und aus den Tiefen der Geschichte tritt die Ahnung einer entscheidenden Wende in der Biographie der Gedankenwesenheit auf.

7. Selbsterkenntnis

Die Entwicklung der Ideenwelt der *Philosophie der Freiheit* bis zu *Goethes Weltanschauung* ist keine durchgreifende Veränderung, wohl aber eine für das allmähliche Entstehen der Bedingungen einer noch bevorstehenden Geisteswissenschaft bedeutsame Fortbildung. Einen Schlüssel bildet der letzte Abschnitt des ersten Teiles. Goethe hat als Forscher und Denker das Bewußtsein der intellektuellen Anschauung und der Idee der Freiheit nicht erreicht. Seiner Individualität ist die Durchdringung der Entwicklungslinien von Wahrnehmen und Denken zwar tätig gelungen, aber nicht bis zu dem Gipfel der Selbsterkenntnis. Diesen Gipfel hat Steiner erreicht, der Goethes Erkenntnistheorie nachliefern konnte. Das

Tor der freien Anschauung des Denkens ist aber nicht nur Höhepunkt, sondern auch Beginn, denn die Hoffnung des Eintritts in das Geistgebiet ist mit diesem Beginn noch nicht erfüllt und damit auch nicht das Karma des Gedankenwesens.[37]

Die Ideenwelt der *Philosophie der Freiheit* wird sich also weiter umformen im Bewußtsein ihres Schöpfers und weiter Material sein für den Kunstprozeß von unten nach oben. Damit richtet sich die Aufmerksamkeit auf den Zeitraum von 1897 bis 1901 im Lebensgang Rudolf Steiners. In dieser Zeit sind mehrere große Aufsätze entstanden, das Buch *Welt- und Lebensanschauungen im 19. Jahrhundert* und schließlich das bereits erwähnte Mystikbuch von 1901. Die von 1894 bis 1897 kenntlich gewordene Dynamik wird sich in den folgenden Zeitraum hinein fortsetzen. An dieser Dynamik wie im Reflex teilzuhaben könnte für den Leser ein Stück anthroposophische Lebenseinweihung bedeuten.

Anmerkungen

1 *Die Mystik im Aufgange des neuzeitlichen Geisteslebens und ihr Verhältnis zur modernen Weltanschauung*, GA 7, erste Auflage 1901.

2 GA 1, Einleitungen zu den Bänden 1 bis 3 von Goethes naturwissenschaftlichen Schriften: 1883, 1887, 1890; *Grundlinien einer Erkenntnistheorie*, GA 2: 1886; *Wahrheit und Wissenschaft*, GA 3: 1892. Dieses Werk trägt bereits den Untertitel *Vorspiel zu einer Philosophie der Freiheit.*

3 GA 28, *Mein Lebensgang* (1925), Kap. XVI.

4 GA 28, Kap. XVII.

5 GA 28, Kap. XXI.

6 Das Buch *Friedrich Nietzsche*, GA 5 (1895) kann dabei unberücksichtigt bleiben. Vgl. aber den Aufsatz von Lorenzo Ravagli (in diesem Band).

7 Abgedruckt in GA 30, *Methodische Grundlagen der Anthroposophie*, und in GA 271, *Kunst und Kunsterkenntnis* als Autoreferat.

8 GA 2, Abschnitt G 21; vgl. auch GA 1e in Band V, Fußnote S. 497 (1897).

9 GA 28, Kap. VIII.
10 GA 4, 1. Auflage 1894; das 1. Kapitel wurde ab der 2. Auflage 1918 zum 2. Anhang.
11 5. Kapitel ab der 2. Auflage.
12 6. Kapitel ab der 2. Auflage.
13 8. Kapitel ab der 2. Auflage.
14 9. Kapitel ab der 2. Auflage.
15 Vgl. zu dieser Frage G. Röschert, *Anthroposophie als Aufklärung*, München 1997, vor allem 1.5.
16 GA 28, Kap. VII.
17 Das Sendschreiben ist abgedruckt in GA 30.
18 Stuttgart 1988.
19 Vgl. Andreas Dollfus, «Zur Erstausgabe von Goethes Weltanschauung» in: *Beiträge zur Rudolf Steiner Gesamtausgabe*, Nr. 116, 1996.
20 Parmenides spricht vielmehr – was Steiner sogar andeutet – von einem einzigen richtigen Weg des Erkennens und einem anderen, aporetischen Weg, der zu vermeiden ist. Ein dritter Weg zur Unterrichtung begründet ebenfalls keine eigene Erkenntnisquelle.
21 Das höchste wirksame Prinzip – der unbewegte Beweger – ist von Aristoteles allerdings nicht in die Erfahrungswelt verlegt worden (*Metaphysik* XII, 6).
22 Der Textteil über Kant ist von Steiner in der 2. Auflage 1918 stark verändert worden.
23 Die Einleitungen zum 5. Band von *Goethes Naturwissenschaftlichen Schriften*, erschienen 1897, also gleichzeitig mit *Goethes Weltanschauung*, enthalten den lapidaren Satz: «Die menschliche Innenwelt ist das Innere der Natur» (GA 1).
24 Hervorhebung G.R.
25 Vgl. Anm. 19.
26 GA 185, *Geschichtliche Symptomatologie*.
27 Siehe hierzu GA 113 und 121, Vorträge über einen nördlichen und einen südlichen Völkerstrom.
28 Auch der Ausdruck «Weltanschauung» im Buchtitel ist konkret gemeint als Bezeichnung der besonderen Art des Anschauens der Dinge mit den Augen des Geistes.
29 GA 161. Buchtitel des Vortrages: «Die Wahrnehmung des Gedankenwesens. Sonnenwirksamkeit in der Erdenentwicklung.»
30 Man denkt an die Dame Philosophia des Boethius.
31 Vgl. die Ausführungen Steiners in *Theosophie*, im Kapitel «Leib, Seele und Geist», über das Verhältnis von Bewußtseinsseele und Geistselbst.

32 GA 18.

33 GA 4, Kap. 13. Kap. 12 ab der 2. Auflage. Eine Korrektur ist in der *Philosophie der Freiheit* gar nicht, in GA 2 erst 1924 erfolgt. Dort heißt es in der Vorrede zur Neuauflage: «Die Entwicklung der Welt ist dann so zu verstehen, daß das vorangehende Ungeistige, aus dem sich später die Geistigkeit des Menschen entfaltet, neben und außer sich ein Geistiges hat. Die spätere, durchgeistigte Sinnlichkeit, in der der Mensch erscheint, tritt dann dadurch auf, daß sich der Geistesvorfahre des Menschen mit den unvollkommenen ungeistigen Formen vereint und, diese umbildend, dann in sinnenfälliger Form auftritt.»

34 GA 4, Kap. 6, Kap. 5 ab der 2. Auflage. Darin heißt es: «Unsere totale Wesenheit funktioniert in der Weise, daß ihr bei jedem Dinge der Wirklichkeit von zwei Seiten her die Elemente zufließen, die für die Sache in Betracht kommen: Von seiten des Wahrnehmens und des Denkens.»

35 Dargestellt für geometrische Sachverhalte in G. Röschert, *Ethik und Mathematik*, Stuttgart 1985, S. 17 ff.

36 Vgl. G. Röschert, *Anthroposophie als Aufklärung*, München 1997, Kap. 2.6. «Die erste Stufe des Hellsehens» mit Angabe von Fundstellen. Für die genauere Analyse der hier obwaltenden Verhältnisse wäre die umfangreiche Literatur über die Psychologie des Kunstschaffens und -genießens heranzuziehen.

37 Vgl. Anm. 29

Die Mystik im Aufgange des neuzeitlichen Geisteslebens und ihr Verhältnis zu modernen Weltanschauungen

X. Philosophie als Mystik

Lorenzo Ravagli

Die Mystik im Aufgange des neuzeitlichen Geisteslebens und ihr Verhältnis zu modernen Weltanschauungen behandelt christliche Mystik und neuzeitliche Naturwissenschaft als zwei aus derselben bewußtseinsgeschichtlichen Notwendigkeit hervorgegangene historische Gegebenheiten. Für Steiner drückt sich in ihnen eine Grundtendenz der Moderne aus, wenn auch in Form einer Polarität. Mystik und Naturwissenschaft der Neuzeit stehen in einer polarischen, also gegensätzlichen und zugleich ergänzenden Beziehung zueinander. In diesem Grundgedanken des Buches bekundet sich sowohl eine geschichtsphilosophische Intuition als auch eine psychologisch-biographische Erkenntnis Steiners. Während die Mystik einen *inneren* Weg zur Erkenntnis des Grundes der Dinge beschreitet, wählt die Naturwissenschaft einen *äußeren* Weg. Beide müssen am Ende in ihrem Erkenntnisziel konvergieren, weil sowohl das «Innere» wie auch das «Äußere» aus demselben Ursprung hervorgegangen sind. Die Mystik beschreitet einen Weg der inneren Empirie, die Naturwissenschaft einen solchen der äußeren Empirie. Insofern als die Erfahrung der Quell ihrer Einsichten ist, handelt es sich sowohl bei der Mystik wie auch bei der Naturwissenschaft potentiell um Erfahrungswissenschaften. Dem äußeren Experiment der Naturwissenschaften steht das innere Experiment des Mystikers gegenüber.

Steiner unterscheidet in seinem Buch zwei Formen der Mystik: eine solche, die sich auf den Offenbarungsinhalt des Christentums bezieht und eine solche, die ausgehend von naturwissenschaftlichem Wissen zu mystischer Vertiefung aufsteigt. Von ersterer gibt es für Steiner gemäß seinem Vorwort zur Neuauflage 1923 keine Brücke zum modernen Erkennen, von Nicolaus Cusanus allerdings, der für Steiner ein Vertreter des modernen Geistes ist, der sich in den Naturwissenschaften manifestiert, schon. Die Erkenntnisart, die Meister Eckhart, Paracelsus, Böhme u.a. praktizierten, entspricht seiner Auffassung nach nicht mehr den Erkenntniskräften, die sich seit dem 13. und 14. Jahrhundert im Abendland entwickelten, schreibt er im Vorwort zur Neuauflage. «Nur wie Reminiszenzen an Vergangenes sieht sich an, was Paracelsus oder Jacob Böhme noch von dieser Forschungsart bewahren.» «Mystisch gestimmte Seelen» könnten zwar bei Meister Eckhart, Jakob Böhme usw. «Befriedigung finden», aber der Forschungsart der modernen Naturwissenschaft verbundene Menschen nicht.[1] An Cusanus hingegen lasse sich zeigen, daß auch die «gegenwärtige Naturforschung einer mystischen Vertiefung fähig» sei.[2] Allerdings gewinnt der Leser, wenn er die einzelnen Darstellungen zu den genannten Mystikern auf sich wirken läßt, nicht den Eindruck, als stelle Steiner den Erkenntnisweg von Eckhart, Paracelsus und Böhme als einen nicht mehr begehbaren Pfad dar.

Vorwort 1901: die Philosophie als Erkenntnisweg

Daß Mystik sich für Steiner im Rahmen des Erkenntnis- und Wissenschaftsverständnisses, den er durch seine *Philosophie der Freiheit* abgesteckt hat, liege, bringt das Vorwort zur ersten Auflage 1901 zum Ausdruck. Darin heißt es: «Vor zehn Jahren hätte ich es noch nicht wagen dürfen, einen solchen Wunsch zu erfüllen [in der Theosophischen Bibliothek vor ausgewählten Zuhörern über Mystik zu sprechen]. Nicht als ob damals die Ideenwelt, die ich heute zum Ausdruck bringe, noch nicht in mir gelebt hätte. Diese Ideenwelt ist schon ganz in meiner *Philosophie der Freiheit* enthalten. Um aber diese Ideenwelt so auszusprechen, wie ich es heute tue, und sie so zur Grundlage einer Betrachtung zu machen, wie es in dieser Schrift geschieht, dazu gehört noch etwas ganz anderes, als von ihrer gedanklichen Wahrheit felsenfest überzeugt sein. Dazu gehört ein intimer Umgang mit dieser Ideenwelt, wie ihn nur viele Jahre des Lebens bringen können. Erst jetzt, nachdem ich diesen Umgang genossen habe, wage ich, so zu sprechen, wie man es in dieser Schrift wahrnehmen wird.»[3] Dabei legt Steiner Wert darauf, zu betonen, mystische Erkenntnis schließe Naturerkenntnis nicht aus, sondern ermögliche vielmehr erst eine Vertiefung der naturwissenschaftlichen Erkenntnis. «Nur, wer den Geist im Sinne der wahren Mystik erkennt, kann ein volles Verständnis der Tatsachen in der Natur gewinnen. Man darf wahre Mystik nur nicht verwechseln mit dem Mystizismus verworrener Köpfe ...»[4]

Das Vorwort zur Erstausgabe hebt mit einem Gedankenmotiv an, das für Steiners Lebenswerk insgesamt von zentraler Bedeutung ist: dem Motiv der Philosophie als Erfahrung, als Erlebnis, als inneren Erkenntnisweges. Steiner greift, indem er sich an dieses Verständnis der Philosophie anschließt, eine alte Literaturgattung wieder auf: den Protreptikos, die Mahnrede, den Aufruf, sich der Weisheit, dem Logos zuzuwenden und einen logosgemäßen Lebenswandel als *sophos,* als Weiser, zu führen.

Seit Sokrates und den Sophisten war der Protreptikos ein vielgenutztes und beliebtes Genre der philosophischen Literatur, aber nicht nur dies. Im Grunde ist das gesamte Wirken des Sokrates ein einziger Protreptikos.

Das zentrale Motiv in seinem Werben für die Philosophie besteht darin, in dieser ein Üben des Sterbens zu sehen, zugleich aber auch eine Geburtshilfe (Mäeutik) für den geistigen, den gottförmigen Menschen. Indem die Philosophie den Blick der Seele vom Zeitlichen, Vergänglichen abwendet und ihn zum Unvergänglichen lenkt, wird die Seele, die das Unvergängliche erblickt, von diesem geformt und nimmt an der Ewigkeit der Ideen teil. Die Ideen, die der Quell aller Wahrheit und alles Guten sind, verwandeln den Menschen auch sittlich. Platonische Philosophie führt das Motiv der *theosis*, der Anähnlichung des Menschen an Gott in den abendländischen Diskurs ein.

Die Stoa und der Neuplatonismus sehen in der Philosophie einen Weg, das Göttliche im Menschen auszugebären: indem er sich dem Logos hingibt, dem göttlichen Teil seiner Seele, verbindet er sich mit dem Weltlogos und bringt die göttliche Weisheit in seiner Seele und seinem Handeln zur Herrschaft. Der stoische Weise beherrscht sich selbst, er steht über dem Schicksal, er beherrscht die Sterne, eben weil er von der göttlichen Natur des Logos durchdrungen ist.

Auch Aristoteles hat die Philosophie in einem Protreptikos und in seiner Ethik als Schule der Weisheit und des gottgefälligen Lebenswandels dargestellt. In diese Gattung sind die *Selbstbetrachtungen* des Marc Aurel und der *Trost der Philosophie* des Boethius einzuordnen; noch der späte Neuplatoniker Iamblichos verfaßte um 300 n. Chr. einen *Protreptikos*, in dem es heißt: «Dreifach gestaltet wohnen drei Arten der Seele in uns, die erste, mit der wir denken, die andere, mit der wir uns ereifern, die dritte, mit der wir begehren [...] Am meisten aber müssen wir den wichtigsten Teil der Seele üben, den Gott jedem als seinen Schutzgeist verlieh und der uns von der Erde erhebt zu den verwandten Dingen im Himmel, als wären wir kein Erdenwesen, sondern ein Himmelskind [...] Wenn nun allein die Philosophie Einübung in das Sterben leistet, Todesverachtung vermittelt, uns zum unsterblichen und ewigen Leben hinanführt, die ewig gültigen Lehren erteilt und daran gewöhnt, ihnen nachzueifern, dann gibt es ... nichts, was nützlicher wäre.»[5]

Im Vorwort seiner *Mystik* finden sich, ganz im Sinne eines Protreptikos, neben den bereits zitierten Sätzen auch die folgenden:

«Wer nicht unbefangen auf meine Ideenwelt eingeht, entdeckt in ihr Widerspruch über Widerspruch [...] Wer gleich mir seine eigenen Wege wandelt, muß manches Mißverständnis über sich ergehen lassen [...] Ich muß schon meinen Weg gehen [...] gleichgültig darüber, was ein gläubiger Materialist auch urteilen mag.»[6]

Dadurch spricht Steiner die Philosophie als Weg an, der zu einem Erleben der Ideenwelt führt, das durch intimen Umgang einer stetigen Vertiefung fähig ist, die nicht bloß in der quantitativen Ausweitung von Kenntnissen besteht, sondern in der qualitativen Wandlung.

1. Einleitung: Mystik als Weg zur *theosis*, zur Gottwerdung des Menschen

Das erste Kapitel eröffnet mit dem Gedanken der Selbsterkenntnis, die zur Erkenntnis des Göttlichen im Menschen führt, aus dem die Welt geistig neu geboren wird, wenn der Mensch sie erkennt.

Gleich zu Beginn findet sich ein Hegelzitat, in dem die Philosophen als Mysten bezeichnet werden, durch das Steiner sich positiv auf den Neuplatonismus bezieht, durch das er zugleich seine leicht mißzuverstehende Platonismuskritik von 1897 (*Goethes Weltanschauung*) korrigiert. Hegel: «Die Philosophen sind die Mysten, die beim Ruck im innersten Heiligtum mit und dabei gewesen.» Die Sätze finden sich in den von Hegelschülern herausgegebenen *Vorlesungen über die Geschichte der Philosophie*. An die zitierten Sätze schließt Steiner die Bemerkung, Hegel habe durch diese Sätze gezeigt, daß ihm «einmal blitzartig der Sinn der neuplatonischen Weisheit» aufgeleuchtet habe.[7]

Selbsterkenntnis beruht nach Steiners Auffassung auf der *Selbstwahrnehmung* des individuellen Menschengeistes. Selbstwahrnehmung ist aber zugleich *Selbsterweckung*, denn sie weckt einen höheren Sinn, den Sinn für die Realität des Geistes. «Erwecke ich [...] mein eigenes Selbst, nehme ich den Inhalt meines Innern wahr, dann erwecke ich auch zu einem höheren Dasein, was ich von außen in mein Wesen eingegliedert habe.»[8]

Der Geist gewahrt sich selbst, er wird sich durch Selbstwahrnehmung als Tätiger Erlebnis. Der Wissende und das Gewußte sind in der Selbsterkenntnis eins, dadurch unterscheidet sie sich von allem Ding- oder Gegenstandswissen.

Vor diesem Erlebnis der substantiellen Identität des Wissenden und des Gewußten verblaßt alles abstrakte Wissen, das nicht mit dem Erleben der ureigenen geistigen Produktivität verbunden ist: «Man kann die Summe des Wissens einer Zeit in sich vereinigen; empfindet man nicht die Tragweite der Selbsterkenntnis, dann ist alles Wissen im höheren Sinne ein blindes.»[9]

Durch die Selbsterkenntnis verändert sich aber auch das Gegenstandswissen. Der erweckte Geist erweckt das Geistige im Nichtgeistigen (in der Natur). Die gewordene und werdende Natur, die Wahrnehmungswelt, wird im Erkennen neu erschaffen (neugeboren), wie Steiner am Beispiel des Baumes und des Steinwurfs illustriert.

Durch sein Erkennen überwindet der Erkennende die Dualität, er wird eins mit dem geistig-göttlichen Gehalt der Welt. «Wer den Weg der inneren Erfahrung betritt, in dem erlangen die Dinge eine Wiedergeburt; und das, was an ihnen für die äußere Erfahrung unbekannt bleibt, das leuchtet dann auf [...] In uns offenbart sich die ganze Welt. Sie enthüllt uns ihren eigenen Zusammenhang; und sie enthüllt uns, wie wir selbst als Individuum mit ihr zusammenhängen. Aus der Selbsterkenntnis heraus wird die Welterkenntnis geboren. Und unser eigenes beschränktes Individuum stellt sich geistig in den großen Weltzusammenhang hinein, weil in ihm etwas auflebt, das übergreifend ist über dieses Individuum, was alles mitumfaßt, dessen Glied dieses Individuum ist.»[10]

Die damit beschriebene Erfahrung ist nach Steiner allgemein zugänglich, sie ist kein Besitz eines exklusiven Kreises von Eingeweihten: «Es darf nicht behauptet werden, daß die innere Erfahrung nur durch die Begabung weniger Auserwählter möglich gemacht werde. Sie ist eine allgemein-menschliche Eigenschaft.»[11]

Bereits *Die Philosophie der Freiheit* weise auf diese «Urtatsache des Innenlebens»: Die Aktivität des Denkens als sich selbst tragendes geistiges Wesensweben, in dem der Denkende lebt. Durch sein denkendes Erkennen vollendet der Mensch den Weltprozeß. Er bringt etwas zur Erscheinung, was ohne seine Tätigkeit nie erscheinen würde: Er ist der Schauplatz der individuellen Selbstbewußtwerdung des geistigen Weltinhaltes.

Der Mensch ist zwar auch ein sinnlich-organisches Einzelwesen, aber im Denken überwindet er die Isolation der sinnlichen Einzelexistenz: er wird denkend eins mit dem All-Ich, wird eins mit allen Ichen, die denkend am All-Ich teilhaben: «Wer sich in solcher Art erkennt, der verwandelt sich in sich selbst; denn sein einzelnes Ich wird in solchen Augenblicken aufgesogen von dem All-Ich; alle Wesen erscheinen nicht in untergeordneter Bedeutung einem einzelnen beschränkten Individuum; sie erscheinen sich selbst. Es ist auf dieser Stufe kein Unterschied mehr zwischen Plato und mir; denn was uns trennt, gehört einer niederen Erkenntnisstufe an. Wir sind nur als Individuum getrennt; das in uns wirkende Allgemeine ist ein- und dasselbe.»

Die Philosophie der Freiheit spricht im fünften Kapitel von dieser Dualität: von dem all-einen Wesen, das alles durchdringt und vom Menschen als Einzelwesen: «In dem Denken haben wir das Element gegeben, das unsere besondere Individualität mit dem Kosmos zu einem Ganzen zusammenschließt. Indem wir empfinden und fühlen (auch wahrnehmen), sind wir einzelne, indem wir denken, sind wir das all-eine Wesen, das alles durchdringt.»[12]

Diese Erfahrung ist das «Urmysterium des Lebens». In der Selbsterkenntnis wird der Kern der Welt geistiger Erfahrungsinhalt zum Leben: «Als geistiger Inhalt kommt der innerste Kern der Welt in der Selbsterkenntnis zum Leben. Das Erleben der Selbsterkenntnis bedeutet für den Menschen Weben und Wirken innerhalb des Weltenkernes. Wer von Selbsterkenntnis durchdrungen ist, vollzieht natürlich auch sein eigenes Handeln im Lichte der Selbsterkenntnis.»[13]

Diesen Gedanken finden wir bereits in den *Grundlinien*: «Unsere Erkenntnistheorie führt zu dem positiven Ergebnis, daß das Denken das Wesen der Welt ist und daß das individuelle menschliche Denken die einzelne Erscheinungsform dieses Wesens ist.»[14] Auf keinem anderen als auf dem Wege der Erkenntnistheorie kommt man zu der Ansicht, daß das Denken «der Kern der Welt ist.»[15]

In einem weiteren Gedankenschritt deutet Steiner die Konsequenzen dieser Vertiefung des Gedankenerlebens für die Ethik an.

Das Handeln aus einem selbsterzeugten geistigen Inhalt ist Handeln aus Gott. Wer sich mit selbstgeschöpften Motiven denkend eins erlebt, handelt selbstbestimmt, er handelt frei: Das vom denkenden Selbstbewußtsein *durchglühte* Wollen ist frei – es fließt aus dem «All-Ich». Unfrei ist das Handeln aus leiblich-seelischer Natur, frei das Handeln aus geistiger Wiedergeburt.

Die individuelle Entwicklung des Menschen geht von der Unfreiheit zur Freiheit: Die Freiheit ist nicht Ausgangspunkt, sondern Zielpunkt des Menschenlebens: die Bestimmung des Menschen ist die Freiheit, die Bestimmungslosigkeit.

Auch im Ethischen wird somit – wie im Erkennen – die Dualität überwunden: Hier geht die Entwicklung vom selbstischen Ich, das sich im Widerspruch, Widerstreit zum allgemeinen Sein erlebt, zum Erleben des Einklangs mit dem Sein, mit dem Schicksal.

Wer die Anschauung des lebendig tätigen Geistes mit einer abstrakten Verstandestätigkeit verwechselt, dem fehlt nach Steiner «das Beobachtungsvermögen» für das Geistige. Er muß dieses Beobachtungsvermögen durch Selbstwahrnehmung und Selbstbeobachtung erwecken. In der Einführung seines Buches beschreibt Steiner das Grunderlebnis des Menschen, das zu einer solchen mystischen Vertiefung der Erkenntnis führen kann: das Erlebnis der denkenden Selbsterkenntnis. Ein Erlebnis, das er Hegel, Spinoza und J. G. Fichte zuspricht und das er so charakterisiert, wie er in der *Philosophie der Freiheit* das Erlangen des Ausnahmezustandes der Selbstbeobachtung des Denkens charakterisiert hat.[16] Durch die denkende Selbsterfassung findet eine Art von Selbsterweckung statt: der Mensch erwacht zu sich in seiner geistigen Existenzform. Diese Selbsterweckung ist Voraussetzung für eine Vertiefung der Naturerkenntnis. «Mit der Erweckung meines Selbst vollzieht sich eine geistige *Wiedergeburt* der Dinge der Welt. Was die Dinge in dieser Wiedergeburt zeigen, das ist ihnen vorher nicht eigen.»[17] Diese geistige Wiedergeburt der Dinge entspricht der Hervorbringung von Erkenntnisintuitionen wie sie *Die Philosophie der Freiheit* beschreibt. Die Wahrnehmungen der Natur bedürfen der geistigen Inhalte, die der Mensch ihnen entgegenbringt, um sich in ihrer geistigen Bedeutung dem Menschen mitteilen zu können. In den vom Menschen hervorgebrachten und den Wahrnehmungen entgegengebrachten ideellen Inhalten spricht sich die Wahrnehmungswelt selbst ihrem geistigen Gehalt nach aus. Was zunächst auf ungeistige Art dem Menschen gegeben ist, erlebt durch sein denkendes Erkennen eine Wiedergeburt. Die durch die Beobachtung des Denkens herbeigeführte Selbsterweckung führt den Menschen dazu, einzusehen, welche Bedeutung seine Erkenntnisintuitionen im Weltzusammenhang haben. Er erkennt in ihnen das geistige Wesen der Dinge, er erkennt, daß sein Denken «das Wesen der Welt» ist, das sich ihm mitteilt und durch das sich ihm die Dinge mitteilen. «Ein äußeres Ding ist ganz erkannt, wenn kein Teil an ihm ist, der nicht in dieser Art eine geistige Wiedergeburt erlebt hat.»[18]

So wie Steiner in der *Philosophie der Freiheit* die Möglichkeit der Beobachtung des Denkens jedem Menschen zuspricht, sofern er nur den Willen besitze, diese Beobachtung herbeizuführen,[19] spricht er die Fähigkeit der Selbsterweckung und der Herbeiführung einer geistigen Wiedergeburt der Dinge in der *Mystik* jedem Menschen zu. Wenn der Mensch den geistigen Gehalt der Dinge intuitiv in sich gebiert, dann spricht sich in seinem Seeleninnern der geistige Kern der Welt aus. Der intuitiv-erkennende Zugang zum Weltinhalt ist auf Totalität und Universalität angelegt. «In uns offenbart sich die ganze Welt [...] unser eigenes beschränktes Individuum stellt sich geistig in den großen Weltzusammenhang hinein, weil in ihm etwas auflebt, was übergreifend ist über das Individuum, was alles das mitumfaßt, dessen Glied dieses Individuum ist.»[20]

In seinem Denken hat der Mensch als erkennendes Subjekt an einem Subjekt und Objekt umschließenden totalen Wesen, am ideell-erfaßbaren und -erlebbaren Weltzusammenhang teil. Insofern er intuitiv in diesem Weltzusammenhang lebt, ist er eins mit ihm, ohne seine Identität mit sich selbst zu verlieren. *Die Philosophie der Freiheit* faßt diesen Tatbestand in die bereits zitierten Worte: «In dem Denken haben wir das Element gegeben, das unsere besondere Individualität mit dem Kosmos zu einem Ganzen zusammenschließt. [...] indem wir denken, sind wir das all-eine Wesen, das alles durchdringt.»[21]

Daß die intuitive Verschmelzung des denkenden Subjekts mit dem Weltzusammenhang einer mystischen Verschmelzung mit dem Göttlichen, das im Erleben des Denkens erfahren wird, gleichzusetzen ist, macht schon *Die Philosophie der Freiheit* deutlich. «Die vorangehenden Ausführungen liefern den Beweis, daß es ein Unding ist, etwas anderes Gemeinsames in den Einzelwesen der Welt zu suchen, als den ideellen Inhalt, den uns das Denken darbietet. Alle Versuche müssen scheitern, die nach einer anderen Welteinheit streben als nach diesem in sich zusammenhängenden ideellen Inhalt, welchen wir uns durch denkende Betrachtung unserer Wahrnehmungen erwerben. Nicht ein menschlich-persönlicher Gott, nicht Kraft oder Stoff, noch der ideenlose Wille (Schopenhauers) können uns als eine universelle Welteinheit gelten.»[22]

Die *Mystik* drückt denselben Sachverhalt mit etwas anderen Worten aus. «Wer die Dinge in solcher Art erkennt, verwandelt sich in sich selbst; denn sein einzelnes Ich wird in solchen Augenblicken aufgesogen von dem All-Ich; alle Wesen erscheinen nicht in untergeordneter Bedeutung einem einzelnen beschränkten Individuum, sie erscheinen sich selbst. Es ist auf dieser Stufe kein Unterschied mehr zwischen Plato und mir; denn was uns trennt gehört einer niederen Erkenntnisstufe an. Wir sind nur als Individuum getrennt; das in uns wirkende Allgemeine ist ein- und dasselbe.»[23] Diese etwas mißverständliche Formulierung sollte nicht so aufgefaßt werden, als ob die Individualität – das denkende Ich – aufhören würde zu existieren: was die Identität herbeiführt, ist der *gemeinsame Inhalt*. Der Unterschied zwischen Plato und mir wird nicht nach der Seite der individuellen Distinktion, sondern nach der Seite des Inhalts unseres Wesens aufgehoben. Die Identität ist eine Identität unseres *Wesensinhaltes*, aber nicht eine Identität der Form, als des Wesens, das den

Inhalt in sich aufnimmt. Anders ausgedrückt: das einzelne Ich ergreift in seinem Denken das eine, allgemeine, all-eine Wesen des Weltzusammenhangs. Insofern das einzelne Ich denkend im Weltzusammenhang lebt, ist es durch das Denken mit dem anderen denkenden Ich eins: das Denken ist der Ort, an den sich versetzen muß, wer geistig eins werden will mit einem anderen Menschen und mit Gott. Zu dieser Einsicht führt das mystische Erlebnis der intuitiven Selbsterfassung, der Ausnahmezustand des Denkens der *Philosophie der Freiheit. Die Mystik* beschreibt dies wiederum etwas anders: «Als geistiger Inhalt kommt der innerste Kern der Welt in der Selbsterkenntnis zum Leben. Das Erleben der Selbsterkenntnis bedeutet für den Menschen Weben und Wirken innerhalb des Weltenkernes.»[24]

2. Meister Eckhart: das Idealbild, das Telos: der Gottmensch (13./14. Jahrhundert)

Daß mit den bisher beschriebenen Vorgängen der Selbsterweckung und der geistigen Wiedergeburt der Welt im sich selbst erkennenden Menschen keine anderen Vorgänge gemeint sind, als die in der *Philosophie der Freiheit* beschriebenen, wird auch im Kapitel über Meister Eckhart deutlich, das die Darstellungen der philosophischen Frühschriften (also auch der *Grundlinien*) über den Erkenntnisvorgang aufgreift.

Doch betrachten wir erst das Kapitel im Überblick. Eckhart ist für Steiner «durchglüht» von der Empfindung, daß die Schöpfung im Menschengeist wiedergeboren wird. Deswegen will er den Erkenntnisdualismus des Thomas von Aquin überwinden. Für Eckhart sind Gott und Ich im Erkennen eins, wie Steiner durch mehrere Eckhartzitate belegt: «Der himmlische Vater gebiert seinen eingebornen Sohn in sich und *in mir*. Warum in sich und in mir? Ich bin eins mit ihm; und er vermag mich nicht auszuschließen. In demselben Werk empfängt der Heilige Geist sein Wesen und wird von mir, wie von Gott. Warum? Ich bin in Gott, und nimmt der Heilige Geist sein Wesen nicht von mir, nimmt er es auch nicht von Gott.»[25] Ebenso: «Das Auge, durch das ich Gott sehe, das ist das gleiche Auge, mit dem Gott mich sieht. Mein Auge und Gottes Auge das ist ein Auge und ein Sehen und ein Erkennen und ein Empfinden.»[26]

Eckhart kann nach Steiner solche Sätze nur aussprechen, weil er über jene Erfahrung des inneren Sinnes verfügt, die zur Selbsterkenntnis führt. «Es liegt solchen Bekenntnissen bei Eckhart nichts anderes zugrunde, als die Erfahrung des inneren Sinnes.»[27] Deswegen könne er sagen: Gott ist Mensch geworden, damit Ich Gott werde. Dies gilt nach Steiners Auffassung aber nicht für die sinnliche, sondern nur für die geistige Welterfahrung, denn die Sinne *unterdrücken* den geistigen Weltinhalt: «Die sinnliche Wahrnehmung schaltet alles Nichtsinnliche von den Dingen aus. Die Dinge werden durch sie alles dessen entkleidet, was an ihnen nichtsinnlich ist. Schreite ich dann zu dem geistigen, dem ideellen Inhalt fort, so stelle ich nur dasjenige wieder her, was die sinnliche Wahrnehmung an den Dingen ausgelöscht hat [...] Die Grenze zwischen mir und der Außenwelt fällt durch die geistige Erfassung der Welt dahin. Ich bin von der Außenwelt getrennt, insofern ich ein sinnliches Ding unter sinnlichen Dingen bin. [...] Aber der ideelle Inhalt der Pflanze und der Farbe gehören mit dem ideellen Inhalt meines Gehirns und des Auges einer einheitlichen ideellen Wesenheit an.»[28] Die philosophische Konzeption des Erkennens bei Steiner schreibt dem menschlichen Leib mit seinen Sinnen die Funktion zu, den geistigen Weltzusammenhang zu unterdrücken. Diese Funktion seiner «Organisation» zwingt den Menschen dazu, den unterdrückten Zusammenhang selbsttätig denkend zur Erscheinung zu bringen. Erleben von Zusammenhang ist eine geistige Eigenleistung des Menschen und stellt die Wiedergeburt der Welt aus dem Geiste des Menschen dar. Solange diese Leistung aber unbeobachtet bleibt, kann sie ihrem Wesen nach nicht erkannt werden. Darin liegt die Bedeutung der Beobachtung des Denkens: sie lüftet den Schleier vor dem Urgeheimnis der Wirklichkeitsbildung, sie eröffnet den Zugang zu den geheimen Mysterien der Initiation in die Wirklichkeit, an denen der Mensch immer schon teilhat, ohne es aber zu wissen.

Im folgenden geht Steiner dazu über, auf der Grundlage der hier beschriebenen Beziehung zwischen Geist und Natur sich vom Anthropomorphismus, Pantheismus und Panpsychismus abzugrenzen. «Es darf diese Anschauung nicht verwechselt werden» – fährt er fort –«mit der weit verbreiteten anthropomorphosierenden (vermenschlichenden) Weltanschauung, welche die Dinge der Außenwelt dadurch zu erfassen glaubt, daß sie ihnen Eigenschaften psychischer Art beilegt, die den Eigenschaften der menschlichen Seele ähnlich sind.»[29] Ebensowenig, wie der geistige Inhalt der Wahrnehmung in dieser bereits gegeben ist, darf der geistige Inhalt des menschlichen Subjektes mit den Wahrnehmungen dieses Subjektes verwechselt werden. Der Mensch als Wahrnehmung (das empirische Subjekt) bedarf ebenso einer Ergänzung durch das intuitive Ideenerleben, wie die Wahrnehmung der Natur. Nur führt diese Ergänzung zum Erleben des intuitiv erfaßbaren geistigen Wesens des Menschen, während der intuitive Gehalt der Naturwahrnehmung zu einem Erleben des geistigen Gehaltes der Natur führt. Aber dieser geistige Gehalt erscheint nicht in der Natur, sondern im Innern des Menschen. «[...] was ich mein Innenleben [...] nenne, ist gar nicht, im höheren Sinne, mein Geist. Dieses Innenleben ist nur das Ergebnis rein sinnlicher Vorgänge, gehört mir nur als ganz individuelle Persönlichkeit an, die nichts ist als das Ergebnis ihrer physischen Organisation [...] Mein persönliches Seelenleben, meine Gedanken, Erinnerungen und Gefühle sind in mir, weil ich ein so und so organisiertes Naturwesen bin, mit einem ganz bestimmten Sinnesapparat, mit einem ganz bestimmten Nervensystem [...] Aber meine individuelle Seele ist nicht das höchste Geistige an mir. Dieses höchste Geistige muß in mir erst durch den inneren Sinn erweckt werden. Und dieses erweckte Geistige in mir ist zugleich ein und dasselbe mit dem Geistigen in allen Dingen. Vor diesem Geistigen erscheint die Pflanze unmittelbar in ihrer eigenen Geistigkeit.»[30]

Den durch Selbsterkenntnis erweckten Geist nennt Eckhart gemäß Steiners Interpretation scintilla animae (Seelenfünkchen). Dieser Geistfunke lösche das Sonderdasein des Menschen, seine Subjektivität aus. Nun sehe der Mensch alles im Licht des göttlichen Geistes. Dieses «innere Schauen»[31] vergeistigt die Gottesvorstellung. Die Offenbarung Gottes muß nicht anthropomorph gedacht werden. Sie vollzieht sich geistig: im Erleben des geistigen Weltgehaltes offenbart sich Gott dem denkenden Menschen: «Die durch den inneren Sinn vermittelte Erleuchtung ist, nach Eckharts Anschauung, der Einzug Gottes in die Seele.»[32]

Eine weitere Konsequenz seiner Ablehnung des Anthropomorphismus, ist für Steiner der in Anlehnung an Eckhart entwickelte Gedanke, das

Geistig-Göttliche könne, ebensowenig wie in der sinnlichen Wahrnehmungswelt, auch nicht in einem einzelnen Menschen zu einer seinen Wesensgehalt erschöpfenden, abschließenden Offenbarung gelangen. Das Göttliche offenbare sich nicht in einer historischen Einzelgestalt, sondern durch alle Menschen in unablässiger Epiphanie. Die wahre Theophanie ist die Geschichte der Menschheit. «Schon daraus geht hervor,» schreibt Steiner, «daß Gottes Mitteilung an die Menschheit nicht nach dem Bilde der Offenbarung eines Menschen an den andern vorgestellt werden kann. Diese Mitteilung kann auch unterbleiben. Ein Mensch kann sich dem andern verschließen. Gott *muß* sich, seinem Wesen nach, mitteilen.»[33] Es kann also, nach dieser Auffassung, nicht als Vorrecht eines einzelnen, historischen Individuums gelten, Sohn Gottes zu sein und Gott durch sich zu offenbaren, denn die historischen Beziehungen der Menschen sind der Zufälligkeit unterworfen und naturgemäß begrenzt, die Geschichte ist in ihren einzelnen Ereignissen immer nur partikulär. Dem Wesen Gottes kann aber nur eine zeitlich und inhaltlich unbegrenzte Offenbarung entsprechen, d.h. Gott muß sich durch die Gesamtheit der Zeit und in der Totalität des Raumes offenbaren – mit anderen Worten – in zeitloser Gegenwart – «bis ans Ende aller Zeiten» – durch jeden Menschen. Wäre diese fortschreitende und unabschließbare Offenbarung nicht möglich, bliebe Gott selbst unvollendet. «Folgerichtig kann auch dann des Menschen Verhältnis zu Gott nicht so aufgefaßt werden, daß darin etwas Bildliches, dem *individuellen* Menschen Entnommenes enthalten ist. Eckhart ist sich bewußt, daß es zur Vollendung des Urwesens der Welt gehört, sich in der menschlichen Seele zu finden. Dieses Urwesen wäre unvollkommen, ja unfertig, wenn es des Bestandteils der Ausgestaltung entbehrte, der in des Menschen Seele zum Vorschein kommt. Was in dem Menschen geschieht, gehört zu dem Urwesen; und geschähe es nicht, so wäre das Urwesen nur ein Teil seiner selbst.»[34]

Wenn das «Urwesen» ohne die Vollendung seiner Selbstwerdung im Menschen und durch den Menschen unvollkommen bleibt, ist es nur konsequent, den Menschen zum Schauplatz einer unabschließbaren Entwicklung zu machen. So wenig eine abschließbare Entwicklung mit der Idee der Totalität des Weltzusammenhangs vereinbar wäre, wäre es eine zeitliche und qualitative Begrenzung der Erscheinungen dieses Weltzusammenhangs im Menschen und durch den Menschen. Dieser Gedanke hat nichts mit einem technologischen Fortschrittsmythos zu tun, er überwindet vielmehr diesen Mythos durch die mystische Vertiefung in das Werden der Gottheit, die eine durch den Menschen mitbewirkte und zugleich empfangene Wesensäußerung Gottes ist. Hier kehrt ein Gedanke der *Grundlinien* in etwas abgewandelter Form wieder: die Auffassung vom menschlichen Denken als eines Organs der Ideenwahrnehmung, das diese Ideen zugleich hervorbringt, indem es sie wahrnimmt.[35] Wenn die Natur im menschlichen Erkennen aufersteht, dann ist dieser Prozeß ebensowenig abschließbar, wie die Totalität des Weltzusammenhangs erschöpflich ist. Der Mensch wiederholt nicht nur, was bereits vorhanden ist, er bildet die «Schöpfung» (das Vorhandene) geistig fort: der Mensch als geistiges Wesen wird zum Schauplatz der Fortentwicklung der Natur, indem er in sich das Wesen Gottes zur Erscheinung bringt. «So wenig» wendet Steiner einen naturwissenschaftlichen Gedanken mit einer überraschenden Pointe, «so wenig der Fisch das in sich hat, was auf späterer Entwicklungsstufe als Säugetier zum Vorschein kommt, so wenig hat der verständige Mensch das schon in sich, was aus ihm als höherer Mensch geboren werden soll.»[36]

In seinem Erkennen spricht sich für den erweckten Menschen das (geistige) Wesen der Dinge aus. Es spricht sich aber auch der Weltzusammenhang im menschlichen Ich aus, denn das Wesen der Dinge ist der Weltzusammenhang. Das menschliche Ich ist also nicht nur die Form, in der sich die Natur geistig ausspricht, es ist auch die Form, in der sich das All-Wesen ausspricht.[37] «Es ist daher nur natürlich, daß ein und derselbe Mensch zwei Arten von Erkenntnis hat. Er ist, den sinnlichen Tatsachen nach, ein Ding unter Dingen, und, insofern er ein solches ist, erwirbt er sich ein Wissen von diesen Dingen; er kann aber in jedem Augenblicke die höhere Erfahrung machen, daß er die Form ist, in der sich das All-Wesen anschaut. Dann verwandelt er sich selbst, von einem Ding unter Dingen, zu einer Form des All-Wesens ...»[38]

Nicht der Mensch als sinnliches Einzelwesen ist schon mit Gott eins, geschweige denn, einerlei (gegen den Pantheismus). Deswegen muß der Mensch als sinnliches Wesen «entwerden» – das Sterben üben. Statt des natürlichen Lebens soll das geistige Leben durch «Schauung», durch inneres Erleben, durch Selbstwahrnehmung und Selbsterkenntnis erweckt werden.

Wiederum wendet Steiner seine Überlegungen in die Ethik: Durch das Schauen des geistigen Weltinhaltes, der sich in ihm offenbart, wird der Mensch auch von der Determination durch die leiblich-organischen Kräfte befreit. In Anknüpfung an Eckhart, dem er einen «reinen Freiheitsbegriff» zuerkennt,[39] vertritt Steiner die Auffassung, das Böse gehe aus der Nötigung des geistig verstandenen Ich durch die leiblich-seelische Organisation hervor. Die leibgebundene Seele will nur sich und ist selbstsüchtig; die schauende Seele will das im Geiste von ihr Geschaute: «das Ideale», sie kann *sich* wollen, weil das Ideale zu ihrem Wesensinhalt geworden, weil sie mit dem göttlichen Weltinhalt eins geworden ist.

3. Gottesfreundschaft: der Weg der Gemütsseele zur *theosis* (14. Jahrhundert)

Tauler, Suso, Ruysbroek schildern nach Steiner die Schwierigkeiten des von Eckhart aufgezeigten Weges der Verwandlung, der Transformation der seelischen Organisation auf dem Weg zum Geist. Tauler war beherrscht vom Gefühl: «Du kannst dich von der Einzelheit nicht loslösen». Folge davon ist, so Steiner, daß er am Transzendentalismus festhält. Er glaubt zwar an die Möglichkeit einer Gottgeburt im Menschen, gleichzeitig sieht er aber den unendlichen Abstand zwischen Mensch und Gott. So betont er die Notwendigkeit der *Entwicklung* und deren Schwierigkeiten.

Die Natur und damit auch der Mensch als Naturwesen entwickelt sich von selbst. Der Mensch als moralisch-geistiges Wesen, so Steiner, muß seine Entwicklung selbst bewirken. «Ist die Entwicklung beim Menschen angekommen, dann *findet* er keine weitere Fortsetzung vorhanden vor. Er vollzieht selbst die Weiterentwicklung. Er *lebt* nunmehr, was er für frühere Stufen bloß *erkennt*. Er *schafft* die Gegenstände nach, was er für das vorhergehende nur dem geistigen Wesen gemäß *nachschafft*.»[40]

Die Philosophie der Freiheit drückt diesen Sachverhalt wie folgt aus:

«Die Natur macht aus dem Menschen bloß ein Naturwesen; die Gesellschaft ein gesetzmäßig handelndes; ein freies Wesen kann er nur selbst aus sich machen. Die Natur läßt den Menschen in einem gewissen Stadium seiner Entwickelung aus ihren Fesseln los; die Gesellschaft führt diese Entwickelung bis zu einem weiteren Punkte; den letzten Schliff kann nur der Mensch selbst sich geben.»[41]

Es folgen in diesem Kapitel in Anknüpfung an die behandelten «Gottesfreunde» einige Hinweise auf die Art dieser Entwicklung:

1. Die Transformation ist ein wahrnehmbarer Prozeß und bezieht sich auf den Menschen als Wahrnehmung. Die Realisierung dieser Transformation kann nur durch einen der natürlichen Entwicklung analogen Vorgang geschehen, d.h. durch einen *wahrnehmbaren* – allerdings geistigen – Prozeß. Evolution denken und sich selbst real evolvieren sind zwei verschiedene Dinge: «Der Mensch erkennt dann nicht bloß, was die Natur hervorgebracht hat; er setzt die Natur fort; er setzt sein Erkennen in lebendiges Tun um. Er gebiert in sich den Geist; und dieser Geist schreitet von da an fort von Entwicklungsstufe zu Entwicklungsstufe, wie die Natur fortschreitet. Der Geist beginnt einen Naturprozeß auf höherer Stufe.»[42]

Auch diesen Gedanken kennt bereits *Die Philosophie der Freiheit*: «Es ist in dem Wahrnehmungsobjekt Mensch die Möglichkeit gegeben, sich umzubilden, wie im Pflanzenkeim die Möglichkeit liegt, zur ganzen Pflanze zu werden. Die Pflanze wird sich umbilden wegen der objektiven, in ihr liegenden Gesetzmäßigkeit; der Mensch bleibt in seinem unvollendeten Zustande, wenn er nicht den Umbildungsstoff in sich selbst aufgreift, und sich durch eigene Kraft umbildet.»[43]

2. Die Transformation geschieht durch Tod und Wiedergeburt (Sterbehilfe und Geburtshilfe). Ähnlich weist der Frankfurter, den Steiner im Kapitel über die Gottesfreundschaft behandelt, auf die Notwendigkeit der Schulung hin: Der Mensch soll alles Persönliche abstreifen, damit das All-Leben in ihn einziehen kann. Durch die Introspektion wird die Ichheit, die Selbstheit bewußt, durch ihre Vernichtung im Geist wird die Seele vom All-Leben erfaßt. Die Selbstheit muß sich durch sich selbst überwinden, was nur durch Leben im Geist möglich ist, gleichgültig ob von theologischer oder naturwissenschaftlicher Basis ausgegangen wird.

3. Die Transformation geschieht durch Kontemplation und Meditation (ideell-geistiges Erleben). Bei Suso wird der dogmatische Lehrinhalt zum inneren Erlebnis: «[...] sein Verhältnis zu Christus wird zu einem solchen zwischen seinem Geiste und der ewigen Wahrheit in rein ideell-geistiger Weise.»[44]

Er entwickelt ein «ideell-geistiges Verhältnis» zu Christus als zur ewigen Wahrheit. Alles körperlich-zeitliche am Christentum, d.h. dessen traditioneller und dogmatischer Gehalt, wird bei Suso zu einem «geistig-idealischen Prozeß» im Innern der Seele: Nicht durch Offenbarung oder Visionen, nur «durch Vernünftigkeit» gelangt man zur Wahrheit, so Steiner in seiner Interpretation von Suso und Eckhart.[45] Von beiden führe kein Weg zum Spiritismus, der das Geistige in sinnlicher Form erfassen wolle. Insofern sich das historische Christentum auf eine sinnliche Offenbarung Gottes beruft, von der es seine eigene Existenz herleitet, wäre es – wenn man Steiners Argumentationsgang auf es anwendet – dem von ihm kritisierten Anthropomorphismus, Pantheismus und oder gar Spiritismus zuzuordnen. Der Mystiker dagegen wendet sich nicht von der Natur ab, sondern er geht geistig über sie hinaus: er träumt nicht pantheistisch den Geist in die Natur hinein, sondern er entwickelt geistige Fähigkeiten, um den Geist der Natur zu erschauen.

4. Cusanus: der Weg der Verstandesseele zur *theosis* (15. Jahrhundert)

Cusanus will sich aus der Naturerkenntnis zur Geistanschauung erheben, während Eckhart und Tauler den überlieferten Glaubensinhalt durch mystische Erfahrung vertiefen wollen.

Beide Wege konvergieren im Ziel, aber wer das Naturwissen vergeistigt, besitzt einen reicheren Inhalt, wenn er im Ziel angelangt.

Für den wissenschaftlichen Denker wie Cusanus bestehen zwei Gefahren:

1. die *ate* (Selbstverblendung) oder *hybris* (Selbstüberhebung), die im Irrglauben besteht, alle Weltinhalte ließen sich mit einer einzigen Erkenntnismethode erfassen;

2. der Skeptizismus und Agnostizismus, der aus der Einsicht in die Begrenztheit der praktizierten Erkenntnismethode hervorgehen kann.

Cusanus als Scholastiker war, so Steiner, besonders der zweiten Gefahr ausgesetzt. Die Scholastik wird von Steiner als kunstvolle Begriffstechnik, als Technik des reinen Denkens beschrieben, die aber bloß zu einem Abbildbegriff des Erkennens gelangte, deswegen die von Thomas festgeschriebene Dualität von Wissen und Glauben, von Natur (natürlichem Licht der Vernunft) und Offenbarung (übernatürlichem Licht der offenbarenden Gnade).

Steiner bezieht sein Bild der Scholastik von neuthomistischen Autoren des 19. Jahrhunderts (Werner, Willmann, Kleutgen), er zitiert keine Originalliteratur – in Wahrheit ist die Scholastik erheblich reichhaltiger an Positionen zu den von ihm angesprochenen Fragen des Verhältnisses von Vernunft und Offenbarung (von Anselm von Canterbury bis Bonaventura und Occam). Steiner unterliegt einer durch die neuthomistischen Autoren, die er rezipiert, bedingten Überschätzung des Thomas von Aquin, was auch seine Kritik der scholastischen Position als einer grundsätzlich dualistischen beeinflußt.

Bemerkenswert ist die in diesem Zusammenhang von Steiner vorgetragene Kritik der Offenbarung, die eine Weiterführung der bereits angedeuteten Kritik am historischen Verständnis des Christentums darstellt: Es gibt keine übernatürliche Offenbarung. Alle Glaubensinhalte stammen ursprünglich aus inneren menschlichen [mystischen] Erfahrungen.

Das Bewußtsein ihres Ursprungs ging verloren. Die einst erlebten Inhalte wurden Bestandteil der dogmatischen Tradition. Der Anspruch der christlichen Tradition wird nicht, wie von manchen Autoren der Aufklärung, als bewusster Priesterbetrug denunziert, er wird auch nicht als Projektion menschlicher Sehnsüchte wie von Feuerbach erklärt, sondern die Priester sind selbst Betrogene eines kollektiven Vergessens. Steiner: «In Wahrheit stammt aller Glaubensinhalt aus einer irgend einmal gemachten inneren menschlichen Erfahrung. Er wird dann, seinem äußerlichen Gehalte nach, aufbewahrt, ohne das Bewußtsein, wie er erworben ist. Es wird von ihm behauptet, er sei durch übernatürliche Offenbarung in die Welt gekommen.»[46]

Die Scholastik begrenzte die Arbeit der Wissenschaft auf den historischen Gehalt der Tradition. Das Geistige durfte nicht im Inneren des Menschen aufleuchten und leben: dies sei eine Grenzziehung, die die neuzeitliche Grenzziehung Kants und dessen Agnostizismus vorwegnehme, ein bei Steiner häufig wiederkehrender geistesgeschichtlicher Topos.

In Wahrheit entstand aber – so Steiner – der dogmatische Lehrgehalt der Tradition in den ersten Jahrhunderten des Christentums aus inneren Erlebnissen.

Dies gelte noch für Scotus Eriugena. Der Inhalt sei später – durch die Scholastiker – zu einer übernatürlichen Offenbarung umgedeutet worden, weil sie selbst der entsprechenden Erfahrungen entbehrten. Die Mystiker versuchten, einen ähnlichen Inhalt als Erfahrungsinhalt wieder zu erzeugen.

Cusanus versuche, vom wissenschaftlichen Erkennen zu inneren Erlebnissen aufzusteigen. Die logische Technik (Denktechnik) ist ein «treffliches Mittel», um zu solchen Erlebnissen zu gelangen.[47]

Cusanus wurde jedoch durch seine geistige Bindung an die Kirche daran gehindert, die letzten Konsequenzen seiner Denkrichtung zu ziehen. Diese von ihm nicht gezogenen Konsequenzen sollen erst gezogen werden und dann retrospektiv Cusanus interpretiert werden.

1. *docta ignorantia*

Steiner erläutert den Begriff der docta ignorantia, des gelehrten Unwissens, Nicht-Wissens, den er für den zentralen Topos in Cusanus Theologie hält.

Nicht-Wissen ist eine höhere Stufe des Wissens. Gewöhnliches Wissen, das einem gewöhnlichen Verständnis des Wissens, dem Sinneswissen oder abstrakten Wissen gleichzusetzen ist, setzt Differenz von Erkennendem und Erkanntem voraus: der Gegenstand, der gewußt wird, liegt außerhalb des Wissenden.

Der wissende Geist, der das Wesen des Gewußten erfaßt, muß erkennen, daß dies Wesen sein eigenes Wesen ist, daß das gewußte Objekt und das wissende Subjekt im Wissen in eins zusammenfallen.

In der Identität von Subjekt und Objekt ist die gewöhnliche Form des *gegenüberstehenden* Wissens aufgehoben.

Wenn die Substanz, der Geist, im Gewußten sich selber weiß, ist diese Form des Wissens ein Nicht-Wissen, sofern das logische Merkmal des Wissens in der Differenz von Wissendem und Gewußtem besteht.

Steiner reproduziert in seiner Cusanusinterpretation eine grundlegende Denkfigur Hegels: Für Hegel ist der Gegenstand des Wissens stets das Wissende, das, wenn es sich als Geist weiß – diese substantielle Identität *erkennt*.

Steiner: wenn der Geist sich selber weiß, dann weiß er nicht mehr, sondern er schaut sein eigenes Leben an.[48]

2. *coincidentia oppositorum*

Die Intuition Gottes als coincidentia oppositorum hat nach Steiner eine Vorgeschichte: die Beschäftigung des Cusanus mit der negativen Theologie des Dionysios Areopagita.

Diese besagt, daß alle kategorialen Aussagen über das Absolute dessen Gehalt nicht erfassen: Jede begriffliche Bestimmung des Wesens Gottes ist eine Beschränkung dieses Wesens. Deswegen kann Gottes Wesen nur durch die Aufhebung aller begrifflichen Bestimmungen erfaßt werden. Das Absolute übersteigt jede Aussagbarkeit. Es läßt sich nur durch Negation jeder begrifflichen Bestimmung, also durch Nicht-Wissen wissen: Dieses Nicht-Wissen ist Schauen.[49]

3. *Zwei Formen des Wissens*

Steiner unterscheidet im Anschluß an Cusanus zwei Formen des Wissens:

1. Wissen, das auf der Differenz von Wissendem und Gewußtem beruht.
2. Wissen, in dem Wissendes und Gewußtes wesenseins sind, das *Schauen*.

Die zweite geht aus der ersten hervor, wenn der Wissende im Gewußten lebt und dieses Leben als sein Leben begreift.

Damit der Übergang stattfinden kann, muß Selbstwahrnehmung, Selbstbeobachtung geübt werden: sie führt zur Selbsterkenntnis des Wissenden.

Steiner weist erneut auf die «Urtatsache des Seelenlebens» hin: das Erleben der Selbsterzeugung des Erkenntnisinhaltes im Denken und die Erkenntnis, daß dieser Inhalt die Selbstbekundung des geistigen Weltwesens ist sowie die Einsicht von der substantiellen Identität des Erkennenden mit dem Erkannten, des in der geistigen Aktivität gestaltwerdenden Ich und des dieses Ich gestaltenden geistigen Weltinhaltes oder All-Ichs: «Ich spreche also, in Wahrheit, gar nicht mehr bloß mein Wesen aus; ich spreche das Wesen der Dinge aus. Mein ‹Ich› ist die Form, das Organ, in dem sich die Dinge über sich selbst aussprechen. Ich habe die Erfahrung gewonnen, daß ich in mir meine eigene Wesenheit erlebe; und diese Erfahrung erweitert sich mir zu der anderen, daß sich in mir und durch mich die All-Wesenheit selbst ausspricht, oder, mit anderen Worten, erkennt [...] ich kann mich nur mehr als eine Form fühlen, in der das All-Wesen sich auslebt.»[50]

Dieser Übergang ist eine Verwandlung des Wissens und eine Verwandlung des Menschen (Transsubstantiation). Eine Verwandlung, die nur der Mensch selbst bewirken kann: der Mensch kann zur höheren Erkenntnis nur gelangen, «wenn er mit sich als Sinneswesen die Verwandlung selbst vollzieht.»[51] Erst durch diese Verwandlung wird der Mensch *wesenhaft*, weil er erst durch sie sein Wesen erfaßt. Beide Bewußtseinsformen sind für die menschliche Existenz erforderlich: Die erste vermittelt die Gegenstände (das Material) der Erkenntnis, die zweite die Einsicht in deren geistigen Wesensgehalt. Das geistige Leben des Menschen besteht in fortwährendem Hin- und Herpendeln zwischen beiden Wissensformen: zwischen «Wissen» und «Schauen».[52]

Dieses fortwährende Hin- und Herpendeln zwischen zwei Polen als Kennzeichen der menschlichen Existenz wird bereits in der *Philosophie der Freiheit* thematisiert. Hier pendelt der Mensch zwischen dem «Miterleben des allgemeinen Weltgeschehens» durch das intuitive Innesein des ideellen Weltzusammenhangs und «seinem individuellen Sein» durch das Wahrnehmen. Es ist klar, daß das Wahrnehmen der ersten Form des Wissens, das denkende Erkennen der zweiten Form entspricht. In den Worten der Philosophie der Freiheit: «Unser Leben ist ein fortwährendes Hin- und Herpendeln zwischen dem Mitleben des allgemeinen Weltgeschehens und unserem individuellen Sein. Je weiter wir hinaufsteigen in die allgemeine Natur des Denkens, wo uns das

Individuelle zuletzt nur mehr als Beispiel, als Exemplar des Begriffes interessiert, desto mehr verliert sich in uns der Charakter des besonderen Wesens, der ganz bestimmten einzelnen Persönlichkeit. Je weiter wir herabsteigen in die Tiefen des Eigenlebens und unsere Gefühle mitklingen lassen mit den Erfahrungen der Außenwelt, desto mehr sondern wir uns ab von dem universellen Sein. Eine wahrhafte Individualität wird derjenige sein, der am weitesten hinaufreicht mit seinen Gefühlen in die Region des Ideellen.»[53]

4. *Denken zum Abgrund*

Cusanus war auf dem Weg zu dieser zweiten Erkenntnisform, hat sie aber nicht erreicht. Er stand als wissenschaftlicher Mensch an einem «verhängnisvollen Abgrund» des geistigen Lebens. Die Wissenschaft *befreit* vom naiven, dumpfen Gefühl der Einheit mit der Welt, aber sie *entfremdet* den Menschen zugleich von der Welt. In der Entfremdung *«lauern alle schlimmen Dämonen»* auf den Menschen und zwar:

1. Der Rückfall in den positiven Glauben *(Luzifer).*
2. Die Verzweiflung (Agnostizismus, Atheismus – *Ahriman*).
   Den Rückfall in überwundene Formen des Bewußtseins und Welterlebens verhindert allein ein dritter Weg, nämlich die
3. Entwicklung aller Erkenntniskräfte, geleitet von Vertrauen und Mut *(Michael).*

5. Agrippa und Paracelsus: Andeutung des Inhalts der mystischen Erkenntnis, der aus der Vergeistigung des Naturwissens hervorgeht. Übergang zur Bewußtseins-Seele (16. Jahrhundert)

Agrippa und Paracelsus sind nach Steiner den Weg gegangen, den der Cusaner vorgezeichnet hat. Sie haben versucht, Wissen von der Natur zu erlangen und dieses Wissen aus dem Geist neu zu gebären. «Sie vertiefen sich in die Natur und suchen deren Gesetze mit allen Mitteln, die ihnen ihre Zeitepoche darbietet, zu erforschen, und zwar so allseitig wie möglich. In diesem Naturwissen sehen sie zugleich die wahre Grundlage für alle höhere Erkenntnis. Diese suchen sie aus der Naturwissenschaft heraus selbst zu entwickeln, indem sie diese im Geiste wiedergeboren werden lassen.»[54] Steiner führt gemäß diesen einleitenden Sätzen Agrippa und Paracelsus nicht als Repräsentanten einer veralteten Wissensform ein, sondern als Persönlichkeiten, die nach jener von ihm selbst angestrebten geistigen Wiedergeburt der Naturerkenntnis im Sinne des Cusaners suchten.

Agrippa hütete sich dabei vor zwei Irrwegen:

1. der Mystifizierung der Natur durch Anthropomorphismen sowie dem Panpsychismus;
2. der Materialisierung von Seele und Geist durch Vergegenständlichung, Versinnlichung von Seele und Geist wie im Spiritismus.

Steiner eröffnet seine Auseinandersetzung mit einer ausführlichen Zurückweisung des Anthropomorphismus, der seiner Auffassung nach direkt in den Spiritismus mündet. Seine ausführlichen Stellungnahmen gegen den Spiritismus zielen vermutlich auf die in der damaligen Theosophischen Gesellschaft verbreiteten spiritistischen Praktiken. «Der ‹Geist in der Natur› ist nur für den Geist da. So gewiß die Natur in diesem Sinne geistig ist, so gewiß ist nichts in der Natur unmittelbar geistig, was von körperlichen Organen wahrgenommen wird. Es gibt nichts Geistiges, das meinem Auge als Geistiges erscheinen kann. Ich darf den Geist als solchen *nicht* in der Natur suchen. Das tue ich, wenn ich einen Vorgang der äußeren Welt unmittelbar geistig deute, wenn ich z.B. der Pflanze eine Seele zuschreibe, die nur entfernt analog der Menschenseele sein soll. Das tue ich ferner auch, wenn ich dem Geist oder der Seele selbst ein räumliches oder zeitliches Dasein zuschreibe, wenn ich z.B. von der ewigen Menschenseele sage, daß sie ohne den Körper, aber doch nach der Art eines Körpers, *statt als reiner Geist* [Hervorhebung L.R.], in der Zeit fortlebe. Oder wenn ich gar glaube, daß in irgendwelchen sinnlich-wahrnehmbaren Veranstaltungen der Geist eines Verstorbenen sich zeigen könne.»[55] Bereits an dieser Stelle macht Steiner deutlich, daß er nichts gegen eine Fortexistenz der Menschenseele in rein geistiger Form einzuwenden hat, jedoch alle Analogien dieser Existenz zu sinnlichen Formen ablehnt. Den Spiritisten wirft Steiner einen «Mangel an geistigem Auffassungsvermögen» vor, sie seien nicht imstande «Geistiges auf geistige Art anzuschauen» und suchten den Geist deswegen mit den Sinnen.[56] Der Spiritismus wird zurückgewiesen, weil er den Geist der Natur in Form einer Naturerscheinung sucht, also wahrnehmen will, was er nur intuitiv-denkend erfassen kann.

Steiner weist nicht den Gedanken der Unsterblichkeit der Menschenseele zurück, sondern lediglich den Gedanken der Unsterblichkeit «nach Art eines Körpers». Klar ist, daß mit dem Körperlichen auch all das an der Seele des Menschen mit diesem zu existieren aufhört, was an diesen gebunden ist: das heißt, «mein Innenleben», das «nur das Ergebnis rein sinnlicher Vorgänge» ist, die «individuelle Persönlichkeit», «die nichts ist als das Ergebnis ihrer physischen Organisation», «mein persönliches Seelenleben, meine Gedanken, Erinnerungen und Gefühle» die nur «in mir» sind, «weil ich ein so und so organisiertes Naturwesen bin, mit einem ganz bestimmten Sinnesapparat, mit einem ganz bestimmten Nervensystem.»[57]

Agrippa habe dagegen für eine «echte Naturwissenschaft» gekämpft, die die Naturerscheinungen «nicht durch Geisteswesen, die in der Sinneswelt spuken», erklären wolle, die vielmehr «in der Natur *nur* Natürliches, im Geiste nur Geistiges» sehen wolle.[58] Agrippa sei durch drei Erkenntnisstufen vorangeschritten:

1. durch eine *elementarische Naturerkenntnis*, auf welcher sinnliche Tatsachenreihen in ihren wechselseitigen Beziehungen erforscht würden (diese Erkenntnisform bezeichnet Steiner später als Imagination);
2. durch eine *astrale Erkenntnis*, in welcher Einzeltatsachen im Zusammenhang mit dem Weltganzen betrachtet würden (die spätere Inspiration);

3. um schließlich zu einer *geistig-seelischen Erkenntnis* vorzudringen, in welcher der Geist sich in sich selbst vertiefe und zu einer unmittelbaren Schau des Urwesens der Welt gelange (die Intuition als höhere Erkenntnisstufe).[59]

In Paracelsus trete die Weltansicht Agrippas in noch vollkommenerer Form in Erscheinung. Für Paracelsus habe das überlieferte mystische oder gnostische Wissen keinerlei Wert. «Denn er glaubt nur zur rechten Anschauung zu kommen, wenn er den Aufstieg von dem Naturwissen zu der höchsten Erkenntnis selbst erlebt.»[60] Im Anschluß an Paracelsus charakterisiert Steiner andeutungsweise eine Reihe von Erkenntnisgebieten und -inhalten, die durch die von ihm beschriebene mystische Transformation des Wissens von der Natur eine Umgestaltung erfahren.

1. Die Auffassung des *Verhältnisses des Menschen zur Natur* wird zur Lehre von der Entsprechung von Mikrokosmos und Makrokosmos. Für diese geht aus der gesamten Natur der Leib des Menschen hervor. Aus dem menschlichen Leib geht dessen Geist hervor. Der menschliche Geist faßt die gesamte Natur auf geistige Art in sich zusammen. Aber der Organismus des Menschen verbirgt zunächst die geistige Einheit der Welt vor dem Menschen. Demgemäß falte sich die menschliche Natur in drei Glieder auseinander. In den sinnlich-körperlichen Organismus (den «Elementarleib»), in die an den Leib gebundene, durch diesen verhüllte, aber mit dem gesamten Kosmos verbundene Seele, die die Kraftwirkungen des Weltalls empfange und ebensolche Wirkungen aussende (den «astralischen Leib») und in den Geist, der sich als solcher auslebe (von Paracalsus als «Seele» bezeichnet). Steiner charakterisiert in diesem Zusammenhang den «astralischen Leib» als eine «Summe von Naturwirkungen, unter deren Einfluß wir stehen oder durch besondere Umstände stehen können; die von uns ausgehen, ohne daß unsere Seele [d.h. der selbstbewußte «Geist», L. R.] in Betracht kommt; und die doch nicht unter den Begriff rein physikalischer Erscheinungen fallen.»[61]

2. Die *Anthropologie* werde bei Paracelsus zu einer ganzheitlichen Stufenanthropologie, die – wie bereits die alten Ägypter, die Neuplatoniker und die Kabbala[62] – folgende Aspekte am Menschen unterscheide:
– physikalisch-physische *(physischer Leib)*
– organisch-lebendige *(Ätherleib)*
– geistähnliche, astralische *(Astralleib)*

– animalisch-seelische *(Empfindungs-Seele)*
– intellektuell-verständige *(Verstandes-Seele)*
– geist-seelische, in denen der Menschengeist sich durch Selbstversenkung als Geist erkennt *(Bewußtseins-Seele)*
– überindividuell-geistige, in denen die individuelle Geistseele ihre Identität mit dem Allgeist erlebt (die noch nicht ausgefaltete Trinität der geistigen Wesensglieder des Menschen).

Diese Ausführungen über Paracelsus stellen einen ersten Hinweis auf die von Steiner später (erstmals in Buchform in der *Theosophie*) vertretene Stufenanthropologie dar. Es ist allerdings die Frage, inwieweit sich Steiner nicht selbst dazu herbeiläßt, Geist und Seele in einer Form in die Natur hinein zu interpretieren, wie sie in dieser nicht gesucht werden dürfen. Denn Naturwirkungen, die nicht unter den Begriff «rein physikalischer» Erscheinungen fallen, könnten nur auf «höhere» als physikalische Agentien zurückzuführen sein. Solche Agentien stellten Kräfte dar, die gefährlich nahe bei denen liegen, deren Existenz Steiner verneint. Bedauerlicherweise führt er seine Andeutungen nicht weiter aus.

Steiner kommentiert die Stufenanthropologie des Paracelsus mit den Worten: «Nichts anderes will Paracelsus mit diesen sieben Grundteilen der menschlichen Natur zum Ausdruck bringen als Tatsachen des äußeren und inneren Erlebens. Daß in höherer Wirklichkeit eine Einheit ist, was sich für die menschliche Erfahrung als Vielheit von Gliedern auseinanderlegt, das bleibt dadurch unangefochten.»[63] Paracelsus strebe danach, auf der höchsten Stufe der Erkenntnis das «einheitliche Urwesen der Welt lebendig mit seinem Geiste zu verschmelzen.»[64] Dazu könne er aber nicht gelangen, wenn er den Geist in die Natur hineinphantasiere. Deshalb suche er «Gott oder den Geist» nicht *in* der Natur, vielmehr sei für ihn die Natur, so wie sie ihm vor Augen trete, «ganz unmittelbar *göttlich*.»[65]

3. Die *Kosmogonie* wird auf ihre geistigen Dimensionen hin erweitert: alle Dinge gehen aus dem Urwasser (*Yliaster*, dem großen Limbus) durch Scheidung der vier Elemente (Erde, Wasser, Luft und Feuer) hervor. Aus der Natur entwickelt sich auch der Geist des Menschen. Die Entstehung aller Dinge ist *Werden*, nicht theistisch gedachte Kreation, sondern Evolution. Der Mensch hat am Werden der Natur mitwirkend teil, indem er sie kultiviert (vergeistigt: Koevolution). Diesen Vorgang nenne Paracelsus *Alchymie*.

Steiner zeichnet ein scheinbar durchaus naturalistisches Bild der kosmischen Evolution: der «Geist» (gemeint ist der Geist in der Form, wie er am menschlichen Geist unmittelbar erlebbar ist) stehe nicht am Anfang des Werdens, sondern am Ende. Dieser Geist sei «kein tatsächlicher Grund», sondern ein «tatsächliches Ergebnis» des Naturprozesses. Der Geist schaffe die Natur nicht, sondern entwickle sich aus ihr. Auch hier ist wiederum der menschenförmige Geist gemeint. Während von Paracelsus der Natur die Aufgabe zugewiesen werde, ihre Schöpfungen zu erklären, müsse sich der Geist dort in sich versenken, «wo er allein zu finden» sei, nämlich im Menschen.[66]

Ja, Steiner wird noch deutlicher. Für Paracelsus gebe es keinen Gott, der von Ewigkeit her existiere und die Welt geschaffen habe. Für ihn existiere ein solcher Gott nicht, die Welt sei ewiges Geschehen und aus diesem ewigen Geschehen gehe auch der Mensch hervor: er erfasse «das Göttliche im Werden».[67] Gerade deshalb aber habe auch der Mensch an diesem Werden teil. Aus seinem Handeln – hier kommt die ethische Wendung – gehe etwas ursprünglich Neues hervor, er wirke mit am göttlichen Werden. Noch einmal darf an die *Grundlinien* erinnert werden, die eben diesen Gedanken bereits philosophisch zum Ausdruck brachten: «Der gesamte Seinsgrund hat sich in die Welt ausgegossen, er ist in sie aufgegangen. ... Der Weltengrund hat sich in die Welt vollständig ausgegossen; er hat sich nicht von der Welt zurückgezogen, um sie von außen zu lenken, er treibt sie von innen; er hat sich ihr nicht vorenthalten. Die höchste Form, in der er innerhalb der Wirklichkeit des gewöhnlichen Lebens auftritt, ist das Denken und mit demselben die menschliche Persönlichkeit.»[68]

4. Alles Seiende offenbart seine dreigliedrig-prozessuale (trinitarische) Struktur, durch die es Teil der ewigen Selbstmanifestation der dreieinen, sich im Werden entfaltenden Gottheit ist: die Unterscheidung von *Sal, Sulfur* und *Merkur*, aus welchen prozessualen Agenzien alles Seiende entsteht.

Paracelsus wird von Steiner als «Freund der Natur» bezeichnet, wie die Mystiker des 14. Jh. «Gottesfreunde» waren, denn in der Natur offenbart sich Gott ebenso wie in der Seele des Menschen.

6. Waigel und Böhme, zwei Repräsentanten der Bewußtseins-Seele: ein geistiger Irrweg im Kontrast mit dem richtigen Erkenntnisweg (16./17. Jahrhundert)

Waigel ist, als Repräsentant protestantischer Mystik, für Steiner einem Irrtum erlegen: er hat zwar erkannt, daß Erkenntnis der Natur nur aus dem Menschen durch geistige Aktivität hervorgehen kann und steht insofern in seiner Erkenntnisauffassung auf höherer Stufe als Kant (!) aber er erkannte nicht, daß dieser Gesichtspunkt auch für die Selbsterkenntnis gilt. Steiners Lob für Waigel schließt die Kritik an Kant ein, daß dieser die Bedeutung der geistigen Aktivität im Erkenntnisvorgang verkannte.

Doch auch Waigel ist einem Erkenntnisfehler erlegen: Er verkannte die Selbsterkenntnis des Menschengeistes als passiv zu erleidenden Akt der erleuchtenden Gnade.

Böhme hingegen fühlt sich als «Organ des Allgeistes», der durch ihn spricht.

Er ringt mit dem Rätsel des Bösen, das er in der Form löst, daß er den Ursprung des Bösen nicht direkt in Gott verlegt, sondern in die Geschöpfe, die sich gegen Gott gewandt haben. «Das Böse muß aus dem Guten erklärt werden», so Steiner, Boehme interpretierend. In der Natur erscheint das Böse als unzweckmäßig, im Menschenschicksal auch. Doch der Ursprung des Bösen in der Natur ist im Menschen zu suchen. Das Urwesen lebe sich nach Boehme nicht in sich, sondern in der Mannigfaltigkeit der Welt aus. Das Urwesen sei in die Mannigfaltigkeit der Dinge dieser Welt ausgegossen. Zwar sei das Leben des Ganzen *ein* Leben, aber jedes einzelne Glied besitze doch seinen eigenen Anteil an diesem Leben. Deswegen könne in den einzelnen Wesen auch ein Widerstreit gegeneinander entstehen. Dies widerspreche nicht der Harmonie des Ganzen. Die Wesen, in denen sich die Vielfalt des einen Urwesens auslebt, sind durch dieses mit der Freiheit, der Fähigkeit, sich gegen andere Wesen zu wenden, begabt. Deswegen sei nicht das Gute der unmittelbare Ursprung des Bösen, sondern die Art, wie sich dieses Gute in den Einzelwesen auslebe. Das Gute vermöge sich nur als Lebendiges zu manifestieren, indem es seinen Gegensatz, also das Böse, «durchsetze». Das Licht des Guten erstrahle aus der Finsternis. Und nun folgt der rätselhafte Satz:

«Und wie im Schatten nur die Helligkeit den Hinweis auf das Licht verlangt; die Finsternis aber selbstverständlich als das Licht schwächend empfunden wird: so wird auch in der Welt nur die Gesetzmäßigkeit in allen Dingen gesucht, und das Böse, das Unzweckmäßige als das Selbstverständliche hingenommen.»[69] Das Böse ist so, nach Steiners Boehmeinterpretation, gleichsam der dunkle Hintergrund der Gesetzlosigkeit oder Gesetzwidrigkeit, vor dem sich das Licht des Gesetzes abhebt. Aber das Licht könnte nicht als Licht erscheinen, wenn es sich nicht zuvor von der Finsternis getrennt hätte. Beide sind aus einem Dritten hervorgegangen, das ihre übergeordnete Einheit war, die doch nicht aus deren bloßer Summierung oder Mischung verstehbar ist, das weder gut noch böse, sondern der gestaltlose Ursprung beider, der «Ungrund», war. Das Böse ist nicht Teil des Urwesens, es ist ein aus ihm hervorgegangenes Wesen oder seine Wesensausgeburt mit ihrer eigenen Ursprungsgüte und wird erst dadurch böse, daß es sich durch seine Eigenart gegen andere Wesen wendet, die ebenso aus demselben Ungrund hervorgehen. Diese Darstellungen über das Böse unterscheiden sich von jenen, die gelegentlich der Behandlung Eckharts vorgebracht wurden dadurch, daß nun der ontische Ursprung des Bösen ins Auge gefasst wird, nicht der moralische. Der ontische Gesichtspunkt antwortet auf die Frage nach dem Ermöglichungsgrund des Bösen und der Freiheit, während der moralische beleuchtet, wie das ontische Hervorgehen des Guten und des sich gegen das Gute kehrenden anderen Guten aus dem überguten Ungrund stets von neuem in den Willensentscheidungen des Menschen abbildet. Nicht das Urwesen ist Wirkgrund des Bösen, es ermöglicht seine Offenbarung: ebenso wenig ist der Leib der Wirkgrund des Bösen, er wirkt aber böse, wenn er die Freiheit des menschlichen Geistes wirkend beeinträchtigt. Hier tritt die paulinische Basis der *Philosophie der Freiheit* wieder zutage, die Steiner seinem Werk von 1894 später zuschreiben sollte.

In einem weiteren Schritt geht Steiner auf die Vorstellungen ein, die sich Böhme über die Entstehung der Welt aus dem Urwesen machte. Er schaute deren Entstehung im Durchgang durch sieben Naturgestalten, in deren letzter sich der Urgrund als Inhalt des menschlichen Geistes wiederfinde.

Steiner deutet die sieben Stufen nicht inhaltlich aus, sondern begreift sie als Vorstellungen, zu denen Böhme aufgrund der damaligen Tatsachenkenntnisse, die aus der Bibel und der Naturwissenschaft zugleich stammten, gelangt sei. Wenn man von der Tatsachenwelt, auf die Böhme hinblickte absehe, dann könne man seine Vorstellungsart auch auf die heutige empirische Tatsachenwelt angewandt denken. Dies sei eine Konsequenz aus der Anschauung des Boehmeschen Geistes.

7. Giordano Bruno und Angelus Silesius, zwei weitere Repräsentanten der Bewußtseinsseele: ein weiterer geistiger Irrweg und eine weitere Vollendungsgestalt des mystischen Weges (16./17. Jahrhundert)

Unter dem Eindruck des Kopernikanismus, der den außerirdischen Kosmos entgeistigte, kann der Mensch den Geist nicht mehr in sinnlicher Art in der Natur oder im Kosmos suchen, sondern nur noch in sich selbst. Erst das 19. Jahrhundert hat diesen anthropomorphen Geist auch aus der Betrachtung der belebten Natur einschließlich des Menschen vertrieben. Die Austreibung des anthropomorphen Geistes aus der Natur macht künftig die Verwechslung von Sinnlichem und Geistigem unmöglich. Die cartesische Unterscheidung zwischen geistloser Körperwelt und körperlosem Geist ist positive Errungenschaft der Neuzeit.

Das «sinnlich-tatsächliche Dasein des Geistes» darf nur dort behauptet werden, wo die unmittelbar-sinnliche Erfahrung Geistiges zeigt: in dieser Form ist der Geist nur im Menschen. «Die Seele des Menschen ist eine Summe von Vorgängen, in denen der Geist am unmittelbarsten als Tatsache erscheint. In der Form einer solchen Seele ist aber der Geist nur im Menschen vorhanden. Und es heißt den Geist mißverstehen, es heißt, die schlimmste Sünde wider den Geist begehen, wenn man den Geist in Seelenform anderswo als im Menschen sucht, wenn man sich andere Wesen so beseelt denkt, wie den Menschen. Wer dies tut, zeigt nur, daß er den Geist selbst in sich nicht erlebt hat; er hat nur die in ihm waltende äußere Erscheinungsform des Geistes, die Seele erlebt.»[70]

Ebendiese «Sünde wider den Geist» hat Bruno begangen, indem er die Natur durch die Weltseele belebt vorstellte. Dagegen ist Silesius wie berufen, die Weisheit «in persönlicher Gestalt» zu verkörpern. Er hat jene hohe Stufe der Erkenntnis erreicht, durch die der Mensch die «Unschuld der Natur» wieder erlangt, er ist der Entfremdung zwischen Natur und Wissen entronnen, er hat sich mit seinem Ursprung geistig versöhnt. Er lebt im Einklang mit der Welt und wandelt von göttlicher Weisheit erfüllt im Frieden mit seinem Schicksal dahin. Silesius ist in Steiners Interpretation die dem *sophos* der Antike entsprechende Gestalt, die Böhme als die siebente Naturgestalt, in der sich das Göttliche in sich selbst wiederfinde, beschrieben hat.

Kopernikus hat, so Steiner in der *Mystik* die sinnliche Wahrnehmungswelt «bis in die fernsten Räume» erweitert. Was die vorkopernikanische Zeit mit den himmlischen Hierarchien bevölkerte, erschien seit Kopernikus als physikalischer Raum. Durch die Erweiterung des physikalischen Raums sei das Abendland darauf verwiesen worden, den Geist, der früher im geozentrischen Sphärenhimmel angesiedelt wurde, nur mehr im menschlichen Innern zu suchen. Das 16. Jahrhundert habe den Himmelsraum der Naturwissenschaft zurückgegeben, «der er rechtmäßig» angehöre. «Bis zum Ende des neunzehnten Jahrhunderts war diese Wissenschaft so weit, daß sie auch innerhalb der Erscheinungen des pflanzlichen, tierischen und menschlichen Lebens dasjenige der sinnlichen Tatsachenwelt geben konnte, was dieser zukommt. Weder droben im Äther, noch in der Entwicklung der Lebewesen darf nunmehr diese Naturwissenschaft etwas anderes suchen, als tatsächlich-sinnliche Prozesse.»[71]

Der Mensch als Säugetier, das aus der natürlichen Evolution hervorgegangen sei, die nach mechanischen Gesetzen verstanden werden kann: ein solcher naturwissenschaftlicher Standpunkt lasse eine Verwechslung von Geistigem und Sinnlichem nicht mehr zu. Die Naturwissenschaft lasse es nicht mehr zu, in der Natur einen der materiellen Seinsform analogen Geist zu suchen. «Wie ein gesundes Denken es unmöglich macht, den Grund zum Vorrücken der Uhrzeiger nicht in den mechanischen Gesetzen *(dem Geist der unorganischen Natur)*, [kursiv L.R.], sondern in einem besonderen Dämon zu suchen.»[72] Zustimmend zitiert Steiner Haeckels Zurückweisung der anthropomorphen Gottesvorstellung, für den ein Gott, der in Analogie zur materiellen Existenzform gedacht werde, nichts sei als ein «gasförmiges Wirbeltier». «In Wirklichkeit», so Steiner, dürfe «ein sinnlich-tatsächliches Dasein eines Geistigen nur da angenommen werden, wo unmittelbare sinnliche Erfahrung Geistiges zeigt; und es darf nur ein solcher Grad des Geistigen vorausgesetzt werden, als auf diese Art wahrgenommen wird.»[73] Daß dies nur beim Menschen der Fall ist, dürfte klar sein.

Aber, so fährt er einschränkend fort, die geistigen Vorgänge seien Ergebnisse von Tätigkeiten eines Organismus, «der Geist der Welt» sei «nicht auf materielle Art, sondern eben nur auf geistige Art in der Welt vorhanden. Die Seele des Menschen ist eine Summe von Vorgängen, in denen der Geist am unmittelbarsten *als Tatsache* erscheint. In der Form einer solchen Seele ist aber der Geist *nur* im Menschen vorhanden. Und es heißt den Geist mißverstehen, es heißt, die schlimmste Sünde wider den Geist begehen, wenn man den Geist in Seelenform anderswo als im Menschen sucht, wenn man sich andere Wesen so beseelt denkt, wie den Menschen. Wer dies tut, zeigt nur, daß er den Geist nicht in sich erlebt hat; er hat nur die in ihm waltende äußere Erscheinungsform des Geistes, die Seele erlebt. Das aber ist gerade so, wie wenn jemand einen mit Bleistift gezeichneten Kreis für den wirklich mathematisch-idealen Kreis hielte. Wer nichts anderes in sich erlebt, als die Seelenform des Geistes, der fühlt sich dann gedrängt, auch in den nicht-menschlichen Dingen solche Seelenform vorauszusetzen, damit er nicht bei der grob-sinnlichen Materialität stehen zu bleiben brauche. *Statt den Urgrund der Welt als Geist zu denken* [Hervorh. L.R.], denkt er ihn als Weltseele, und nimmt eine allgemeine Beseelung der Natur an.»[74] In kaum zu übertreffender Schärfe wird hier die Erscheinungsform des Geistes, die im menschlichen Bewußtsein zustande kommt, von allen anderen, möglichen Erscheinungsformen abgegrenzt.

8. Ausklang

Relativ spät kommt Steiner in der *Mystik im Aufgange des neuzeitlichen Geisteslebens* auch auf die Entwicklungslehre in Form des Darwinismus zu sprechen.[75] Goethe wird als Naturforscher behandelt, der der naturwissenschaftlichen Erkenntnis eine bedeutende Zukunftsaussicht eröffnet habe. Dies deswegen, weil er, von der Einheit des Naturgeschehens durchdrungen, den Gesichtspunkt der Evolution auf den gesamten Inhalt der Natur ohne Ansehen philosophischer oder theologischer Vorurteile angewendet habe. Von seinem Standpunkt aus erscheine der Mensch ebenso als Produkt eines notwendigen Naturwirkens, das nach «ehernen Gesetzen» verlaufe wie die übrigen Naturwesen. Historisch betrachtet ziemlich umgreifend heißt es dann, Lamarck, Darwin und Haeckel hätten im Sinne «dieser Vorstellungsart weiter gewirkt». Die Frage nach dem Ursprung des Menschen habe das 19. Jahrhundert beantwortet. Man habe eingesehen, daß das empirische Beobachtungsfeld der Sinneserfahrung nicht verlassen werden müsse, um die Entstehung der Arten einschließlich des Menschen «rein natürlich» erklären zu können.

An der mathematisch-physikalischen Naturwissenschaft der Neuzeit hebt Steiner hervor, daß sie mit ihrem strengen Empirismus der Natur gemäß verfahren sei. Er anerkennt die Berechtigung einer Betrachtungsweise, die es vermeidet, die Naturvorgänge nicht natürlich, sondern unter Einbezug übernatürlicher Faktoren zu erklären. Auch das Einmischen des Geistes, wie er am menschlichen Bewußtsein erfahrbar ist, in die Naturerklärung wird abgelehnt. Der Geist ist allein ein Phänomen des Menscheninnern. Die Form des seelischen Lebens, das der Mensch besitze, komme nur diesem zu und sei in der sonstigen Natur nicht vorhanden. Deswegen anerkenne die Naturwissenschaft auch kein Wesen, das nach Analogie des Menschen in der Natur oder an der Natur schaffe. Die Naturwissenschaft habe den anthropomorphen Schöpfer zugunsten des mechanisch aufgefaßten Evolutionsgedankens verabschiedet. Nun folgt eine Wendung des Gedankens: Steiner vertritt die Auffassung, daß solche Mystiker wie Eckehart, Tauler, Böhme und Angelus Silesius angesichts dieser Naturwissenschaft «die tiefste Befriedigung» empfinden müßten. Begründet wird diese Behauptung damit, daß die moderne Naturwissenschaft die Erkenntnisart der Mystiker übernommen und konsequent fortgesetzt habe. Dies werde klar, wenn man die Erkenntnisart der Mystiker nur richtig verstehe.

Die Mystiker selbst seien zwar nicht imstande gewesen, die von ihnen entwickelte Erkenntnismethode auf die Natur anzuwenden. Aber sie hätten dies gewiß versucht, wenn damals bereits die Fülle an Beobachtungsbeständen vorgelegen wäre, auf die sie ihre Erkenntnismethode hätten anwenden können. Doch weil es damals noch keine «natürliche Schöpfungsgeschichte» gab, wurde das von Steiner als Möglichkeit Beschriebene auch nicht historisch aktenkundig.

Heute aber würden die Mystiker, so Steiner, jenen zustimmen, die den Geist als Frucht der Natur betrachteten, nicht als dessen Wurzel. Sie würden den Geist, so wie er im Menschen zur Erscheinung komme, als Ergebnis der Entwicklung erkennen und verneinen, daß *dieser* Geist schon vorhanden sei, *bevor* er erscheine. Sie würden verneinen, daß der menschliche Organismus aus einem «Schöpfungsgedanken» hervorgegangen sei, weil auch der Affe nicht aufgrund des Wirkens eines «Schöpfungsgedanken» aus den Beuteltieren hervorgegangen sei.

Wenn man die Natur naturalistisch betrachte (also nichts Übernatürliches in deren Erklärung hineinmische), brauche man dennoch den Geist nicht zu verlieren. Dies gelte, auch wenn heute viele glaubten, ein «flacher Materialismus» sei die Konsequenz eines solchen an den Tatsachen orientierten naturwissenschaftlichen Naturalismus. Er selbst – so Steiner – stehe «völlig auf dem Boden dieser Naturwissenschaft.» Seiner Auffassung nach könne ein Haeckelianer nur in einen solchen Materialismus verfallen und geistig verflachen, der bereits mit einer flachen Gedankenwelt an die Tatsachen der Naturwissenschaft herantrete. Er selbst empfinde «Höheres, Herrlicheres, wenn» er «die Offenbarungen der ‹*Natürlichen Schöpfungsgeschichte*› auf» sich «wirken lasse, als wenn» er «die übernatürlichen Wundergeschichten der Glaubensbekenntnisse» zur Kenntnis nehme. Kein «heiliges Buch» enthülle Erhabeneres als die scheinbar nüchterne Tatsache, daß sich in jedem Menschenkeim die gesamte Phylogenese wiederhole. In Anlehnung an eine Formulierung Kants schreibt Steiner, wer «sein Gemüt mit der Herrlichkeit der Tatsachen erfülle», die seine Sinne schauten, der könne nichts mehr übrig haben, für die Wundergeschichten der Bekenntnisse. Wer den Geist in sich erlebe, der brauche ihn nicht in der Natur zu suchen. Bereits in seiner *Philosophie der Freiheit* habe er eine solche Weltanschauung beschrieben, die die Natur wie Haeckel und Darwin betrachte, ohne deswegen den Geist zu verleugnen. Durch eine Beseelung von Pflanze und Tier sei keinerlei Erkenntnisgewinn zu erwarten. Ein sich selbst verstehendes Erkennen bewahre den Menschen vor dieser unberechtigten, anthropomorphistischen Beseelung der Natur. Die Selbsterkenntnis führe den Menschen dazu, einzusehen, daß allein sein Bewußtsein der Ort sei, an dem das Geistige (Übernatürliche) beobachtet werden könne, deswegen könne er in der Natur nichts als «natürliche Vorgänge» sehen. Er bekenne sich ruhigen Gewissens «zu seinen Tierahnen», weil er zu erkennen glaube, daß beim Ursprung dieser Ahnen kein «seelenartiger Geist» gewaltet habe. Er könne Haeckel nur zustimmen, wenn dieser die «ewige Ruhe des Grabes»[76] der Unsterblichkeit vorziehe, wie sie von manchen Bekenntnissen gelehrt werde. Steiner bekennt: «Ich suche keinen Gottesgeist in der Natur, weil ich das Wesen des Menschengeistes in mir zu vernehmen glaube. Zu meinen Tier-Ahnen bekenne ich mich ruhig, weil ich zu erkennen glaube, daß dort, wo diese Tier-Ahnen ihren Ursprung haben, kein seelenartiger Geist *wirken kann*. Ich kann Ernst Haeckel nur zustimmen, wenn er einer Unsterblichkeit, wie sie manche Religion lehrt, die ewige Ruhe des Grabes vorzieht.» «Denn», so schließt Steiner sein Bekenntnis, «ich finde eine Herabwürdigung des Geistes, eine widerwärtige Sünde wider den Geist in der Vorstellung einer nach Art eines sinnlichen Wesens fortdauernden Seele.» [77]

Er spricht natürlich nur gegen die Fortdauer *in sinnlicher Form*, gegen die Unsterblichkeit der Person, gegen die Fortdauer des auf den Organismus gestützten Seelenlebens.

Die Naturwissenschaft des 19. Jahrhunderts hat den Anthropomorphismen endgültig den Garaus gemacht. Kein Gott, keine Weltseele bewirken die Evolution. Die Evolution bewirkt sich selbst. Aus ihr geht auch der Menschengeist hervor. Nur im Menschen existiert der Geist in sinnlicher Form. Dieser Geist steht am Ende der Evolution, nicht an deren Beginn. Die evolutionäre Weltauffassung muß nicht materialistisch sein. Die Offenbarungen der natürlichen Schöpfungsgeschichte (Haeckel) sind weitaus herrlicher und erhebender als die Wundererzählungen der dogmatischen Traditionen des Christentums. Wer den Geist in sich erlebt, braucht ihn nicht in der Natur zu suchen. Was Geist und Natur vorausgegangen ist, ist – im Sinne Boehmes – mehr als Geist *oder* Natur und auch mehr als Geist *und* Natur.

Das Kapitel endet mit einem Hinweis auf den Wegcharakter des Buches durch ein Silesiuszitat: «Freund, es ist auch genug. Im Fall du mehr willst lesen: so geh und werde selbst die Schrift und selbst das Wesen.»[78] Dadurch schließt sich das Ende wieder mit dem Anfang zusammen und der Leser ist auf seine eigene Erkenntnis- und Lebenspraxis zurückverwiesen.

Anmerkungen

1 *Die Mystik im Aufgange des neuzeitlichen Geisteslebens und ihr Verhältnis zur modernen Weltanschauung*, Dornach [5]1960, S. 8.
2 *Die Mystik,* S. 8.
3 *Die Mystik,* S. 11.
4 *Die Mystik,* S. 14.
5 Iamblichos, *Aufruf zur Philosophie* (Protreptikos), Würzburg 1984, S. 23–24.
6 *Die Mystik,* S. 11–13.
7 *Die Mystik,* S. 16.
8 *Die Mystik,* S. 21.
9 *Die Mystik,* S. 19.
10 *Die Mystik,* S. 26/27.
11 *Die Mystik,* S. 25.
12 *Die Philosophie der Freiheit,* S. 91.
13 *Die Mystik,* S. 35.
14 *Grundlinien einer Erkenntnistheorie der Goetheschen Weltanschauung,* Dornach [7]1979, S. 79.
15 *Grundlinien,* S. 80.
16 *Philosophie der Freiheit,* 3. Kapitel der zweiten Auflage.
17 *Die Mystik,* S. 22.
18 *Die Mystik,* S. 25.
19 «Für jeden aber, der die Fähigkeit hat, das Denken zu beobachten – und bei gutem Willen hat sie jeder normal organisierte Mensch –, ist diese Beobachtung die allerwichtigste, die er machen kann.» *Die Philosophie der Freiheit*, S. 45.
20 *Die Mystik*, S. 27.

21 *Die Philosophie der Freiheit,* S. 90.
22 *Die Philosophie der Freiheit,* S. 91.
23 *Die Mystik,* S. 31.
24 *Die Mystik,* S. 35.
25 *Die Mystik,* S. 41.
26 *Die Mystik,* S. 55.
27 *Die Mystik,* S. 41.
28 *Die Mystik,* S. 43.
29 *Die Mystik,* S. 43–44.
30 *Die Mystik,* S. 44–45.
31 *Die Mystik,* S. 47.
32 *Die Mystik,* S. 46.
33 *Die Mystik,* S. 48.
34 *Die Mystik,* S. 48.
35 Die *Grundlinien* fassen diesen Gedanken von der Mitwirkung des Menschen an der Selbstoffenbarung des göttlichen Wesensgehaltes wie folgt:

«Wir produzieren einen Gedankeninhalt durchaus nicht so, daß wir in dieser Produktion bestimmten, welche Verbindungen unsere Gedanken einzugehen haben. Wir geben nur die Gelegenheitsursache her, daß sich der Gedankeninhalt seiner eigenen Natur gemäß entfalten kann.» S. 49

«Unsere Gedankenwelt ist also eine völlig auf sich selbst gebaute Wesenheit, eine in sich selbst geschlossene, in sich vollkommene und vollendete Ganzheit. Wir sehen hier, welche von den zwei Seiten der Gedankenwelt die wesentliche ist: die objektive ihres Inhaltes und nicht die subjektive ihres Auftretens.» S. 50. Denn, so Steiner, «unser Geist [ist] nicht wie ein Behälter der Ideenwelt anzusehen […], der die Gedanken in sich enthält, sondern wie ein Organ, das dieselben wahrnimmt. Er ist gerade so Organ des Auffassens wie Auge und Ohr.» S. 77.

«Der Geist nimmt also den Gedankengehalt der Welt wahr, wie ein Auffassungsorgan. Es gibt nur einen Gedankeninhalt der Welt. Unser Bewußtsein ist nicht die Fähigkeit, Gedanken zu erzeugen und aufzubewahren, wie man so vielfach glaubt, sondern die Gedanken (Ideen) wahrzunehmen.» S. 78.

36 *Die Mystik,* S. 65.
37 «Mein ‹Ich› ist die Form, das Organ, in dem sich die Dinge über sich selbst aussprechen. Ich habe die Erfahrung gewonnen, daß ich in mir meine eigene Wesenheit erlebe; und diese Erfahrung erweitert sich mir zu der anderen, daß sich in mir und durch mich die All-Wesenheit selbst ausspricht, oder, mit anderen Worten, erkennt.» S. 90.
38 *Die Mystik,* S. 91.

39 *Die Mystik,* S. 50.
40 *Die Mystik,* S. 60.
41 *Die Philosophie der Freiheit,* IX, S. 168.
42 *Die Mystik,* S. 64.
43 *Die Philosophie der Freiheit,* IX, S. 168.
44 *Die Mystik,* S. 73.
45 *Die Mystik,* S. 74.
46 *Die Mystik,* S. 84.
47 *Die Mystik,* S. 85.
48 Die Mystik, S. 89/90.
49 *Die Mystik,* S. 91.
50 Die Mystik, S. 90/91.
51 *Die Mystik,* S. 91.
52 *Die Mystik,* S. 91/92
53 *Die Philosophie der Freiheit,* S. 109/110.
54 *Die Mystik,* S. 100.
55 *Die Mystik,* S. 101–102.
56 *Die Mystik,* S. 102.
57 *Die Mystik,* S. 44–45.
58 *Die Mystik,* S. 102–103.
59 *Die Mystik,* S. 105–106.
60 *Die Mystik,* S. 107.
61 *Die Mystik,* S. 111.
62 *Die Mystik,* S. 111.
63 *Die Mystik,* S. 112.
64 *Die Mystik,* S. 112.
65 *Die Mystik,* S. 112.
66 *Die Mystik,* S. 115.
67 *Die Mystik,* S. 115.
68 *Grundlinien,* S. 84, 125.
69 *Die Mystik,* S. 126.
70 *Die Mystik,* S. 133.
71 *Die Mystik,* S. 132.
72 *Die Mystik,* S. 132.
73 *Die Mystik,* S. 133.
74 *Die Mystik,* S. 133–134.
75 Im Kapitel «Ausklang», S. 141 f.
76 Ernst Haeckel, *Welträtsel,* S. 239.
77 *Die Mystik,* S. 144/145.
78 *Die Mystik,* S. 145.

XI. Das All-Ich im Erkennen und Handeln – Eine Betrachtung zu Rudolf Steiners Schrift *Die Mystik im Aufgange des neuzeitlichen Geisteslebens und ihr Verhältnis zu modernen Weltanschauungen* (1901)

Günter Röschert

Das Buch über die Mystik ist eine Art Autoreferat der Vortragsreihe, die Rudolf Steiner im Winter 1900 auf 1901 in der Theosophischen Bibliothek in Berlin gehalten hat. Das Thema der Vortragsreihe – und des Buches – ging auf einen Vorschlag Steiners zurück, den die Leiter der Bibliothek, Graf und Gräfin Brockdorff, bereitwillig akzeptierten.[1]

Nach dem Erscheinen des Buches *Goethes Weltanschauung* 1897 hatte Steiner die unmittelbare Bezugnahme auf Goethe als Naturforscher ausklingen lassen. Im gleichen Jahr wie *Goethes Weltanschauung* war auch endlich der letzte Band von Goethes naturwissenschaftlichen Schriften der Kürschnerschen Ausgabe erschienen. Die Goethearbeit war insofern zu einem vorläufigen Abschluß gekommen, wenngleich das Thema Goethe Steiner lebenslang begleitete. Doch nun traten um die Jahrhundertwende zunächst andere Motive und Anknüpfungspunkte in den Vordergrund.

Ab seinem 35. Lebensjahr (1896) erfuhr Steiner an sich selbst einen Seelenumschwung,[2] der von der inneren Konzentration auf das Ideenerleben zu erweiterten Erfahrungsmöglichkeiten des ganzen Menschen führte. Diese neuen Erlebnisformen suchte Steiner in den Rahmen der naturwissenschaftlichen Denkweise seiner Zeit einzuordnen. Für die Annäherung an die Mystik ist Steiners Neigung zu der damaligen Darwin-Haeckelschen Evolutionstheorie ein wichtiger Ausgangspunkt, ebenso die bei Steiner schon bisher vorhandene und nun beibehaltene Distanzierung vom positiven Christentum.

1. «Haeckel und seine Gegner»

Im Januar 1900 erschien Steiners großer Aufsatz «Haeckel und seine Gegner» in eine Periodikum *Freie Warte – Sammlung moderner Flugschriften,* herausgegeben von Steiners Freund Ludwig Jakobowski. Der Aufsatz umfaßt etwa fünfzig Druckseiten und ist in der anthroposophischen Sekundärliteratur bisher wenig berücksichtigt worden. Wer eine Einsicht in die gedanklichen Voraussetzungen des Mystikbuches anstrebt, wird aber den Haeckel-Aufsatz keinesfalls übergehen dürfen. Ich folge der Einteilung des Aufsatzes in drei Kapitel.[3]

1. Steiner legt Wert auf die Übereinstimmung der Goetheschen Organologie, vor allem der Lehre vom «Typus», mit dem von Ernst Haeckel weiterentwickelten Darwinismus. Er schreibt: «Darwin hat die natürlichen Ursachen gefunden, warum das von Goethe angenommene, gemeinsame Urbild aller organischen Wesen in den mannigfaltigen Spezies zur Erscheinung kommt.»

Die Wissenschaft habe zu zeigen, «daß die zweckmäßige Einrichtung der Organismen ohne einen absichtlichen in sie gelegten Zweck» naturnotwendig entsteht. Diese Forderung habe Darwin erfüllt durch seine «Lehre von der natürlichen Zuchtwahl im Kampf ums Dasein oder der Selektionstheorie». Welches aber ist der Anfangszustand? Steiner bezieht sich auf Jean Lamarck und seine Theorie von der Urzeugung aus mechanischen, physikalischen und chemischen Prozessen. Eine Bestätigung des Darwinismus sieht Steiner in Haeckels «biogenetischem Grundgesetz», der – inzwischen falsifizierten – Annahme einer Wiederholung der Phylogenese in der Ontogenese der Lebewesen. Dann heißt es bei Steiner: «Es ist bezeichnend für die tiefe philosophische Natur Haeckels, daß er nach dem Erscheinen von Darwins *Entstehung der Arten* sogleich die volle Tragweite der darin aufgestellten Grundsätze für die gesamte Weltanschauung des Menschen erkannte.» In einem Vortrag von 1892 habe Haeckel neuerdings «die Konsequenz behandelt, die sich für jeden logisch Denkenden ohne weiteres aus dem Darwinismus ergibt, daß der Mensch sich aus niederen Wirbeltieren und zwar zunächst aus echten Affen entwickelt hat».

2. Die Idee der Entwicklung fordere, daß diese als eine «Kette von

Neubildungen» gedacht werde, nicht etwa als Auswicklung eines in Keimform bereits Vorhandenen. Es entstehen «in der Natur zweckmäßig eingerichtete Wesen, ohne eine zugrundeliegende Tätigkeit oder Kraft, welche die Zweckmäßigkeit in die Wesen hineinlegt ...» Ein vernunftbegabtes Bewußtsein entstehe «als Ergebnis des im Gehirn konzentrierten Nervensystems». In diesem Sinne sei die menschliche Seele eine «Funktion des Gehirns». Eine «alles beherrschende Weltvernunft», die vor allen Wesen existiert habe, lehnt Steiner ab. «Die Gesamtheit menschlicher Seelentätigkeiten, die in dem einheitlichen Selbstbewußtsein ihren höchsten Ausdruck findet, entspricht dem komplizierten Bau des menschlichen Gehirns ebenso wie das einfache Empfinden und Wollen der Organisation des Urtieres.» Gleichwohl seien die Gesetze des geistigen Lebens «niemals auf einem anderen Wege als durch innere Erfahrung, durch Selbstbeobachtung zu erforschen».

Das Wesen des Monismus bestehe in der Annahme, «daß alle Weltvorgänge, von den einfachsten mechanischen an bis herauf zu den höchsten menschlichen Geistesschöpfungen, in gleichem Sinne sich naturgemäß entwickeln und daß alles, was zur Erklärung der Erscheinungen herangezogen wird, innerhalb der Welt selbst zu suchen ist». Der Menschengeist sei nicht aus einem «All-Geist» abzuleiten, er sei vielmehr «im Laufe der Entwicklung als Neubildung entstanden». Was bedeutet dies für das Handeln? Einen freien Willen «im gewöhnlichen Sinne» gebe es nicht. Der menschliche Wille sei Ausschnitt des allgemeinen Weltgeschehens und unterstehe daher den Naturgesetzen wie alle anderen natürlichen Dinge und Vorgänge. Die Ziele seines Handelns könne der Mensch nicht einer allgemeinen Weltvernunft entnehmen, sondern nur seinem eigenen Geiste. Daher gelte: «Im Sinne des Monismus ist hiernach das Handeln des Menschen durch ursächliche Momente bestimmt; im ethischen Sinne ist es nicht bestimmt, weil die ganze Natur nicht ethisch, sondern naturgesetzlich bestimmt ist.» Das sittliche Handeln des Menschen sei also «Entwicklungsprodukt». Die sittlichen Ziele seien «Neubildung innerhalb des Naturprozesses».

3. Mit Nachdruck wendet sich Steiner gegen Rudolf Virchow als Gegner Haeckels. Virchow hatte sich entschieden gegen die Affentheorie Haeckels gewandt, die Steiner bejahte. Auch für Emil Du Bois-Reymond hat Steiner nur Ablehnung übrig. Du Bois-Reymond habe bei seinem

«Ignorabismus» zur Frage des Bewußtseins den Geist aus der Materie ausgetrieben. Schon die einfache Anziehung und Abstoßung kleinster Stoffteilchen sei aber Kraft, also eine von dem Stoff ausgehende geistige Ursache. «Die Frage ist eben gar nicht: Wie entsteht der Geist aus der geistlosen Materie? sondern: Wie entwickelt sich der kompliziertere Geist aus den einfachsten geistigen Leistungen des Stoffes, aus der Anziehung und Abstoßung?» Dann heißt es zusammenfassend: «Es gibt nur eine Rettung aus dem Glauben an eine übernatürliche Weltordnung, und das ist die monistische Erkenntnis, daß alle Erklärungsgründe für die Welterscheinungen auch innerhalb des Gebietes dieser Erscheinungen liegen. Diese Erkenntnis kann nur eine Philosophie liefern, die im innigsten Einklange mit der modernen Entwicklungslehre steht.»

In einer Anmerkung bezieht sich Steiner auf Haeckels eben erschienenes Buch *Die Welträtsel:* «Demjenigen, der die naturwissenschaftlichen Erkenntnisse unserer Zeit in sich aufgenommen hat, muß dieses Werk als eines der bedeutendsten Manifeste vom Ende des 19. Jahrhunderts erscheinen. Es enthält in reifer Form eine vollständige Auseinandersetzung der modernen Naturwissenschaft mit dem philosophischen Denken aus dem Geiste des genialsten, weitblickendsten Naturforschers unserer Zeit heraus.»

Der Haeckel-Aufsatz zeigt unwiderlegbar, daß Steiner zu Beginn des Jahres 1900 einen darwinistisch geprägten Monismus vertrat, der die geistige Welt des Menschen als Ergebnis des Naturprozesses ansah. An den Beginn der Entwicklung des Lebens setzte Steiner anscheinend – wie sich aus dem Hinweis auf Lamarck ergibt – eine nicht näher bestimmte Urzeugung. An einer schlüssigen Theorie, wie es in der natürlichen Entwicklung des Lebens zu der enormen Vielfalt der Artmerkmale kommen konnte, fehlte es. Die spätere Mutationstheorie war noch nicht entwickelt.

Steiners Monismus jener Tage war auch ideologiekritisch motiviert. Er wandte sich gegen die Vorstellung eines planmäßig bauenden Weltschöpfers bzw. einer allgemeinen Weltvernunft und damit gegen Jenseitslehren jeder Art und gegen eine dualistische Erkenntnistheorie, die mit absoluten Erkenntnisgrenzen operierte. Positiv gesehen verteidigte Steiner eine Substanzauffassung, bei welcher schon in den einfachsten Weltbausteinen Geist und Stoff in ungeteilter Einheit enthalten sind. Zu einem klaren Substanzbegriff kam es aber zunächst nicht, die Hinweise Steiners in dem Haeckel-Aufsatz auf die «geistigen» Wirkungen des Stoffes in Anziehung und Abstoßung reichen nicht aus.

Die sich aufdrängende Frage, wie sich Steiner, dem die Wirklichkeit des Geistes seit frühester Jugend Erlebnis war, sich mit Darwins und Haeckels mechanistischer Selektionstheorie solidarisieren konnte, bleibt offen. Die Beurteilung von Haeckels Persönlichkeit, die sich aus dem Aufsatz «Haeckel und seine Gegner» ergibt, hat Steiner später nicht aufrechterhalten. 1924 schreibt er in seiner Autobiographie *Mein Lebensgang* (Kap. XXX) u.a.: «Haeckel war so gar nicht philosophischer Natur [...] Haeckel wußte überhaupt nichts vom wirklichen Geiste. Er sah in den Kräften der Natur schon Geist.»

2. *Welt- und Lebensanschauungen im neunzehnten Jahrhundert*

Fast gleichzeitig mit dem Aufsatz «Haeckel und seine Gegner» kamen die beiden Bände von Steiners Buch *Welt- und Lebensanschauungen im neunzehnten Jahrhundert* an die Öffentlichkeit.[4] Die Vorreden der beiden Bände sind auf Februar und Oktober 1900 datiert. Steiner betont in beiden Vorreden, scharf geprägte eigene Gedanken seien Voraussetzung für das Verstehen der Gedanken anderer. Der Verfasser nehme für sich in Anspruch, die in dem Werk behandelten Denker streng objektiv geschildert zu haben, so daß man gar nicht merken werde, wenn er selbst ganz anderer Auffassung sei. In einem Punkt allerdings teilte Steiner seine eigene Überzeugung unzweideutig und von vornherein mit: «Ich stehe mit meinen eigenen Anschauungen in vollem Einklange mit den Ergebnissen, zu denen der größte Naturforscher der Gegenwart, Ernst Haeckel, gelangt ist.» So eindeutig diese Aussage erscheint, es bleibt dennoch offen, was Steiner hier mit «Ergebnissen» meint, mit denen er sich im

Einklang befinden will. Sind tatsächliche Beobachtungen aus Haeckels Forschungsbetrieb gemeint oder sind theoretische Deutungen mit eingeschlossen?

Mit dem Darwinismus in der fortentwickelten Darstellung Haeckels befassen sich vor allem die ersten beiden Kapitel des zweiten Bandes von Steiners Werk: «Der Kampf um den Geist» und «Darwinismus und Weltanschauung». Der Inhalt der beiden Kapitel deckt sich – wie nicht anders zu erwarten – vollständig mit dem Inhalt des Aufsatzes «Haeckel und seine Gegner». Steiner zeigt eine deutliche Sympathie für die Überzeugungen der drei «Materialisten» Büchner, Moleschott und Vogt, deren Materialismus er durchaus nicht als (vulgär-)materialistisch empfindet: «Unter dem Einfluß des Christentums ist ein Begriff der Materie entstanden, der nicht mit Unrecht als ein ‹Schauermärchen› bezeichnet worden ist. Die Materie galt als das rohe, ja böse Prinzip, das für die edlere, geistige Natur des Menschen nur ein Hemmnis sei. Der Geist solle über dieses Prinzip siegen, wenn er sein Ziel erreichen wolle. Und die Materialisten faßten den Mut, diesen Geist aus der Materie selbst abzuleiten. Sie taten es als wahre, echte Idealisten, als kühne Kämpfer.»[5]

Haeckels Aufgriff und Weiterführung des Darwinismus wird von Steiner vorbehaltlos bejaht. Haeckel leite den Geist aus der Natur ab (wie die Materialisten), nicht – wie Hegel – die Natur aus dem Geist.

«Es darf deshalb von einer Umkehrung der Denkrichtung im Laufe des Jahrhunderts gesprochen werden. Innerhalb des deutschen Geisteslebens haben Strauß, Feuerbach u.a. diese Umkehrung eingeleitet; in dem Materialismus hat die neue Richtung einen vorläufigen, extremen, in der Gedankenwelt Haeckels einen streng methodisch-wissenschaftlichen Ausdruck gefunden.»

Polarisierend schreibt Steiner: «Die idealistischen Weltanschauungen bedürfen zu der Ableitung eines Dinges oder Vorganges Wesenheiten, die nicht innerhalb des Bereiches des Tatsächlichen gefunden werden.»

Der Text des Buches hat bei seiner Wiederauflage (1914) als *Rätsel der Philosophie* (Teil 2) starke Eingriffe erfahren. Wo Steiner nicht ganze Passagen gestrichen oder hinzugefügt hat, hat er den Wortlaut verändert, weil sich seine eigene Position gewandelt hat. Charakteristisch ist das folgende Beispiel: Aus dem Satz «Mit der darwinistischen Methode hat Haeckel die Theorie von der Herkunft des Menschen der Wissenschaft geschenkt» wird der Satz «Mit der darwinistischen Methode ist für Haeckel auch die Theorie von der Herkunft des Menschen der Wissenschaft geschenkt.»

In einem Ausblick am Ende des zweiten Bandes kommt Steiner unter Verweis auf seine *Philosophie der Freiheit* (1894) auf ein Grundanliegen seiner Weltbetrachtung um 1900 zu sprechen: «Das Wesen der Dinge kommt nicht aus ihnen, sondern ich füge es zu ihnen hinzu. Ich erschaffe eine Ideenwelt, die mir als das Wesen der Dinge gilt. Die Dinge erhalten durch mich ihr Wesen. Es ist also unmöglich, nach dem Wesen des Seins zu fragen. Im Erkennen der Ideen enthüllt sich mir gar nichts, was in den Dingen einen Bestand hat. Die Ideenwelt ist mein Erlebnis. Sie ist in keiner anderen Form vorhanden als in der von mir erlebten.»

Mit diesen Worten ist Steiners Ideenempirie in einer Form zum Ausdruck gebracht, die in ihrer Exaltiertheit auf Dauer keinen Bestand haben konnte. In Steiners Aussage an der angegebenen Stelle steckt ein verborgener Agnostizisus, der ihm noch 1897 völlig fremd war.[6]

Der Ausblick von 1901 wurde in der umgearbeiteten Fassung des Buches von 1914 ersetzt durch einen «Ausblick auf eine Anthroposophie», in welchem dann die Wege zur Initiation des philosophischen Denkens aufgezeigt werden.

3. Selbsterkenntnis und All-Ich

Das Buch *Die Mystik im Aufgange des neuzeitlichen Geisteslebens und ihr Verhältnis zu modernen Weltanschauungen* enthält auf etwas mehr als 130 Seiten eine längere «Einführung», sechs Kapitel über *zwölf* von Steiner der Mystik zugeordnete Persönlichkeiten, darunter ein Anonymus, und einen kurzen «Ausklang».

Die «Einführung» beginnt mit dem Wahrspruch des delphischen Apoll: «Erkenne dich selbst» – der nach dem Zeugnis des Plutarch die Antwort des Gottes ist auf die Anrufung des Menschen: «Du bist.»[7] Dem

Gruß des Seins antwortet also die Aufforderung zur Selbsterkenntnis. Steiner meint, wer den Sinn des delphischen Satzes richtig erfaßt, erlebe fühlend den Herzschlag der Menschheitsentwicklung. Er fühle sich mit jedem anderen Menschen intim, von dem er bemerke, daß er dasselbe Erlebnis gehabt habe.

Daß in der Selbsterkenntnis dem Menschen «eine Sonne aufgeht», sei unmittelbare Empfindung Spinozas und Fichtes gewesen. Grundlage ihres Innenlebens sei für tiefer Blickende, «daß wir bei aller anderen Art von Erkenntnis den Gegenstand außer uns haben, bei der Selbsterkenntnis innerhalb des Gegenstandes stehen, daß wir jeden anderen Gegenstand als fertigen, abgeschlossenen an uns herantreten sehen, in unserem Selbst jedoch als Tätige, Schaffende das selbst weben, was wir in uns beobachten».

Dieser Gedanke ist bereits in Steiners *Philosophie der Freiheit* veranlagt, dort wo von dem selbst hervorgebrachten reinen Denken die Rede ist. Im Buche über die Mystik schreitet Steiner nun aber zu Konsequenzen dieses Gedankens voran. In der Selbsterkenntnis sei nämlich ein neuer Sinn erschlossen, der seinen Gegenstand restlos in sich aufzunehmen in der Lage sei. Steiner schreibt: «Die Wahrnehmung seiner selbst [durch den neuen Sinn] ist also zugleich Erweckung seines Selbst!»

Die Erweckung des Selbst steigert zugleich die Erkenntnis des Wesens der Dinge: «Erwecke ich nun mein eigenes Selbst, nehme ich den Inhalt meines Innern wahr, dann erwecke ich auch zu einem höheren Dasein, was ich von außen in mein Wesen eingegliedert habe. Das Licht, das auf mich selbst fällt bei meiner Erweckung, fällt auch auf das, was ich von den Dingen der Welt mir angeeignet habe.»

Steiner weist hier auf eine erst zu erringende, gleichwohl allgemeinmenschliche Erfahrung, daß nämlich durch das Bewußtsein des selbsthaften Hervorbringens von Begriffen die innere Möglichkeit entsteht, den Dingen der Welt ihr eigenes Wesen denkerisch entgegenzuhalten. «Im Innern leuchtet ein Licht, das seine Leuchtkraft nicht nur auf dieses Innere beschränkt. Es ist eine Sonne, die zugleich alle Wirklichkeit beleuchtet.»

Gesucht wird nicht ein unbekanntes Ding-an-sich oder eine untersinnliche Korpuskular- oder Schwingungswelt, sondern die aus der Selbsterkenntnis heraus geborene Welterkenntnis.[8] Der Sinn des menschlichen

Erkennens orientiert sich neu. Demnach müßte der Wahrspruch des Apoll: «Erkenne dich selbst» eigentlich lauten: «Erkenne dein Selbst.» Diese Erfahrung, das selbsttätige Hervorbringen der individuellen Ideenwelt, macht die Umwendung des Erkennens erst möglich. «So lange ich die Erkenntnis nicht zu dieser Stufe erhebe, bleibt mir alles Wissen im höheren Sinne wertlos.» «Mit der Erweckung meines Selbst vollzieht sich eine geistige Wiedergeburt der Dinge der Welt. Was die Dinge in dieser Wiedergeburt zeigen, das ist ihnen vorher nicht eigen.» «Diese innere Erfahrung [...] ist eine allgemein-menschliche Eigenschaft. Jeder kann auf den Weg zu ihr gelangen, der sich nicht selbst vor ihr verschließt.» «Das Weltgeschehen stellt sich selbst sein geistiges Wesen gegenüber. Ewig wäre dieses Weltgeschehen nur eine Halbheit, wenn es zu dieser Gegenüberstellung nicht käme.»

Die geistige Erfahrung der Wiedergeburt der Dinge der Welt infolge innerer Selbst-Erweckung ist also nicht gegeben, sondern muß erst erarbeitet werden. Die niedere Art des Erkennens besteht daneben weiter.

Der Mensch lebt also ein Doppelleben, das Leben eines Dinges unter anderen Dingen und ein höheres Leben, welches Innen und Außen überspannt. «Ich werde also sagen müssen: Einmal bin ich Individuum, beschränktes Ich; das andere Mal bin ich allgemeines, universelles Ich.» An dieser Stelle greift Steiner nochmals zurück auf eine Spinoza-Stelle aus der *Ethik,* dort, wo der Autor über die intuitive Erkenntnisart spricht, und kommt zu dem Ergebnis: «Wer die Dinge in solcher Art erkennt, der verwandelt sich in sich selbst; denn sein einzelnes Ich wird in solchen Augenblicken aufgesogen von dem All-Ich.»

Was ist das All-Ich? Es ist, wie sich insbesondere aus dem Aufsatz Steiners über «Haeckel und seine Gegner» ergibt, nicht eine Bezeichnung für die von Steiner abgelehnte allgemeine Weltvernunft. Es handelt sich vielmehr um einen Worthinweis auf die im denkenden selbstbewußten Ich auftauchende transpersonale Einheit der Ideenwelt. Das auf die Ebene der Selbst-Erkenntnis gelangte denkende Ich hat Anteil an der ideellen Totalität, in welche es sich rhythmisch eingliedert und ausgliedert. Das All-Ich erscheint daher zunächst als philosophische Konstruktion, als Chiffre für die denkerische Übereinstimmung individueller Ideenwelten.

Steiner bietet die Bhagavad Gita, Spinoza und Goethe auf, um das Verhältnis von besonderer und allgemeiner Wahrheit zu erläutern.

Dann heißt es zusammenfassend: «Das Verständnis für die Aufhebung des Individuellen, des einzelnen Ich zum All-Ich in der Persönlichkeit betrachten tiefere Naturen als das im Innern des Menschen sich offenbarende Geheimnis, als das Ur-Mysterium des Lebens. Auch dafür hat Goethe einen treffenden Ausdruck gefunden: ‹Und so lang du das nicht hast, dieses: Stirb und Werde! bist du nur ein trüber Gast auf der dunklen Erde.›» Nenne man das Höchste, das dem Menschen erreichbar ist, das Göttliche, so müsse dieses Göttliche im Menschen erweckt werden, es sei nicht in einem Äußeren vorhanden. Steiner will also keinesfalls eine neue Metaphysik begründen, er befindet sich vollständig im Bereiche der Selbstbeobachtung.

Exkurs

Für die islamische Mystik ist die Flamme das Sinnbild des göttlichen Lichtes nach dem Lichtvers des Koran (Sura 24,1): «Gott ist das Licht des Himmels und der Erde.» Sinnentsprechend schreibt Goethe im *West-östlichen Diwan* («Buch des Parsen»): «Werdet ihr in jeder Lampe brennen, fromm den Abglanz höheren Lichts erkennen, soll euch nie ein Mißgeschick verwehren, Gottes Thron am Morgen zu verehren.» Natürlich ist bei Goethe nicht von irgendeiner Askese die Rede, noch weniger vom physischen Ende des Menschen in der Flamme. Deshalb findet man schließlich im *Diwan* die «Selige Sehnsucht»:

Sagt es niemand, nur den Weisen
Weil die Menge gleich verhöhnet:
Das Lebendge will ich preisen
Das nach Flammentod sich sehnet.

In der Liebesnächte Kühlung
Die dich zeugte, wo du zeugtest,
Überfällt dich fremde Fühlung
Wenn die stille Kerze leuchtet.

Nicht mehr bleibest du umfangen
In der Finsternis Beschattung,
Und dich reißet neu Verlangen
Auf zu höherer Begattung.

Keine Ferne macht dich schwierig
Kommst geflogen und gebannt,
Und zuletzt, des Lichts begierig,
Bist du Schmetterling, verbrannt.

Und so lang du das nicht hast,
Dieses: Stirb und Werde!
Bist du nur ein trüber Gast
Auf der dunklen Erde.

Der schöpferische Mensch läßt immer wieder das Erreichte hinter sich zurück und rafft sich auf zu dem, was Goethe höhere Begattung nennt. Das ist die heilige Hoffnung auf das Verbrennen des immer wieder nur Gewordenen und auf den Eintritt in ein neues Werden, welches noch die Fülle des Möglichen in sich trägt. Goethe erlebte diese Neugeburt des Lebens selbst in der Diwan-Epoche. Mit der inneren Wiedergeburt tritt der Mensch auch in ein neues Verhältnis zur Natur. Deshalb kann Goethe im «Buche des Schenken» schließlich sagen: «So hab ich endlich von dir erharrt: In allen Elementen Gottes Gegenwart.»

4. Freiheit und geistige Wiedergeburt

Daß Steiner das «Stirb und Werde» in den Zusammenhang des göttlichen Rufes zur Selbst-Erkenntnis bringt, zeigt die Tiefe des Mysteriums der Aufhebung des individuellen Ich zum All-Ich in der Persönlichkeit. Es ist klar, daß sich aus dieser Art der Selbst-Erkenntnis, die zugleich Selbst-Erweckung ist, Konsequenzen für das *Handeln* ergeben müssen. Auf den letzten Seiten der Einführung zum Mystik-Buch kommt Steiner als Autor der *Philosophie der Freiheit* daher auf die Freiheitsfrage zu sprechen und gelangt zu folgenden Aussagen:

«Nur das in jedem Teile von Selbstbeobachtung durchglühte Handeln ist ein freies. Und weil die Selbstbeobachtung das individuelle Ich hinaufhebt zum allgemeinen Ich, so ist das freie Handeln das aus dem All-Ich fließende ...»

«Unfrei ist das Handeln, das der Mensch als Individuum vollbringt, frei dasjenige, das er nach seiner geistigen Wiedergeburt vollzieht.» «Mit dem freien Handeln löst der Mensch einen Widerspruch zwischen der Welt und sich. Seine eigenen Taten werden Taten des allgemeinen Seins. Er empfindet sich in vollem Einklange mit diesem allgemeinen Sein.» «Der Mensch wäre nicht Mensch, wenn er nicht abgeschlossen wäre als Ich von allem anderen; aber er wäre auch nicht im höchsten Sinne Mensch, wenn er nicht als solch abgeschlossenes Ich aus sich heraus wieder sich zum All-Ich erweiterte.»

Die Idee der Freiheit liegt nach diesen Worten der Gedanke einer geistigen Wiedergeburt zugrunde. War dies Steiner 1894 beim Erscheinen der *Philosophie der Freiheit* bereits bewußt? Es handelt sich um eine geistige Wiedergeburt während des Erdenlebens, nicht um wiederholte Erdenleben.

Die Idee der Freiheit hat in Steiners Ideenwelt zwischen 1894 und 1901, also innerhalb eines Jahrsiebts, einen initiatorischen Charakter angenommen. Allerdings verweist der Ausdruck «geistige Wiedergeburt» den Leser nicht auf einen okkulten Einweihungsweg im engeren Sinne, sondern auf den Gedanken einer Lebenseinweihung. Die Suche nach Freiheit und Befreiung und die dann mögliche Erfahrung der Freiheit im Handeln läßt den Menschen in seiner seelisch-geistigen Existenz nicht unverändert. Der zum Bewußtsein der Freiheit – und sei es nur eines Freiheitsanteils im Handeln – Erwachte sieht sich in einer verwandelten Position gegenüber dem sinnlich-geistigen Weltgeschehen. Erst nach dem 1897 einsetzenden Seelenumschwung charakterisierte Rudolf Steiner diesen Vorgang als geistige Wiedergeburt des Menschen.

Während in dem durch Selbst-Erkenntnis gesteigerten Welterkennen die Dinge ihre geistige Wiedergeburt erfahren, ist es im Handeln der Mensch selbst, der sich als Wiedergeborener erfahren kann. Im freien, intuitionsgetragenen Handeln wählt der Mensch angesichts der Situation die richtige Lösung aus der Fülle der Ideenkeime aus. Insofern fließt die freie Tat nicht aus dem vorhandenen und begrenzten Ideenvorrat des Individuums, sondern aus dem All-Ich.

5. Sechs Annäherungen an das All-Ich

Wie läßt sich das All-Ich näher verstehen? Hinweise enthalten die sechs auf die Einführung folgenden Kapitel und der Ausklang des Buches über die Mystik.

Kapitel 2: «Gottesfreundschaft»

Steiner führt aus, der Mensch sei fähig, «sich auf eine höhere Warte zu stellen und zugleich die Außenwelt und sich selbst» im Zusammenhang zu überschauen: «In mir lebt nunmehr die Empfindung, daß in meiner Seele das Allwesen spricht, das mich und alle Welt umfaßt.» Der Ausdruck «Allwesen» kommt in dem Abschnitt über Tauler siebzehnmal vor, später alternierend mit «All-Leben» und «All-Ich». Das Allwesen sieht Steiner nicht als etwas Fertiges, sondern als ein selbst in Entwicklung Befindliches. Er schreibt: «Die Erkenntnis kann nicht aus einem fertigen Gott die Welt ableiten; sie kann nur aus einem Keime sich in der Richtung nach einem Gott entwickeln.» Eine Identifikation des Allwesens mit dem Gott des Christentums ist nirgends erkennbar.

Über die Weltbedeutung der Selbst-Erkenntnis heißt es: «Es gibt keine wichtigere Erkenntnis als die Selbsterkenntnis; und es gibt zugleich keine, die so vollkommen über sich selbst hinausführt. Wenn das ‹Ich› sich recht erkennt, so ist es schon kein ‹Ich› mehr.»

Kapitel 3: Nikolaus von Kues

Das «gelehrte Nicht-Wissen», von dem Nikolaus von Kues spricht, sei nichts anderes als das als inneres Erlebnis wiedergeborene Wissen. Der

Mensch sei der höheren Erfahrung fähig, «daß er die Form ist, in der sich das All-Wesen anschaut. Dann verwandelt er sich selbst zu einer Form des All-Wesens ...»

Kapitel 4: Paracelsus

Steiner kritisiert die Auffassung des Paracelsus, daß das «göttliche Wort» aus der Urmaterie die Vielheit der Wesen hervorgerufen habe. «Ein ‹Geist› im tatsächlichen Sinne ist auf dieser Stufe noch nicht vorhanden. Dieser ‹Geist› ist kein tatsächlicher Grund des Naturprozesses, sondern ein tatsächliches Ergebnis dieses Prozesses.» Der Geist könne sich in sich versenken, «wo er allein zu finden ist, im Innern des Menschen». Insofern habe Paracelsus richtig gesehen: «Er sah in dem Urwesen der Welt nicht etwas, was als Abgeschlossenes irgendwie vorhanden ist, sondern er erfaßte das Göttliche im Werden.» «Ist das göttliche Urwesen ein für allemal vorhanden, so kann von einem wahren Schaffen des Menschen nicht die Rede sein.»

Kapitel 5: Jacob Böhme

Steiner meint, «ein Jacob Böhme des 19. Jahrhunderts» würde mit seiner Vorstellungsart Lyells geologische Erkenntnisse und die Tatsachen der natürlichen Schöpfungsgeschichte im Sinne Ernst Haeckels durchdringen anstatt die Bücher der Bibel.

Kapitel 6: Angelus Silesius

Nach einer Wiedergabe von Sinnsprüchen referiert Steiner den Angelus Silesius in folgender Art:

«Das natürliche All erscheint ihm unmittelbar als der göttliche Geist. Der Gedanke an einen göttlichen Allgeist, der noch über und neben den Dingen der Welt Sein und Bestand haben könnte, schwindet als eine überwundene Vorstellung dahin. Dieser Allgeist erscheint so mit den Dingen wesenseins geworden, daß er nicht mehr gedacht werden könnte, wenn aus seinem Wesen nur ein einziges Glied weggedacht werden würde.»

Hier erscheint der «Allgeist» einerseits als der Gott des Deismus, dessen Tätigkeit sich in der Schaffung der Anfangsbedingungen des Naturprozesses erschöpfte. Daß dieser Allgeist in die Dinge ausgeflossen ist, schafft aber andererseits eine Nähe zum Pantheismus. Dies ergibt die

Möglichkeit der Aussage Steiners: «Wenn aber alles Äußere eingeflossen ist in das Innere, [...] dann fühlt der Mensch alles, was ihn treibt, nur als seinen eigenen Trieb.» Diese Aussage steht in Übereinstimmung mit Steiners Aussage von 1886 in dem Buche *Grundlinien einer Erkenntnistheorie der Goetheschen Weltanschauung* (GA 2): «Hat [...] der Weltengrund Ziele, so sind sie identisch mit den Zielen, die sich der Mensch setzt, indem er sich darlebt.»

Im «*Ausklang*» des Buches läßt Steiner seiner damaligen Neigung zu einer darwinistischen Anthropologie freien Lauf. Die Mystiker bis zu Angelus Silesius herauf hätten noch an eine «übernatürliche» Schöpfungsgeschichte geglaubt. Im 19. Jahrhundert habe aber die Frage nach dem Ursprunge des Menschen eine natürliche Antwort erfahren. Die Mystiker würden bei Betrachtung der modernen Naturwissenschaft die «tiefste Befriedigung» finden. Sie würden zugeben, daß «ein tatsächlich existierender Geist» nur im Menschen zu finden ist. Sie würden auch zugeben, daß der wahrnehmbare Geist ein Entwicklungsergebnis ist und daß auf den unteren Stufen der Entwicklung ein solcher Geist nicht gesucht werden darf.

«Ich selbst stehe völlig auf dem Boden dieser Naturwissenschaft.» Auf diesen Satz folgen weitere acht Sätze, die alle mit «Ich» beginnen, alle von einer erstaunlichen Aggressivität. Zuletzt heißt es als eine Art Selbstbekenntnis Steiners:

«Ich suche keinen Gottesgeist in der Natur, weil ich das Wesen des Menschengeistes in mir zu vernehmen glaube. Zu meinen Tier-Ahnen bekenne ich mich ruhig, weil ich zu erkennen glaube, daß dort, wo diese Tier-Ahnen ihren Ursprung haben, kein seelenartiger Geist wirken kann. Ich kann Haeckel nur zustimmen, wenn er einer Unsterblichkeit, wie sie manche Religion lehrt, die ewige Ruhe des Grabes vorzieht. Denn ich finde eine Herabwürdigung des Geistes, eine widerwärtige Sünde wider den Geist in der Vorstellung einer nach Art eines sinnlichen Wesens fortdauernden Seele.»

Als Steiner das Mystikbuch 1924 neu herausbrachte, hielt er an dieser Stelle einen «Zusatz» für erforderlich: «Was über die Entwicklungsgeschichte zu sagen ist, wolle man in meinem Buche *Erkenntnistheorie der Goetheschen Weltanschauung* (Vorwort zur Neuauflage) nachlesen.» An der angegebenen Stelle vom November 1923 heißt es: «Die Entwicklung der Welt ist dann so zu verstehen, daß das vorangehende Ungeistige, aus dem sich später die Geistigkeit des Menschen entfaltet, neben und außer sich ein Geistiges hat. Die spätere durchgeistigte Sinnlichkeit, in der der Mensch erscheint, tritt dann dadurch auf, daß sich der Geistesvorfahre des Menschen mit den unvollkommenen ungeistigen Formen vereint und, diese umbildend, dann in sinnenfälliger Form auftritt.»

Damit hat Steiner dreiundzwanzig Jahre nach der Erstauflage eine durchgreifende Korrektur von Kernaussagen seines Buches vollzogen. Eine der Grundannahmen, die Geltung der darwinistischen Evolutionslehre, war hinfällig geworden.

6. Anfangsbedingungen des Geistes

Die Korrektur von 1924, die allerdings nicht in das Buch über die Mystik selbst Eingang gefunden hat, bedeutet nicht nur ein Abrücken von den Ideen des Darwinismus, sondern enthält auch die Überwindung des Pantheismus. Die Korrektur definiert einen anthroposophischen *Panentheismus* gemäß dem Satz: «Die Welt ist Gottes, aber Gott ist nicht die Welt.» Die Analyse des Buches in der Fassung von 1901 zeigt, daß der darin enthaltene *Geistbegriff* inkonsistent ist:

- Der Geist – und zwar nicht nur der objektive Geist der Kultur – soll Entwicklungsprodukt sein, aber das Problem der Anfangsbedingungen ist nicht gelöst. In welcher Form soll der Geist am Anfang der Entwicklung existiert haben und wie kam es überhaupt zu diesem Anfang?
- Der Geist soll untrennbar mit den Naturwesen verbunden sein, als Naturkraft oder Lebensenergie. Wie soll sich aus naturgesetzlichen physikalischen und chemischen Wirkungen das menschliche Bewußtsein und mit ihm die moralische Welt entwickelt haben?

Steiner hatte zwar wiederholt und heftig den profiliertesten Verfechter absoluter Erkenntnisgrenzen, Emil Du Bois-Reymond, angegriffen, konnte aber die von Du Bois-Reymond namhaft gemachten Rätsel der Materie und des Bewußtseins selbst nicht zufriedenstellend lösen.

Ergänzend heranzuziehen sind die bereits teilweise zitierten Ausführungen Steiners über die menschliche Freiheit in dem Buche *Grundlinien einer Erkenntnistheorie der Goetheschen Weltanschauung* von 1886:[9]

«Der Mensch läßt sich nicht von einer äußeren Macht Gesetze geben, er ist sein eigener Gesetzgeber. Wer sollte sie ihm, nach unserer Weltansicht, auch geben? Der Weltengrund hat sich in die Welt vollständig ausgegossen; er hat sich nicht von der Welt zurückgezogen, um sie von außen zu lenken, er treibt sie von innen; er hat sich ihr nicht vorenthalten. Die höchste Form, in der er innerhalb der Wirklichkeit des gewöhnlichen Lebens auftritt, ist das Denken und mit demselben die menschliche Persönlichkeit.»

Wenn der Weltenlenker die Welt von innen treibt, so ist er als immanente Wirkursache jedenfalls vorhanden. Dies widerspricht der Annahme vom Geist als Entwicklungsprodukt. Ein Entwicklungsergebnis als Funktion des Zentralnervensystems kann nicht zugleich die eigene Entwicklung von innen antreiben.

Hinsichtlich des Handelns spricht Steiner 1886, wie weiter oben bereits zitiert, von einer Identität der Ziele des Menschen und des «Weltengrundes». Würde eine solche Identität bestehen, so würde dem Weltengrund die Verantwortung für alle Absurditäten und Bösartigkeiten menschlichen Denkens und Handelns aufgebürdet werden und man stünde vor einem kaum lösbaren Theodizee-Problem.

7. Erweiterung der Ideenwelt

Es gibt keine Mitschrift von Steiners Vorträgen über die Mystik, die er im Herbst 1900 begann und im Frühjahr 1901 abschloß. Wir haben uns daher allein an den Text des Buches zu halten, das Steiner in wenigen Monaten des Jahres 1901 fertigstellte. Ein Vergleich mit der langen Inkubationszeit der *Philosophie der Freiheit* bestätigt, daß man es in der Tat bei dem Mystikbuch mit einer Weiterführung oder Umformung der Ideenwelt der Freiheitsphilosophie zu tun hat, nämlich – wie Steiner im Vorwort von 1901 schreibt – mit dem Ergebnis des «Genossenhabens» dieser Ideenwelt.

Am Ende von Steiners Weimarer Zeit, 1897, erfuhr diese Ideenwelt eine Erweiterung in den Bereich der «subjektiven Erlebnisse» hinein und damit in die Nähe des Kunstempfindens. Der Seelenumschwung, von dem Steiner erst 1924 in seinem *Lebensgang* berichtete, hatte bereits eingesetzt und an dem Buche *Goethes Weltanschauung* seine Wirkungen getan.

Noch weiter zurück, 1886, sind in den *Grundlinien einer Erkenntnistheorie der Goetheschen Weltanschauung* charakteristische Merkmale von Steiners Ideenwelt dargestellt, die dann acht Jahre später, 1894, entsprechend systematisiert und ausgeformt in der Freiheitsphilosophie ihren Ort fanden:

- Nähe zur naturwissenschaftlichen Methodologie in Forschung und Theorienbildung, besonders im Bereiche der Organik;
- Kritik am Dualismus als Zweiweltentheorie, besonders in Form der Jenseitsorientierung des Christentums;
- Ablehnung prinzipieller Erkenntnisgrenzen.

Diese Eigentümlichkeiten von Steiners Ideenwelt intensivierten sich bis zur Jahrhundertwende. Steiners Ton wird polemisch, er pointiert immer schärfer. Die Begegnung mit Ernst Haeckel führt dazu, daß Steiner für die Selektionstheorie Darwins eintritt, in ihrer Anwendung auf den Menschen, ohne sie in ihrer Entstehung zu hinterfragen und ohne Rücksicht auf den bereits deutlich sich anbahnenden Sozialdarwinismus. Das Geistesleben wird als Entwicklungsprodukt gesehen. 1894 begann die Annäherung an den Darwinismus im 13. Kapitel der *Philosophie der Freiheit,* die anthropologischen Konsequenzen kamen aber nicht zur Darstellung. Der Aufsatz «Haeckel und seine Gegner» verdeutlichte dann 1900 die bei Steiner eingetretene vollständige Bejahung des Darwinismus.

Mit dieser Grundorientierung ging Steiner an das Thema der Mystik heran. Der Text des Buches von 1901 zeigt, daß Steiner innerhalb des Milieus der Mystik seine Identifikation mit dem Darwinismus in Haeckelscher Form bestätigte und sogar noch erweiterte, indem er den Darwinismus zum Maßstab der Beurteilung der Mystiker des 13. bis 17.

Jahrhunderts heranzog. Seine Kritik an dem von ihm angenommenen christlichen Dualismus hielt er aufrecht.

Steiner hatte in jener Zeit bereits eine nicht näher bestimmbare Summe von übersinnlichen Impressionen, die er aber nicht im Zusammenhang darzustellen vermochte, jedenfalls nicht in begrifflicher Form. Er suchte nach Wegen der Darstellung seiner Erfahrungen in einer zeitgemäßen wissenschaftlichen Form. Als Steiner ein theosophisches Auditorium fand, glaubte er, sich der Ausdrucksform der Mystik bedienen zu sollen, um aber nun nicht etwa unzusammenhängende übersinnliche Eindrücke mitteilen zu können, sondern um die fortschreitende Vertiefung seiner intuitiven Ideenwelt zu zeigen.

Wer das Buch über die Mystik studiert, wird kaum Informationen über die behandelten Mystiker erhalten. Die Auswahl der Vertreter der europäischen Mystik ist einseitig. So fehlt zum Beispiel die gesamte Frauenmystik, es fehlen weitere, signifikante Vertreter der christlichen Ordensmystik, und es fehlt die gesamte ekstatische (dionysische) Mystik, von der Mystik der Ostkirche, des Judentums und des Islam gar nicht zu reden. Die in dem Buche behandelten Mystiker werden dafür kritisiert, daß sie die Grundwahrheiten des Christentums vertraten, also eine spezifisch christliche Mystik ausbildeten.

Das Thema des Buches über die Mystik ist Steiners eigene Ideenwelt. Die vorangegangenen Bücher *Die Philosophie der Freiheit* und *Goethes Weltanschauung* waren geistig weit offen, wenngleich sich eine Verengung bereits ankündigte. Das Mystikbuch führt in eine Paradoxie hinein. Steiner versucht, das sinnlichkeitsfreie intuitive Denken, welches sich allmählich in den ganzen Menschen hinein erstreckt, seine okkulten Anschauungen und den Darwinismus zusammenzubringen. In Steiners Seele rang die Geisterfahrung mit der Neigung zur zeitgenössischen Naturwissenschaft. Der Darwinismus ist aber falsch, wie Steiner bereits wenige Jahre später erkannte, deshalb konnte das Experiment des Mystikbuches nicht gelingen. Die Erweiterung der Ideenwelt der *Philosophie der Freiheit* in der Zeit zwischen 1894 und 1901 ist andererseits nicht theoretisch, sondern eine Erfahrung. Insofern ist das Mystikbuch autobiographisch. Im ideellen Mittelpunkt von Steiners Darstellung liegt eine doppelte Umwendung:

- Vom «Ich denke» zum «das All-Ich denkt in mir» und
- vom «Ich handele» zum «das All-Ich handelt in mir».

Was ist also nun das All-Ich? In der «Einführung» heißt es: «Unser eigenes beschränktes Individuum stellt sich geistig in den großen Weltzusammenhang hinein, weil in ihm etwas auflebt, was übergreifend ist über dieses Individuum, was alles das mitumfaßt, dessen Glied dieses Individuum ist.» Und im Aufstieg zur wahren Selbst-Erkenntnis gilt: «Das Weltgeschehen stellt sich selbst sein geistiges Wesen gegenüber.»

Dieses übergreifende Wesen, das – nach Steiners Ausdrucksweise - «allgemeine, universelle Ich» wird in einem Zitat von Paul Asmus als «die Allen gemeinsame Ichheit» bezeichnet.

Das universelle Ich ist die philosophische Idee des Sich-Öffnens des Gedankeninhalts in die Totalität der Ideenwelt hinein. Da der Gedankeninhalt im intuitiven Falle vollständig vom Ich durchzogen ist, ist auch die Empfindung der Totalität ichhaft. Deshalb spricht Steiner von der *Aufhebung* des einzelnen Ich zum All-Ich in der Persönlichkeit. Sehr bewußt gebraucht Steiner den idealistischen Ausdruck «Aufhebung». Die Vielheit wird zur Einheit «aufgehoben». Die Aufhebung des Individuellen in diese Einheit ohne Verlust der Besonderheit, aber durch deren Verwandlung, ist das All-Ich. Das ist das Mysterium des Lebens. Der Ideenraum beginnt durchlässig zu werden für die dahinter liegende eigentliche geistige Welt, in welcher das vom All-Ich erfüllte individuelle Ich leben kann.

Steiner ist weit davon entfernt, dem All-Ich den Charakter einer geistigen Wesenheit zuzusprechen und damit dem Dualismus ein Tor zu öffnen. Das terminologisch unsichere All-Ich bleibt zunächst eine philosophische Chiffre für die gekennzeichnete ideelle Erfahrung.

Das Buch über die Mystik bedeutet für die Ideenwelt der *Philosophie der Freiheit* eine ideologiebedingte Verengung durch die Identifizierung des Autors mit dem Darwinismus und durch die anhaltende Religionskritik, gleichzeitig aber eine tastende Erweiterung in das Reich des wirklichen All-Ich hinein, durch die Dynamik der sich immer mehr erweiternden geistigen Impressionen Steiners, aber noch mehr durch die Dynamik des All-Ich selbst.

Schon das Ich des Alltags sammelt Erfahrungen, die es über sich selbst in einen höheren Sinnbereich hinaustreiben möchte. Das Reich des All-Ich ist ja nicht weit entfernt, ja es ist dem Menschen näher als seine Halsschlagader.

Die Ideenwelt Rudolf Steiners kam mit dem Mystikbuch einem kritischen Punkt immer näher. Steiner befand sich 1901 auf dem Wege, seine eigene Geistesschau vor dem durch das Tor der Selbst-Erkenntnis gegangenen Denken – das heißt vor Apollon – wirklich zu rechtfertigen. Der kritische Punkt würde erreicht sein, wenn das All-Ich sich über das Mystikbuch hinaus selbst zu berichtigen beginnen würde.

Der Weg zur wahren Weltvernunft ist nicht so einlinig, wie viele es gerne möchten. Mancher Lehrer und Mahner der Menschheit sträubte sich zunächst aufgrund seiner eigenen Voraussetzungen gegen seine Berufung. Nach Acta 9,15 brachte zum Beispiel der fromme Hananias zu Damaskus Bedenken vor gegen den geistigen Auftrag, sich um den gestürzten und erblindeten Saulus zu kümmern. Aber es sprach zu ihm der Herr: «Geh, weil mir dieser ein Werkzeug der Erwählung ist, zu tragen meinen Namen vor Völker und Könige und vor die Söhne Israels, denn ich werde ihm zeigen, wieviel er für meinen Namen leiden muß.» Heutigentags bedarf es nicht mehr unbedingt eines Hananias – die direkte Erwählung ist immer noch möglich.

Anmerkungen

1 Christoph Lindenberg, *Rudolf Steiner, eine Biographie*, Stuttgart 1997, Band 1, S. 314.

2 Rudolf Steiner, *Mein Lebensgang*, GA 28, Kap. XXII, XXIII.

3 Wieder abgedruckt in Rudolf Steiner, *Methodische Grundlagen der Anthroposophie*, GA 30, S. 152 ff.

4 Der Text der Erstauflage von 1900 bzw. 1901 ist in der Gesamtausgabe nicht enthalten. GA 18, *Die Rätsel der Philosophie* enthält den geänderten und erweiterten Text von 1914.

5 Die Beziehung Steiners zu Haeckel wurde erörtert in Johannes Hemleben, *Rudolf Steiner und Ernst Haeckel*, Stuttgart 1965. Zum Materiebegriff: Ernst Bloch, *Das Materialismusproblem, seine Geschichte und Substanz*, Frankfurt a.M. 1972, Anhang: «Avicenna und die Aristotelische Linke».

6 Vgl. Rudolf Steiner, *Goethes naturwissenschaftliche Schriften*, GA 1,

Kap. XVIII: «Die menschliche Innenwelt ist das Innere der Natur [...] Allein in den Ideen sprechen die Dinge selbst.»

7 Plutarch, *Über Gott und Vorsehung, Dämonen und Weissagung*, Zürich 1952, Kap. «Über das E in Delphi».

8 Letztere tritt allerdings zunächst nicht als unerwartetes Erleuchtungserlebnis auf, sondern als der Gefühlseindruck der inneren Einheit der Triebkräfte der Natur mit dem Denkwillen in der Seele.

9 GA 2, Abschnitt F 19.

Das Christentum als mystische Tatsache

XII. Die Philosophie und der Sohnes-Gott

Lorenzo Ravagli

Steiners Buch *Die Mystik im Aufgange des neuzeitlichen Geisteslebens und ihr Verhältnis zu modernen Weltanschauungen* endet mit einem Angelus-Silesius-Zitat: «Freund es ist auch genug. Im Fall du mehr willst lesen, so geh und werde selbst die Schrift und selbst das Wesen.»[1] Was Steiner hier von seinen Lesern forderte, das hat er selbst gelebt. Davon legt sein ein Jahr darauf erschienenes Werk über das Christentum als «mystische Tatsache» Zeugnis ab.

Steiner spricht hier eine gänzlich andere Sprache als in den philosophischen oder geistesgeschichtlichen Werken vor der Jahrhundertwende. Was sich bereits in der *Mystik* angekündigt hatte, ist im *Christentum als mystische Tatsache* Wirklichkeit geworden: die Wandlung des Menschen Rudolf Steiner durch innere Erfahrung. Wenn man nicht davon ausgeht, daß Steiner in diesem Werk lediglich eine Pose eingenommen habe – und warum sollte man davon ausgehen? –, wenn man seinen Text als authentischen Bericht eines Autors über seine Erkenntnis-Entwicklung liest, dann wird man nicht umhin können, zu erkennen, daß dieses Buch aus einer inneren Erfahrung geschrieben ist, die über alles hinausgeht, was Steiner bisher geschrieben hatte. Die Sprache des Buches zeugt von Authentizität, sie spricht in schlichten, aber gewaltigen Sätzen von inneren Erlebnissen, in denen der Gedanke durchsichtig wird für die Realität des Geistes.

Wenn auch in den Werken vor der Jahrhundertwende der Gedanke des Göttlichen vorkommt, wenn Steiner, wie wir gesehen haben, sich mit verschiedensten philosophischen und theologischen Ideen über das Verhältnis von Gott, Mensch und Welt auseinandergesetzt und auch bestimmte philosophisch-theologische Positionen eingenommen hat, denen die Ablehnung transzendentalistischer Vorstellungen gemeinsam war, so spricht Steiner nunmehr nicht bloß *über* die Idee oder den Begriff des Göttlichen, sondern der Begriff, die Idee ist für das Real-Geistige durchsichtig geworden: er spricht jetzt offensichtlich *aus* einer *Erfahrung des Göttlichen.* Steiner hat seine *Gedankenanschauung*, sein *Erleben* des Denkens und der Gedankeninhalte, auf dem Wege der philosophischen Meditation offenbar so weit vertieft, daß sich für ihn durch den Gedanken der geistige Gehalt auszusprechen beginnt, der sich im Gedanken zwar ankündigt, aber nur wie in einem Bilde.

Der Übergang vom *Bildcharakter* des Gedankens zum *Leben* des Gedankens, zum *Erleben des Gedankens als Wesen* scheint in Steiners Schrift über das Christentum dokumentiert. Das Erkennen ist in einem viel umfassenderen Sinn als bisher zur inneren Erfahrung geworden, die Einsichten und Interpretationen, die Steiner in seinem Werk vorbringt, sind Berichte von einer inneren Wandlung, die nicht bloß das Gedankenleben, sondern den ganzen Menschen betrifft.

Das Christentum als mystische Tatsache versteht man nur richtig, wenn man es als Erfahrungsbericht liest. Steiner hat mit diesem Werk einen Durchbruch zu einer neuen Sicht der Wirklichkeit bezeugt, die mit einer imposanten Zuwendung zur Religionsphilosophie verbunden ist, einer Religionsphilosophie, die aber nicht allein das Ergebnis historischer und philosophischer Studien ist, sondern das Ergebnis innerer, mystischer Erfahrung. Steiner dringt zu einer revolutionären Interpretation des Christentums vor, die sich radikal von allen zeitgenössischen Theorien unterscheidet. *In gewisser Weise kann man Steiners Buch als das Schlüsselwerk zum Verständnis der gesamten Anthroposophie bezeichnen.*

Durch die historische und quellenkritische Arbeit der Aufklärung wurde das Christentum enthistorisiert. Es verflüchtigte sich in den Mythos. Es wurde naturalistisch zur Projektion menschlicher Sehnsüchte bei Feuerbach, es wurde zur unbewußten Dichtung der Volksseele bei Drews. Steiner griff dieses mythisierte Christentum auf und deutete den Mythos als Versinnbildlichung von Seelenvorgängen. Indem er den Mythos von der Sohnesgeburt als Ausdruck für die reale Geburt des Geistes in der Seele des Menschen verstand, konnte er begreifen, wie in seiner eigenen Seele der Geist Gestalt annahm. Durch das Erleben der Geistgeburt vermochte er den Mythos von der Geburt des Gottessohnes als Schilderung einer geistigen Geburt zu deuten. Der Ursprung des Mythos mußte in einer solchen Erfahrung liegen, die historisch stattgefunden hatte. Das einzigartige an Jesus war für Steiner 1902 nicht, daß dieser die

Erfahrung der Geistgeburt durchlebte, sondern daß er diese Erfahrung öffentlich verkündete. Jesus, der den Logos, das ewige Wort in sich leben wußte, der zum Christus, zum Gesalbten durch den Geist geworden war, mußte die selbe mystische Erfahrung durchlaufen haben, wie andere Mysterienschüler in den griechischen oder orientalischen Mysterien auch: die selbe Erfahrung, die offenbar auch Steiner – zumindest bis zu einem gewissen Grad – durchlaufen hatte. Aber daß er dieses Mysterium von der Geburt des Geistes in der Seele öffentlich verkündete und es zu einer allgemein-menschlichen Erfahrung erklärte, war das Revolutionäre. Jesus war der erste Initiierte, der das Geheimnis der Mysterien öffentlich verkündete. Mysterienverrat war mit dem Tode bedroht. Die öffentliche Verkündigung war der tiefere Grund für die Kreuzigung Christi.

Durch die Rekapitulation der christlichen Ursprungserfahrung fand Steiner zu Verständnis und Bewertung der historischen Realität des Christentums. Gegenüber der mystischen Christuserfahrung, die er erlebte, waren die zeitgenössischen Bekenntnisse Volksreligionen, die auf einer ähnlichen Entwicklungsstufe standen, wie der mythische Volksglaube der griechischen Religionen gegenüber der damaligen Mysterienweisheit.

Spätestens seit 1887 (nach der Abfassung der *Grundlinien*) nahm Steiner das Wissen seiner Zeit in sich auf, nachdem er das Wissen seiner Vorzeit zwischen 1881 und 1886 (von den *Einleitungen zu Goethes naturwissenschaftlichen Schriften* bis zu den *Grundlinien*) in sich aufgenommen hatte. Den Übergang zur Auseinandersetzung mit der nachgoetheschen Gegenwart dokumentierte er durch sein Werk *Wahrheit und Wissenschaft*. Aber er nahm das Wissen nicht nur in sich auf, er verarbeitete es und spiegelte es wieder zurück. Indem er die Weltanschauungen, die «Menschen-Weisheit» durchlebte, emanzipierte er sich von ihnen und erhob sich auf einen höheren Standpunkt gegenüber den einzelnen Weltanschauungen. Er vertiefte sich in den Materialismus, in die darwinistischen, pessimistischen, sozialistischen und spirituellen Zeitströmungen. Seine Werke über Nietzsche (1895) und Goethe (1897) vom Ende der 90er Jahre markieren eine bedeutsame Krise in seiner geistigen Entwicklung. Sein Leben mit den Ideen hatte eine Form und Qualität angenommen, daß sich alles vorherige Ideenleben als bloßes Leben in Bildern erwies. Nun konnte er auch die Auseinandersetzung mit dem naturwissenschaftlichen Materialismus aufnehmen und versuchen, ihn auf eine höhere Stufe des Wissens zu heben, ihn zu spiritualisieren. Steiner mußte sich an der Jahrhundertwende der *Mystik* (*Die Mystik im Aufgange des neuzeitlichen Geisteslebens,* 1901) und später den *Religionen* (*Das Christentum als mystische Tatsache,* 1902) zuwenden, weil die Erfahrungen, die er durch sein Leben mit den Ideen machte, nur mehr in mystischer oder religiöser Sprache ausgedrückt werden konnten. In der *Mystik* legte er eine Beschreibung seiner Erfahrungen in mystischer Sprache vor, im *Christentum als mystische Tatsache* deutete er seine Erfahrungen mit Hilfe der griechischen und jüdischen Mystik, die in eine Erkenntnis der historischen Mission der Gestalt Christi führte. Nur ein Löwe aus dem Stamme Juda konnte die sieben Siegel der Menschenweisheit öffnen und die in der Menschenweisheit verborgene göttliche Weisheit erschließen. Davon redet Steiner in seinem Buch über das mystische Christentum. *Dieses Buch ist eine apokalyptische Mysterienlehre im Sinne des Verfassers der Apokalypse.*

Doch betrachten wir das Buch anhand der einzelnen Kapitel etwas genauer. Wir setzen uns hier mit der ersten Auflage von 1902 auseinander, ohne die zweite Auflage von 1910 zu berücksichtigen.[2] Das Buch trug in der ersten Auflage schlicht den Titel: *Das Christentum als mystische Thatsache*, die Ergänzung: *und die Mysterien des Altertums* fügte Steiner erst 1910 hinzu.[3]

Das Vorwort zur ersten Auflage

Steiner relativiert in seinem *Vorwort* den trivialen Fortschrittsoptimismus seiner Zeit, indem er auf die Wandelbarkeit des Wissens verweist. «Könnten nicht etwa auch unsere Gegenwarts-Vorstellungen über Welt und Leben [...] winzig vor der Gedankenwelt der Zukunft erscheinen? Und welche welthistorische Sühne würde sich dann vollziehen für den Hochmut, mit dem mancher unserer Zeitgenossen auf die ‹kindlichen›

Vorstellungen blickt, die sich unsere Vorfahren über das Wesen der Welt und des Menschen gemacht haben [...]?»[4] Die Naturwissenschaft mit ihrer naturalistischen *Schöpfungslehre* habe den Gedanken des Fortschritts als eines Aufstiegs vom Einfachen zum Komplexen, von der Primitivität zur Zivilisation etabliert und könne wohl den Verstand befriedigen, aber nicht das religiöse Bedürfnis. In der abendländischen Zivilisation klaffe ein Abgrund: «Der Verstand dieser Kulturmenschheit fühlt sich befriedigt durch die naturgemäße Welterklärung, und das Herz hängt an den Empfindungen, die eine tausendjährige religiöse Erziehung und lebendige Überlieferung in es gelegt hat.»[5] Diese Kluft sei keineswegs zwingend. Sie hänge aber damit zusammen, daß die Moderne zwar die Naturerkenntnis verstehe, daß sie aber nicht in ihr zu *leben* wisse.

Der Gegensatz zwischen (Natur-) Wissenschaft und Religion ist nach Steiners Ansicht nur daraus zu erklären, daß die Naturwissenschaft nicht begreift, daß sie selbst eine notwendige Entwicklungsstufe der Wahrheit ist, ebenso wie die ihr vorangegangenen Gestalten des Wissens. Die neuzeitliche Gestalt des Wissens, die auf der naturwissenschaftlichen Methodik fußt, muß sich, ihren eigenen Grundüberzeugungen gemäß, als Entwicklungsergebnis begreifen. Wenn das Entwicklungsgesetz ein universelles Gesetz ist, dann gilt es auch für das menschliche Bewußtsein und die Gestalten des Wissens, die dieses aus sich hervortreibt. Diese sind ebenso als Entwicklungsstufen zu begreifen, wie bestimmte organische Formen in der Reihe der organischen Evolution. Dann kann sich aber das neuzeitliche Bewußtsein mit seiner Wissensgestalt auch nur als eine Entwicklungsstufe verstehen, an die sich notwendigerweise andere anschließen werden und nicht als die letzte und höchste Form alles Wissens. «Der ‹Christ› mag glauben, die einzige, alleinige Wahrheit zu besitzen; dem ‹naturgemäß› Denkenden steht es schlecht, steht es zu ‹christlich› zu Gesichte, wenn er die ‹Vorfahren› seiner ‹Wahrheiten› nicht in ihrer berechtigten Entwicklung verfolgt, sondern sie nur als abgetane Glaubensartikel bekämpft. – Wer die ‹Wahrheit› nicht nur versteht, sondern in ihr, mit ihr lebt: der sieht sie in immerwährendem Flusse, in fortschreitender, naturgesetzlicher Entwicklung, wie alle Dinge der Natur.»[6] Es geht also darum, *in der Wahrheit* zu leben, wenn man ihre ganze Tiefe ausschöpfen will. Erst wenn man mit seiner ganzen Persönlichkeit in die Ideen eintaucht, wird man sie als etwas begreifen, in dem sich die Entwicklung des menschlichen Bewußtseins spiegelt. Dann wird man aber alle Stufen des Wissens als Stufen der menschlichen Entwicklung begreifen.

Diese Gedankenmotive vertieft Steiner im folgenden Kapitel.

1. «Gesichtspunkte»

Auch dieses Kapitel sieht in der Naturwissenschaft die herrschende Geistesmacht der Gegenwart und wirft die Frage nach dem religiösen Bedürfnis auf. «Es kann kein Zweifel darüber sein: die naturwissenschaftliche Denkungsart ist die mächtigste Gewalt im Geistesleben der Neuzeit. Und wer von den geistigen Interessen der Menschheit spricht, darf an ihr nicht vorübergehen. Aber zweifellos ist es auch, daß die Art, wie sie zunächst die geistigen Bedürfnisse befriedigt, eine oberflächliche und flache ist.»[7]

Steiner weist den naturwissenschaftlichen Reduktionismus mit seinem totalitären Erklärungsanspruch zurück, der glaubt, alle Erscheinungen der Welt aus materiellen Prozessen, aus Stoffen und Kräften, ableiten zu können. Eine sich selbst verstehende Naturwissenschaft müßte zugestehen, daß sie wohl Aufschluß über den materiellen Kosmos zu geben vermag, daß sie aber die Erscheinungen des Geistes nicht mit Hilfe der Naturgesetze erklären kann. Eine an der naturwissenschaftlichen Wissenschaftsgesinnung orientierte Geisteswissenschaft hingegen müßte ihren Gegenstand – ebenso wie die Naturwissenschaft ihre Objekte – als Beobachtungsinhalt in der Welt aufsuchen. «Es ist also doch wahr: derjenige, welcher die Wesenheit des Geistes untersucht, kann von der Naturwissenschaft nur lernen. Er braucht es nur wirklich so zu machen, wie sie es macht.»[8] Allerdings handelt man nur dann im Sinn der naturwissenschaftlichen Forschungsmethodik, wenn man die geistigen Objekte ebenso unbefangen betrachtet, wie die Naturwissenschaft die ihren. Aus der Anwendung der Wissenschaftsgesinnung der Naturwissenschaften auf die Gegenstände der Geisteswissenschaften gehen spezifische *geistes-*

wissenschaftliche Methoden hervor, die imstande sind, «in geistige Entwicklungen» – wie etwa die der Religionen – «wirklich einzudringen».[9]

Nicht ausreichend hält Steiner die historisch-philologischen Methoden. Die Quellenkritik führe zwar zu einer Einsicht in die Umstände der Entstehung der Texte des Christentums, aber das Christentum sei mehr als Textgeschichte. Textgeschichte führe nur in den «Vorhof der eigentlichen Forschung».[10] «Nicht dadurch erfährt man etwas über die Vorstellungen, welche in den Schriften des Moses, oder in den Überlieferungen der griechischen Mysten herrschen, daß man die geschichtliche Entstehung der Dokumente verfolgt [...] im Geistesleben wird man sich *an den Geist* [Hervorh. L.R.], und nicht an seine äußeren Dokumente zu halten haben.»[11]

Steiners Schrift stellt einen Anwendungsfall dieser geisteswissenschaftlichen Methode dar. Ein Verständnis für diese Erkenntnisweise wird also aus der Durchführung des hiermit skizzierten Forschungsvorhabens zu gewinnen sein.

2. «Mysterien und Mysterienweisheit»

Dieses Kapitel handelt von der Geburt des Geistes in der Seele. In dieser Geistgeburt sieht Steiner den zentralen Inhalt der vorchristlichen Mysterien. Die Mysterien waren Stätten, an denen Einzelne nach einem «tieferen religiösen und Erkenntnis-Leben suchten».[12] Aus deren Schule seien die Menschen als völlig verwandelte Persönlichkeiten hervorgegangen. Die Schüler der Mysterien seien durch Erlebnisse des Todes und der Wiedergeburt geführt worden. Die Einweihung in die Mysterien habe Erfahrungen vermittelt, die nur verstehen konnte, wer dieselben Erfahrungen durchlebt habe. Die Mysterienreligion habe neben der Volksreligion als Geheimreligion bestanden. Zur Erlangung der Mysterieneinweihung sei eine vollständige Umstellung des Lebens verlangt worden. Plutarch spreche von den Schrecken der Einweihung und schildere die Vorbereitung der Einweihung als eine Vorbereitung auf den Tod. Die Sinnlichkeit sollte unterdrückt und die niedere Empfindungswelt umgestaltet werden. Die Einzuweihenden wurden in das Leben des Geistes eingeführt.

Steiner beginnt die antiken Berichte zu übersetzen: «Wer über diese Dinge recht denken will, muß Erfahrungen über die intimen Tatsachen des Erkenntnislebens haben.»[13] Das gewöhnliche Erkenntnisleben stelle den Menschen einer Sinneswelt gegenüber, die des Realitätsgehaltes entbehre. Die Gedanken, die sich an die Sinneserfahrung anschlössen, seien «bloße Gedanken und Ideen. Bilder der Wirklichkeit».[14] Daneben gebe es aber ein anderes Verhältnis zu den Dingen. Manche Menschen erlebten «die Gebilde, die in dem geistigen Leben ihrer Seele» aufstiegen, «wahrhaft wirklich». Sie könnten die Wirklichkeit ihrer Erfahrungen nicht beweisen, sondern nur davon erzählen. «Sie stellen sich höchstens hin wie Prediger in der Wüste, in dem Vertrauen, daß um sie andere stehen, deren geistiges Auge zwar noch geschlossen, aber durch die Kraft der Rede geöffnet werde. Sie können nur hinlegen die Früchte, die ihr Geist selbst gepflückt hat; ob der andere sie sieht, hängt davon ab, ob sich sein Geistesauge öffnet.»[15] Kann ein Zweifel darüber bestehen, daß Steiner hier von sich selbst spricht? Demnach haben wir seine Rede selbst als eine solche aufzufassen, die das Geistesauge im Leser erwecken will.

Das geöffnete Geistesauge, so Steiner, sehe die Welt, die auch das Sinnesauge sehe, aber es sehe sie geistig. Der Mensch stehe seinen Gedanken nicht mehr wie Bildern gegenüber, sondern *er lebe in ihnen.* Eine «furchtbare» Möglichkeit gebe es: der Mensch könne an der Realität der Sinneswelt zweifeln, ohne daß sich bereits sein geistiges Auge geöffnet habe. Ein solcher müsse im Leeren schweben, er müsse sich wie abgestorben vorkommen. Diese Möglichkeit sei aber keine bloße Möglichkeit, vielmehr werde sie «für jeden, der zu höherer Erkenntnis kommen will, einmal Wirklichkeit».[16] Wer dies erlebe, für den erscheine alles Leben wie Tod, er sei in den Hades abgestiegen. Wohl dem, der nicht versinke. Diesem tue sich eine neue Welt auf: «Er schwindet entweder dahin: oder er steht als ein Verwandelter nun vor sich. In letzterem Falle steht eine neue Sonne, eine neue Erde vor ihm. *Aus dem geistigen Feuer ist ihm die ganze Welt wiedergeboren.»* [Kursiv L.R.][17] Wenn wir davon ausgehen, daß Steiner in seinem Buch von eigenen Erfahrungen berichtet, dann können diese Sätze nur so verstanden werden, daß er selbst diese Erfahrung durchlebt hat: und zwar in der Zeit vor der Abfassung dieses Buches. Dadurch wird nachträglich ein Licht auf Steiners eigene geistige Entwicklung vor 1902 geworfen. Ich möchte vermuten, daß sich die hier beschriebene Krisis bereits in Steiners Nietzschebuch (1895) ankündigte und im Werk über Goethe von 1897 zu einer Steigerung gelangte. Bereits in seinem Goethebuch deutet Steiner auf die hier beschriebenen Erfahrungen voraus: dort aber noch in einem Gestus der Abgrenzung gegenüber der Mystik, weil er diese in einer historischen Gestalt betrachtet, die nur unter Vermeidung der gedanklichen Klarheit zu einer Gotteserfahrung zu gelangen sucht. Im Kapitel *Persönlichkeit und Weltanschauung* finden sich die Sätze: «Die Mystiker verachten die Klarheit der Ideen. Sie halten diese Klarheit für oberflächlich. Sie ahnen nicht, was Menschen empfinden, *welche die Gabe haben, sich in die belebte Welt der Ideen zu vertiefen.* [Kursiv L.R.] [...] Wer von der Kälte der Ideenwelt spricht, der kann Ideen nur *denken*, nicht *erleben*. Wer das wahrhafte Leben in der Ideenwelt lebt, der fühlt in sich das Wesen der Welt in einer Wärme wirken, die mit nichts zu vergleichen ist. *Er fühlt das Feuer des Weltgeheimnisses in sich auflodern.»* [Kursiv L.R.][18]

Wer auf diese Weise durch Tod und Wiedergeburt gegangen ist, so Steiner, für den ist alles Reden von der Ewigkeit des Geistes, das vor dieser Erfahrung liegt, «Schall und Rauch». Nicht auf die bloß gedankliche «Überzeugung von der Ewigkeit des Lebenskernes» sei es den Mysten angekommen, sondern auf die *reale Erfahrung* dieses geistigen Lebenskernes. Dieses Ewige mußte aber erst mit Hilfe der zu durchlebenden Erfahrungen *erweckt* werden.

Diese Mysterienerfahrung sei mit beträchtlichen Gefahren verbunden. Welche Erfahrung ist erschütternder als der eigene Tod? Aber das Wissen um diese Gefahren enthebe nicht von der Verpflichtung, von den Mysterien zu reden. Im übrigen erwecke die Preisgabe der Mysterienerfahrungen an Uneingeweihte in diesen nur eine erschütternde Ahnung von der Nichtigkeit des eigenen Daseins. Dies ist der tiefere Grund der Geheimhaltung.

Steiner versucht nun die Erlebnisse der Mysterienschüler auf dem Boden der neuzeitlichen Bewußtseinsverfassung zu rekonstruieren. Er beschreibt diese als Veränderung des Verhältnisses des Menschen zu seinem eigenen Wissen. Es komme auf die Stimmung an, in der der Myste sich seinen Erkenntnisinhalten nähere. «Die Erkenntnis wird [...] dadurch zu einer intimen Angelegenheit der Persönlichkeit gemacht.»[19] «Eine Erziehung, eine Entwicklung intimster Kräfte der Persönlichkeit muß dich vorbereitet haben, damit in dir entzündet, ausgelöst werde, was eine Gottheit vermag.»[20] Wessen Geist die Scheinhaftigkeit des sinnlichen Daseins durchschaue, vor dem «zerflattere» seine eigene sinnliche Existenz. Das den Wechsel Überdauernde müsse gesucht werden. Dieses sei der Geist, der sich *in und an dem Sinnlichen* offenbare. «Er hat nichts zu tun mit dem Werden. Er entsteht und vergeht nicht. Wer in der Sinnenwelt allein lebt, hat diesen Geist als verborgenen in sich; wer die Scheinhaftigkeit der Sinnenwelt durchschaut, hat ihn als offenbare Wirklichkeit in sich. Wer zu solchem Durchschauen gelangt, hat ein neues Glied in sich entwickelt.»[21] In an die *Philosophie der Freiheit* anklingenden Sätzen schildert Steiner diese Transformation des menschlichen Seins: «Die Welt hat aus ihm einen sinnlichen Menschen gemacht und ihn dann sich selbst überlassen. Die Natur hat damit ihre Sendung erfüllt. Was sie selbst mit ihren Kräften vermag, ist erschöpft. Aber nicht sind diese Kräfte selbst erschöpft. Sie liegen wie verzaubert in dem rein natürlichen Menschen und harren ihrer Erlösung. Sie können sich nicht selbst erlösen; sie verschwinden in Nichts, wenn der Mensch sie nun nicht ergreift und weiter entwickelt.»[22] Die geistigen Bildekräfte, die den Menschen aus der Natur hervorgehen lassen, tragen ein Potential in sich, das den Menschen über seine sinnliche Existenz hinaus führt. Dieses Potential muß der Mensch aber ergreifen und sich selbst mittels dieser Kräfte umbilden, sonst bleibt er das Wesen, das die Natur aus ihm gemacht hat.

Durch das Erwachen des Geistes in seiner Seele gewinnt der Myste ein neues Verhältnis zu seiner Persönlichkeit, zu seiner leiblich-seelischen Organisation, zu seiner sinnlich-empirischen Existenz. «Der Mensch fühlt, daß in ihm etwas aufleuchtet, was alles geschaffen, mit Einschluß seiner selbst [...] Es ist in ihm, es war vor ihm und wird nach ihm sein [...] Er darf sich sagen: ich habe in mir ein höheres ‹Ich› entdeckt, aber dieses ‹Ich› reicht hinaus über die Grenzen meines sinnlichen Werdens; es war vor meiner Geburt, es wird nach meinem Tode sein. Geschaffen hat dieses ‹Ich› von Ewigkeit: schaffen wird es in Ewigkeit. Meine sinnliche Persönlichkeit ist ein Geschöpf dieses ‹Ich›. Aber es hat mich eingegliedert in sich; es schafft in mir; ich bin sein Teil.»[23] Diese Mysterienerfahrung führte die Mysten zum Begriff des Daimon. Sie erlebten sich in ihrer irdischen Persönlichkeit als Ergebnisse dieses Daimon, der zwischen dem Menschen und der «allwaltenden Weltenkraft» stand.

Der Daimon als transzendentales Ich ist das Subjekt aller Identitäten, die wir im Lauf der Zeit entwickeln. Dieses transzendentale Ich ist Existenzbedingung der empirischen Icherfahrung und des empirischen Ichbewußtseins, es ist deshalb nicht der Zeit unterworfen, es ist überzeitlich, kurz ewig. Aber durch die angedeutete Erfahrung wurde der Einbruch des Transzendenten in die irdische Lebenswelt ermöglicht. Sie brachte auch einen verinnerlichten Gottesbegriff mit sich und ein Verhältnis zu den Volksgöttern der Mythen, das die Mysten vor dem Euhemerismus (der rationalistischen Erklärung des Mythischen) bewahrte. Während die Volksgötter der schaffenden Phantasie des Volkes entsprangen, suchten die Mysten den göttlichen Ursprung dieser götterbildenden Kraft zu verstehen und aus ihr einen höheren Gottesbegriff zu entwickeln, der auf der inneren Erfahrung beruhte.

Der Myste, so Steiner, «leugnete die Volksgötter nicht [...] aber er wußte, daß sie vom Menschen geschaffen sind».[24] Der Gott der Mysterien war ein verborgener, unsichtbarer Gott, er war ein monotheistischer Gott. Der *Monotheismus* erscheint bei Steiner als Geheimlehre der vorchristlichen Mysterien. Während die Mysten glaubten, daß der Mensch, der nur mit seinem Verstand die Sinnenwelt betrachte, zum «Gottesleugner» werden müsse, weil die Natur das Grab Gottes sei, suchten sie nach der Kraft des Göttlichen in sich, um den in der Natur verzauberten Gott zu erkennen. Sie kamen zu einer tieferen Auffassung des göttlichen Wesens, das sie in der Liebe sahen. «Denn Gott hat diese Liebe bis zum Äußersten gebracht. Er hat sich selbst in unendlicher Liebe hingegeben; er hat sich ausgegossen; er hat sich in die Mannigfaltigkeit der Naturdinge zerstückelt; sie leben und er lebt nicht. Er ruht in ihnen. Und der Mensch kann ihn erwecken.» Er muß den *deus absconditus* «schaffend erlösen».

Steiner gesteht also den antiken Mysterien eine mystisch-pantheistische oder panentheistische Gotteslehre zu, in der zugleich das christliche Mysterium begrifflich vorgeformt ist. Das Selbstopfer der Gottheit in die Natur ist die ewigwährende Selbstpreisgabe des Urwesens an die Schöpfung, das Opfer der Liebe. Nun kommt es in der Seele des Menschen zu einer Auferstehung der in der Natur zerstückelten Gottheit. «Die Seele ist die Mutter, die den Gott aus der Natur empfangen kann. Lasse die Seele sich von der Natur befruchten, so wird sie ein Göttliches gebären. Aus der Ehe der Seele mit der Natur wird Gott geboren. Das ist nun kein verborgener Gott mehr, das ist ein offenbarer Gott. Er hat Leben, wahrnehmbares Leben, das unter den Menschen wandelt [...] Der große Gott, der war, ist und sein wird; der ist er wohl nicht, aber er ist es doch in gewissem Sinne auch. Der Vater bleibt ruhig im Verborgenen, den Menschen ist der Sohn aus der eigenen Seele geboren. Die mystische Erkenntnis ist damit ein wirklicher Vorgang im Weltprozesse. Sie ist eine Geburt Gottes [...] Jungfräulich geboren erscheint der Sohn. Die Seele scheint unbefruchtet ihn geboren zu haben.»[25] Während alles andere, was die Seele gebiert, hervorbringt, von der Sinneswelt empfangen wird, ist allein der Gott-Sohn von dem «ewigen, verborgenen Vater-Gott selbst empfangen».[26]

Obwohl Steiners Schilderungen an die christliche Terminologie anklingen, unterscheidet sich doch der beschriebene Sachverhalt von dem dort Gemeinten. Die Natur ist der Vater: die Seele des Menschen ist die Mutter. Indem der (unsichtbare) Vater der Natur die Seele befruchtet, empfängt sie den Sohnesgott. Der Ort, wo der Sohnesgott geboren wird, ist nicht der Leib des Menschen, ist nicht das Fleisch des Jesus von Nazareth, sondern die Seele eines jeden Mysten, der den Daimon in sich durch die Mysterienerfahrung erweckt hat. Zwar hat der offenbare Gott «wahrnehmbares Leben, das unter Menschen wandelt», aber dieses Leben, das unter Menschen wandelt, ist das einer jeden Seele, die in sich den Daimon, den Sohn gebiert, es ist nicht die einmalige Einkehr des Sohnes in das Fleisch eines einzigen Menschen. Steiner setzt sich hier vom naturalistischen Verständnis des Dogmas der unbefleckten Empfängnis ab. Nur wenn die Gottesmutter als rein gewordene Seele verstanden wird, kann die Empfängnis des Sohnes als mystische Tatsache begriffen werden. Insofern ist die Sohnesgeburt in den antiken Mysterien zwar sowohl seelisch-mystisch, als auch historisch, weil sie ja in jedem, der die entsprechenden Erfahrungen durchlaufen hat, stattfand, aber sie ist nicht historisch einmalig. Auf jeden Fall ist sie nicht bloß symbolisch, sondern real. Steiners Schilderung der Mysterieneinweihung läßt keinen Zweifel an seiner Überzeugung, daß die Sohnesgeburt in den Mysten eine reale Geburt Gottes in der Menschenseele war. Die Gedankenformen des christlichen Kerygma, die später in den ersten Jahrhunderten des Christentums ihre spezifische Zuspitzung erfahren sollten, erscheinen hier präformiert.

3. «Die griechischen Weisen vor Plato»

Das folgende Kapitel, das sich mit den Zeugnissen der griechischen Weisen vor Plato über Mysterien und mystische Weisheit befaßt, erweitert das Motiv der menschlichen Unsterblichkeit um den Reinkarnationsgedanken, den Steiner unter dem Namen der «Seelenwandelung» in Anknüpfung an Heraklit einführt.

Ein Fragment Heraklits interpretierend spricht Steiner von der «Urschuld des Menschen», die darin bestehe, daß dieser mit seiner Erkenntnis am Vergänglichen hafte. Das *Feuer des Geistes* wirke auf diese Erkenntnis des Vergänglichen verzehrend, das sei der tiefere Sinn der Lehre Heraklits vom Feuer. Der Mensch als persönliches Wesen sei aus Vergänglichem gebildet, aber in diesem Vergänglichen könne das Unvergängliche geweckt werden. Über die bloße Paraphrase Heraklitscher Gedanken hinausgehend schreibt Steiner: «Daß ein Zeitliches wie ein Ewiges wirkt, daß es treibt und kraftet wie ein Ewiges: das ist das Eigentümliche der Menschenseele [...] Zwischen Gott und Tier steht der Mensch dadurch mitten inne. Dies Treibende und Kraftende in ihm ist sein Dämonisches.»[27] Dies sei der Sinn des Heraklit-Fragmentes, daß das Schicksal des Menschen sein eigener Daimon sei. «Was hat dieses Dämonische mit dem zu tun, was als Persönlichkeit entsteht und vergeht?», fragt Steiner weiter. Nun, das Persönliche sei eine Erscheinungsform des Dämonischen. Das Erlebnis des Dämonischen in ihm wird dem Mysten zur Gewähr seiner ewigen Existenz. «Denn nur eine von diesen Erscheinungsformen des Dämonischen kann die Persönlichkeit sein. Der Dämon kann sich nicht innerhalb einer Persönlichkeit abschließen. Er hat

Kraft viele Persönlichkeiten zu beleben. Von Persönlichkeit zu Persönlichkeit vermag er sich zu wandeln. Der große Gedanke der Seelenwandelung springt wie etwas Selbstverständliches aus den Heraklitischen Voraussetzungen. Aber nicht allein der Gedanke, sondern die Erfahrung von dieser Wandelung.»[28]

Steiner erklärt im Folgenden die Anlagen und Begabungen des Daimon – dessen individuelle Distinktion – daraus, daß an diesem Daimon schon andere gearbeitet hätten und weist darauf hin, daß die Arbeit der jetzigen Persönlichkeit andere Persönlichkeiten vorbereite. Das jetzige Leben der Persönlichkeit sei Folge eines vorangehenden und bereite weitere Leben vor. Die Seele des Weisen blicke durch den Daimon auf zahlreiche Leben in der Vergangenheit und zahlreiche in der Zukunft. Das Vollkommene sei eine Entwicklungsstufe des Unvollkommenen. Es werde aus dem Unvollkommenen begriffen. Der vollkommene Geist beruhe auf anderen Voraussetzungen als der unvollkommene. Ebenso wie der Leib ist auch der Geist geworden. Die Entwicklungsstufe des Geistes einer Persönlichkeit ist ein Ergebnis der Arbeit seiner Persönlichkeitsvorfahren am Daimon dieser Persönlichkeit. Nicht die Persönlichkeit sei unsterblich, sondern der Daimon, der geistige Lebenskern der Persönlichkeit.

Bemerkenswert ist, daß Steiner nicht auf den Heraklitischen Logos eingeht. Dagegen zieht er Empedokles, Pindar und Pythagoras heran. Er weist den Gedanken der Transzendenz ab und hebt hervor, das Göttliche habe für die Vorsokratiker nicht außer und jenseits der Welt existiert. Es lebte im Menschen, auf menschliche Weise. Es zu erschließen, sei Aufgabe der Mysterien gewesen: den Menschen zu vergöttlichen, dem Göttlichen anzuähnlichen, ihr Ziel. Der Unsterblichkeitsgedanke der vorsokratischen Mysten war demnach ebenso immanentistisch, wie ihre Gottesvorstellung. Durch die Erweckung des Göttlichen, des Ewigen in sich, erhöhe der Myste den *Daseinswert der Welt*, seine Erkenntnis verändere die Natur als Ganzes, weil sie *in der Natur* das Göttliche zur Erscheinung bringe. In Anknüpfung an die Pythagoreer entwickelt er ein Verständnis des menschlichen Erkennens, das in diesem die gesetzmäßige Ordnung der Welt zur Erscheinung kommen läßt, eine bereits in den *Grundlinien* ausgesprochene Ansicht. Der tiefere Sinn der Welt komme im menschlichen Geist zur Erscheinung. «In der Seele geht der Sinn der Welt auf.»[29] Auch die Ewigkeit des Wissens zeuge von der Ewigkeit der

Menschenseele, die nicht nur an der Vergänglichkeit des Sinnlichen Anteil habe, sondern auch an der Zeitlosigkeit der «Ordnungen, nach denen die Welten im Himmelsraum kreisen».[30] Für die Pythagoreer sei Erkenntnis Umgang mit dem Ewigen. Die pythagoräische Erziehung habe auf diesen Umgang vorbereitet. «Eine philosophische Einweihung war also diese Erziehung.»

An dieser Stelle verwendet Steiner das erste Mal den Begriff der *philosophischen Einweihung*. Er kommentiert diesen Satz durch den Folgenden: «Und die Pythagoreer konnten wohl sagen, daß sie durch ihre Lebenshaltung ein Gleiches anstrebten wie die Mysterienkulte.»[31] Es gibt demnach einen philosophischen Einweihungsweg und eine philosophische Einweihung, die nach dem gleichen sucht, wie die Einweihung der Mysterienkulte und letztlich auch zum Gleichen führt. Schaut man die Geburt der Erkenntnis als des Sinnes der Welt mit den Ausführungen im vorhergehenden Kapitel zusammen, dann könnte der Schluß gezogen werden, Steiner habe im Hinblick auf die griechische Antike die Geburt des Sohnes in der Seele des Menschen als das Aufgehen des Sinnes der Welt in dieser Seele betrachtet. Dieser Schluß dürfte zutreffend sein. Das wird auch durch die Ausführungen Steiners im Kapitel *Plato als Mystiker* bekräftigt.

4. «Plato als Mystiker»

Steiner geht von der Existenz einer ungeschriebenen Lehre Platos aus. Diese habe nicht geschrieben werden können, weil ihr Gehalt nicht beschreibbar gewesen sei. Er interpretiert die platonischen Dialoge als psychagogische Gespräche, die die Beteiligten zu inneren Erfahrungen führen sollen. Darin liege die Bedeutung des Sokrates. Er erscheine in Platos Dialogen als Mystagog, als eine «durch den Tod für die Wahrheit geheiligte Person».[32] Das Gespräch über die Unsterblichkeit der Seele (*Phaidon*) rufe weniger durch logische Argumentation, als durch die Überzeugungskraft eines Menschen, der den Tod überwunden habe, in den Teilnehmern umwälzende Einsichten hervor. Nicht ein Mensch spreche durch Sokrates, sondern die ewige Wahrheit selbst. «Erfahrungen, Erlebnisse sind es, auf die Sokrates hinweist.»[33]

So vergleiche Sokrates das philosophische Streben nach Weisheit mit dem Vorgang des Sterbens: wer philosophiere, übe das Sterben, denn er müsse dem Sinnlichen entsagen, um seine Seele dem Übersinnlichen, Geistigen zuzuwenden und sie mit diesem zu durchtränken. Das Wahre ist ewig und nicht mit dem Leib zu erfassen. Mit der Seele nur insofern, als die Seele von ihm durchdrungen wird und selbst Anteil an dessen Unvergänglichkeit erlangt.

Auch die menschliche Moralität gründe Sokrates auf die «Befreiung vom Leibe».[34] Die Kardinaltugenden lassen sich nur verwirklichen, wenn der Mensch nicht den Bedürfnissen des Leibes folgt, sondern den Ideen dieser Tugenden. Schließlich schildere Sokrates-Plato die menschliche Erkenntnis in seiner Anamnesislehre als etwas, was aus dem Ewigen entspringe, das die Seele in sich trage, und nicht aus dem Vergänglichen. Alle Erkenntnis fuße auf Gedanken, die wie Erinnerungen aus dem Geiste selbst aufstiegen. Durch ihre Fähigkeit, die ewige Wahrheit aus sich zu gebären, zeuge die Seele von ihrer Verwandtschaft mit dem Ewigen. Sokrates *beweise* nicht die Unsterblichkeit der Seele, er zeige an den genannten Beispielen das Wesen der Seele auf und führe seine Zuhörer zur *Anschauung des Ewigen* in sich selbst. Platos Gespräche sollen «nichts Anderes sein als die literarische Form für die Vorgänge in den Mysterienstätten».[35] Nunmehr ist deutlicher geworden, was Steiner unter einer philosophischen Einweihung versteht: *denkende Erwägung die zur Anschauung des Ewigen in der denkenden Seele führt*. «Als philosophischer Lehrer hat Plato sein wollen, was der Einweihende in den Mysterien war.»[36] Steiner verdeutlicht diese These anhand des *Timaios* und des *Symposions*. Der erstere enthält Platos kosmogonischen Mythos, das letztere dessen erotische Soteriologie.

Steiner kommt bei seiner Behandlung des *Timaios* zunächst auf die Bedeutung des *Mythos* zu sprechen. Er faßt ihn als eine *bildliche, symbolische Darstellung ewiger Wahrheiten* auf. Der Eingeweihte erkenne die Wahrheiten, die in den Mythen der Volksreligion verhüllt seien. Das «Drama des Gottes», von dem der *Timaios* handle, sei das Drama des in der Natur verzauberten Vaters. Nur, wenn sie das Göttliche in sich erwecke, könne die Seele sich diesem annähern. Der Vater habe sich selbst in die Elemente ergossen, sein besonderes Sein aufgegeben, um zum Weltleib zu werden, auf den die Weltseele in Kreuzesform (in Form des griechischen Buchstabens Chi = χ) gespannt sei. Die Weltseele bezeichnet Steiner als *das Göttliche in der Welt*. Die Weltseele *habe den Kreuzestod gefunden*, auf daß die Welt sein könne. Auch für Plato ist also, nach Steiners Lesart, die Natur das Grab Gottes. Auch hier erscheint wieder eine Präformation des christlichen Kerygma, diesmal in der griechischen Philosophie. Aber *dem Menschen* wächst nun in Steiners Gedankengang die Aufgabe zu, die *gekreuzigte Weltseele zu erlösen. Der Mensch wird zum Erlöser Gottes.* Die gekreuzigte Weltseele kann nur auferstehen in der Seele des Menschen. *Die Erkenntnis ist die Auferstehung, die Erlösung Gottes.*[37] Also nicht der Mensch wird durch die Auferstehung Gottes erlöst, sondern der Mensch erlöst Gott durch sein Erkennen, in dem der gestorbene Gott aufersteht.

Die Welt wäre nicht vollkommen, entbehrte sie des Abbildes des Schöpfers unter den Geschöpfen. Aus der Seele des Menschen werde dieses Abbild geboren. «Nicht den Vater selbst; aber den Sohn, den in der Seele lebenden Sprossen Gottes, der gleich ist dem Vater: ihn kann der Mensch gebären.»[38] Steiner überträgt auch hier Formeln der christlichen Trinitätslehre auf die platonische Philosophie, indem er den kosmogonischen Mythos Platos allegorisch-pneumatisch deutet. Er greift auf Philo von Alexandrien zurück, um diese Deutung als historisch plausibel zu bekräftigen. Dieser habe die in der Seele des Menschen geborene Weisheit als den «Sohn Gottes» bezeichnet. Diese Weisheit sei die Wiedergeburt der in der Welt vorhandenen Vernunft, des den Kosmos durchwaltenden Logos. Der Logos erscheine bei Philo als Sohn Gottes, ja Philo spreche ihn «*wie den Christus an*»: als «Gottes Wort und Geist» – und zu diesem führe der Königsweg der Philosophie. Philo schildere den Weg der Philosophie zur Gotteserkenntnis als einen Erkenntnisweg, der zur Vereinigung mit dem Göttlichen führe, das als Logos in der Seele lebendig werde.

Platos Philosophie sei Erkenntnisreligion. Nur ein Wissen, das zum Lebensinhalt werde, lasse dieser gelten. Die Erkenntnis sei ein höherer Mensch im Menschen. Sie ist nicht bloßer Wissensinhalt, ihr Inhalt ist der

Mensch in verwandelter Form. Die Persönlichkeit sei Abbild dieses Menschen. Durch die Erkenntnis im platonischen Sinn werde der «Urmensch», Adam, im vergänglichen Menschen geboren. Auch dieses Mysteriengeheimnis sei in Platos Philosophie *verkörpert*. Dieser Urmensch klingt sowohl an den weiter oben entwickelten Gedanken des Daimon an, er verweist aber zugleich auf eine Wesenheit, die sich zum Daimon des Menschen verhält, wie der Daimon zur einzelnen Persönlichkeit, die Abbild und Geschöpf dieses Daimon ist.

Betrachten wir Steiners Interpretation des *Symposions*, in dem er ebenso eine «Einweihung» sieht, wie im *Timaios*. Im *Symposion* erscheine durch die Rede des Erkenntnismenschen Sokrates der Eros als das unbewußte Verlangen nach der göttlichen Weisheit. Die Liebe habe eine mütterliche Beziehung zum «ewigen Wort», zum «Logos», zum «Sohn des Weltenschöpfers». Diotima als die Lehrerin des Sokrates sei in der Seele des Sokrates selbst zu suchen. Sie sei die Seelenkraft vor Empfang der Weisheit. Die Seele ist «das mütterliche Prinzip, das den Sohn Gottes, die Weisheit, den Logos gebiert».[39] Unbewußt wirke dieses weibliche Element in der Seele, die das Göttliche ins Bewußtsein eintreten lasse. In dieser Lehre komme eine «wichtige Vorstellung der Mystik» zum Ausdruck. «Die Seele wird als die Mutter des Göttlichen anerkannt.»[40] Auch an dieser Stelle müssen wir eine Abgrenzung vom naturalistisch verstandenen Dogma mitlesen.

Von dieser Einsicht her kann der Mythos interpretiert werden. Die Götterwelt des Mythos werde in der Seele des Menschen geboren. Die Seele selbst schaffe die Götterbilder des Mythos. Der Mensch müsse die Kraft, die die Götterbilder erschaffe, erfassen. Diese Kraft sei die Mutter der Götter, die sich hinter ihnen verberge. Die Göttinnen sind die Mütter der Götter. Dies erkläre den Dionysosmythos. Dionysos als Kind des Zeus und einer sterblichen Mutter werde von Zeus nach deren Tod ausgetragen. Die Titanen zerstückelten Dionysos. Athene rette das Herz, aus dem Zeus zum zweiten Mal den Dionysos erzeuge. Auch diese mythischen Bilder stellten in Wahrheit Seelenvorgänge dar. Das Göttliche, das sich in der Seele des Menschen rege, werde von dessen niederer Natur zerstückelt. Es existiere im Menschen als «zerstückelte, sinnlich-verständige Wissenschaft.» Die Kraft der höheren Weisheit, Zeus, hege dieses zerstückelte Göttliche und lasse es zur Weisheit reifen. In der Weisheit werde der Sohn Gottes ein zweites Mal geboren. Die Weisheit ist der Logos, der Sohn Gottes und einer sterblichen Mutter, der vergänglichen Seele des Menschen. Ebenso wie die Mysterienweisheit deute die platonische Philosophie auf den Ursprung der Mythen, der in der unbewußt schaffenden Menschenseele liege. Diese Aussage gilt wohl auch für den christlichen Mythos.

5. «Die Mysterien-Weisheit und der Mythos»

In diesem Kapitel wendet Steiner die allegorisch-pneumatische Deutungsmethode auf eine Reihe von Mythen an. Er behandelt den Theseusmythos, den Osirismythos, die Herakles- und die Argonautensage, den Prometheusmythos und die Odyssee, um schließlich zu Eleusis und Dionysos zurückzukehren. Seine einzelnen Deutungen können hier nicht in extenso behandelt werden. Betrachten wir aber die grundsätzlichen Überlegungen, die Steiner über das Verhältnis von Mythos und philosophischer Erkenntnis anstellt.

Steiner führt die Götter des Mythos als unbewußte Projektionen, als Schöpfungen der unbewußten Menschenseele ein: «der Mensch mit der gewöhnlichen, sinnlich-logischen Lebensanschauung schafft sich Götter [...] der Myste erkennt, daß er Götter schafft; er erkennt, warum er sie schafft».[41] Die Mysten suchten nach den tieferen Gesetzen, gemäß welchen die mythischen Götter aus der unbewußt schaffenden Seele hervorgingen. Sie drangen in die schaffenden Kräfte der Seele ein und erhoben sich über das Bewußtsein, das der Volksreligion zugrunde lag. Sie suchten die in den Mythen verborgenen Wahrheiten, die sich durch die Anwendung der moralisch-pneumatischen Deutungsmethode erschließen, die den Mythos als Versinnbildlichung von Seelenvorgängen auffaßt: «eine tiefere Wahrheit [...], die sich symbolisch im [...] Mythos zum Ausdruck brachte».[42] Das gewöhnliche Bewußtsein ist von Kräften beherrscht, die es nicht durchschaut. Aber es bringt einen bildhaft-dichterischen Ausdruck für diese Kräfte und die von ihnen beherrschten Vorgänge hervor. Dieser Ausdruck ist der Mythos, dem Steiner eine *Strukturgleichheit* mit der mystischen Wahrheit zuerkennt. Symbolisiert sei die mystische Wahrheit im Mythos. Der Mythos ist demnach eine Schöpfung der unbewußt wirkenden Seele. Die Seele ist stets produktiv tätig. *Auf der mythologischen Stufe* produziert sie Bilder. Auf der *mystischen* oder *philosophischen Stufe* produziert sie (begriffliche) Inhalte bzw. (geistige) Erfahrungen, in denen sich dieselben Strukturen ihres gesetzmäßigen Schaffens wiederfinden, aber nun hat die Seele ein Bewußtsein ihres Tuns, weil sie es *anschaut*.

Plato hält Steiner für vorbildlich, was die Handhabung und Deutung von Mythen anbetreffe. Er weise die rein verstandesmäßige, euhemeristische oder naturalistische Deutung zurück. Der Mythos müsse vielmehr als Ausdruck für Seelenvorgänge aufgefaßt werden. Dort wo die Seele das Unvergängliche, Ewige berühre, bediene sich Plato des Mythos. So schildere er im *Phaidros* die Seele als Gespann und deute die Tatsache von der «Seelenwandelung» an, wenn er von den verschiedenen Umläufen des Gespanns spreche. Gemeint sei damit das wiederholte Eintauchen der Seele (des Daimon) in verschiedene irdische Persönlichkeiten. Um den Gang der Seele durch die verschiedenen Verkörperungen darzustellen, greife Plato zum Mythos. Ebenso benutze er ihn, um das nichtsinnliche Wesen des Menschen darzustellen.

Steiner gesteht dem Mythos, der symbolischen Redeweise, eine grundsätzliche Berechtigung zu, wenn es darum geht, etwas sinnlich nicht Wahrnehmbares darzustellen. Diese Einstellung gegenüber dem Mythos, der ja bei Plato aus einer tieferen philosophischen Einsicht hervorgeht, die mit dem Mysterienwissen konvergiert, weist ihm eine Funktion bei der Darstellung des Undarstellbaren, bei der Beschreibung des Unbeschreiblichen zu. Es wäre vielleicht nicht abwegig, von diesem Gesichtspunkt aus Steiners Darstellungen des Geistigen in der Zeit nach der Abfassung der hier behandelten Schrift zu betrachten. Möglicherweise erschiene dann vieles, was Steiner *in mythischer Form* entwickelte, als ein Anwendungsfall seiner hier skizzierten *Philosophie der symbolischen Formen*: man könnte die Darstellungsformen der Anthroposophie als mythisch-symbolische Beschreibung von Unbeschreibbarem auffassen.

Seine Interpretation des Osirismythos sei wenigstens kurz erwähnt.

Hier kehrt das Motiv von Tod und Auferstehung Gottes, das uns bereits bei Dionysos begegnet ist, wieder. Auch hier wird ein Gott, Osiris zerstückelt, der aus dem Tode wiederkehrend mit seiner Schwester den Horus zeugt. Steiner deutet den Osirismythos mit Hilfe der Philosophie des Empedokles. Die göttliche Schöpferkraft ist in die Welt der vier Elemente ergossen. Dies ist der Tod des Osiris. Der Mensch soll den Verstorbenen mit seiner Erkenntnis wieder erwecken, «er soll ihn als Horus (Gottessohn, Logos, Weisheit) wiederfinden».[43] Man beachte die Aufzählung in Klammern: für Steiner sind offenbar Horus, Gottessohn, Logos und Weisheit Synonyma.

Bemerkenswert Steiners Deutung des Prometheusmythos. Prometheus ist der menschliche Wille, der sich dem Vergänglichen oder dem Unvergänglichen zuwenden kann. Er ist an den Felsen der vergänglichen Natur geschmiedet. Das Geheimnis des Prometheus besteht darin, daß «das Göttliche sich mit etwas Vergänglichem», der menschlichen Seele vermählen muß, «um den Sohn, die Gott erlösende Weisheit (den Logos)» gebären zu können.[44] Ein Kentaur, ein halb tierisches, halb menschliches Wesen muß sich opfern, um den Menschen zu erlösen: dieser Kentaur ist der Mensch selbst, der als rein geistiger aus dem Tode der gemischten Natur hervorgehen soll.

Es besteht kein Zweifel: der Logos, der Gottessohn, wird für Steiner in der Seele des Menschen geboren. Der Erlösung bedürftig ist nicht der Mensch, sondern Gott, der durch den Menschen erlöst wird, wenn Gott in ihm geboren wird.

6. «Die ägyptische Mysterien-Weisheit»

Im sechsten Kapitel wendet sich Steiner über die ägyptischen Mysterien schließlich dem Christentum zu. Hier entwickelt er eine ausführlichere Deutung des Osirismythos. Er behandelt das *Ägyptische Totenbuch*, das jeden Verstorbenen als Osiris anspricht. Das, was den Tod überdauere, den unsterblichen Teil der Menschenseele, spreche das *Totenbuch* mit diesem Namen an. Der Mensch werde durch den Tod ein Osiris. Das Ewige in der Menschenseele ist das Vollkommene am Menschen. Insofern ist das «Osiris-Sein [...] nur eine vollkommene Entwicklungsstufe des Mensch-Seins».[45] Auch Osiris als Totenrichter, als Gott, ist «nichts als ein vollkommener Mensch».[46] Zwischen Mensch und Gott gebe es für das *Ägyptische Totenbuch* nur einen graduellen Unterschied. Am Ende der Entwicklung des Menschen stehe dessen Gott-Sein. «Man muß», so Steiner, «vielmehr von einer Göttlichkeit, nicht von einem fertigen abgeschlossenen Gotteswesen innerhalb dieser Anschauung sprechen.»[47]

Das sittliche Ideal des *Totenbuchs* bestehe darin, daß der Mensch bereits vor dem Tode zu einem Osiris werde. Dadurch wird der Osirismythos in pneumatischer Deutung wieder zu einem Bild von Seelenvorgängen. «Der wahre Osiris ist in der Menschenseele.»[48] Aber in ihrer Vergänglichkeit ist Osiris untergegangen, zu Tode gekommen. Steiner bezeichnet die Seele geradezu als das Grab des Osiris. Typhon, die niedere Natur des Menschen, hat das Göttliche überwältigt. Aber Isis, die Liebe, pflegt die Leichenteile und durch ihre Pflege wird die unsterbliche Seele, der Horus geboren, der sich zum wieder auferstandenen Osiris weiter entwickeln kann. Der Mensch wiederholt in sich den «makrokosmischen Osiris-Welt-Prozeß». Was dies genau bedeutet, erläutert Steiner mit dem Hinweis auf Platos Mythos von der am Weltleib gekreuzigten Weltseele. Plato beschreibt den Tod Gottes als «kosmischen Prozeß», der mit der Schöpfung gleichzusetzen ist. Steiner wies bereits im betreffenden Kapitel darauf hin, daß dem Menschen gegenüber dem von der Natur gekreuzigten Gott die Aufgabe zufalle, diesen durch die Hervorbringung der Erkenntnis zu erlösen. Hier spricht er nun davon, daß dieser Tod Gottes sich im Menschen «im kleinen» wiederholen müsse, damit er ein Osiris werden könne. Steiner sieht in dieser Wiederholung den Sinn der ägyptischen «Einweihung». Er schildert im Folgenden die Vorgänge in diesen ägyptischen Initiationstempeln als Prozeduren, durch die der Mensch gestorben und wieder geboren worden sei. Die niedere Natur des Menschen, die das Ewige in ihm unterdrückte (an die das Ewige gekreuzigt ist) mußte ersterben, damit der Mensch als Sohn Gottes, als unsterbliche Seele wieder geboren werden konnte. Der Osiris-Eingeweihte ging aus der Einweihung mit der Gewißheit hervor, daß er den Tod überwunden habe, daß seine vergängliche Natur mit dem Logos durchtränkt sei, daß seine Seele sich zu einem vollkommenen Osiris wandeln, zu dessen Rechten sitzen und selbst über Leben und Tod werde richten können.

Indem er auf das Typische dieser höchsten Erfahrung verweist, sowie auf das Typische der auf diese Erfahrung vorbereitenden Erlebnisse, lenkt Steiner auf Buddha und Jesus über. Steiner sieht in ihnen Menschen, die einen für Initiierte typischen Stufengang von Erlebnissen durchlaufen haben. Jeder Initiierte habe solche typischen Erlebnisse durchlaufen müssen. Ja, man habe einen Initiierten gerade dadurch als solchen beschreiben und erkennen können, daß er die betreffenden typischen Initiationserfahrungen durchlaufen habe. Daraus lasse sich der Parallelismus zwischen dem Buddhaleben und dem Jesusleben verstehen. Die Lebensläufe der beiden seien typische Lebensläufe von Initiierten, die auch als solche, in typischer Form geschildert worden seien.

Steiner verweist auf einige dieser Parallelen, um das Leben Buddhas mit dessen Tod abzuschließen, während der wichtigste Teil des Jesuslebens erst mit dem Tode Buddhas beginne. Der Tod Buddhas entspreche der Verklärung Jesu. Buddha stehe vor dem Tod des Irdischen, das Ewige fange in ihm an zu leuchten, er werde «das Weltlicht». Buddha zerfließe im Augenblick seiner Verklärung «in das selige Leben des Allgeistes», Jesus hingegen fange von dem Augenblick an, wo ihn «das Weltlicht durchklärt», er also zu einem Buddha geworden sei, sein eigentliches Initiiertenschicksal zu durchleben: Leid, Tod und Auferstehung. Buddha zerfließe im Allgeist, Jesus erwecke diesen Allgeist nach dem Tode noch einmal in sich und trete *als Christus* vor seine Gemeinde. Wörtlich: «Jesus erweckt diesen Allgeist noch einmal in menschlicher Gestalt in das gegenwärtige Dasein. Solches ward mit den Initiierten bei den höheren Weihen vollzogen. *Die im Sinne des Osiris-Mythos Initiierten waren zu solcher Auferstehung gelangt. Diese ‹große› Initiation wurde also im Jesus-Leben zu der Buddha-Initiation hinzugefügt.* [Kursiv L.R.] Buddha hat mit seinem Leben das erwiesen, daß der Mensch der Logos ist; und daß er in diesen Logos, in das Licht zurückkehrt, wenn sein Irdisches stirbt. Jesus ist Logos selbst, persönlich geworden. In ihm ist das Wort Fleisch geworden.»[49] Demnach hat Jesus also eine ägyptische Osiris-Einweihung durchlebt, so wie die «im Sinne des Osiris-Mythos Initiierten» und war ein Eingeweihter, der die «große Initiation» erlangt hatte.

Diese befähigte ihn dazu, als «Osiris», als «fleischgewordenes Wort», als «Sohn Gottes» unter Menschen zu wandeln.

An die eben zitierten Sätze schließt sich im Text von 1902 folgende Passage an: «Was sich also für die alten Mysterienkulte im Innern der Mysterientempel abgespielt hat, das ist durch das Christentum als welthistorische Tatsache aufgefaßt worden. Zu Jesus, dem Initiierten, dem in einzig-großer Weise Initiierten, hat sich seine Gemeinde bekannt. Ihr hat er bewiesen, daß die Welt eine göttliche ist. Die Mysterienweisheit wurde für die christliche Gemeinde unlösbar verknüpft mit der Persönlichkeit Jesu. Daß er gelebt hat, und daß seine Bekenner zu ihm gehörten: dieser Glaube trat an die Stelle dessen, was man vorher mit den Mysterien hatte erreichen wollen. – Fortan gab es keine mystischen Methoden mehr für diejenigen, die zur Christengemeinde gehörten; sondern die Überzeugung, daß in dem gegenwärtigen Worte das Göttliche gegeben sei. Nicht wozu der Geist lange vorbereitet werden muß, war maßgebend; sondern, was die gehört und gesehen haben, die um Jesus waren [...] dieses unmittelbar Wirkliche soll als lebendiges Band alle Generationen umfassen, es soll als Kirche mystisch von Geschlecht zu Geschlecht sich weiterschlingen.» Kann man diese Sätze anders verstehen als so, daß Steiner mit ihnen sagen will, das Christentum, das sich an das Leben Jesu anschloß, habe an die Stelle der Initiation, die der Einzelne durch den Gang in den Tod erreichen konnte, die *eine* Initiation gesetzt, die Jesus durchlebt habe? Indem die Christengemeinde den «unmittelbar wirklichen» Initiierten an die Stelle der «unmittelbar wirklichen» Initiation setzte, machte es das Geheimnis der Initiation öffentlich und entzog zugleich dem Einzelnen die Möglichkeit auf seinem eigenen Weg zur Initiation zu gelangen. «Fortan gab es keine mystischen Methoden mehr», heißt es im zitierten Passus. Unsere Interpretation wird durch die Sätze gestützt, mit denen das Kapitel endet: «Die Mysterien haben durch Tradition die Mittel überliefert, zur Wahrheit zu kommen; die Christengemeinschaft pflanzt diese Wahrheit selbst fort. Das Vertrauen zu den im Innern des Menschen aufleuchtenden mystischen Kräften *sollte ersetzt werden* [Kursiv L.R.] durch das Vertrauen zu dem Einen, dem Ur-Initiator. Vergottung haben die Mysten gesucht; sie wollten sie *erleben*. Jesus war vergottet; wir müssen uns zu ihm halten; dann sind wir innerhalb der von ihm gestifteten Gemeinschaft selbst Teilhaber an der Vergottung: das wurde christliche

Überzeugung. Was in Jesus vergottet war, ist für seine ganze Gemeinschaft vergottet.»[50] Hier drängt sich die Frage auf, warum die Gemeinschaft der Christen zu der Ansicht gelangte, daß mit der Vergottung *eines* Menschen in Jesus die Menschheit als Ganze vergottet sei, sofern sie sich zu dem einen, Gott gewordenen Menschen bekannte. Warum also die früher gesuchten Wege zur Theosis überflüssig erschienen. Mit dieser Frage setzt sich Steiner im folgenden Kapitel auseinander.

7. Die Evangelien

Die Evangelien verstehen sich nach Steiner nicht als historische Biographien, sondern sind typische Lebensbeschreibungen eines Initiierten, die aus verschiedenen Mysterientraditionen und ihrer jeweiligen Ikonographie hervorgegangen sind. Die einzelnen Evangelisten beschreiben ein Jesusleben, wie es ihnen auf dem Hintergrund ihrer Mysterienikonographie erscheinen mußte. Deshalb sind Widersprüche nicht von Bedeutung, weil die Schilderungen gar nicht historisch gemeint sind. Die pneumatische Interpretation erkennt, daß auch die Evangelien Schilderungen von Seelenvorgängen sind, Schilderungen von Stationen auf dem Wege zur Initiation. Von den drei Schichten ihres Inhaltes, der scheinbar historisch-tatsächlichen, der ausdrücklich gleichnishaften und der lehrhaften ist auch die erstere nicht historisch aufzufassen. Auch die sog. Wunder stellen für die pneumatische Deutung kein Problem dar. Die Evangelien erzählen von Jesus, «wie ein Myste von einem Eingeweihten erzählt». Aber, sie «überliefern die Einweihung als eine einzigartige Eigentümlichkeit eines Einzigen. Und sie machen alles Heil davon abhängig, daß sich die Menschen an diesen eigenartig Eingeweihten halten. Was zu den Eingeweihten gekommen war, das war das ‹Reich Gottes›. Der Einzigartige hat dieses Reich allen gebracht, die zu ihm halten wollen. Aus einer persönlichen Angelegenheit des Einzelnen ist eine Gemeindeangelegenheit derjenigen geworden, die Jesus als ihren Herren anerkennen wollen.»[51]

Begründet ist diese welthistorische Eigentümlichkeit nach Steiner in der Geschichte des Judentums. Denn die Mysterien-Weisheit sei «in die israelitische Volksreligion eingebettet worden».[52] Hier haben wir es also mit einer orientalischen Volksreligion zu tun, wie zuvor mit den griechischen. Durch das – aus dem Judentum hervorgegangene – Christentum seien dem Judentum griechische und ägyptische Mysterientraditionen «aufgepfropft» worden. Diese Konvergenz sei angesichts des Mysterienursprungs aller Volksreligionen nicht verwunderlich. In ihrem «geistigen Kern» stimmten alle Volksreligionen überein. Die überall verbreitete Mysterienweisheit wurde nun durch das Judentum zu einer Weltreligion erhoben. In der israelitischen Volksreligion habe die Messiaserwartung gelebt. Ein «einzigartiger Initiierter» mußte von der jüdischen Tradition als Messias aufgefaßt werden. Auch der Übergang des Initiiertenlebens vom Einzelnen auf die Gemeinschaft lasse sich aus der Eigenart der israelitischen Religion verstehen. Denn die jüdische Religion sei von jeher Volksreligion gewesen. Durch seinen Gott sei das Volk zu einem Ganzen zusammengeschlossen worden. Ein Sohn dieses Gottes konnte nur der Heiland des ganzen Volkes werden. Nicht der Einzelne habe erlöst werden dürfen, sondern dem ganzen Volk sollte die Erlösung zuteil werden. Es sei innerhalb der Grundgedanken der jüdischen Religion begründet, daß der mystische Tod und die Auferstehung des Einzelnen der Gesamtheit zugute komme. Jesus als einzigartiger Initiierter sei aus den jüdischen Mysterien hervorgegangen. Dieser habe sich sagen müssen: «ich will nicht, daß das Heil die Sache weniger Auserwählter bleibe. Ich will alles Volk an diesem Heile teilnehmen lassen […] Er mußte es auf sich nehmen wollen, durch seine Persönlichkeit im Geiste das seiner Gemeinde zu sein, was der Mysterienkult früher denen war, die an ihm teilgenommen hatten. *Gewiß: die Erlebnisse konnte er dieser seiner Gemeinde nicht ohne weiteres geben. Das konnte er auch nicht wollen.* [Kursiv L.R.] Aber die Gewißheit wollte er allen geben von dem, was in den Mysterien als Wahrheit angeschaut wurde […] Die Gewißheit, daß es ein Göttliches gebe, wollte er in Form des *Vertrauens* unerschütterlich in die Herzen pflanzen […] Die Kluft zwischen Einzuweihenden und ‹Volk› sollte weniger groß sein, Das Christentum sollte ein Mittel sein, durch das jeder den Weg finden konnte […] Unabhängiger von den äußeren Mysterienzeremonien wollte Jesus das ‹Reich Gottes› machen.»[53]

Jesus erscheint in diesen Schilderungen Steiners als ein einzigartiger Initiierter, der eine Mysterienreligion fürs Volk schaffen wollte, der das Initiationsprinzip gleichsam demokratisieren oder popularisieren wollte. Er konnte zwar seinen Bekennern (zumindest den meisten) nicht die Erfahrungen und Erlebnisse vermitteln, die den Initiierten von den Mysterien vermittelt wurden: die *wirkliche Erfahrung* von Tod und Auferstehung, aber er konnte durch seine Verkündigung in ihnen die Gewißheit von der Unsterblichkeit und vom göttlichen Ursprung der Welt erwecken. Jesus ging aus dem Judentum hervor. Er konnte nach Steiner nur aus dem Judentum hervorgehen, weil dieses bereits das demokratische Prinzip im Religiösen entwickelt hatte, weil seine Religion Volksreligion, öffentliche Religion war und weil in ihm die Messiaserwartung, die Erwartung des Menschensohnes, der alle Stämme und Völker versöhnen sollte, lebendig war. Jesus trat als Initiierter aus den jüdisch-palästinensischen Mysterien als Erfüller jener Erwartung hervor, indem er das Bewußtsein von der Geburt des Gottes in der Seele des Menschen aussprach.

8. «Das Lazarus-Wunder»

Steiner weist zu Beginn dieses Kapitels darauf hin, daß die Auferweckung des Lazarus nur von Johannes erzählt werde und daß diese Auferweckung auf das Ende des Lebens Jesu von entscheidendem Einfluß gewesen sein müsse. Er interpretiert die Auferweckung als eine öffentlich gemachte Initiationshandlung, als Mysterienverrat, der die Verurteilung des Jesus zur Folge hatte. Lazarus sei vorbereitet gewesen auf die große Initiation, durch die der Logos in der Seele erweckt werde. Krankheit und Tod des Lazarus seien eine symbolische Initiationshandlung, während der Lazarus in einen somnambulen Todesschlaf versetzt worden sei. Doch sehen wir etwas genauer zu, wie Steiner das Verhältnis von Jesus und Lazarus schildert.

Steiner weist die rationalistische Deutung Renans zurück, der in der

Erweckung nur eine Irreführung der abergläubischen Gemeinde sehen wollte. Vielmehr müsse Jesus «symbolisch» und zugleich «wörtlich» genommen werden, wenn er sage: «Ich bin die Auferstehung und das Leben.» Er sei die Auferstehung, die an Lazarus geschehen sei, er sei das Leben, das Lazarus lebe, er sei das Wort, das Fleisch geworden sei: das bedeute, das Leben, das Lazarus erlangt habe, sei das ewige Leben, weil in ihm das «ewige Wort» erweckt worden sei. Kurz: Lazarus habe durch Jesus als Initiierten die Initiation erlangt und der Geist sei in ihm zum Leben erweckt worden, der auch in Jesus lebendig war. Das Grab, aus dem das Wort in Lazarus geboren worden sei, das sei der Leib des Lazarus, denn der Leib sei das Grab der Seele. Wenn Plato im Hinblick auf das «Lebendigwerden der geistigen Welt in dem Leibe» von einer Art Auferstehung spreche, dann nenne Johannes diesen Vorgang die Erweckung des Wortes. «Plato hätte sagen können: wer geistig wird, der hat ein Göttliches aus dem Grabe seines Leibes auferstehen lassen. Und für Johannes ist das ‹Leben Jesu› diese Auferstehung.»[54]

Das Lazarus-Wunder war also eine geistige Erweckung. Diese wurde durch einen symbolischen Akt besiegelt: eben den erwähnten somnambulen Schlaf. «Der irdische Mensch mußte des symbolisch-wirklichen Todes sterben. Daß dann sein Leib in einen somnambulen Schlaf durch drei Tage versetzt wurde, kann gegenüber der Größe der Lebenswandlung, die vorging, eben doch nur als symbolisch-wirkliche Handlung bezeichnet werden.»[55] Diese Grablegung ist also wirklich, auch wenn Lazarus nicht wirklich (physisch) gestorben ist. Sie symbolisiert den realen Vorgang der Transformation, sie bewirkt ihn nicht. Jener Vorgang findet in seiner Seele statt, durch ihn wird ein neues, ein höheres Ich, jener Daimon geboren, den Steiner auch als «Sohn Gottes», als «Logos» und als «Wort» bezeichnet. Jesus vollzog an Lazarus eine Handlung, die uralten Mysterientraditionen entsprach, obwohl dies zur Erweckung des Lazarus gar nicht erforderlich gewesen wäre. Jesus ist, sagt Steiner an dieser Stelle wörtlich, «das lebendige Wort, in ihm ist Person geworden, was uralte Tradition war. Und der Evangelist darf das mit dem Satze aussprechen: in ihm ist das Wort Fleisch geworden. Er darf in Jesus selbst ein verkörpertes Mysterium sehen.»[56]

Aber Jesus hatte ein altehrwürdiges Mysterien-Geheimnis offenbart. 8 Deswegen mußte er den Tod aller Mysterienverräter sterben.

9. «Die Apokalypse des Johannes»

Bevor sich das Buch dem geschichtlichen Hintergrund Jesu zuwendet, behandelt Steiner die Apokalypse des Johannes. Dieses Kapitel, will mir scheinen, ist das Schlüsselkapitel des ganzen Buches. Steiner greift darin die Unterscheidung zwischen Volksreligion und Mysterienreligion wieder auf, die er bereits an der griechischen Antike illustrierte und wendet sie nun auf das Christentum an, das ja nach seiner Auffassung eine zur Volksreligion gewordene Mysterienweisheit darstellt. Zu diesem Christentum als Volksreligion verhalte sich aber die «geheime Offenbarung Johannis» wie die Mysterienreligion zur antiken Volksreligion. Das heißt, die Apokalypse des Johannes enthält nach Steiners Deutung eine geheime Offenbarung Jesu Christi, eine geheime Lehre, die nur verstehen kann, wer den Versuch unternimmt, «diese Apokalypse als Mysterium zu behandeln». Das kann wiederum nur heißen, daß sie mit Hilfe der pneumatischen Methode gedeutet werden muß, sowie die Mythen der Volksreligion mit Hilfe der pneumatischen Methode gedeutet wurden. Das Kapitel nimmt auch insofern eine besondere Stellung innerhalb des Buches ein, weil in ihm das erste Mal ausdrücklich der Begriff der Menschenweisheit (übersetzt: *Anthropos-Sophia*) in seinem Verhältnis zur göttlichen Weisheit thematisiert wird. Man findet diese Thematisierung in Steiners Ausführungen über die Nikolaiten, die das erste Sendschreiben erwähnt. Die Nikolaiten sind nach Steiner eine Sekte, die das menschliche mit dem göttlichen Wissen verwechselten. «Das am Sinnlich-Verständlichen haftende Wissen wird in eine höhere Sphäre erhoben dadurch, daß es zur Weisheit vergeistigt, vergöttlicht wird.»[57] Dies hätten die Nikolaiten versäumt. Sie hätten Christus als das göttliche Wort aufgefaßt, das in der Seele des Menschen geboren werde, und hätten geschlossen, daß die menschliche Weisheit das göttliche Wort sei. Wer menschlichem Wissen nachjage, betreibe göttliche Geschäfte in der Welt. «Aber so ist es nicht. Das Wissen, die Menschen-Weisheit, ist ebenso vergänglich wie alles andere, wenn sie sich nicht erst in eine göttliche Weisheit wandelt.»[58]

Daneben spricht Steiner in seiner Apokalypse-Interpretation von sieben Wegen, um zu Gott zu gelangen, die alle mehr oder weniger unvollkommen seien. Er erwähnt, daß die Dämonen der Mysterienweisheit bei Johannes zu Engeln geworden seien, die den Menschen auf den sieben unvollkommenen Wegen leiten sollen. Das Buch mit den sieben Siegeln, das nur vom Löwen aus dem Stamme Juda geöffnet werden kann, deutet Steiner als siebenfältige Menschenweisheit. Siegel seien, wie er in Anlehnung an Philo ausführt, die «Grundgedanken der Schöpfung», die «ewigen Weltgedanken», die in dieser zum Ausdruck kommen. «Menschenweisheit» suche diese Schöpfungsgedanken. Jesus könne die Siegel öffnen. Er habe den Schöpfungsgedanken eine Richtung gegeben, die durch sie hindurch, zur Weisheit führe: «der Jesus, der den Christus in sich gebracht hat, der also im höchsten Sinne durch das Lebens-Todes-Mysterium gegangen ist, öffnet das Buch.»[59] Die sieben Engel, die vor Gott stehen, sind Steiner die Geister, die auf wahrhaft christliche Weise zur Gottesanschauung führen (Kap 8, 2). Johannes werde an dieser Stelle eine «Einweihung» zuteil. An dieser Stelle werde auch deutlich, daß diese Einweihung eine neue Form der Einweihung sei. Das Christentum solle nicht für wenige Auserwählte da sein. Es wolle eine Volksreligion für die ganze Menschheit sein. Die Posaunen des Christentums erklängen für jeden, der sie hören wolle.

Johannes werde nun das Buch, in dem die göttliche Wahrheit stehe, überreicht und er müsse es essen und verdauen. Steiner deutet diese Schilderungen als Hinweis auf die Art, wie die Umschmelzung des göttlichen Wissens in der Seele des Menschen zu erfolgen habe. «Was hilft alle Erkenntnis, wenn der Mensch nicht ganz lebensvoll von ihr durchdrungen wird. *Leben* soll die Weisheit werden; nicht Göttliches erkennen bloß soll der Mensch; vergottet soll der Mensch werden [...] Durch solche Einweihung nur kann das Christentum auf der Erde gegenwärtig werden. Es tötet alles, was der niedern Natur angehört.»[60] Christus sei überall in der niederen Natur gekreuzigt; wo diese siege, bleibe alles tot. Nur wer sich selbst überwinde, wer den gekreuzigten Christus in sich zur Erweckung bringe, könne die Stimme der göttlichen Wahrheit vernehmen. In der christlichen Einweihung erneuere sich der Kampf, der in den alten Mysterien gegen die niedere Natur geführt worden sei. Die große Schlange, der alte Drache müsse überwunden werden. Hier nun ist die Menschenseele das Weib, das das niedere Wissen, das an der sinnlichen Welt haftet, gebiert. Der Durchgang durch dieses Wissen sei notwendig, aber es müsse zur Weisheit gesteigert werden. Wer den Gottessohn nicht in sich hervorbringe, der der Schlange den Kopf zertrete, gerate in Gefahr, von der Schlange der Erkenntnis verführt zu werden. Jesus werde bei Johannes zum Stifter einer neuen, christlichen Einweihung, die alle bisherigen ersetzen sollte. Jesus, in dem der Fleisch gewordene Logos gelebt habe, sollte zum «Initiator einer ganzen Menschheit» werden, durch sein Wirken erwies sich «die ganze Welt als ein Mysterientempel». Die Menschheit als Ganze sollte seine «Mystengemeinde» werden. Nicht Einzelne sollten auserwählt werden, sondern alle sollten in eines zusammengeschlossen werden. Dem Einzelnen und seinem Daimon sollte obliegen, wie weit er in dieser christlichen Einweihung voranschreite, ebenso wie der Zugang zu ihr dem Einzelnen obliegen sollte. Für Johannes gingen alle bisherigen Götter in der «einen christlichen Göttlichkeit» auf. «Was der Verfasser der Apokalypse für einen Glauben hatte über das Verhältnis *seiner* Kirche zu den alten Kirchen, *das* hat er dargelegt.»[61] Er selbst habe seine Offenbarung auf dem (christlichen) Mysterienweg erhalten. Das Kapitel endet mit den Sätzen: «Also aus den Mysterien ist das Christentum hervorgegangen. Seine Weisheit wird in der Apokalypse selbst als ein Mysterium geboren; aber als ein Mysterium, das über den Rahmen der alten Mysterienweisheit hinausgehen will. Das Einzelmysterium soll ein universelles Mysterium werden.»[62]

10. «Jesus und sein geschichtlicher Hintergrund»

Den geschichtlichen Hintergrund Jesu sieht Steiner im Essäertum, das einen natürlichen Übergang vom orientalischen Mysterienwesen zum Christentum darstelle.[63] Der Geist des Christentums sei aus der Mysterienwahrheit hervorgewachsen. Es habe sich nur die Überzeugung durchsetzen müssen, dieser Geist der Mysterien solle sich in höherem Maß im Leben geltend machen, um das Erscheinen des Christentums zu ermöglichen. Lebensgemeinschaften, die eben diese Überzeugung pflegten, seien die Therapeuten und Essäer gewesen. Sie hätten die Anforderung an den Menschen gestellt, so zu leben, daß er durch sein Leben zur Vergottung gelange. Das Leben dieser Gemeinschaften sei geeignet gewesen, die niedere Natur des Menschen zu erdrücken, um den in ihm verzauberten Geist zu erwecken. Diese Menschengemeinschaften hätten die Ziele der Mysterien verallgemeinert. Das Christentum habe schließlich nur die Mysterienprinzipien zu einer allgemeinen Menschheitsangelegenheit erheben wollen. Die Persönlichkeit Jesu sei aus solchen Menschengemeinschaften «völlig verständlich».[64] Hier habe eine hoch begabte Persönlichkeit sich voll entfalten können. In einer solchen Gemeinschaft sei «eine Buddhanatur gehegt worden». Zu ihrer Voraussetzung habe eine solche Hege die Überzeugung von der «Seelenwandelung», aus der Unterschiede im geistigen Entwicklungsrang einzelner Menschen verständlich seien. Die Vorbedingungen zum Erkennen einer Buddhanatur seien in dieser Gemeinschaft vorhanden gewesen. So konnte aus einer solchen Gemeinschaft ein Buddha-Jesus hervorgehen, also ein Wesen, das auf der Stufe der Verklärung stehen konnte, die die «Seele mit dem Weltenlicht durchklärt». Aus dem Essäer- und Therapeutentum könne man die Entstehung des Christentums begreifen. Was Steiner hier vorträgt, ist nicht weniger als eine geistes- oder bewußtseinsgeschichtliche Erklärung des Christentums, die dieses Christentum zugleich in die reale Geschichte zurückbindet. Denn Jesus war eine Buddhanatur, die real existiert hat, die auch über die Stufe Buddhas hinausgeschritten ist, wie wir bereits gehört haben. In einer Essäergemeinde habe der «Logos Fleisch, das ist, Persönlichkeit»,[65] werden können, um in dieser Persönlichkeit zu wohnen. Zum Begründer des Christentums sei diese Persönlichkeit geworden, weil sie die Grundforderung des Essäertums zur Menschheitsangelegenheit erhoben habe. *Spricht Steiner hier möglicherweise vom Persönlichwerden der Wesenheit des Christus in seiner eigenen Seele?* Die Pflege der eigenen Seele in den Vordergrund zu stellen, ohne sich den strengen Normen des Essäertums zu unterwerfen, das sei das Anliegen des Christentums gewesen. Indem es darauf hinwies, daß das Reich Gottes im Inneren des Menschen gefunden werden könne, habe es die einzelnen Menschen in die Freiheit vom Gesetz entlassen.

11. «Vom Wesen des Christentums»

Die Bekenner des Christentums zutiefst beeindruckt habe die Tatsache, daß sie, wenn sie vom Logos sprachen, stets auf die historische Persönlichkeit des Jesus hinblickten. Bisher habe dieser nur in verschiedenen Graden der Vollkommenheit in Menschen existiert, die sich der Einweihung unterzogen. Ein höherer Reifegrad sei als Ausdruck einer höheren Entwicklungsstufe des Geistes aufgefaßt worden. Die jüdische Geheimlehre, die aus dem Sohar spreche, habe die Persönlichkeit als eine Metamorphose des Ewigen im Menschen verstanden. «Dieser sich wandelnde Logos ist durch das Christentum von der einzelnen Persönlichkeit abgeleitet worden auf die *einzige* Persönlichkeit Jesu. Was früher auf die ganze Welt verteilt war: das wurde nunmehr auf eine einzige Persönlichkeit vereinigt. Jesus ist der einzige Gottmensch geworden. Er hat die Vergottung der ganzen Menschheit auf sich genommen [...] *Man hatte der Persönlichkeit des Menschen das entrissen, was in ihr selbst immer als Göttliches, als Ewiges gefunden worden war. Und man hatte alles dieses Ewige auf Jesus abgelagert.»* [Kursiv L.R.][66] Was Steiner hier beschreibt, ist der psychologische Vorgang der Übertragung. Anteile der eigenen Persönlichkeit werden auf andere Persönlichkeiten projiziert, ohne daß man sich dessen bewußt ist. Die Gesamtheit des Ewigen wurde auf Jesus projiziert. Er zog die Gesamtheit des Göttlichen, das bisher auf die Menschheit aufgeteilt war, in sich zusammen: er war das Pleroma, das vor ihm auf die Menschheit verteilt war. Jesus wurde zum «einigen Gott», der allein imstande war, die dem Tode unterworfene Seele zum ewigen Leben zu erwecken. Der Persönlichkeit war das Unsterbliche, der Daimon, entrissen worden, deswegen mußte man die Persönlichkeit selbst für unsterblich erklären, wenn man nicht zum Leugner des Göttlichen werden wollte. So habe sich aus dem Glauben an die «ewige Wandelung der Seele» der Glaube an die «persönliche Unsterblichkeit» entwickelt. Die Persönlichkeit sei unendlich wichtig geworden, weil sie das einzige geblieben sei, das man am Menschen festhielt. Nun sei der Mensch als Persönlichkeit unmittelbar dem unendlichen Gott gegenübergetreten. Man habe selbst keinen Anteil am Göttlichen mehr gehabt und sei Gott unmittelbar, aber äußerlich gegenübergestanden. Das Göttliche der Vorzeit ist zu Gott als Persönlichkeit geworden. Gott selbst ist Persönlichkeit geworden. Als radikal neuartig sei dieser «Ton in der Weltanschauung» besonders von Vertrauten des Mysterienwesens empfunden worden. Die christlichen Schriften der ersten Jahrhunderte spiegelten die dadurch entstandenen Seelenkämpfe. Das Christentum sei langsam aus dem Mysterienwesen herausgewachsen. Christliche Anschauungen seien in der Form der Mysterienwahrheiten vorgetragen worden, Mysterienweisheit in christlichen Worten. Man habe sich gegenseitig zu Irrlehrern erklärt und daneben habe sich die Kirche verfestigt, die zunehmend auf Konzilien, statt durch persönliches Forschen über die Richtigkeit des Weges entschieden habe.

Aus dem Gegensatz zwischen sich etablierendem Kirchenchristentum und Mysterienwissen erklärt Steiner die Entstehung der Gnosis, in der er zunächst nichts anderes sieht, als den Versuch, zu einem «tieferen, geistigen Sinn der christlichen Lehren» zu finden.[67] Die Gnostiker, mit alter Mysterienweisheit «durchtränkt», versuchten das Christentum aus dem Mysterienwissen zu verstehen. Die gnostische Grundfrage war die Frage nach dem Verhältnis zwischen dem geistigen Logos und dem geschichtlichen Jesus. Die Gnostiker vertrauten der Menschenweisheit und hielten sie fähig, «einen Christus zu gebären»[68], an dem der geschichtliche gemessen werden müsse, durch den auch der historische erst verstanden werden könne. Die Schriften, die unter dem Namen des Dionysios Areopagita veröffentlicht wurden, sieht Steiner als den Versuch, das Christentum von der neuplatonischen Philosophie her zu erfassen. Das Göttliche liege für diesen jenseits des Seienden und Nicht-Seienden. Das gewöhnliche Erkennen ist außerstande, dieses Überseiende zu erreichen. Dahin gelangt allein die Ekstase, die über das gewöhnliche Bewußtsein und seine Erkenntnismittel hinaus führt. Gleichzeitig kann der Mensch aber eine Beziehung zum Logos finden, der aus dem überseienden Göttlichen hervorgegangen ist. Dieser ist als geistiger Sohn des unsichtbaren Vaters in der Welt gegenwärtig. Er kann auch, in verschiedenen Stufen, in Menschen oder Institutionen gegenwärtig sein. In der kirchlichen Hierarchie bildet sich das vielstufige Bewußtsein des Logos ab. Die Heilskraft der Kirche ist der Logos, der «persönlich in dem fleischgewordenen Christus, in Jesus», gelebt habe und nun in der Kirche fortwirke.[69]

Die Gnosis mußte ein Verständnis der Persönlichkeit Jesu finden. Christus als der Logos, der Sohn Gottes, und Jesus als der Menschensohn mußten in ein Verhältnis gebracht werden. Während die Mysten in ihrem Menschsein verschiedene Grade der Göttlichkeit verwirklichten, standen die Christen einem in sich vollendeten Göttlichen gegenüber, das «über alle menschliche Erreichbarkeit erhaben» war. Aufgrund dieser Anschauung war eigentlich eine «mystische Grundstimmung unmöglich». Denn ein alles Menschliche überragender Gott könne nie in der Seele des Menschen wohnen. Gnosis und spätere Mystik stellten den Versuch dar, zu diesem Göttlichen doch eine erlebnishafte Beziehung zu gewinnen. In den Jahrhunderten nach der Begründung des Christentums entstand eine Kluft zwischen dem, was der Mensch von sich aus erreichen konnte und dem, was das Christentum als göttlich bezeichnete: die Kluft zwischen Wissen und Glauben. Für das Bewußtsein des Mysten konnte es eine solche Kluft nicht geben. Daraus ergaben sich die Kämpfe innerhalb der Geschichte des Christentums zwischen jenen, die an der Unüberbrückbarkeit dieser Kluft festhielten und jenen, die glaubten, sie durch Entwicklung der menschlichen Fähigkeiten überbrücken zu können. Der Myste sei sich klar, daß das ihm Erfahrbare Göttliche das wahre, lebendige Göttliche sei. «Der Myste will gar nicht den vollendeten Gott erkennen, sondern er will das göttliche Leben erfahren. Er will vergottet werden; er will nicht ein äußerliches Verhältnis zur Gottheit gewinnen.»[70]

12. «Christentum und heidnische Weisheit»

In diesem Kapitel verfolgt Steiner die eben beschriebene Spaltung weiter, die sich zu der Zweiheit einer *rein geistigen Christus-Idee* und einer *rein persönlich-historischen Christus-Auffassung* entwickelte. Zuvor aber geht er auf eine geistige Strömung ein, die die platonische Vorstellungsart und eine verinnerlichte, vergeistigte Mysterienweisheit miteinander verbunden habe und von Philo von Alexandrien ausgegangen sei. Steiner scheint diese geistige Strömung deshalb darzustellen, weil er zeigen will, daß die Entwicklung, die das Verständnis des Christentums in der Kirche genommen hat, nicht zwingend war. Für Philo wurde das Innere des Menschen zum Mysterientempel. Die Seele könne sich über die sinnliche Erkenntnisform erheben, wenn sie über ihr «gewöhnliches Ich» hinaustrete. Dieser entrückten Seele teile sich das Göttliche zwar «nicht in Gedankenformen» mit, aber es werde von ihr *erlebt*. Die mystisch erlebte Gottheit werde von Philo als der Urgrund alles Seins, als der Quell der Schöpfung aufgefaßt. Die Welt ist ein Abbild der unsichtbaren Gottheit, die Philo in seinem Inneren aufsucht. Die die Schöpfung durchdringende Weisheit ist ein geistiges Ebenbild des Urvaters: der in die Welt ergossene göttliche Geist, die «Weltvernunft», der «Logos», der «Sohn Gottes». Der Mensch könne sich nun mit Erkenntnis durchdringen und sich auf diesem Wege mit dem Logos, dem Sohn vereinigen. Der Logos verkörpere sich in einem solchen Menschen, der zu einem Träger des Logos werde. Der im Innern des Menschen erscheinende Geist ist für Philo der die Welt durchdringende Logos, der Sohn Gottes. Philo suche zwar den «Kern des Daseins» in seinem Innern, aber er sei davon überzeugt, daß dieses Innenleben kosmische Geltung habe. Philo stimme in dieser Beziehung völlig mit Plato überein. Wie dieser die Volksmythen behandelt habe, gehe Philo mit den mosaischen Schöpfungsberichten um, die er allegorisch-pneumatisch als *Bilder innerer Seelenvorgänge* interpretiert. Das Göttliche zu erkennen bedeute für Philo ebenso wie in der antiken Mysterienweisheit und bei Plato, den Schöpfungsvorgang als «eigenes seelisches Schicksal» zu erfahren. «Geschichte der Schöpfung und Geschichte der sich vergöttlichenden Seele fließen dadurch in Eins zusammen.»[71] Die Bibel werde Philo zu einer Seelengeschichte. Die Wege der Seele zu Gott sind in den Erzählungen des Alten Testamentes beschrieben, wenn dieses nicht wörtlich, sondern pneumatisch verstanden wird.

Für Philo spielt sich, nach Steiners Darstellung, dieser Weg der Seele zu Gott rein im Inneren der Seele selbst ab. «Der Mensch erlebt in sich, was Gott in der Welt erlebt hat. Das Wort Gottes, der Logos, wird Seelen-Ereignis.»[72] Ja, «der Gott, der in der Welt ausgegossen wurde, feiert seine Auferstehung in der Seele, wenn sein Schöpfungswort verstanden, und in der Seele nachgebildet wird. Dann hat der Mensch in sich den Gott, den Mensch gewordenen Gottesgeist, den Logos, Christus, auf geistige Art geboren.»[73] Die Erkenntnis war für Philo eine Christusgeburt innerhalb des menschlichen Geistes.

Steiner sah es also keineswegs als zwingend an, daß die Summe des Göttlichen und Ewigen in der Welt «der menschlichen Persönlichkeit entrissen» und auf Jesus als den Sohn Gottes «abgelagert» wurde, wie dies das entstehende Christentum tat. Denn zur gleichen Zeit existierte eine verinnerlichte Mysterienweisheit, die einen Zugang zur mystischen Christuserfahrung fand, indem sie in der Geburt des Geistes in der Seele die Auferstehung des Sohnesgottes erlebte. Eine ähnliche Tendenz sieht Steiner auch im gleichzeitigen Neuplatonismus (Plotin) walten. Im Neuplatonismus sieht Steiner ein «*geistiges, verinnerlichtes Christentum*».[74] Diesem steht ein fleischliches, veräußerlichtes Christentum bei den Bekennern der Jesus-Gemeinde und ihren Nachfolgern gegenüber. Diese redeten davon, sie hätten das «Wort des Lebens» mit Augen geschaut und mit ihren Händen berührt, während Neuplatoniker hätten sagen können, was man nicht hören und nicht sehen könne, das müsse spirituell als das «Wort des Lebens» erlebt werden. Auf der einen Seite stand also «eine Christus-Idee, die sich auf rein Geistiges bezieht»; auf der anderen floß «diese Christus-Idee mit einer geschichtlichen Erscheinung, mit der Persönlichkeit Jesu» zusammen. Der Evangelist Johannes verbinde beide Vorstellungen miteinander. Während die Neuplatoniker von der *Geistwerdung des Wortes im Innern der Seele* sprachen, sah Johannes das Wort in Jesus auch noch *Fleisch werden. Wie* das Wort Fleisch werden konnte, das sei durch die Entwicklung der alten Weltanschauungen vorgezeichnet gewesen. Plato habe von der makrokosmischen Kreuzigung der Weltseele oder des Logos am Weltleib erzählt. Der Logos könne nur Fleisch werden, wenn er den «kosmischen Weltprozeß im Fleisches-Dasein» wiederhole.[75] Das heißt, er müsse ans Kreuz geschlagen werden und auferstehen. Dieser «wichtigste Gedanke» des Christentums sei als «geistige Vorstellung» in den alten Traditionen längst präformiert gewesen. In der Einweihung sei dieser Vorgang für die Mysten persönliches Erlebnis geworden. Als für die ganze Menschheit geltende Tatsache habe es der «Mensch gewordene Logos» durchleben müssen. Ein früherer Mysterienvorgang sei durch das Christentum «*als historische Tatsache gedeutet*» worden. Deswegen konnte sich das Christentum als Erfüllung der jüdischen Heilerwartung und als Verwirklichung dessen verstehen, was von den Mysterien angestrebt worden sei.

Das Kapitel endet mit der vielschichtigen Passage:

«Das Kreuz auf Golgatha ist der in eine Tatsache zusammengezogene Mysterienkult des Altertums. Dieses Kreuz begegnet uns zuerst in den alten Weltanschauungen; es begegnet uns als einmaliges Ereignis, das für die ganze Menschheit gelten soll, am Ausgangspunkte des Christentums. Von diesem Gesichtspunkt aus kann das Mystische im Christentum begriffen werden. Das Christentum als mystische Tatsache ist eine Entwicklungsstufe der Mysterienweisheit.»[76]

Für Steiner gibt es eine Kontinuität der geistigen Entwicklung, die auf die Veröffentlichung der Mysterienerfahrung zusteuert. Jesus war die Persönlichkeit, die als einzigartiger Initiierter die Aufgabe übernahm, das Geheimnis der Sohnesgeburt im Menschen und damit das Geheimnis der Geistigkeit der Welt öffentlich zu verkünden. Seine Einzigartigkeit bestand nicht darin, daß er Initiierter war, sie bestand darin, daß er den geistigen Inhalt seiner Initiation zu einem Allgemeingut der Menschheit zu machen versuchte. Indem seine Gestalt aber als unübersteigbarer, einzigartiger Inbegriff des Göttlichen *miß*deutet wurde, *entriß* das Christentum der menschlichen Persönlichkeit die Möglichkeit, auf mystischem Weg die Geburt des Sohnesgottes zu erfahren. Während das verinnerlichte, vergeistigte Christentum in der philonischen und neuplatonischen Mystik an den Mysteriensinn des Kreuzes anknüpfte und den von Jesus begangenen Weg weiter beschritt, entfernte sich das historische Christentum immer mehr von diesem Ursprungssinn des Kreuzes. Die Kirche wurde schließlich durch Augustinus zum «Umweg» auf dem Weg zu Gott (14. Kapitel).

Das Christentum als «*mystische*» Tatsache: eine Entwicklungsstufe der Mysterienweisheit – wo war denn, nach Steiners Darstellung, das Christentum *mystische* Tatsache? Es war eine solche Tatsache in griechischen, orientalischen und ägyptischen Mysterien, in der platonischen Philosophie, im Essäer- und Therapeutentum, im Neuplatonismus. Es wurde aber auch im Werk das diesen Titel trägt zur «mystischen Tatsache». Insofern ist auch Steiners Werk als eine Entwicklungsstufe der Mysterienweisheit aufzufassen. Es stellt die Erneuerung der Mysterienweisheit aus dem Christentum als mystischer Tatsache dar.

13. «Augustinus und die katholische Kirche»

Augustinus war für Steiner seiner Veranlagung nach Myste. Dies habe er deutlich zum Ausdruck gebracht, wenn er davon spreche, daß der Gott des Christentums auf geistigem Wege gesucht werden müsse. Um den geistigen Gehalt des Christentums zu erfassen, hielt Augustinus ein Denken für erforderlich, das frei von sinnlichen Inhalten sei. Damit habe Augustinus eine Wahrheit ausgesprochen, denn «zu einer höheren Erkenntnis» könne man nur kommen, «wenn man sich zu einem von allem sinnlichen Stoffe freien Denken entwickelt hat».[77] Der Irrtum des Augustinus bestand nach Steiner darin, zu glauben, allein «die Kirche» sei «der Tempel, innerhalb dessen die ‹Einweihung› zu empfangen ist».[78] Dadurch wurde die Kirche zum Umweg, «auf dem man von der Menschenseele aus zum Göttlichen gelangen konnte».[79] Das Göttliche wurde durch die Etablierung des kirchlichen Mittlertums dem «unmittelbaren persönlichen Erlebnis» entrückt. «Das Göttliche selbst schwebte in unerreichbarer Ferne. Man konnte es nicht erkennen, nicht *erleben*; man mußte es, auf die Autorität der Kirche hin, *glauben*.»[80] Damit war der Gegensatz von *Glauben* und *Erkennen* aufgerichtet.

Was die Mysterien auf ihren Einweihungswegen als unmittelbare innere Erfahrung suchten, das war «durch die christliche Gesinnung zum Glaubensinhalt» geworden. Die Mysten waren überzeugt, daß ihnen Erkenntnis des Göttlichen möglich sei, die über den Volksglauben des Mythos hinaus gehe. Das Christentum vertrat die Auffassung, Gott habe den Menschen seine Weisheit offenbart und der Mensch könne ein Abbild dieser Offenbarung erfassen. Die Mysterienerkenntnis Gottes war wenigen vorbehalten, die christliche Offenbarung von Gott sollte allen zuteil werden. Doch in Wahrheit sei, so Steiner, die christliche Weisheit ein Mysterium, «das als Erkenntnis Keinem, als Glaubensinhalt allen geoffenbart» wurde. «Das Christentum holte das Mysterium aus der Tempel-Dunkelheit in das helle Tageslicht hervor. Aber es verschloß zugleich die Tempeloffenbarung in das innerste Gemach, in den Inhalt des Glaubens.»[81]

Ausblick

Wenn Steiner vom Christentum als «mystischer Tatsache» spricht, dann meint er mit diesem Begriff eine Erkenntnistatsache, zu der durch innere Erfahrung ein Zugang möglich ist. Der Gedanke, daß die in der Schöpfung erstorbene Gottheit durch das menschliche Erkennen erlöst und der in der außermenschlichen und menschlichen Natur gekreuzigte Sohn in der erkennenden Seele auferstehe, ist – nach Steiners Interpretation – Bestandteil der antiken Philosophie. Er ist aus dieser in manche Philosophien der Neuzeit als Philosophem eingedrungen. Er taucht in den philosophischen Werken Steiners wieder auf, in denen das Erkennen des Menschen als wirklichkeitsschöpferischer Akt aufgefaßt wird, durch den sich der Erkennende mit dem Logosgehalt der Welt zusammenschließt und sich zum Handeln aus dem Logos, zur Freiheit, befähigt. «Das mit dem Gedankeninhalt erfüllte Leben in der Wirklichkeit» ist für Steiner 1893/94 «zugleich das Leben in Gott».[82] «Das gemeinsame Urwesen, das alle Menschen durchdringt, ergreift [...] der Mensch in seinem Denken.»[83] Die unausschöpfbaren Tiefen dieses Urwesens, von dem Steiner 1893/94 sprach, erscheinen in seinem Werk über das Christentum als mystische Tatsache in historische Dimensionen erweitert. Die Geschichte der Bewußtwerdung dieses Urwesens in der Menschheit ist ein Teil des Lebens der Menschheit in Gott. Die Gestalten des Wissens, die die Menschheit durchlaufen hat, sind Stufen auf dem Wege zur Gotterkenntnis. Die philosophische Einweihung, von der Steiners Werkentwicklung zwischen 1883 und 1902 Zeugnis ablegt, ist eine Rekapitulation des Weges, den die Schüler Platos, den die Mysterienschüler und andere beschritten haben. Aus der denkbarsten Gottferne der Aufklärung, für die der Begriff des Göttlichen zu einem bloßen Machtinstrument oder zu einer Projektion menschlicher Wünsche zerfloß, geht Steiner seinen Gedankenweg zur Geburt des Sohnes in der denkenden Seele. Diese Erneuerung des christlichen Mysteriums ist nur durch die Vertiefung des Lebens in Gedanken zu erreichen, in der das Feuer des Geistes die *Menschen-Weisheit* verzehrt. Aus ihrem mystischen Tod kann die Menschenweisheit als Logos wiedergeboren werden. In der wiedergeborenen Menschenweisheit gehen die Schöpfungsgedanken als innere Seelenerlebnisse auf. Die erkennende Seele gebiert die Schöpfung aus sich, die im Logos als Gedanke Gottes erscheint.

Man erkennt, von welch hohem Standpunkt Steiner seine Religionsphilosophie entwickelte: Er hält die Menschheit als Ganze für fähig, den Mysterienweg zu gehen und dem irdischen Leben zugunsten eines höheren, geistigen Lebens abzusagen, das der Quell aller Liebe und alles Friedens hätte sein können. Steiner beschreibt mit seinem Buch *Das Christentum als mystische Tatsache* die Annäherung der Christuswesenheit an seine eigene Seele und an die Menschheit zugleich. Da der Gedanke sich immer mehr als Wesenheit enthüllt, wird die Gedankengeschichte der Menschheit zu einer Geschichte von Wesenheiten. Von der mystischen Tiefenerfahrung, die in diesem Werk dokumentiert ist, ist es nur mehr ein Schritt zur Erkenntnis der übergeschichtlichen Wesenheit des Christus, die in Jesus geschichtlich geworden war. Damit beantwortete Steiner die Grundfrage der Gnostiker durch die Fortentwicklung der Mysterienweisheit, die in seinem Werk in den folgenden Jahren Gestalt annahm. *Die Anthroposophie ist die aus dem wiedergeborenen Logos geschöpfte Menschenweisheit.* Sie ist ebenso unausschöpfbar und unabschließbar wie die göttliche Weisheit selbst.

Anmerkungen

1 *Die Mystik im Aufgange des neuzeitlichen Geisteslebens und ihr Verhältnis zur modernen Weltanschauung*, Dornach [5]1960, S. 145.

2 Die erste Auflage ist in fotomechanischer Reproduktion 1995 im Rudolf Steiner Verlag erschienen. Die Seitenverweise beziehen sich stets auf diese Ausgabe, die mit dem Original identisch ist.

3 Vgl. G. Röschert, «Wilhelm Rath und Christoph Lindenberg» im vorliegenden Buch.

4 *Das Christentum als mystische Thatsache* (im folgenden kurz *Das Christentum* genannt), S. III.

5 *Das Christentum*, S. IV.

6 *Das Christentum*, S. V.

7 *Das Christentum*, S. 3.

8 *Das Christentum*, S. 5.

9 *Das Christentum*, S. 5.
10 *Das Christentum*, S. 6.
11 *Das Christentum*, S. 6.
12 *Das Christentum*, S. 7.
13 *Das Christentum*, S. 9.
14 *Das Christentum*, S. 9.
15 *Das Christentum*, S. 10.
16 *Das Christentum*, S. 11.
17 *Das Christentum*, S. 12.
18 Ausgabe 1979, S. 77.
19 *Das Christentum*, S. 14.
20 *Das Christentum*, S. 15.
21 *Das Christentum*, S. 17.
22 *Das Christentum*, S. 18.
23 *Das Christentum*, S. 19.
24 *Das Christentum*, S. 22.
25 *Das Christentum*, S. 23–24.
26 *Das Christentum*, S. 24.
27 *Das Christentum*, S. 31.
28 *Das Christentum*, S. 32.
29 *Das Christentum*, S. 37–38.
30 *Das Christentum*, S. 38.
31 *Das Christentum*, S. 39.
32 *Das Christentum*, S. 41.
33 *Das Christentum*, S. 42.
34 *Das Christentum*, S. 45.
35 *Das Christentum*, S. 49.
36 *Das Christentum*, S. 49.
37 *Das Christentum*, S. 51.
38 *Das Christentum*, S. 52.
39 *Das Christentum*, S. 55.
40 *Das Christentum*, S. 56.
41 *Das Christentum*, S. 58.
42 *Das Christentum*, S. 60.
43 *Das Christentum*, S. 66.
44 *Das Christentum*, S. 71.
45 *Das Christentum*, S. 79.
46 *Das Christentum*, S. 79.
47 *Das Christentum*, S. 79.
48 *Das Christentum*, S. 80.

49 *Das Christentum*, S. 87.
50 *Das Christentum*, S. 88.
51 *Das Christentum*, S. 92.
52 *Das Christentum*, S. 92–93.
53 *Das Christentum*, S. 94–95
54 *Das Christentum*, S. 101. – Daß das Wörtchen «für» im zitierten Satz in gewisser Weise doppeldeutig ist, sei hier nur angemerkt.
55 *Das Christentum*, S. 102.
56 *Das Christentum*, S. 104.
57 *Das Christentum*, S. 108.
58 *Das Christentum*, S. 108.
59 *Das Christentum*, S. 111.
60 *Das Christentum*, S. 114.
61 *Das Christentum*, S. 116.
62 *Das Christentum*, S. 116.
63 *Das Christentum*, S. 119.
64 *Das Christentum*, S. 119.
65 *Das Christentum*, S. 119–120.
66 *Das Christentum*, S. 122.
67 *Das Christentum*, S. 124.
68 *Das Christentum*, S. 125.
69 *Das Christentum*, S. 126.
70 *Das Christentum*, S. 127.
71 *Das Christentum*, S. 130.
72 *Das Christentum*, S. 132.
73 *Das Christentum*, S. 132.
74 *Das Christentum*, S. 133.
75 *Das Christentum*, S. 134.
76 *Das Christentum*, S. 134.
77 *Das Christentum*, S. 136.
78 *Das Christentum*, S. 138.
79 *Das Christentum*, S. 138.
80 *Das Christentum*, S. 139.
81 *Das Christentum*, S. 141.
82 *Die Philosophie der Freiheit*, S. 250, Dornach [14]1978.
83 A.a.O., S. 250.

XIII. Wilhelm Rath und Christoph Lindenberg über Rudolf Steiners Zugang zum Christentum

Günter Röschert

1. Eine Stileigentümlichkeit Rudolf Steiners

In den Auseinandersetzungen um Christoph Lindenbergs Schrift *Individualismus und offenbare Religion. Rudolf Steiners Zugang zum Christentum* (1. Auflage, Stuttgart 1970) gelangte ein Aufsatz von Wilhelm Rath (1896–1973) zu besonderer Wirkung. Der Aufsatz erschien in den *Mitteilungen aus der anthroposophischen Arbeit in Deutschland* (25. Jg., Heft 2, Johanni 1971) unter der Überschrift «Die Deutung Jesu 1902 und 1910». Rath versuchte in seiner Arbeit – gegen Lindenberg – nachzuweisen, daß die wesentlichsten Aussagen des Buches *Das Christentum als mystische Tatsache* in den Auflagen 1902 und 1910 inhaltsgleich seien. Da die Redaktion Schluß der Aussprache erklärte, konnte Lindenberg seinerzeit auf Raths Aufsatz nicht mehr antworten. Nach dem Erscheinen der zweiten Auflage von Lindenbergs Schrift 1995 erinnerte sich die Redaktion der Wochenschrift *Das Goetheanum* des Aufsatzes von Rath und druckte in der Ausgabe vom 15. Oktober 1995 (Nr. 27) einige Auszüge wieder ab. Da bei der Redaktion des *Goetheanum* und auch andernorts anscheinend die Überzeugung besteht, Rath habe Lindenberg schon vor 25 Jahren in wichtigen Teilen widerlegt, sollen die Argumente Raths nachfolgend Punkt für Punkt auf ihre Schlüssigkeit hin untersucht werden. Es wird sich dann zeigen, ob Lindenberg seinerzeit wirklich widerlegt worden ist.

Vorweg sei auf eine Stileigentümlichkeit Rudolf Steiners aufmerksam gemacht, die ein sinngerechtes Zitieren erschwert. Um diese Stileigentümlichkeit darzustellen, gebe ich die Sätze 1 bis 12 vom Anfang des 12.

Kapitels des Buches *Das Christentum als mystische Tatsache* (1. Auflage 1902) wieder:

«(1) In der Zeit, in der auch das Christentum seine ersten Anfänge hat, treten innerhalb der antiken heidnischen Kultur Weltanschauungen auf die sich als eine Fortführung der platonischen Vorstellungsart darstellen, und die auch als eine verinnerlichte, vergeistigte Mysterienweisheit aufgefaßt werden dürfen. (2) Ihren Ausgang nehmen sie von dem Alexandriner Philo (25 v.Chr. bis 50 n.Chr.). (3) Ganz ins Innere der Menschenseele scheinen bei ihm die Vorgänge verlegt, die zum Göttlichen führen. (4) Man könnte sagen, der Mysterientempel, in dem Philo seine Weihen sucht, ist einzig und allein sein Inneres und dessen höhere Erlebnisse selbst. (5) Durch Prozesse rein geistiger Art ersetzt er die Prozeduren, die sich in den Mysterienstätten abspielen. (6) Das Sinnesanschauen und die logische Verstandeserkenntnis führen, nach seiner Überzeugung, nicht zum Göttlichen. (7) Sie haben es nur mit dem Vergänglichen zu tun. (8) Aber es gibt für die Seele einen Weg, sich über diese Erkenntnisarten zu erheben. (9) Sie muß aus dem heraustreten, was sie ihr gewöhnliches ‹Ich› nennt. (10) Sie muß diesem ‹Ich› entrückt werden. (11) Dann tritt sie in einen Zustand spiritueller Verzückung, Erleuchtung ein, in dem sie nicht mehr im gewöhnlichen Sinne weiß, denkt und erkennt. (12) Denn sie ist mit dem Göttlichen verwachsen, ineinander geflossen.»

Bis zum Satz 6 dürfte nicht zweifelhaft sein, daß Rudolf Steiner Philo referiert. Satz 7 ist ein Zwischenglied. Die Sätze 8 bis 12 sind direkte Aussagen; exzerpiert man sie, so könnte es scheinen, als teile Steiner eigene Überzeugungen mit, hier die Notwendigkeit «spiritueller Verzückung».

Auch auf den folgenden Seiten des Kapitels bedient sich Steiner kaum der abhängigen (indirekten) Rede und des damit verbundenen Konjunktiv. Die indirekte Rede ist vor allem in der Gerichtssprache üblich und enthält ein starkes Element der Distanzierung. Diese Distanzierung meidet Rudolf Steiner, weshalb es in allen Kapiteln des Buches *Das Christentum als mystische Tatsache* bei der Erwähnung wichtiger Geschichtsquellen immer wieder nach einigen einleitenden Sätzen mit Quellenangabe zum Übergang auf die direkte Rede kommt.

In der nur ein Jahr vor dem Buche über das Christentum entstandenen Schrift *Die Mystik im Aufgange des neuzeitlichen Geisteslebens* verfährt

Rudolf Steiner ebenso. Ich erwähne als Beispiel das Kapitel über Nikolaus von Kues. Im fünften Absatz erläutert Steiner den Begriff der «gelehrten Unwissenheit». Der Absatz beginnt so:

«Der bedeutsamste Begriff des Geisteslebens Nicolaus' ist derjenige der ‹gelehrten Unwissenheit›. Er versteht darunter ein Erkennen, das gegenüber dem gewöhnlichen Wissen eine höhere Stufe darstellt.»

Schon mit dem dritten Satz wendet sich Steiner zur direkten Rede und kommt erst mit dem vierzehnten Satz auf Nikolaus von Kues zurück. Trotzdem besteht kein Zweifel, daß er den Kusaner referiert. In der direkten Rede liegt ein hoher Grad von Identifikation, den Rudolf Steiner suchte, denn er hielt es für erforderlich, in andere Weltanschauungen und philosophische Überzeugungen unterzutauchen, um sie ganz zu verstehen. Selbstverständlich wollte Rudolf Steiner seinen Lesern nicht unbemerkt unterschieben, es handle sich um seine, Steiners, eigene Forschungsergebnisse.

Schwierig wird die Situation, wenn Rudolf Steiner nicht nur wirklich vorhandene Quellen zusammenfassend referiert, sondern gedankliche Folgerungen anschließt, wenn er also im kontinuierlichen Fluß der Darstellung und ohne Unterbrechung der direkten Rede sich mit Konsequenzen befaßt, die nicht mehr unmittelbar aus den Quellen abgeleitet werden können. In Zweifelsfällen dieser Art ist der Leser darauf verwiesen, an anderer Stelle den Erkenntnisansatz Steiners aufzusuchen. Eine solche Stelle ist im Buche über das Christentum unschwer zu finden. Es handelt sich um den großen Einschub im 2. Kapitel «Mysterien und Mysterienweisheit», von der Mitte des vierten bis zum Ende des sechsten Absatzes, der mit den Worten beginnt: «Wer über diese Dinge recht denken will, muß Erfahrungen über die intimen Tatsachen des Erkenntnislebens haben.» Hier spricht Steiner von sich selbst; er selbst ist es, der diese intimen Erfahrungen besitzt. Wie weit diese Erfahrungen reichten, darüber gibt das Buch in allen seinen Kapiteln Auskunft, wenn es werkgetreu gelesen wird.

2. Wilhelm Raths pädagogisches Argument

Rath kleidet seine Hauptthese in eine rhetorische Frage:

«Muß denn die Entwickelung, welche die Darstellung eines Sachverhalts erfährt, den Schluß auf die Entwickelung des Darstellenden selbst fordern? Könnte es nicht sein, daß sich gar keine ‹Wandlung› in der geistigen Entwickelung Rudolf Steiners vollzogen hat, sondern daß er später mit der ersten Formulierung nur unzufrieden war, weil sie ihm nicht verständlich genug erschien und er es nur deutlicher sagen wollte und daß er 1910 auch mehr sagen konnte als 1902, weil der in Betracht kommende Leserkreis inzwischen eine Entwickelung durchgemacht hat?»

Steiner selbst habe im Vorwort zur 2. Auflage nur von Erweiterungen des Textes der 1. Auflage gesprochen, wesentliche Änderungen aber verneint.

Ich möchte diesen Gedanken Raths das pädagogische Argument nennen: Rudolf Steiner habe seine wesentlichen Auffassungen nicht geändert, nur die Darstellung sei gemäß der Aufnahmefähigkeit der Leser weiterentwickelt worden.

Folgt man diesem Argument, so dürfte in den inhaltlichen Aussagen der Auflagen 1902 und 1910 des Buches *Das Christentum als mystische Tatsache* kein wesentlicher Unterschied erkennbar sein. Dies tatsächlich nachzuweisen, ist das Anliegen von Raths Aufsatz. An Beispielen versucht er zu zeigen, daß Rudolf Steiners zentrale Auffassungen vom Christentum bereits im Text der Auflage 1902 vorhanden sind.

Vorbereitung des Christentums in den Mysterien und Einmaligkeit des «Christus-Ereignisses» (Nachweis 1)

Rath führt einen Text aus dem 12. Kapitel «Christentum und heidnische Weisheit» (1. Auflage, S. 134) an. In diesem Kapitel legt Rudolf Steiner dar, daß in der Zeit, «in der auch das Christentum seine ersten Anfänge» hatte, heidnische Weltanschauungen aufgetreten seien, die einerseits eine Fortführung des Platonismus darstellen, andererseits als «verinnerlichte, vergeistigte Mysterienweisheit aufgefaßt werden dürfen». Steiner referiert zunächst Philo (25 v.Chr.– 50 n.Chr.) dann Plotin (204 – 269 n.Chr.). Dann heißt es:

«Die Entwickelung der alten Weltanschauung vollzieht sich somit in einer Spaltung. Sie führt zu einer Christus-Idee, die sich auf rein Geistiges bezieht, im Neuplatonismus und ähnlich gerichteten Weltanschauungen, und andererseits zu einem Zusammenfließen dieser Christus-Idee mit einer geschichtlichen Erscheinung, der Persönlichkeit Jesu.»

Es ist die erwähnte «verinnerlichte, vergeistigte Mysterienweisheit», teilweise in Fortführung des Platonismus, aus welcher nach Steiner die «Christus-Idee» entstanden ist. Der Evangelist Johannes «und mit ihm die Christengemeinde» habe nun «gefolgert», das Wort (das eben ist der Inhalt dieser «Christus-Idee», G.R.) sei Fleisch geworden in Jesu. Und nun beschreibt Steiner in genau zehn Sätzen, wie diese christlich-johanneische «Folgerung» aufzufassen ist:

« (1) Der nähere Sinn, wie das Wort allein Fleisch werden konnte, war durch die ganze Entwickelung der alten Weltanschauung gegeben. (2) Plato erzählt ja das makrokosmische: Gott hat auf den Weltleib in Kreuzesform die Weltseele gespannt. (3) Diese Weltseele ist der Logos. (4) Soll der Logos Fleisch werden, so muß er im Fleisches-Dasein den kosmischen Weltprozeß wiederholen. (5) Er muß ans Kreuz geschlagen werden und auferstehen. (6) Als geistige Vorstellung war dieser wichtigste Gedanke des Christentums in den alten Weltanschauungen längst vorgezeichnet. (7) Als persönliches Erlebnis machte es der Myste bei der ‹Einweihung› durch. (8) Als Tatsache, die für die ganze Menschheit Geltung hat, mußte es der Mensch gewordene Logos durchmachen. (9) Etwas, was als Mysterienvorgang in der alten Weisheitsentwickelung war, das wird durch das Christentum als historische Tatsache gedeutet. (10) Dadurch wurde das Christentum die Erfüllung nicht nur dessen, was die jüdischen Propheten vorhergesagt hatten; sondern es wurde auch die Erfüllung dessen, was die Mysterien vorhergebildet hatten.»

Rath zitiert nur die Sätze 2 bis 8. Den ersten und den neunten Satz mit dem 1910 weggefallenen Wort «gedeutet» ließ Rath weg, ebenso den resümierenden Satz 10. Aus den allein herausgehobenen Sätzen 2 bis 8 könnte entnommen werden, daß Steiner eigene Überzeugungen oder gar Forschungsergebnisse wiedergibt. Im Kontext zeigt sich, daß Steiner an dieser Stelle die christlich-johanneische Deutung einer Mysterienidee, der «Christus-Idee», auf den historischen Jesus hin referiert. Durch diese Deutung wurde das Christentum dann «die Erfüllung dessen, was die Mysterien vorhergebildet hatten». Die letzten, von Rath wieder zitierten Sätze des Kapitels enthalten das Ergebnis:

«Das Kreuz auf Golgatha ist der in eine Thatsache zusammengezogene Mysterienkult des Altertums. Dieses Kreuz begegnet uns zuerst in den alten Weltanschauungen; es begegnet uns als einmaliges Ereignis, das für die ganze Menschheit gelten soll, am Ausgangspunkte des Christentums. Von diesem Gesichtspunkte aus kann das Mystische im Christentum begriffen werden. Das Christentum als mystische Tatsache ist eine Entwicklungsstufe der Mysterienweisheit.»

Damit ist ausgesagt: Vorzugsweise über die «heidnischen Weltanschauungen» nimmt die junge Christengemeinde Inhalte der alten Mysterienweisheit als Idee auf und deutet mit ihnen den Erdenweg Jesu. Insoferne ist das Christentum «eine Entwicklungsstufe der Mysterienweisheit». Daß Rudolf Steiner bereits 1902 die reale Vorbereitung des «Christus-Ereignisses» in den Mysterien der alten Welt sowie die Einmaligkeit und Herausgehobenheit dieses Ereignisses als eigene Überzeugung dargestellt habe, läßt sich als Textbefund nicht behaupten.

Bedeutung des «Christus-Impulses» für die Zukunft der Erde (Nachweis 2)

Rath zitiert aus dem 9. Kapitel: «Die Apokalypse des Johannes» mehrere kurze Stellen (1. Auflage, S. 111-115):

«Das Lamm, das erwürget ward, und das Gott erkauft hat mit seinem Blute, der Jesus, der den Christus in sich gebracht hat, der also im höchsten Sinne durch das Lebens-Todes-Mysterium gegangen ist, öffnet das Buch [...]

Das Christentum sollte nicht wie die alten Mysterien für wenige Auserwählte sein. Es sollte für die ganze Menschheit sein [...] Aus vielen ausgesucht wurden die alten Mysten, die Posaunen des Christentums erklingen für jeden, der sie hören mag. Es ist seine Sache, herbeizukommen. Deshalb erscheinen aber auch die Schrecken, welche diese Menschheits-Einweihung begleiten, ins Ungeheure gesteigert [...]

Christus ist überall in der niederen Natur gekreuzigt. Wo diese Natur siegt, da bleibt alles tot. Die Menschen bedecken als Leichname die Plätze der Städte. Die solches überwinden werden, die den gekreuzigten Christus zur Erweckung bringen, die hören die Posaunen des siebenten Engels: ‹Es ist das Reich der Welt, unseres Herrn und seines Christus geworden; und er wird regieren von Ewigkeit zu Ewigkeit› (Kap. 11, V 15). ‹Und der Tempel Gottes ward aufgetan und die Lade seines Bundes ward in seinem Tempel gesehen [...]›

An die Stelle der vielen Mysterien sollte das Eine, das Ur-Mysterium, das christliche treten. Jesus, in dem der Logos Fleisch geworden, sollte der Initiator einer ganzen Menschheit sein [...] Nach Maßgabe seiner Reife sollte jeder ein Myste werden können.»

Um diese in direkter Rede gehaltenen Passagen in ihrer Bedeutung einordnen zu können, muß wiederum der Zusammenhang des Kapitels betrachtet werden. Am Beginn führt Steiner an: Als «ein merkwürdiges Dokument» stehe die geheime Offenbarung St. Johannis am Ende des Neuen Testaments. Sie enthalte einen geheimen Sinn, der aber erst gesucht werden müsse: «Der Versuch erscheint daher gerechtfertigt, diese Apokalypse als Mysterium zu behandeln (S. 107)». Das Kapitel stellt also den Versuch Rudolf Steiners dar, die Offenbarung Johanni in allen ihren Teilen als Mysterienbericht zu interpretieren.

Zunächst «deutet» (S. 109) Rudolf Steiner die Botschaften der Engel der sieben Gemeinden, dann die Vision des Menschensohnes, die Öffnung der Siegel, schließlich den Sturz des Drachens. Die wiederholte Erwähnung des Christusnamens ist durch die Besprechung eines christlichen Literaturstücks, der Offenbarung, bedingt. Nirgends ist eine volle Identifikation Steiners mit dem referierten Inhalt erkennbar. Die Allgemeinheit des Christentums, die in den von Rath herausgehobenen Sätzen beschrieben wird, ist nicht Vorwegnahme anthroposophischer Forschungsergebnisse durch Steiner, sondern Teil von Steiners mysteriengeschichtlicher Christentums-Deutung 1902 und zwar in eben dem Sinne, wie dies den Kapiteln 11 («Das Wesen des Christentums») und 13 («Augustinus und die Kirche») zu entnehmen ist. In deutlicher Kritik heißt es dort:

«Man hatte der Persönlichkeit des Menschen das entrissen, was in ihr selbst immer als Göttliches, als Ewiges gefunden worden war. Und man hatte alles dieses auf Jesus abgelagert (S. 122).

Was im Sinne der Mysterien der Menge vorenthalten werden sollte, die Erkenntnis des Ewigen, das war durch die christliche Gesinnung zum Glaubensinhalte geworden, der seiner Natur nach sich auf etwas dem Menschen Unerreichbares bezog. Was dieser Menge gegeben werden sollte, das wurde zu einem Kennzeichen dessen, was der Mensch wegen seiner Unvollkommenheit überhaupt erreichen konnte (die Möglichkeit des bloßen Glaubens, G.R.) (S. 140–141).»

Das ganze Buch endet mit folgenden Sätzen:

«Das Christentum holte das Mysterium aus der Tempeldunkelheit in das helle Tageslicht hervor. Aber es verschloß zugleich die Tempeloffenbarung in das innerste Gemach, in den Inhalt des Glaubens.»

Die von Rath dem 9. Kapitel entnommenen Aussagen stellen also Referate Rudolf Steiners dar und zwar des Inhalts der Apokalypse, als Mysterium gedeutet und unter dem von Steiner durchaus ambivalent beurteilten Gesichtspunkt der Verallgemeinerung und Beschränkung auf den Glauben: «Selig sind, die nicht schauen und doch glauben» (S. 115). Eine Ansicht Steiners über die Bedeutung des «Christus-Impulses» – ein Ausdruck, der in der 1. Auflage nirgends vorkommt – für die Zukunft der Erde läßt sich dem 9. Kapitel nicht entnehmen.

Ist der Leidensweg Christi ein Einweihungsweg? *(Nachweis 3)*

Sind Tod und Auferstehung Jesu als bildhafte oder wirkliche Vorgänge aufzufassen? Rath führt Textstellen aus dem 6. Kapitel «Die ägyptische Mysterienweisheit» an.

Das 6. Kapitel beginnt mit eine Skizze der ägyptischen Osiris-Einweihung nach dem Ägyptischen Totenbuch. Osiris ist nach Rudolf Steiner «nichts als ein vollkommener Mensch. Zwischen Mensch-Sein und Gott-Sein ist nur ein Unterschied. Der Mensch ist in Entwicklung begriffen; und am Ende seiner Entwicklungsbahn liegt sein Gott-Sein.»

Die Osiris-Einweihung interpretiert Rudolf Steiner – soweit sie ihm bekannt ist – auf der Grundlage seiner eigenen intimen Erkenntniserfahrungen, wie sie vor allem im 2. Kapitel dargestellt werden: Gott ist in der Welt verzaubert. Seine Erlösung durch die Erkenntnis ist die Geburt des göttlichen Sohnes in der Seele. Diese Position präzisiert Steiner im 4. Kapitel «Plato als Mystiker» wie folgt:

«Das Grab des Göttlichen darf also Plato die Natur nennen. Und der Mensch erblickt diese Natur in dem rechten Lichte, der vor sie hin tritt, die gekreuzigte Weltseele zu erlösen. Auferstehen soll sie von ihrem Tode, von ihrer Verzauberung. Wo kann sie wieder aufleben? Allein in der Seele des eingeweihten Menschen. Die Weisheit findet ihr rechtes Verhältnis damit zum Kosmos. Die Auferstehung, die Erlösung Gottes. Das ist die Erkenntnis» (S. 51).

Diese Interpretation Platos ist durch den Text des *Timaios*, auf den sich Rudolf Steiner bezieht, nicht vollständig gedeckt. Aus dem Querbezug vor allem zu dem oben erwähnten Abschnitt des 2. Kapitels, aber auch zum 3. Kapitel: «Was in ihm (den erkennenden Menschen, G.R.) geistig aufblitzt, ist ein Göttliches, das vorher verzaubert war, und das ohne seine Erkenntnis brach liegen bliebe; auf einen anderen Entzauberer warten müßte (S. 35)», ergibt sich, daß sich hier der persönliche Erkenntnisgrund des ganzen Buches zur Geltung bringt. Von diesem aus deutet Rudolf Steiner die christlichen (nicht platonischen) Kategorien Geburt, Kreuzigung, Auferstehung und Erlösung gnoseologisch. Dies will bedacht sein, wenn man Steiners Ausführungen im 6. Kapitel recht verstehen will. Die Betrachtung der ägyptischen Osiriseinweihung in gnoseologischer Deutung gibt Steiner die Möglichkeit, den Lebenslauf Initiierter überhaupt zu untersuchen. Es zeigt sich dann eine typologische Übereinstimmung, zum Beispiel zwischen Buddha und Jesus. Allerdings enthält das Jesusleben nach der Transfiguration (Mt. 17,1–9; Mk. 9,2–8; Lk. 9,28–36) zusätzlich die Osiris-Initiation. – Ich wiederhole nun die von Rath zitierten Sätze samt den von ihm eingefügten Änderungen von 1910:

«Buddha schließt mit der Verklärung [...] Jesus geht weiter. Er stirbt nicht physisch in dem Augenblicke, in dem ihn das Weltlicht durchklärt. Er ist in diesem Augenblicke ein Buddha. Aber er betritt auch in diesem Augenblicke eine höhere Stufe der Initiation (1910: eine Stufe, die in einem höheren Grade der Initiation ihren Ausdruck findet). Er leidet und stirbt. Das Irdische verschwindet. Aber das Geistige, das Weltlicht verschwindet nicht. Seine Auferstehung erfolgt. Er tritt als Christus vor seine Gemeinde. Buddha zerfließt im Augenblicke seiner Verklärung in das selige Leben des Allgeistes. Jesus erweckt diesen Allgeist noch einmal in menschlicher Gestalt in das gegenwärtige Dasein. Solches ward mit den Initiierten bei den höheren Weihen (1910: in einem Sinne) vollzogen (1910: der bildhaft ist). Die im Sinne des Osiris-Mythos Initiierten waren zu solcher Auferstehung (1910: in ihrem Bewußtsein als in einem Bild-Erlebnis) gelangt. Diese ‹große Initiation› (1910: aber nicht als Bild-Erlebnis, sondern als Wirklichkeit) wurde also im Jesus-Leben zu der Buddha-Initiation hinzugefügt. Buddha hat mit seinem Leben das erwiesen, daß der Mensch Logos ist; und daß er in diesem Logos, in das Licht zurückkehrt, wenn sein Irdisches stirbt. Jesus ist Logos selbst, persönlich geworden (1910: In Jesus ist der Logos selbst persönlich geworden). In ihm ist das Wort Fleisch geworden.»

Anschließend heißt es noch weiter (von Rath nicht zitiert):

«Was sich also für die alten Mysterienkulte im Innern der Mysterientempel abgespielt hat, das ist durch das Christentum als eine weltgeschichtliche Tatsache aufgefaßt worden. Zu Jesus, dem Initiierten, dem in einzig-großer Weise Initiierten, hat sich seine Gemeinde bekannt. Ihr hat er bewiesen, daß die Welt eine göttliche ist. Die Mysterienweisheit wurde für die christliche Gemeinde unlösbar verknüpft mit der Persönlichkeit Jesu. Daß er gelebt hat, und daß seine Bekenner zu ihm gehörten: dieser Glaube trat an die Stelle dessen, was man vorher mit den Mysterien hat erreichen wollen (S. 87).»

In diesem Zusammenhang erst zeigt sich die Bedeutung des von Rath mehrmals ausdrücklich herangezogenen Kernsatzes: «Er tritt als Christus vor seine Gemeinde.»

Die ganze Passage, der dieser Satz angehört, ist keineswegs Mitteilung von Rudolf Steiners eigener Einsicht, sondern Referat des Evangeliums, wenn auch in freier Art. Die Auferstehungsberichte der Evangelien deutet Steiner im Sinne der Mysterien, wie der drittfolgende Satz zeigt: «Solches ward mit den Initiierten bei den höheren Weihen vollzogen.»

Rudolf Steiner war sich 1902 darüber im klaren, daß die Evangelien keine Jesus-Biographie enthalten (S. 86), vielmehr teilen sie den typischen Lebenslauf eines hohen Initiierten mit. Die Auferstehung des Initiierten ist eine Stufe der Mysterieneinweihung, welche durch die Evangelienschreiber auf das Leben Jesu projiziert wurde. Die Auferstehung in der Erkenntnis ist es, welche «mit den Initiierten bei den höheren Weihen vollzogen wurde». Dieses hat das Christentum als äußere Tatsache «aufgefaßt» (S. 87) und damit dem Glauben der Gemeinde übergeben. Das 6. Kapitel enthält in der Fassung von 1910 beträchtliche Erweiterungen. Angesichts des klaren, von Rath teilweise selbst zitierten Wortlauts ist die Einsicht unvermeidbar, daß Tod und Auferstehung Jesu als wirkliche (physische) Ereignisse erst in die Fassung 1910 des Buches Aufnahme gefunden haben. Zweifelhaft wird nun auch, ob Jesus überhaupt als Initiierter (ähnlich Buddha) zu betrachten ist, denn Rudolf Steiner bemerkt nun in einem Klammerausdruck: «(Jesu ist der durch die Innewohnung der Christuswesenheit Eingeweihte)» (2. Auflage, S. 106).

Auf die mit dieser Bemerkung verbundenen tiefgreifenden christologischen Probleme geht Rudolf Steiner mit keinem Worte ein.

3. Rudolf Steiners Schweigen

Die von Rath herangezogenen Textstellen aus dem 12., dem 9. und dem 6. Kapitel – in dieser Reihenfolge – beweisen also nicht, was Rath voraussetzte: daß Rudolf Steiner 1902 von demselben Erkenntnisstand ausging wie 1910. Die von Rath zitierten Aussagen geben in keinem Falle Forschungsergebnisse Steiners wieder; sie sind Referate der johanneischen Deutung der Passion Jesu, der Offenbarung Johanni und des Evangeliums allgemein. Die Lehren des christlichen Glaubens machte sich Rudolf Steiner auch dann nicht ihrem Wortlaute nach zu eigen, wenn er sie in direkter Rede darbietet. Er vermied aber die in der abhängigen Rede und im Konjunktiv enthaltene Distanzierung. Zu einer solchen bestand auch kein Anlaß, weil Steiner die einschlägigen Aussagen des Neuen Testaments symbolisch-gnoseologisch interpretierte und in dieser Deutung akzeptierte – worin ja die Hauptaussage des ganzen Buches (1. Auflage) beschlossen liegt. Rath durchschaute diese komplizierte Situation nicht, weshalb er in Rudolf Steiners Aussagen eine geisteswissenschaftliche Bestätigung der überlieferten Kirchenlehren erblickte, während er die von

Steiner eigentlich thematisierte Parallelisierung des höheren Erkenntnisprozesses mit den Eckpunkten des Christus-Jesus-Lebens in mystischer Deutung verfehlte.

Dies bestätigen weitere Textstellen des Buches (1. Auflage), die Rath in seinem Aufsatz nicht berücksichtigte. Programmatisch bekannte Rudolf Steiner schon im Vorwort zur 1. Auflage, er wünsche das Christentum als «eine Schöpfung naturgesetzlicher Entwicklung darzustellen». In dieser Gesinnung werde in dem Buche «eine Seite in der Entwickelung des Christentums verfolgt (S. V–VI)».

Diese besondere Seite des Christentums ist seine Isomorphie mit bestimmten Stufen des Erkenntnisdramas, welches der Myste in den alten Mysterien durchlebte. Mit jeweils leicht abgewandelten Wendungen charakterisiert Rudolf Steiner dieses Erkenntnisdrama in den Kapiteln 2 bis 6 (zum Teil bereits oben angeführt).

Göttlich-geistige Kräfte «liegen wie verzaubert in dem natürlichen Menschen und harren ihrer Erlösung» (S. 18). Der Myste erfährt durch die Einweihung «seine Vergottung» (S. 19). Gott hat sich ausgegossen, er hat sich in die Mannigfaltigkeit der Naturdinge zerstückelt und der Mensch kann ihn erwecken. Soll er ihn zum Dasein kommen lassen, muß er ihn schaffend erlösen» (S. 23). – «Lasse die Seele sich von der Natur befruchten, so wird sie ein Göttliches gebären. Aus der Ehe der Seele mit der Natur wird Gott geboren. Das ist nun kein ‹verborgener› Gott mehr, das ist ein offenbarer Gott... Der Vater bleibt ruhig im Verborgenen, dem Menschen ist der Sohn aus der eigenen Seele geboren» (S. 23–24).

«Brennend, ja versengend wirkt das Anschauen des Ewigen auf das gewöhnliche Wähnen über die Dinge» (S. 29). – (Gott) «ist in der Natur verzaubert. Nur der kann sich ihm nähern, der das Göttliche in sich selbst erweckt» (S. 50). – «Gott (Osiris) ist getötet. Der Mensch mit seiner Erkenntnis, die göttlicher Art ist, soll ihn wieder erwecken; er soll ihn als Horus (Gottessohn, Logos, Weisheit) wiederfinden» (S. 66). – «Der vom ‹Vater› stammende Mensch sollte in sich den Sohn gebären. Was er in Wirklichkeit in sich trägt, den verzauberten Gott, das sollte in ihm offenbar werden» (S. 81).

Rudolf Steiner spricht von der mystischen Erkenntnisform, die er schon ein Jahr früher, in seinem Buche über die Mystik angedeutet hatte und die ihm u. a. aus dem zehnjährigen Umgang mit der Ideenwelt der

Philosophie der Freiheit erwachsen war. In der Entwicklungslinie dieser mystischen Erkenntnisform steht das Buch über das Christentum; es belegt Strukturgleichheit mit dem Lebenslauf Initiierter. Als eine solche initiierte Persönlichkeit «erschien Jesus seiner Gemeinde» (S. 82).

Die Evangelien wollten demnach keine Jesusbiographie geben, sondern das «in der Mysterientradition vorgebildete typische Leben des Gottessohnes» (S. 90). Aus diesem Grunde spricht Rudolf Steiner von «mystischer Auslegung» oder «mystischer Erklärung» der biblischen Urkunden (S. 92). Richtig gelesen überliefern die Evangelien «die Einweihung als eine einzigartige Eigentümlichkeit eines Einzigen» (S. 92).

Innerhalb der Lazarus-Erzählung sei Joh. 11,25 «symbolisch» zu verstehen «und dann in gewisser Weise sogar wörtlich» (S. 100). Es handle sich um «symbolisch-wirkliche Handlungen», um einen «symbolisch-wirklichen Tod» (S. 102).

Wie Rudolf Steiner von dem eingenommenen gnoseologischen Standpunkt aus Tod und Auferstehung Jesu 1902 wirklich bewertete, ist aus dem Text der 1. Auflage nicht unmittelbar zu entnehmen. Dieses Schweigen wird einen Grund haben. Die Übernahme des Kirchenglaubens – hätte Rudolf Steiner ihn geteilt – wäre 1902 gewiß nicht skandalös gewesen. Eine opportunistische Haltung gegenüber seinem frei-geistigen bzw. theosophischen Leserkreis Steiner zu unterstellen, besteht kein wirklicher Anlaß. In dieser interpretatorischen Zweifelssituation wird man sich an den Textbestand zu halten haben. Der Christus-Name erscheint im Text 1902 als Bezeichnung einer Initiationsstufe, von der Epiphanie einer außerirdischen Wesenheit ist nicht einmal andeutungsweise die Rede. Die «symbolisch-wirkliche» Auslegung der christlichen Ereignisse ist lückenlos. Deshalb erscheint die Feststellung unausweichlich, daß Rudolf Steiner 1902 weder von einem «Christus-Impuls» im eigentlichen Sinne, noch von der Mittelpunktsbedeutung und daher Einmaligkeit eines «Christus-Ereignisses», noch von der leiblichen Auferstehung gesprochen hat.

Letzteres ist dahin zu ergänzen, daß Rudolf Steiner in seinem Buche auch nicht auf den Apostel Paulus rekurrierte, der ja des Auferstandenen ansichtig wurde. Steiner schwieg zur leiblichen Auferstehung, weil er ihr noch nicht begegnet war; er hatte sein eigenes «Damaskus» noch vor sich.

4. Am Tor des christlichen Mysteriums

Rudolf Steiner befand sich mit seinem Buch in der Fassung von 1902 durchaus in einem gewissen Einklang mit der Entwicklung der zeitgenössischen Theologie. Die protestantische Leben-Jesu-Forschung neigte sich ihrem Ende, d. h. ihrem Scheitern zu und man bemühte sich allenthalben, die vorderasiatischen (außerchristlichen) Wurzeln des christlichen Kerygma aufzudecken. Im Zeitalter der Naturwissenschaften nahm kaum noch ein moderner Theologe die Osterberichte der Evangelien ernst; man hielt sie für überholte mythische Bestandteile der christlichen Deutungsschemata.

Während sich die theologische Forschung immer mehr der in langen Jahrzehnten entwickelten historisch-kritischen Methoden bediente – die auf ihrem Felde volle Berechtigung besitzen – stand hinter Rudolf Steiners Buch ein in den Bereich der Mysterien vorgedrungenes wissenschaftliches Bewußtsein mit höchsten hellseherischen Anlagen. Daß sich Steiner bewogen sah, sich überhaupt in Fortsetzung seines bisherigen Weges dem Christentum zuzuwenden, erfordert schon allein für sich alle Aufmerksamkeit.

Rudolf Steiner befand sich auf der Suche nach dem inneren Christus und er erkannte in ihm den Herrn der Mysterien. Mit seinem Buch pochte er am inneren Tor des christlichen Mysteriums und – es wurde ihm aufgetan. Die aufgezeigten Textunterschiede der Auflagen 1902 und 1910 sind die Spur davon, daß Rudolf Steiner in dieser Zeit das Mysterium in seiner Wirklichkeit begegnete, als das Damaskusereignis des 20. Jahrhunderts.

Das gewiß in devotioneller Absicht vertretene pädagogische Argument ist – abgesehen davon, daß es auf Auslegungsfehlern beruht – geeignet, diesen fundamentalen, allerdings metahistorischen Vorgang zu verdunkeln. Wilhelm Rath, der Verfasser des hier besprochenen Aufsatzes von 1971, war Teilnehmer des sog. Pädagogischen Jugendkurses und Mitglied der Jugendgruppe, die am Beginn der Freien Anthroposophischen Gesellschaft 1923 stand. In seinen späteren Jahren beschäftigte sich Rath eingehend mit der Gralstradition, mit den Lehren von Chartres, mit Thomas von Aquino und mit dem Gottesfreund vom Oberland. Die in

Raths Seele verankerte Anschauung von der Individualität Rudolf Steiners machte ihm eine vorurteilsfreie Prüfung von Lindenbergs Schrift unmöglich. Dies zeigt die mehrfach in seinem Aufsatz formulierte Frage: «Hat er (Lindenberg) denn das nicht gelesen?» Selbstverständlich hatte Lindenberg alles und sogar sehr genau gelesen und dabei auch auf Rudolf Steiners Schreibstil Rücksicht genommen.

Es ist neunundzwanzig Jahre nach Raths Tod (1973) ganz sicher nicht angebracht, seinen Aufsatz von oben herab zu beurteilen. Raths Anliegen ist ohne weiteres erkennbar und läßt sich auch subjektiv gesehen respektieren. Eines größeren Anliegens wegen war aber auf seine Irrtümer hinzuweisen, denn sie sollten nicht mehr weitertradiert werden können. Lindenberg hat selbst in der zweiten Auflage seiner Schrift schon auf diese Irrtümer hingewiesen, auch auf die Verwechslung von Referat und eigener Aussage; aber er wurde wohl nicht genügend gehört. Es sollte alles getan werden, um den gewaltigen geistigen Einschlag, in dessen Umkreis das Buch über das Christentum gehört und der sich in den ersten Jahren des 20. Jahrhunderts ereignete, in das rechte Licht zu bringen.

Da Rudolf Steiner 1910 von Arbeit überlastet war, konnte er nicht an eine umfassende Schrift über das Christentum denken. Möglicherweise verzichtete er auch aus anderen, tieferen Gründen darauf. Er beschränkte das Thema seines Buches durch den Zusatz *und die Mysterien des Altertums* und wies im Vorwort (2. Auflage) darauf hin, daß das Buch zeigen solle, daß das Christentum «die vorherige Mystik voraussetzt wie der Pflanzenkeim seinen Boden» (S. 9). Diese Thematik machte nur wenige Ergänzungen notwendig, die allerdings im Text von 1910 teilweise wie Fremdkörper wirken. Daß die verstreuten, aber deutlichen Hinweise auf die eigentliche Natur des «Christus-Ereignisses» vom Verfasser bescheiden als «Erweiterungen» bezeichnet werden, ist mit Rudolf Steiners Konzentration auf den roten Faden seines Werdeganges zu erklären, der ihn folgerichtig zum Gefäß der neuen Offenbarung machte. Von einer Konversion oder einem Bruch seiner Überzeugung brauchte in diesem Sinne daher nicht die Rede sein, auch wenn ihm 1910 Einsichten zur Verfügung standen, an welche 1902 noch nicht gedacht werden konnte.

XIV. Mysterien der Idee – Rudolf Steiners Zugang zum Christentum

Günter Röschert

Wer Rudolf Steiners Lebensgang als menschgewordenen anthroposophischen Erkenntnisweg betrachtet, wird besonders die Schriften der Jahre 1893 bis 1903 berücksichtigen müssen.[1] In diesen Jahren ereignete sich der Durchbruch des Zeitbewußtseins zur Anthroposophie oder – mit Rudolf Steiners eigenen Worten – der Übergang von der voranthroposophischen zur anthroposophischen Phase seines Wirkens.[2] In unmittelbarem Zusammenhang mit der richtigen Einordnung dieses Überganges ergibt sich das Problem der Kontinuität oder Diskontinuität in Rudolf Steiners geistiger Entwicklung. Das Studium der in Betracht kommenden Schriften[3] läßt eine Ahnung aufkommen von der überindividuellen, bewußtseinsgeschichtlichen Bedeutung der Lösung dieses Problems. Gibt es einen Bruch in der Werks-Entwicklung Rudolf Steiners oder vielmehr nur stetiges Wachsen und Vertiefen?

1924 entstand Steiners Autobiographie *Mein Lebensgang* dieser Frage wegen. Es liegt also nicht taktlose Neugierde vor oder das eigensinnige Beharren auf einem Randproblem, wenn man sich mit dem Zeitraum von zehn Jahren vor und kurz nach der letzten Jahrhundertwende in Rudolf Steiners Leben beschäftigt. Die Kontinuitätsfrage ist ein dem Schüler der Anthroposophie aufgegebenes Problem in dessen eigenem Erkenntnisweg. Der voranthroposophische Standpunkt steht dabei dem Schüler bewußtseinsmäßig nahe, näher als der anthroposophische, und es ist eine Prüfung auf Wahrheit und Tatsächlichkeit, sich dieser Situation bewußt zu werden.[4]

1. Die Ideenwelt Rudolf Steiners bis zur Jahrhundertwende

Ich versuche zunächst, die Eigenart der Ideenwelt Rudolf Steiners bis zur Jahrhundertwende in einigen Grundzügen zu charakterisieren. Von seinen Jugendjahren an besaß Steiner die Fähigkeit der intellektuellen Anschauung, das heißt die Möglichkeit, sich der eigengesetzlichen Ideenproduktion im Denken aktuell, also beobachtungsfrei, bewußt zu sein.[5] Das Denken Steiners ist daher – soweit es sich um wissenschaftliche Arbeiten handelt – als intuitiv zu bezeichnen.[6]

Unabhängig davon hatte Steiner seit der frühen Kindheit übersinnliche Eindrücke, nämlich von Verstorbenen und von Naturgeistern. Dieses naturhafte Hellsehen[7] bedurfte der gedanklichen Rechtfertigung.[8] Die Suche nach einer Rechtfertigung des Geisteswissens überspannte Jahrzehnte. Steiners Hellsehen erweiterte und vertiefte sich unter dem Einfluß von Verrichtungen des höheren Erkenntnisweges, doch konnten die Inhalte der Geistesanschauung nicht unmittelbar dargestellt werden. Das Zeitalter gab keine Gelegenheit und Steiner selbst suchte nach geeigneten ideellen Ausdrucksmitteln. Die Werks-Entwicklung läßt keinen Zweifel, daß die ideell-geistige Arbeit z.B. an Goethes naturwissenschaftlichem Nachlaß und die unmittelbare Geistanschauung in einem gewissen Sinne nebeneinander her verliefen.

Allerdings ist die intellektuelle Anschauung selbst bereits Geistanschauung, weshalb es früh eine keimhaft rechtfertigende Übereinstimmung (Identität) gab. Dennoch bekannte Steiner noch für die Zeit nach 1894: «Es stand mir bevor, Ideen zu bilden, die das Erleben der Geistwelt selbst durch die menschliche Seele darstellen konnten.»[9] Die Zweiheit von intuitivem Denken (dem prinzipiell jedermann zugänglichen Gipfel der Gedankenentwicklung der Neuzeit) und Hellsehertum (dem schicksalsgemäßen, neu zu erwerbenden Erbe einer individuellen Vergangenheit), die Suche nach der als «Rechtfertigung» bezeichneten Verbindung beider gab der Ideenentwicklung Rudolf Steiners vor der Jahrhundertwende und noch darüber hinaus ein Ziel.[10]

Es sind aber auch inhaltliche Merkmale der Ideenwelt Rudolf Steiners zu beobachten. Steiner vertrat einen sinnlich-geistigen Monismus in der

Tradition Spinozas und Goethes: Wirklich ist nur die Erfahrungswelt, eine unerfahrbare Hintergrundwelt kann es nicht geben. Deswegen konnte Steiner prinzipielle Erkenntnisgrenzen ebensowenig akzeptieren wie reine Offenbarungswahrheiten. Dagegen fand er sich zur naturwissenschaftlichen Forschungsart und hier besonders zum Entwicklungsgedanken im Sinne Darwins und Haeckels hingezogen. Die damit gegebene Überzeugungswelt eines evolutiven Monismus erschien in sich schlüssig und wurde von Steiner auch dementsprechend nachdrücklich vertreten, ohne daß allerdings die verschiedenen übersinnlichen Impressionen bereits befriedigend integriert werden konnten. Rudolf Steiner war ein fragender und unentwegt lernender Mensch. Alle Rätsel des Daseins, die sich ihm stellten, suchte er durch Aneignung neuer Fähigkeiten und Kenntnisse zu bewältigen. Abweichende Überzeugungen wurden ihm zum Anlaß weiterer Erkenntnissuche; Widersprüche mied er nicht, sondern bestrebte sich, diese anzuerkennen, selbst wo er glaubte, dagegenhalten zu müssen.

Von früher Jugend an hatte Steiner eine Neigung zur Mathematik, denn hier sah er die gesuchte Verbindung von Begriff und Geistanschauung vorgegeben. Der Hinweis Steiners im *Lebensgang*: «So wie Geometrie muß man das Wissen von der geistigen Welt in sich tragen» (Kap. 1), zeigt, mit welcher Konsequenz er die Rechtfertigung geistiger Eindrücke durch geeignete Ideengestaltungen anstrebte.

Aus dem begrifflichen Denken können Geistanschauungen selbstverständlich nicht herausentwickelt werden, der Gedanke ist aber geeignet, das Wissen von der geistigen Welt in sich aufzunehmen, wenn er auf die Stufe der intellektuellen Anschauung gehoben wird. Auch hier ist Gleiches nur durch Gleiches zu bewahren. Wenn Steiner Geometrie als Vorbild in diesem Sinne aufzeigte, so ist nicht deren lehrbuchmäßige Form gemeint, sondern das Bewußtsein des übersinnlichen Charakters der geometrischen Axiome, Grundelemente, Gebilde und Konfigurationen, also der Geometrie in Form der intellektuellen Anschauung. Der reine, sinnlichkeitsfreie Gedanke ist nicht nur das methodische Rüstzeug, um anderweitig erworbene übersinnliche Anschauungen in rechtfertigender Art geistig zu bewahren, sondern auch Unterlage und Vorstufe für die eigentliche Offenbarung der Geisteswelt.

Steiner schreibt: «Ich war mir im klaren darüber, daß sich im Menschen das Göttlich-Geistige offenbart, wenn der Mensch durch sein Innenleben diese Offenbarung möglich macht» (Kap. VI). Die geistige Wirklichkeit läßt sich nicht erdenken, geschweige denn erspekulieren, sie kommt vielmehr dem Gedankenleben entgegen, wenn dieses sich zu geistgemäßen Ideengestaltungen erhoben hat (Kap. III). Die Entwicklung der Ideenwelt des hellsichtigen Rudolf Steiner muß im Sinne des eben angeführten Konditionalsatzes verstanden werden. Wie und wann sich die geistige Welt offenbart, ist nicht vorhersehbar. Welche Entwicklung der persönlichen Ideenwelt inhaltlich und in ihrer Moralität einen Menschen geeignet macht, höhere geistige Offenbarungen entgegenzunehmen, ist ebenfalls ungewiß.

Aus Gründen der Schlüssigkeit seiner Grundüberzeugungen, insbesondere des monistischen Ansatzes[11] und in Auseinandersetzung mit den Kulturströmen seiner Zeit sah sich Rudolf Steiner veranlaßt, in scharfer Form Kritik am überlieferten Christentum zu üben. Es kommt dabei nicht darauf an, was er unausgesprochen ließ, sondern was er über das Christentum wirklich sagte und mit welchen Formulierungen. Seine Ausdrucksweise war so scharf, daß sich eine Negationshaltung zum Christentum als solchem ehrlicherweise nicht bestreiten läßt.

2. Die Ich-Erfahrung der intellektuellen Anschauung

Von Anfang an betonte Steiner die Bedeutung einer wirklichen Ich-Erfahrung. Ein im Spannungsfeld der intellektuellen Anschauung erlebtes Ich ist etwas ganz anderes als das während des Wachzustandes stets vorhandene, geistig triviale Ich-Gefühl. Wie zentral die Ich-Erfahrung für Steiner wurde, ergibt sich aus dem Bericht 1924:

«Mir hat dieses Durchschauen der Wirklichkeit und Geistigkeit des ‹Ich› in den folgenden Jahren über alle Versuchungen des Materialismus hinweggeholfen. Ich wußte: An dem ‹Ich› kann nicht gerüttelt werden» (Kap. IV).

Schon der achtzehnjährige Steiner war sich sicher gewesen: «Wenn das Ich tätig ist und diese Tätigkeit selbst anschaut, so hat man ein Geistiges in aller Unmittelbarkeit im Bewußtsein, so sagte ich mir» (Kap. III). Dieser Satz ist eine philosophische Umschreibung des Begriffes der intellektuellen Anschauung, hier unter dem Gesichtspunkt der Ich-Aktivität. Die tätige Ich-Erfahrung, von der Steiner spricht, enthält außer dem Element der denkenden Ausbreitung in den Ideen-Kosmos auch die gegenläufige Bewegung der Konzentration und damit auch Isolierung von den anderen im sozialen Begegnungsfeld vorhandenen Ichen. Das Ich der intellektuellen Anschauung befindet sich allerdings nicht auf Suche nach einer Begegnung mit der Vielheit der Alltags-Iche anderer Menschen, sondern nach dem umfassenden Ich des Nicht-Ich: Gibt sich die sinnlich-geistige Umgebung des Menschen, die der Ich-Erfahrung zunächst unzugänglich erscheint, im weiteren Verlaufe kund als ein höheres, allgemeines Ich, die Weltenseele, die alles umfängt?

Das Denken ist gegenstandsgebunden; von den ersten Kindheitserfahrungen an verbindet sich die Begriffsfähigkeit des Menschen immer stärker und stärker mit der Mannigfaltigkeit der Dinge. Wird der Vorgang der Vorstellungsbildung ahnungsweise bewußt, so zeigt sich die Vereinzelung und Verdinglichung des Erkenntnislebens in aller Deutlichkeit. Das Denken zerstückelt sich, indem es – als Ergebnis ungezählter Erkenntnisakte – in Vorstellungen gerinnt. Das denkende Ich, welches Begriffe und Ideen hervorgebracht hat, die aber als Formen der Wahrnehmung sofort erstarren, muß sich ins Unendliche verteilt und zerspalten in der Welt erleben. Wie der von Seth überfallene Osiris wird das bewußte Denken zerrissen und in die Erde Ägyptens (der Dingwelt) versenkt.

Angesichts brennender Erkenntnisfragen und im Bewußtsein des eigenen ungesicherten Bestandes breitet sich Schwermut über das Ich. Das Ich fühlt sich ohnmächtig, die existentiellen Rätsel zu lösen, sich aus eigener Kraft zu erheben, das Herz der Sinnlichkeit zu ergründen. Da fällt ein Lichtstrahl in das Gemüt: Es kann das Wort eines anderen Menschen sein, eine noch nicht gestellte Frage, die unerwartete Begegnung mit einem Natur- oder Kunstdenkmal oder einfach das geheime Wirken der Zeit. Das Ich fühlt sich mit neuer Kraft erfüllt, manche vordem unbezwinglichen Wälle der Dingwelt erscheinen plötzlich belanglos. Die Zerstückelung des Geistes in die Gegenstandsvielfalt hinein hat aus dieser die materielle Welt der Dinge, die Welt des Scheins und der Illusion entstehen lassen. Gelingt es, in der gesammelten Kraft der Seele sich des weisheitsvollen, immer schaffenden Zusammenklanges innerhalb der Wahrnehmungswelt zu vergewissern, so durchschaut die Seele den Trug der Sinnlichkeit und beginnt zugleich deren eigene Sprache zu hören. Das große Gesetz des «Stirb und Werde» hat sich wieder an einem Menschen bewahrheitet.

Über den archimedischen Punkt der Denkerfahrung im Ich hinaus mußte sich der Erkenntnisweg Rudolf Steiners, so einzigartig er durch die Einwirkung alter Erdenleben und durch die hellseherische Veranlagung auch gewesen sein mag, durch die Osirisstufe und in wiederkehrender Art durch das «Stirb und Werde» hindurchbewegen. Die verstreuten Hinweise im *Lebensgang* zeigen, daß Steiner bis zur Jahrhundertwende «ein konkretes allgemeines Hineinschauen in die geistige Welt» (Kap. XX) sowie eine Summe einzelner geistiger Anschauungen besaß, die sich aber noch nicht zu größeren gegliederten Einheiten zusammenfügten.[12] Steiner rang mit der Frage des gedanklichen Ausdrucks und der sprachlichen Darstellung. Das übersinnliche Wissen hatte noch keine volle Integration in die intuitive Ideenwelt Steiners gefunden. Bei dieser Situation geschah es aus einer inneren Notwendigkeit heraus, daß sich Rudolf Steiner, als er nacheinander zu längeren Vortragszyklen in die Theosophische Bibliothek in Berlin eingeladen wurde, der Erfahrungswelt der Mystik und dann den Mysterien des Altertums zuwandte. Die Mystik und die Welt der Mysterien boten Ausdrucksmöglichkeiten für das, was Rudolf Steiner darzustellen sich bemühte.

3. Ideenerleben und Einweihung

Selbst die größten Eingeweihten unterliegen dem Schaffen der Hierarchien. Taten verwandeln sich in Fähigkeiten, die Berührung mit den Sternensphären im nachtodlichen Leben verändert alle Verhältnisse. Hinzu kommen die Gesetze der spirituellen Ökonomie.

Taten und Lehren der Meister sind deshalb nur aus sich selbst zu bewahren, der Blick auf vergangene Erdenleben kann niemals Ersatz für die Arbeit des Begriffes und die Mühe der Sach-Verständigung sein. Das Werk Rudolf Steiners ist emporgewachsen aus den festen Grundlagen des intuitiven Denkens; nur aus diesem heraus ist es zu verstehen. Die werkgetreue Deutung, auch wenn sie zu unerwarteten Ergebnissen führt, darf nicht beeinträchtigt oder gar ersetzt werden durch den Hinweis, Steiner sei Eingeweihter gewesen.

Auch für die Frage der Kontinuität der geistigen Entwicklung Rudolf Steiners sind Erwägungen über frühere Erdenleben und über nicht dokumentierte Einweihungsstufen unbehelflich. Es besteht überhaupt kein vernünftiger Zweifel daran, daß die Aufsatzfolge *Wie erlangt man Erkenntnisse der höheren Welten?* ein autobiographisches Schriftdokument Steiners darstellt. Niemand kann über die beiden Hüter der Schwelle berichten, ohne ihnen begegnet zu sein. Selbstverständlich müssen die einzelnen Abschnitte und Elemente des höheren Schulungsweges, die Steiner ab 1904 veröffentlichte, ihm bereits lange vorher innerste Erfahrungstatsache gewesen sein. Dennoch sind die Ergebnisse der Geistesschau in ihrer eigenen inneren Logik vom Schüler aufzunehmen, nicht als schlechthin hinzunehmende Offenbarungen eines Eingeweihten. Die Bücher Steiner lassen sich aus sich heraus und zwar wort- und satzgetreu verstehen, woraus sich dann allerdings weitere Verständnisstufen erschließen können. Wer als Antwort auf eine bestimmte Textinterpretation, so fehlbar sie sein mag, mit dem Einwand reagiert, Steiner sei Eingeweihter gewesen, verfehlt in mehrfacher Hinsicht die Dimension des Wortes.

Auch der Versuch, Steiner bei seinen wichtigsten Schriften geheime pädagogische Absichten zu unterstellen, die vom Wortlaut nicht gedeckt werden, muß in die Irre führen.[13] Es geht auch nicht an, die Schriften der Jahre 1893 bis 1903 aus der späteren Anthroposophie heraus einer Beliebigkeit angeblich spiritueller Deutungen zu unterziehen, die aber – näher betrachtet – subjektiv und daher unmaßgeblich sind.[14]

Die Lehrer der Menschheit haben dieser ihre Werke als geistige Nahrung hinterlassen, so wie sie sind. Soll die *Nikomachische Ethik* aus einer früheren Inkarnation des Aristoteles heraus erklärt werden oder das Johannes-Evangelium ohne weiteres als Ergebnis der Lazarus-Einweihung? Man gerät in einen Sumpf der Pseudoesoterik, wenn die objektiven Kriterien des Schriftverständnisses nicht genügend beachtet werden. Damit ist nicht behauptet, daß sich hinter dem Literalsinn nicht weitere Sinnstufen erschließen können. Gerade die Schriften des Überganges, deren intensives Studium Rudolf Steiner als Vorstufe des Höheren für erforderlich hielt, erscheinen gefährdet durch retrospekt angesetzte Deutungsversuche aus dem Fundus eines anthroposophischen Erinnerungswissens. Der Erkenntnisweg Rudolf Steiners in seiner Objektivität ist ein kaum auszuschreitender, lebenslang immer wieder aussagekräftiger Inhalt des Schüler-Studiums. Die bewußtseinsgeschichtliche Einmaligkeit dieses Erkenntnisweges wird verdunkelt, wenn sich undurchschaute Vorurteile oder Spekulationen über frühere Erdenleben einschleichen können.[15] An den voranthroposophischen Werken Rudolf Steiners entscheidet sich, ob der Weg in den Obskurantismus oder in eine moderne Geisteswissenschaft eingeschlagen wird.

4. «Intimer Umgang» mit der Ideenwelt

Im Winter 1900 auf 1901 hielt Rudolf Steiner in Berlin die Serie von Vorträgen, die er dann im Herbst des Jahres 1901 als Buch unter dem Titel *Die Mystik im Aufgange des neuzeitlichen Geisteslebens und ihr Verhältnis zu modernen Weltanschauungen* erscheinen ließ.[16] Im Vorwort der ersten Auflage betont Steiner, daß die Ideenwelt des Buches bereits in seiner *Philosophie der Freiheit* enthalten sei. Diese Ideen so auszusprechen, wie es nun geschehe, erfordere einen «intimen Umgang mit dieser Ideenwelt«, wie ihn nur viele Jahre des Lebens bringen können. Steiner fährt fort: «Erst jetzt, nachdem ich diesen Umgang genossen habe, wage ich, so zu sprechen, wie man es in dieser Schrift wahrnehmen wird.»

Der «intime Umgang» mit der Ideenwelt der *Philosophie der Freiheit*, der 1901 die Darstellung der spätmittelalterlichen Mystik ermöglichte, ist als Entwicklungsprozeß des von Steiner vertretenen intuitiven Monismus unter dem Einfluß des «konkreten allgemeinen Hineinschauens in die geistige Welt« zu sehen. Ideengestaltungen trug Rudolf Steiner in immer intensiverer Art an die Geistwelt heran,[17] wodurch er immer höhere Stufen einer Rechtfertigung der bereits vorhandenen übersinnlichen Anschauung erreichte:

«Die Aufgabe einer Geist-Erkenntnis ist [...], in Besonnenheit durch den Erkenntniswillen Ideen-Erleben an die geistige Welt heranzubringen. Der Erkennende hat dann einen Seeleninhalt, der so erlebt wird wie der mathematische» (Kap. XXXII).

In diesem Sinne ist aufzufassen, was in dem Buche über die Mystik aus der Ideenwelt der *Philosophie der Freiheit* geworden ist: Der «intime Umgang» mit einer als objektiv empfundenen, dynamischen Ideenwelt erscheint als Vorgang der Selbsterkenntnis, aber nicht in Form reiner Kontemplation, sondern als Steigerung der intellektuellen Anschauung unter dem Aspekt des denkenden Ich. Selbsterkenntnis ist deshalb zugleich Selbsterweckung. Das im erwachenden Selbst aufleuchtende Ich ist der Sinn für den Geist. Dieser verbleibt nicht im Innern, den Seelenvorgängen zugewandt, sondern richtet sich auf die Dinge der Welt. Durch die Empirie des erweckten Selbst erlangen die Dinge eine geistige Wiedergeburt in der Seele des Menschen. Wird dies bewußt durchlebt, so fühlt sich das Ich webend in dem Geiste der Welt: «Das Weltgeschehen stellt sich selbst sein geistiges Wesen gegenüber.» Steiner bekennt:

«Wer die Dinge in dieser Art erkennt, der verwandelt sich in sich selbst; denn sein einzelnes Ich wird in solchen Augenblicken aufgesogen von dem All-Ich. [...] Das Verständnis für die Aufhebung des Individuellen, des einzelnen Ich zum All-Ich in der Persönlichkeit betrachten tiefere Naturen als das im Innern des Menschen sich offenbarende Geheimnis, als das Ur-Mysterium des Lebens.»

Das Handeln des Menschen charakterisiert Steiner nicht mehr mit Begriffen von Motiv und Triebfeder und mit der Idee der moralischen Intuition. Das freie Handeln ist das aus dem All-Ich fließende: «Unfrei ist das Handeln, das der Mensch als Individuum vollbringt; frei dasjenige, das er nach seiner geistigen Wiedergeburt vollzieht.» Diese Taten sind dann nicht mehr persönliche, sondern solche des «allgemeinen Seins».

Unverkennbar hat die Sichtweise Steiners 1901 die Grenzen der philosophischen Betrachtung überschritten. Die Erkenntnis- und Tatkraft des Mystikers ist nicht diejenige des «freien Geistes», wie ihn die *Philosophie der Freiheit* als Leitbild entwirft. Damit ist aus der allgemein-menschlichen Niveaulage des wirklichkeitsgemäßen Erkennens und des freien Handelns heraus ein Weg zu höheren Erlebnisformen vorgegeben.[18] Der Erfahrungsumkreis des Erkennens und Handelns nähert sich der übersinnlichen Anschauung im allgemeinen, worin auch eine weitere Stufe der «Rechtfertigung» des Geisteswissens liegt.

Was ist das All-Ich? Steiner sagt es nicht. Das Buch über die Mystik wurde im September 1901 abgeschlossen. Kurz darauf, im Oktober desselben Jahres, beginnt Steiner vor demselben Publikum mit der Vortragsreihe «Das Christentum als mystische Tatsache». Auch diese Vorträge verarbeitet Steiner zu einem Buch, das im darauffolgenden Jahr (1902) erscheint. Nun spricht Steiner im Stile und aus der Bilderwelt der Mysterien: Gott ist verzaubert in den Dingen und harrt seiner Erlösung durch die Menschen (!). Die Entzauberung oder Erweckung des in der Natur verzauberten Gottes vollzieht sich als Geburt des Logos-Sohnes in der Seele der Mysten, der durch diesen Vorgang seine eigene «Vergottung» erfährt:

«Die mystische Erkenntnis ist damit ein wirklicher Vorgang im Weltprozesse. Sie ist eine Geburt Gottes [...] Das ist das große Geheimnis des Mysten, daß er selbst seinen Gott schafft» (2. Kap.).

Was im Mysten geistig aufblitzt, «ist ein Göttliches, das vorher verzaubert war, und das ohne seine Erkenntnis brachliegen bliebe; auf einen anderen Entzauberer warten müßte» (3. Kap.).

«Die Auferstehung, die Erlösung Gottes: Das ist die Erkenntnis [...] Nicht den Vater selbst, aber den Sohn, den in der Seele lebenden Sprossen Gottes, der gleich ist dem Vater: ihn kann der Mensch gebären» (4. Kap.).

Aus dem höheren Erkenntnisprozeß, wie ihn Steiner den Mysterien der alten Welt zuschreibt, deutet er die Schilderungen der Evangelien und der Apokalypse. Er projiziert die Eckpunkte des mystischen Prozesses auf das Leben Jesu als eines einzigartigen Eingeweihten.

Das Ergebnis ist eine spiritualistische, eigentlich ungeschichtliche Christusdeutung, die ihrerseits als Hintergrund der frühen Gemeindetheologie vorgestellt wird. Die «Christus-Idee» der Mysterien soll das Erklärungsmuster für die Jesusbiographie als geschichtliche Erscheinung abgegeben haben. Nur aus intimer Kenntnis der Mysterieneinweihung sei das Christentum zu begreifen.

In einem eindeutig autobiographischen Einschub gibt Steiner zu erkennen, daß ihm das Wesen der Mysterienerkenntnis aus eigener Erfahrung bekannt ist:

«Wer über diese Dinge recht denken will, muß Erfahrungen über die intimen Tatsachen des Erkenntnislebens haben [...] Man versteht solche Worte [des Menippus, G.R.], wenn man die Durchgangsstätte von der niederen zu der höheren Erkenntnis kennt. Man hat ja selbst gefühlt, wie alle feste Materie, wie alles Sinnliche wie Wasser zerflossen ist; man hat ja allen Boden verloren. Alles, was man vorher als lebend empfunden hatte, war getötet worden. Wie ein Schwert durch den warmen Körper geht, ist der Geist durch alles sinnliche Leben gegangen; man hat das Blut der Sinnlichkeit fließen sehen. Aber ein neues Leben ist erschienen. Man ist aus der Unterwelt emporgestiegen» (2. Kap.).

Zum Lazarus-Wunder bemerkt Steiner: «Wer den höheren Inhalt solcher Handlungen nicht lebensvoll kennt, der vermag sie nicht zu verstehen» (8. Kap.). Die auf den unverrückbaren Fundamenten des intuitiven Denkens erwachsene Geistanschauung hatte Steiner auf den heiligen Boden der Mysterien, in das «Stirb und Werde» geführt. Von hier aus vermochte er den Mysteriencharakter des Christentums zu erfassen: «Etwas, was also Mysterienvorgang in der alten Weisheitsentwicklung war: das wird durch das Christentum als historische Tatsache gedeutet» (12. Kap.).

Jede spiritualistische Auffassung des Christentums leidet an einem charakteristischen Deutungsdefizit. Die Auferstehung im Leibe ist nicht integrierbar; und so ist es auch hier bei Rudolf Steiner 1902: Das Kernstück des Christentums, die leibliche Auferstehung des Christus Jesus läßt sich nicht reduzieren auf eine mysterienhafte Erweckung zum Geiste. Der Autor des Buches über das Christentum weicht dieser Frage aus, das letzte Kapitel endet mit der Feststellung:

«Das Christentum holte das Mysterium aus der Tempeldunkelheit in das helle Tageslicht hervor Aber es verschloß zugleich die Tempeloffenbarung in das innerste Gemach, in den Inhalt des Glaubens.»[19]

Weder in dem Buch über die Mystik noch in dem unmittelbar darauf folgenden über das Christentum sind die kritischen Äußerungen der

Vorjahre zurückgenommen. Steiner, der die Mysterienstufe des höheren Erkennens selbst bereits verwirklicht hatte, befand sich in Kontinuität mit den monistischen Ansätzen seines Frühwerks.[20]

5. Christusdeutung und Christusoffenbarung

Das Göttlich-Geistige offenbart sich im Menschen, wenn dieser durch sein Innenleben diese Offenbarung möglich macht. Das in seinen integralen Erlebnisformen bereits auf dem heiligen Grund der Mysterien angelangte intuitive Denken, verbunden mit einem «Inhalt von geistigen Impressionen», führten Rudolf Steiner 1902 zu einer Mysteriendeutung des Christentums. Es fehlte das Geheimnis der Transsubstantiation und des physischen Leibes. Das Buch über das Christentum erscheint als der von einem höheren Gesichtspunkt aus notwendige letzte «Fehlgriff» vor dem Aufgange des zentralen christlichen Mysteriums.

Die spiritualistische Christusdeutung von 1902 steht in der Nähe des Gnostizismus[21] und enthält die unvermeidliche Neigung zu einer doketischen Auffassung des Auferstehungsgeschehens. Steiners monistische Immanenzphilosophie mit ihrer konsequenten Ablehnung des Offenbarungsprinzips, des Supranaturalismus aller Wundergeschichten und einer personalen Auffassung der heiligen Trinität war an einen äußersten Rand ihrer Entwicklung gekommen. Nun kündigte sich die im Monismus verschwunden gewesene Transzendenz im Leben Rudolf Steiners an.

Dieser Vorgang, den Steiner selbst im XXXVI. Kapitel seines *Lebensganges* mehr andeutet als schildert, hatte selbstverständlich Vorauswirkungen in den Lebensjahren vor 1902. Die Ideologie- und Religionskritik der früheren Jahre und die Distanzierung vom historischen Christentum lassen sich im Rückblick erkennen als das allmähliche Geeignetwerden eines besonderen menschlichen Innenlebens für die Herabkunft einer neuen Christusoffenbarung im 20. Jahrhundert.[22] Mit paradoxen Vorgängen dieser Art nach dem Bilde der Damaskus-Erfahrung des

Apostels Paulus muß rechnen, wer sich mit dem wirklichen Eingreifen der geistigen Welt in einen irdischen Lebenslauf vertraut machen möchte.

Es ist die Frage aufgeworfen worden, ob das im *Lebensgang* angedeutete Ereignis überhaupt als zeitlich begrenztes aufgefaßt werden dürfe. Abgesehen von dem Hinweis auf das später aufgetauchte Notizblatt Rudolf Steiners,[23] welches auf das entscheidende Jahr 1903 hinweist, gibt es eine Beobachtung aus der Werks-Entwicklung. Das Buch über das Christentum erschien im Herbst 1902. Zur gleichen Zeit wurde die deutsche Sektion der Theosophischen Gesellschaft gegründet mit Rudolf Steiner als Generalsekretär. Steiner entschließt sich, eine eigene Monatsschrift herauszugeben, deren erste Nummer im Juni 1903 erscheint. Die drei folgenden Ausgaben enthalten einen Aufsatz Steiners mit dem Titel «Einweihung und Mysterien». In der dritten und letzten Folge, also in der Septemberausgabe des Jahres 1903, schreibt Steiner:

«Der Theosoph weiß, daß im Christentum die Wahrheit ist. Und er weiß auch, daß Jesus, in dem der Christus verkörpert war, kein Führer der Toten ist, sondern ein Führer der Lebendigen. Er versteht das große Meisterwort: Ich bin bei euch alle Tage bis ans Ende. An den lebendigen Führer, nicht an den der geschichtlichen Berichte wendet sich zuerst, wer so wie Annie Besant das Christentum erklären will. Was das ‹lebendige Wort› noch heute dem Ohre verkündet, das strahlt dann ein in die Evangelienberichte. Jawohl, er ist dageblieben bis heute, der Kündiger des Wortes, und er kann uns selbst sagen, wie wir den Buchstaben zu erfassen haben, der von seinen Taten und Reden berichtet.»

Die beiden Aussagen, in Jesus sei der Christus verkörpert gewesen, und, der «Kündiger des Wortes» sei der «dagebliebene, lebendige Führer«, wird man in dem Buche des Vorjahres vergeblich suchen. Diese Aussagen Steiners haben nach Stil und Inhalt autobiographische Bedeutung. Vergleicht man sie mit dem erwähnten großen Einschub im zweiten Kapitel des Buches über das Christentum, so wird die reale Überhöhung der 1902 geschilderten Erfahrungsformen zum Erlebnis: Der «Kündiger des Wortes» hatte gesprochen zu Rudolf Steiner und hatte das intuitive Ideenerleben erfüllt mit der Realität der Substanz.

Damit ist das Problem der Kontinuität in Rudolf Steiners geistiger Entwicklung auf eine neue Ebene gehoben, die allein angemessene: Steiner ist sich in seiner Forschergesinnung auf dem unerschütterlichen Fundament des intuitiven Denkens stets treu geblieben. Damit ist auch die Mission der Anthroposophie überhaupt verknüpft. Ein Bruch läge nur vor, wenn Steiner jemals die philosophisch-anthroposophischen Grundlagen seines Werks aufgegeben hätte. Das ist nicht geschehen, wie noch die *Anthroposophischen Leitsätze* aus seinem letzten Lebensjahr bezeugen.

Die Offenbarung des Mysteriums von Golgatha in Rudolf Steiners Bewußtsein ist andererseits die größte Wandelung, die man sich denken kann, sie ist das zentrale Geheimnis des 20. Jahrhunderts. Mit dieser Offenbarung ist zugleich die endgültige Rechtfertigung des Geisteswissens gegeben, nach welcher Rudolf Steiner gestrebt hatte und die dem Grunde nach in der intellektuellen Anschauung vorlag. Die Rechtfertigung im Bereiche des Wirklichen ereignete sich in der Manifestation des Trägers der Weltvernunft in einem hellseherischen Bewußtsein. Das Mysterium von Golgatha enthält auch das Mysterium der Idee, nämlich die Umschaffung des gesamten Seelenlebens, so daß die geistige Welt «entgegenkommen» kann.[24]

Die Dynamik der Ideenwelt Rudolf Steiners, von der er im Vorwort des Buches über die Mystik gesprochen hatte, und das übersinnliche Schauen führten beide auf einen geschichtlichen Ort zurück, die Zeit der Inkarnation des Christus in Jesus mit der Kulmination in dem Geschehen der Auferstehung im Leibe.[25] So auch aufersteht die Idee in der Geistanschauung, bruchlos und doch wiedergeboren aus Wasser und aus Feuer.

Das Buch Rudolf Steiners über das Christentum in 1. Auflage (1902) zeigte das Einmünden der Mysterien in die Welt des Glaubens. Die Existenz christlicher Mysterien schien nach dem eingenommenen Gesichtspunkt unmöglich zu sein. Die Geistwelt korrigierte diese Annahme. Ob die neuen öffentlichen und allgemeinen Mysterien wirklich in Erscheinung treten können, muß das Leben zeigen. Darauf wird es ankommen, ob sich Menschen finden, die sich aus der Wandlungsmacht der intuitiven Idee heraus zu dem innersten Kern des christlichen Mysteriums «in ein Verhältnis setzen» können.[26]

Anmerkungen

1 Der frühere Aufsatz des Autors «Wilhelm Rath und Christoph Lindenberg über Rudolf Steiners Zugang zum Christentum» hatte zum Ziele, einige ältere Mißverständnisse über das Buch *Das Christentum als mystische Tatsache* zu klären. In dem vorliegenden Beitrag versucht der Autor, positive Gesichtspunkte zum Verständnis der geistigen Entwicklung Rudolf Steiners darzustellen, wozu das Buch von Lindenberg *Individualismus und offenbare Religion* (2. Auflage 1995) wichtigste Anregung war.

2 *Mein Lebensgang* (GA 28), Kap. XXX.

3 Die Bände 4 bis 8 der Gesamtausgabe, ferner die Aufsatzbände 30 bis 35.

4 Die Darstellungen Rudolf Steiners in seinem *Lebensgang* müssen selbstverständlich mit den Erstauflagen der Originalschriften verglichen werden. Wer als Schüler Rudolf Steiners die großen Aufsätze der Zeit um 1900, aber auch manchen Aufsatz aus dem *Magazin für Literatur* erstmals zur Kenntnis nimmt, wird diese Texte vielleicht nicht ohne weiteres mit seinem persönlichen Bild von Steiner in Übereinstimmung bringen können. In manchen Fällen tritt eine gewisse Fassungslosigkeit auf. Nur selten wird allerdings von diesen Erlebnissen Näheres bekannt (Leserbrief in der Wochenschrift *Das Goetheanum*, Nr. 18 vom 1. Mai 1994). Der Grund dafür liegt in dem sozialen Druck, der innerhalb der Anthroposophischen Gesellschaft stattfindet. Ich erörtere diese Verhältnisse in *Anthroposophie als Aufklärung*, München 1997

5 Rudolf Steiner, *Briefe 1*, 1881–1890 (GA 38), Brief vom 13. Januar 1881.

6 *Mein Lebensgang* (GA 28) Kap. X: «Der freie Geist handelt nach seinen Impulsen; das sind Intuitionen, die von ihm außerhalb des Naturdaseins in der rein geistigen Welt erlebt werden, ohne daß er sich im gewöhnlichen Bewußtsein dieser geistigen Welt bewußt wird.»

7 Ohne die erreichte Umwandlung der übersinnlichen Anschauung und ihre Verbindung mit dem intuitiven Denken würde es sich um eine atavistische Fähigkeit gehandelt haben.

8 Siehe *Mein Lebensgang* (GA 28), Kap. 1 und Kap. XXXII. Rechtfertigung in diesem Sinne ist nicht eine theoretische Begründung der wissenschaftlichen Zuverlässigkeit des Hellsehens, sondern die unbezweifelbare Erfahrung, daß die übersinnlich empfangenen Eindrücke sich in Gedanken ausdrücken lassen. Dadurch wird die «Annahme» der Wirklichkeit einer geistigen Welt gerechtfertigt. Die Tatsache übersinnlicher Erfahrung als solcher bedarf keiner Rechtfertigung, aber das Wissen von den Ergebnissen eigener Geistanschauung kann anerkannt werden.

9 *Mein Lebensgang* (GA 28), Kap. XVII.

10 Vgl. *Die Geheimwissenschaft im Umriß* (GA 13), Vorwort vom Januar 1925.

11 Vgl. II. Kapitel: G. Röschert, «Der Monismus im Lebensgang Rudolf Steiners zwischen 1883 und 1904».

12 Steiner spricht von einem «Inhalt von geistigen Impressionen» (GA 28), Kap. XXXII. – So war ihm etwa um 1902 der Richtungssinn der Evolution noch nicht bekannt (Kap. XXX); ebenso war ihm die Doppelheit des Bösen um 1903 noch nicht bewußt (Kap. XXXII). Steiner schreibt: «Ich hatte ja auf der einen Seite zwar ein vollkommenes Drinnstehen in der Geistwelt, aber ich hatte etwa 1902, und für vieles auch noch die folgenden Jahre zwar Imaginationen, Inspirationen und Intuitionen. Doch schlossen sich diese erst allmählich zu dem zusammen, was dann in meinen Schriften vor die Öffentlichkeit trat.»

13 Vgl. XIII. Kapitel, G. Röschert, «Wilhelm Rath und Christoph Lindenberg über Rudolf Steiners Zugang zum Christentum».

14 Beispiel ist der Aufsatz von Friedwart Husemann «Die Auferstehung und der Tod», in *Das Goetheanum*, Nr. 5 vom 5. Mai 1996. Husemann glaubt, Rudolf Steiner habe den Leser des Buches *Das Christentum als mystische Tatsache* (1902) mit den letzten Kapiteln absichtlich in «Ungewißheit und Verlassenheit» absinken lassen wollen. In dem Buche erlebe man nämlich «erst die Auferstehung der Christentums-Idee (sic) in den Mysterien und dann deren Tod in der nachfolgenden Kirchengeschichte». Das sei – so meint Husemann unter Bezug auf einen Vortrag Rudolf Steiners vom 1. April 1923 (GA 223) – «das Michael-Mysterium dieses Buches».

15 Die späteren Angaben Rudolf Steiners über bestimmte Inkarnationslinien einzelner Individualitäten haben eine ganz andere Zielrichtung.

16 GA 7. Die folgenden Zitate sind der Einleitung entnommen.

17 Davon zeugen die letzten Bände von Goethes naturwissenschaftlichen Schriften, GA Ia-e. An den von Steiner verfaßten Einleitungen läßt sich die Ideenentwicklung von 1884 bis 1897 ablesen.

18 Es ist noch nicht näher untersucht worden, ob in der von Steiner in dem Buche über die Mystik gegebenen Darstellung des Erkennens und Handelns nicht eine teilweise Aufhebung der Allgemeingültigkeit der *Philosophie der Freiheit* vorliegt. Steiner spricht zwar in uneingeschränkter Art vom Erkennen und von der Freiheit des Handelns, beschreibt aber doch die Verhältnisse nach dem Aufgang der «Sonne der Selbsterkenntnis».

19 GA 8, 13. Kapitel. – Das Unbefriedigende dieses Schlusses wird anschei-

nend erst jetzt, veranlaßt durch Lindenbergs Arbeit, erkannt. Dem fotomechanischen Nachdruck der 1. Auflage des Buches ist ein Nachwort von Martin Barkhoff beigegeben. Der frühere Redakteur der Wochenschrift *Das Goetheanum* behauptet zunächst, in dem Buche habe Rudolf Steiner den Leser «Geburt, Tod und Auferstehung (!) des Mysterienwesens spüren lassen». Am Schluß seines Nachwortes ist aber nur mehr vom Tod der Mysterien die Rede. Den letzten Satz des Buches liest Barkhoff «mit Beklemmung, ja Unverständnis». Es wäre gut gewesen, wenn sich Barkhoff dieses Unverständnisses bewußt geworden wäre, bevor er den Streit um Lindenbergs Buch lostrat.

20 Die hier zur Diskussion gestellte Deutung des Buches *Das Christentum als mystische Tatsache* (1902) wird vollständig bestätigt durch noch vorhandene Mitschriften der Vorträge von 1901/02. Die Zuverlässigkeit dieser von der Rudolf Steiner Nachlaßverwaltung der Öffentlichkeit bisher vorenthaltenen Mitschriften mag im Einzelnen zweifelhaft sein, die Gesamtaussage ist jedoch eindeutig; es ist dieselbe wie in der Buchfassung 1902.

21 Unter Gnostizismus verstehe ich hier die Annahme der durchgehenden Erkennbarkeit einer einheitlichen sinnlich-geistigen Wirklichkeit und die Mysterien bis hin zum Christentum als Ausdruck der Selbsterfahrung, als Steigerung des Erkennens. Diese Bemerkung ist erforderlich wegen des sonst schwankenden Wortgebrauchs.

22 Selbstverständlich gab es weitere Christus-Offenbarungen in der Menschheit auch dieses Jahrhunderts. Das Besondere bei Rudolf Steiner ist die Vorgeschichte, der Ausgangspunkt des intuitiven Denkens. Gerade darin liegt auch die Mission der Anthroposophie und darin unterscheidet sie sich von anderen geistigen Strömungen.

23 Lindenberg (Anm. 1), Seite 90 und 95 und meine Buchbesprechung in Die Drei, Juni 1995.

24 GA 28, Kap. III.:« Geht man immer weiter in dem Gedanken-Erleben, so findet man, daß diesem Erleben die geistige Wirklichkeit entgegenkommt.»

25 Vgl. Rudolf Steiner, *Die geistige Führung des Menschen und der Menschheit* (GA 15). Im ersten Vortrag gibt Steiner einen Hinweis auf den Zusammenhang zwischen dem Christus-Wirken im Menschen und den Kräften des Hellsehens.

26 Vortrag Rudolf Steiners vom 10. Oktober 1911, gehalten in Karlsruhe (GA 131).

Nachwort

Die in diesem Buch zusammengefaßten Aufsätze zeigen, daß die immer wieder formulierte Frage, ob in Rudolf Steiners Lebensgang ein weltanschaulicher Bruch diagnostizierbar ist oder nicht, die Wirklichkeit dieses Lebenslaufes nicht zureichend zu erfassen vermag. Für die entscheidenden Jahre von 1883 bis 1903 zeigt sich eine beeindruckende Kontinuität in der Herangehensweise Steiners an die sich ihm immer weiter erschließende konkrete geistige Welt. Der ethische Individualismus und das intuitive Denken sind die Konstanten in Steiners Entwicklung in diesen Jahren und darüber hinaus, in die im engeren Sinne anthroposophische Zeit seines Lebensganges. Inhaltlich sind – wie eigentlich nicht anders zu erwarten – erhebliche Veränderungen der Sichtweise in seinen Schriften anzuerkennen; sie sind die Spuren eines dramatischen Erkenntnisweges, der Steiner 1903 zur Begegnung mit dem Mysterium von Golgatha in seiner vollen Bedeutung geführt hat.

In der Vorrede der dritten Auflage (1910) seiner Schrift *Theosophie* hat Rudolf Steiner darauf aufmerksam gemacht, daß in einer gewissen Beziehung vom Leser jede Seite, ja mancher Satz *erarbeitet* werden muß. Dieser Anforderung haben die Autoren dieses Buches versucht, auch hinsichtlich der hier behandelten Schriften gerecht zu werden. Von dogmatischen Vorgaben mit spekulativem Einschlag distanzieren sie sich ebenso wie von Versuchen, Steiner die Fortentwicklung seiner inhaltlichen Aussagen als mangelnde Konsistenz anzulasten.

Außer Zweifel steht, daß nach dem allmählichen Abklingen der apologetischen Phase der Steiner-Rezeption es heute ganz neuer intuitiv-kritischer Bemühungen bedarf, um Steiners monumentales Werk für Gegenwart und Zukunft zu erschließen und damit nach und nach auch wissenschaftlich akzeptabel zu machen. Die Autoren sind von der Bedeutung dieses Werks, der anthroposophischen Geisteswissenschaft, überzeugt. Sie glauben, daß für ein sachgemäßes, aufgeklärtes Verständnis die

Anschauung der schrittweisen Herausbildung der Anthroposophie im Werke Steiners unentbehrlich ist. Um diese Anschauung zu erleichtern und zu fördern sind die Beiträge dieses Buches geschrieben worden. Die Autoren hoffen, daß auf dieser Grundlage bald andere Arbeiten über die verschiedenen Sachbereiche der Geisteswissenschaft entstehen werden.

Günter Röschert / Lorenzo Ravagli

Vorveröffentlichungen / Vorstudien

Lorenzo Ravagli:

«Moralische Phantasie, moralische Technik, moralische Intuition», in: *Jahrbuch für anthroposophische Kritik* 1996.
«Steiner und Nietzsche», siehe Nachweise im Beitrag.
«Rudolf Steiner und der Platonismus», *Jahrbuch für anthroposophische Kritik* 2000.

Günter Röschert:

«Der Monismus im Lebensgang Rudolf Steiners», Beiheft zu *Die Drei* Nr. 1, Mai 1989.
«Die Grundlinien einer Erkenntnistheorie der Goetheschen Weltanschauung im Frühwerk Rudolf Steiners», Beiheft zu *Die Drei* Nr. 4, Juni 1991.
«Die Wissenschaft der Freiheit und das Weltgeschehen», Beiheft zu *Die Drei* Nr. 8, November 1995.
«Bewegender Umgang mit der Idee», *Jahrbuch für anthroposophische Kritik* 2000.
«Wilhelm Rath und Christoph Lindenberg über Rudolf Steiners Zugang zum Christentum», *Mitteilungen aus der anthroposophischen Arbeit in Deutschland*, Ostern 1996.
«Mysterien der Idee. Rudolf Steiners Zugang zum Christentum», *Mitteilungen aus der anthroposophischen Arbeit in Deutschland*, Johanni 1997.

Alle anderen Beiträge sind Originalbeiträge.

das Erleben des Gedanken als Wesen
die Scheinhaftigkeit des sinnlichen Daseins
die Erkenntnis ist die Auferstehung, die Erlösung Gottes.
das gewöhnliche Bewußtsein ist von Kräften beherrscht,
die es nicht durchschaut.
die Seele ist das Daimon

je größer ein Geist desto größer seine Kraft Widersprüchliches
in sich zu vereinen.
mit dem Erlöschen des Widerspruchs erlöscht auch das Leben

Mit dem Erlöschen des Widerspruchs erlischt auch das Leben

in der Seele werden die Widersprüche des Lebens bewußt
im Geist werden sie aufgehoben u. versöhnt.

Widerstände (Prüfung, Probleme) sind vom Karma die es zu
überwinden gilt.